Jan Jakob Maria Groot

Universismus

Verlag
der
Wissenschaften

Jan Jakob Maria Groot

Universismus

ISBN/EAN: 9783957007711

Auflage: 1

Erscheinungsjahr: 2016

Erscheinungsort: Norderstedt, Deutschland

Hergestellt in Europa, USA, Kanada, Australien, Japan
Verlag der Wissenschaften in Hansebooks GmbH, Norderstedt

Die hauptsächlichsten Werke De Groot's:

Les Fêtes annuellement célébrées à Emoui (Amoy). Etude concernant la Religion populaire des Chinois. Zwei Bände 4⁰. 832 Seiten. Erschienen in den Annales du Musée Guimet, 1886.

Le Côde du Mahayana en Chine. Son influence sur la vie monacale et sur le monde laïque. Herausgegeben von der Kön. Akademie der Wissenschaften zu Amsterdam, 1893. Imp. 8⁰, 276 Seiten.

Sectarianism and Religious Persecution in China. A page in the History of Religions. Herausgegeben von der Kön. Akademie der Wissenschaften zu Amsterdam, 1903—1904. Zwei Bände Imp. 8⁰, 595 Seiten.

The Religious System of China. Its ancient forms, evolution, history and present aspect. Manners, customs and social institutions connected therewith. Sechs Bände Imp. 8⁰, 1468 und 1341 Seiten.

UNIVERSISMUS

DIE GRUNDLAGE DER RELIGION UND ETHIK, DES STAATSWESENS UND DER WISSENSCHAFTEN CHINAS

VON

J. J. M. DE GROOT

PROFESSOR DER SINOLOGIE AN DER UNIVERSITÄT ZU BERLIN

MIT 7 BILDERN

BERLIN 1918

VERLAG VON GEORG REIMER

Meiner Mutter und dem Gedächtnis
meines Vaters gewidmet

Vorwort.

Vorliegendes Werk bezweckt, die Grundlage von Chinas Religion und Ethik, von seinem Staatswesen und seinen Wissenschaften zu bestimmen und zu erklären. Es gründet sich auf das Studium alter und neuer chinesischer Schriften und bringt als unentbehrliches Beweismaterial in wortgetreuer Übersetzung Auszüge daraus, zwar in möglichst beschränkter Anzahl, die jedoch beliebig stark hätte vermehrt werden können.

Auf die Reformen, welche in den letzten Jahren in China eingesetzt haben, habe ich absichtlich keine Rücksicht genommen, in der Absicht, nur ein kulturgeschichtliches Bild zu entwerfen, das auch, falls die Reformen ihren Fortgang nehmen und sogar das Alte völlig stürzen sollten, für die Wissenschaft der Kultur der Menschheit Wert haben mag. Ich gebe mich dabei der Hoffnung hin, daß dieses Bild weitere sinologische Arbeit zur Vertiefung unserer Kenntnisse des Geisteslebens Chinas erleichtern und das dazu erforderliche richtige Verständnis chinesischer Schriften fördern möge.

Zur Erhöhung der Deutlichkeit sind die den chinesischen Textauszügen und Ausdrücken beigefügten Übersetzungen in kleineren Buchstaben gedruckt. Die Übersetzungen sind wortgetreu und keine Paraphrasierungen.

Über die angewandte Transkription der chinesischen Schriftzeichen sei folgendes bemerkt:

Die Buchstaben haben im allgemeinen den Wert der hochdeutschen. Das s ist scharf; š entspricht deutschem sch, und somit ist tš = tsch; ž = französisches j; ǒ ist das tonlose e (wie in Bezirk). Aus ng (wie in singen) darf g nicht herausklingen.

Auch in den Diphthongen ai, ao, ei, ia, iǒ, io, iu, oa, oi, ou, ua, uǒ, ui, üǒ, behält jeder Buchstabe seinen deutschen Wert, jedoch ohne mit besonderer Betonung ausgesprochen zu werden, weil jedes chinesische Wort einsilbig ist. Ao lautet also wie au; ia etwa wie ja; ua ungefähr wie wa; ei aber nicht wie in Eis.

Der Spiritus asper ' gilt als Zeichen scharfer Aspiration.

Ein Haken ' am Ende eines Wortes bezeichnet einen verschluckten Endkonsonanten k, p oder t, wodurch das betreffende Wort kurz ausgesprochen wird.

Karwoche des Kriegsjahres 1918.

Berlin-Lichterfelde.   **De Groot.**

Inhaltsverzeichnis.

Viertes Kapitel.

Heiligkeit durch Askese und Absonderung von der Welt. Lebensverlängerung, Exorzismus, Heilkunde . 86

Heiligkeitsaskese und Erlösung. Taoistische Weise und Einsiedler. Taoistisches und buddhistisches Klosterleben. Verlängerung und Verewigung des Lebens durch Tugend und Weisheit. Exorzistische Zauberkraft. Atemregulierung zur Verlängerung des Daseins und zur Förderung der Gesundheit. Universistische Krankheitslehre, Heilkunde und Arzneilehre. Paradiese der Unsterblichen.

Fünftes Kapitel.

Die taoistische Kirche und ihr Götterkult 127

Polytheistischer Naturismus. Anthropotheismus und Anthropolatrie. Ahnenverehrung. Die taoistische Theogonie. Die Gründung der taoistischen Kirche. Ihre Geistlichkeit und der Kreis ihrer Wirksamkeit. Tempel und Tempelchen. Hausaltäre.

Sechstes Kapitel.

Der Götterkult des Konfuzianismus (I) 141

Die große Opferstätte des Himmels. Kaiserliches Opfer des Wintersolstitiums für den Himmel, die kaiserlichen Ahnen. Sonne, Mond und Sterne. Regenopfer und andere Zeremonien.

Siebentes Kapitel.

Der Götterkult des Konfuzianismus (II) 187

Die große Opferstätte der Erde. Das kaiserliche Opfer des Sommersolstitiums für die Erde, die kaiserlichen Ahnen, die Berge, Flüsse und Meere. Opferstätte und Opfer für die kaiserlichen Ahnen und für die Götter des Bodens und der Feldfrüchte.

Achtes Kapitel.

Der Götterkult des Konfuzianismus (III) 228

Opferstätte und Opfer für Sonne, Mond und Sterne, für die Schutzgötter des Ackerbaus und die Schutzgöttin der Seidenzucht. Die Pflugzeremonie des Kaisers und der Reichsbehörden; die Maulbeerblätterzeremonie der Kaiserin. Tempel und Opfer für die Kaiser der vergangenen Dynastien, für berühmte Staatsdiener aller Zeiten und für die kaiserlichen Lehrmeister.

Neuntes Kapitel.

Der Götterkult des Konfuzianismus (IV) 259

Tempel und Opfer für Konfuzius und die Heiligen und Weisen seiner Schule. Kaiserliche Predigten. Staatliche Verehrung der Tugendhaften und Weisen im ganzen Reich. Opferstätte und Opfer an Wolken, Regen, Wind und Donner, an Berge, Meere und Gewässer des ganzen Reiches. Tempel und Opfer für den Planeten Jupiter und andere Zeitgötter.

EINLEITUNG.

China besitzt, wie allgemein bekannt, drei Religionen:
den Taoismus, den Konfuzianismus und den Buddhismus. Man
wendet jedoch auf sie das Wort an: 函三爲一, han san
wei ji', d. h. es (China) umfaßt drei (Religionen), und doch sind diese
nur eine. Es fragt sich, ob man diese eine Religion, in der die
drei genannten enthalten sein sollen, genau bestimmen kann.

Man könnte annehmen, jener Satz wolle einfach ausdrücken, daß die drei Religionen sich in einer einzigen verschmolzen hätten. Allein, wenn das der Fall wäre, dann würden
sie aufgehört haben, als drei zu existieren, während tatsächlich
noch jede für sich getrennt besteht.

Man könnte ferner den Satz so auslegen, daß jeder Chinese
sich gleichzeitig zu allen drei Religionen bekennt. Zweifellos
dürfte an einer derartigen Religionsvielheit, der das Chinesen-
tum ergeben ist, etwas Wahres, sogar viel Wahres sein. Dennoch
bliebe die Frage unaufgeklärt, warum drei verschiédene Religionen sich in den Köpfen oder Herzen des Volkes als eine
einzige darstellen sollten.

Eine dritte Erklärung, welche die Einheit der drei Religionen nur als Ausdruck dessen auffaßt, daß China ein Land
von höchst bemerkenswerter und vorbildlicher Toleranz sei,
beruht auf Irrtum. Diese vermeintliche Toleranz ist und war
vielmehr stets eine Legende, wie ich an der Hand von geschichtlichen Quellentexten, kaiserlichen Gesetzen und Erlässen in

einem besonderen Werke über Sektenwesen und religiöse Verfolgung in China[1] nachzuweisen versucht habe.

Offenbar ist das Problem nicht durch bloße Mutmaßungen, sondern allein durch genaue Untersuchungen zu lösen. In Wirklichkeit sind die erwähnten drei Religionen Äste eines gemeinsamen Stammes, der seit uralten Zeiten bestanden hat; dieser Stamm ist die Religion des Universums, des Weltalls, seiner Teile und seiner Erscheinungen. Universismus, wie ich sie von jetzt ab bezeichnen will, ist die eine Religion Chinas; die drei oben genannten Religionen aber bilden nur ihre integrierenden Bestandteile. Deshalb fühlt sich auch der Chinese gleichmäßig heimisch in ihnen, ohne durch widerstrebende und einander unverträgliche Dogmen beschwert zu sein.

Es war im Zeitalter der Han-Dynastie, zwei Jahrhunderte vor und zwei nach Christi Geburt, als sich der ursprüngliche Stamm in die beiden Äste des Taoismus und Konfuzianismus gabelte, während ihm gleichzeitig als dritter Ast der Buddhismus aufgepfropft wurde. Tatsächlich hat damals der Buddhismus seinen Weg nach China gefunden, und zwar in der universistischen Form, genannt Mahajāna, die sein Fortbestehen auf dem ursprünglichen Stamme ermöglichte. Auf diese Weise stellen sich die drei Religionen tatsächlich als die drei Äste eines gemeinsamen Stammes dar, als einheitliche Religion. Ein merkwürdiges Zusammentreffen ist es, daß der wichtigste Zeitraum in der Entwicklungsgeschichte der chinesischen Religion, der Zeitraum ihrer Dreiteilung, mit der Entstehung des Christentums zusammenfällt.

Der Buddhismus als aufgepfropfter Bestandteil des chinesischen Religionssystems kann vorläufig außer Betracht bleiben, während unsre Aufmerksamkeit in erster Linie dem Taoismus

---

[1] Sectarianism and Religious Persecution in China, veröffentlicht durch die Königliche Akademie der Wissenschaften zu Amsterdam, 1903—1904.

und Konfuzianismus, als den natürlichen Abzweigungen des alten Universismus, gewidmet sein soll.

Dieser Universismus war selbst Taoismus; die beiden Ausdrücke sind synonym. In der Han-Zeit wuchs ein neuer Zweig hinzu, ohne jedoch neue religiöse Lehren hervorzubringen. Das war der Konfuzianismus, die Staatsreligion, bestimmt, von nun ab der wichtigste Bestandteil des chinesischen Religionssystems zu werden. Vom Grundsatz der Unduldsamkeit beherrscht, hat er die Lebensfähigkeit des Buddhismus untergraben und dem Taoismus die Möglichkeit abgeschnitten, sich überwiegende Geltung zu verschaffen.

Das chinesische Reich wurde als einheitliches Ganze im 3. Jahrhundert vor unserer Zeitrechnung geschaffen. Damals vernichtete der gewaltige Kaiser Ši Huang, dessen Reich von 秦 Ts'in seit dem 9. Jahrhundert vor Chr. den Nordwesten des heutigen China beherrschte, das bunte Staatengemisch, das sich bis dahin um den Sitz der höheren asiatischen Kultur, um die Wiege eines Konfuzius und Menzius gruppiert hatte, das Stammland uralter Weisen und Herrscher, von denen zu singen die chinesische Sagenwelt nie müde geworden ist. Aber die Ts'in-Dynastie hielt sich nicht lange genug, um das enorme Reich, das ihrer Söhne größter geschaffen hatte, im Inneren auszubauen und auszugestalten. Nach wenigen Jahren der Herrschaft brach sie zusammen und machte dem ruhmvollen Hause Han Platz, das sich seitdem bis ins 3. Jahrhundert unsrer Ära auf dem Throne behauptet hat. Die Regierungszeit dieser Dynastie bezeichnet den endgültigen Triumph des Klassizismus oder Konfuzianismus und ebensogut der universistischen oder taoistischen Weltanschauung in China. Denn die politische Verfassung, welche damals die mit dem Ausbau des jungen Reiches betrauten Gelehrten und Staatsmänner ausarbeiteten, wurde in natürlicher und planmäßiger Weise völlig auf den Anschauungen und Präzedentien der älteren Zeiten

4

aufgebaut, wie sie in den schriftlichen Urkunden überliefert wurden, soweit diese dem Schicksal der Verbrennung entgangen waren, das ihnen in einem Anflug von Cäsarenwahn Ši Huang zugedacht hatte. Hand in Hand mit diesem gigantischen Organisationswerke wurden die Überreste der alten Urkunden gesammelt, wiederhergestellt, ergänzt und erläutert. So entstand eine klassische Literatur und eine archaische Staatsverfassung, die, seitdem von Dynastie auf Dynastie vererbt, bis auf den heutigen Tag fortlebt. Die religiösen Elemente der klassischen Schriften wurden hierbei mit in jene Staatsverfassung hineinverwoben, da alles und jedes, was die Schriften enthalten, als heiliges Vermächtnis der Vorfahren galt und dementsprechend befolgt werden mußte. Mit anderen Worten, diese religiösen Elemente der klassischen Schriften wurden die Staatsreligion. Diese Religion ist demnach jetzt volle zweitausend Jahre alt. Ihre Wurzel, der Universismus, reicht selbstverständlich viel tiefer in die Vergangenheit hinab als die Schriften, mittels derer die universistischen Gedanken der Nachwelt überliefert sind. Der Ursprung des Universismus verliert sich völlig im Dunkel der Menschheitsgeschichte.

Die religiösen Elemente und Grundsätze, die in den klassischen Schriften enthalten sind und bis auf den heutigen Tag die Elemente und Grundsätze für den Konfuzianismus darstellen, bildeten also zugleich auch die uralten Grundanschauungen des Universismus oder Taoismus, so daß demgemäß die klassischen Schriften die Bibel sowohl des Konfuzianismus als auch des Taoismus sind.

Unsre Aufgabe ist es nun, diese Grundanschauungen zu betrachten und an ihnen das Wesen der ostasiatischen Religion alter und neuer Zeit zu erkennen.

————————

Erstes Kapitel.

Das Tao, die Ordnung des Weltalls.

Universismus ist Taoismus. In der Tat bildet seinen Angelpunkt das 道 T a o, was Bahn oder Weg bedeutet, nämlich die Bahn oder den Weg, worin sich das All bewegt; T a o heißt in diesem Sinne die ganze planmäßige Anlage und Daseinsäußerung des Universums, sein Leben und Wirken, die Gesamtheit aller seiner regelmäßig wiederkehrenden Erscheinungen, kurz die Natur, den Gang des Alls, die natürliche Weltordnung. Im engeren Sinne bedeutet T a o hauptsächlich den regelmäßig wiederkehrenden Umlauf der Jahreszeiten in seinem ewigen Wechsel von Werden und Vergehen, Wachstum und Absterben; es deckt sich demnach mit dem Begriff der schöpferischen und zerstörenden Zeit.

Seit unvordenklichen Zeiten sinnt der Mensch nach über die Tatsache seiner gänzlichen Abhängigkeit von den gewaltigen Einflüssen der Natur. Schließlich ist er zu der Überzeugung gekommen, daß, um glücklich zu sein, es darauf ankomme, so vollkommen wie möglich im Einklange mit dem unendlichen All zu leben. Weicht daher menschliche Handlungsweise von jenem allmächtigen T a o ab, so ist ein Konflikt die unausbleibliche Folge, in dem der Mensch als unendlich schwächerer Teil mit zwingender Notwendigkeit unterliegen muß. Diese Erwägungen haben den Menschen dazugeführt, auf dem Wege philosophischen Nachdenkens die Wesenseigenschaften des T a o zu erforschen und gleichzeitig die Mittel ausfindig zu machen, durch die man jene Eigenschaften selbst erlangen und seine Handlungsweise danach einstellen kann. Mit anderen Worten, der Mensch erblickte im All ein belebtes Wesen, das mit unwiderstehlicher Kraft ihm seinen Willen aufzwingt, und versuchte nun diesen Willen zu ergründen, um sich ihm in schlichter Demut zwecks Vermeidung unheilvoller Konflikte anpassen und unterwerfen zu können.

Dieses philosophische System ist offensichtlich darauf angelegt, die ganze Sphäre menschlichen Daseins und Tuns zu umfassen. Tatsächlich zeigt es sich uns als ein System von Regeln, Bräuchen und Sitten, die auf Beobachtung, Deutung und Nachahmung der Natur beruhen und in einer Unzahl von Vorschriften das ganze Verhalten des Menschen in seinem privaten, häuslichen ʻund öffentlichen Leben normieren, wobei sie sogar politische Einrichtungen und staatliche Gesetze in ihren Bannkreis ziehen, und zwar alles dies zu dem einen großen Zweck: Volk und Regierung der wohltätigen Einflüsse der Natur teilhaftig zu machen, und umgekehrt die schädlichen Einwirkungen der Natur von ihnen fernzuhalten.

Seit alten Zeiten bezeichnen die Chinesen selbst dieses philosophische System als 人道 Žĕn Tao oder Tao des Menschen, im Unterschied zum Tao des Universums, dessen getreue Nachbildung es zu sein bestimmt ist. Dieses universelle Tao aber teilt sich wiederum zweifach, als 天道 Tʻiĕn Tao oder Tao des Himmels und als 地道 Ti Tao oder Tao der Erde. Selbstverständlich gilt das Tao des Himmels als das mächtigere von den beiden, da der Himmel es ist, der durch Sonnenwärme und Regen die alljährlichen Schöpfungsvorgänge in der Natur hervorruft. Demgemäß betrachten die Chinesen den Himmel als ihre höchste Gottheit. Für einen Gott, der über der Welt stände, einen Weltenschöpfer, einen Jehovah, Allah ist in ihrem System kein Platz. Schöpfung ist nach chinesischer Auffassung einfach die alljährliche Wiedererneuerung der Natur, das spontane Werk von Himmel und Erde, das sich durch jede Umwälzung des Tao von neuem vollzieht.

Der Name Taoismus, mit dem wir gewöhnlich das genannte System bezeichnen, ist also durchaus zutreffend gewählt, und es besteht kein Grund, ihn aus unserem religionswissenschaftlichen Wortschatz zu bannen. Gebrauchen doch die Chinesen selbst die Ausdrücke 道教 Tao Kiao, Tao-Lehre, und 道門 Tao Mĕn oder 道家 Tao Kia, Tao-Schule.

Betrachtung des Weltalls und seiner Gesetze führte in China keineswegs zu richtiger Naturforschung, noch zu einer Entthronung all der Gottheiten, von denen man die Natur bis in ihre kleinsten Teile belebt glaubte. Die universistische Weltanschauung hat sich infolgedessen alle Zeiten hindurch behauptet, und zwar insbesondere in der konservativen, klassischen Form, die unter dem Namen Konfuzianismus bekannt ist. Ich erwähnte bereits (S. 4), daß die universistischen Grundlehren in den klassischen Büchern enthalten sind, die man als heilige Bibeln sowohl des Konfuzianismus wie des Taoismus anzusehen hat. Unter diesen Büchern genießt den Ruhm der höchsten Heiligkeit das 易 Ji', und zwar deshalb, weil in ihm die eigentlichen Urlehren des ganzen Systems geschrieben stehen. In seinem dritten Anhang, der die Bezeichnung 繫辭 hi Tsĕ, d. h. angehängte Ausführungen, trägt, und dessen Urheberschaft von zahlreichen chinesischen Gelehrten Konfuzius selbst zugeschrieben wird, findet sich das Universum beschrieben als ein lebendiger Organismus, genannt 大極 t'ai Ki', d. h. höchster Gipfel oder Allerhöchstes. Dieses Allerhöchste hat die 兩儀 liang I, zwei Ordner, hervorgebracht, unter denen ein Weltseelen- oder Weltodempaar zu verstehen ist, genannt 陽 Jang und 陰 Jin. Diese zwei vertreten die männliche und weibliche Seele des Weltalls und werden dementsprechend einerseits mit der befruchtenden Himmelskraft, Wärme und Licht identifiziert, anderseits mit der vom Himmel befruchteten Erde, mit

Kälte und Dunkel. In dem erwähnten dritten Anhang (I) des Ji' lesen wir: 是故易有大極、是生兩儀、兩儀生四像; und somit besteht (wirkt) in den Wandlungen des Weltalls das Allerhöchste, das die zwei Ordner erzeugt, welche die vier Gestaltungen (Jahreszeiten) hervorrufen.

Es sind die beiden Urkräfte J a n g und J i n, die zusammen das T a o bilden, denn ausdrücklich sagt der dritte Anhang zum J i': 一陽一陰之謂道, das J a n g und das J i n des Universums, die heißen Tao. In der Tat besteht ja der Lauf der Natur oder der Weltordnung in einer alljährlich sich wiederholenden, allmählich wechselnden Verschmelzung von Wärme und Kälte, wodurch die vier Jahreszeiten und die Vorgänge des Werdens und Vergehens in der Natur zustandekommen. Diese Vorgänge heißen in der Sprache der alten und neuen chinesischen Philosophie 易 J i', d. h. Wechsel oder Wandlungen; 生生之謂易, die Vorgänge der Erzeugung und Wiedererzeugung sind es, die J i' heißen, so lautet es wiederum im dritten Anhang (I) des J i'; daher auch der Titel dieses heiligen Buches. In den Wandlungen offenbart sich das T a o, weshalb bei chinesischen Schriftstellern das T a o häufig bezeichnet wird als 陰陽轉易, die kreisenden Wandlungen von J i n und J a n g, oder als 陰陽變轉, der wechselnde Kreislauf von J i n und J a n g, oder als 陰陽之變, die Wandlungen von J i n und J a n g. Am häufigsten umschreiben alte wie neue Schriftsteller das T a o des Weltalls mit dem Ausdruck 陰陽之道路, Bahn von J i n und J a n g.

Unter dem menschlichen Tao ist, wie schon erwähnt (S. 6), eine bestimmte Lebensführung zu verstehen, die dem Tao von Himmel und Erde nachgebildet und dazu bestimmt sein soll, den Menschen glücklich zu machen. Das menschliche Tao ist ein Gebot des Umstandes, daß des Menschen Leben und Tod völlig vom Universum abhängen. Diese Abhängigkeit wird nachdrücklich durch jenen klassischen Glaubenssatz betont, wonach der Mensch seine eigene Lebenskraft den beiden Weltseelen J i n und J a n g entlehnt und demnach ein Erzeugnis dieser beiden Mächte ist, und ferner auch durch die Tatsache bewiesen, daß der menschliche Körper aus den gleichen Elementen zusammengesetzt ist wie die Welt. So lesen wir denn im 禮記 Li Ki, der umfangreichen Sammlung von klassischen Büchern, im Buche 禮運 Li Jun (III): 故人者其天地之德、陰陽之交、鬼神之會、五行之秀氣也; der Mensch ist ein Erzeugnis des segensreichen Wirkens von Himmel und Erde, der Vermählung von Jin und Jang, der Vereinigung eines Kwei mit einem Šĕn, der feinen Einflüsse der fünf Elemente. Sonach denkt sich die alte chinesische Philosophie die Menschenseele als eine Zusammensetzung aus einem 鬼 Kwei und einem 神 Šĕn, also aus zwei Seelen, deren eine dem Jin oder der Erde, die andere dem Jang oder dem Himmel entstammt.

Man braucht in dem erwähnten umfangreichen heiligen Buch, das bis auf den heutigen Tag die chinesische Denkweise in den Bannkreis seiner Lehren zwingt, nicht lange nach weiteren Stellen zu suchen, welche hinsichtlich der chinesischen Vorstellung vom Dualismus der menschlichen Seele und ihrer nahen Beziehung zum Weltall Aufschluß geben. So steht im Buche 祭義 Tsi I im zweiten Abschnitt geschrieben: 宰我曰、五聞鬼神之名、不知其所謂、子曰、氣也者神之盛也、魄也者鬼之盛也、合鬼與神教之至也。眾生必死、死必歸土、此之謂鬼、骨肉斃於下、陰爲野土、其氣揚於上爲昭明 Tsai Ngo sagte: „Ich habe die Worte Kwei und Šĕn gehört, aber ich verstehe nicht ihre Bedeutung." Konfuzius erwiderte: „Der Atem (K'i) stellt die Fülle des Šĕn dar, und das Po' die Fülle des Kwei; die Vereinigung von Kwei und Šĕn ist das höchste Ergebnis der Lehre. Alle lebenden Wesen müssen sterben, und das, was beim Tode zur Erde zurückkehren muß, heißt Kwei; Knochen und Fleisch modern in der Tiefe und werden unmerklich Staub; der Atem (K'i) aber erhebt sich in die Höhe und wird zu strahlendem Licht."

Dieser wichtige Satz und der ihm vorangehende stellen das grundlegende Dogma der taoistischen und konfuzianischen Seelenlehre dar. Sie lehren, daß die beiden Weltseelen, das Jang und das Jin, eine Unzahl von Einzelseelen bilden, die je nachdem Šěn oder Kwei sind. Die Šěn kennzeichnen sich durch Licht, Wärme, Zeugungskraft, Leben und weitere Eigenschaften des Jang; die Kwei durch Dunkel, Kälte, Unfruchtbarkeit, Tod, die Beschaffenheit des Jin. Die Seele des Menschen wie die eines jeden Lebewesens besteht aus einem Šěn und einem Kwei; die Verschmelzung beider hat seine Geburt, ihre Loslösung seinen Tod zur Folge, wobei der Šěn zum Jang oder Himmel, der Kwei zum Jin oder der Erde zurückkehrt. Wie Himmel und Erde ist des Menschen Körper aus den fünf Elementen zusammengesetzt. Der Mensch bildet also einen wesentlichen Bestandteil des Universums, einen Mikrokosmus, der spontan aus und in dem Makrokosmus entstanden ist. Natürlich ist der Šěn die Hauptseele des Menschen, da sie für ihn Sitz des Verstandes und Lebens bedeutet, während der Kwei die entgegengesetzten Eigenschaften in sich vereinigt. Im lebenden Menschen entspricht der Atem oder K'i seinem Šěn.

Dieses klassische System einer universistischen Seelenlehre — ein anderes ist niemals in China entstanden — versteht also unter Jang einen höchsten universellen Šěn, der, mit Leben und Zeugungskraft ausgestattet, sich selbst in eine Unzahl von Einzel-šěn spaltet und mit diesen die verschiedenen Lebewesen der Welt beseelt; es versteht anderseits unter Jin einen universellen Kwei, der sich gleicherweise in Myriaden von Einzelkwei teilt und von denen jedes in irgendeinem Lebewesen dessen zweite Seele bildet. Demnach ist Schöpfung ein beständiges Ausströmen einzelner Jang- und Jin-Atome, und Tod ihre Resorption. In diesem Schöpfungsprozeß liegt die höchste und hauptsächliche Offenbarung des Tao. Er erfolgt, da das Tao spontan wirkt, durch die Atome von selbst. Diese Teile, die Šĕn und Kwei, sind unendlich an Zahl. Die Welt ist von ihnen überall durchsetzt und durchdrungen, sie beleben jedes Wesen, selbst Gegenstände, die Abendländer gewöhnlich als tot ansehen. Ein Šĕn wird im allgemeinen als guter Geist, als Gottheit angesehen, weil er dem segenbringenden Jang entstammt; ein Kwei dagegen als böser Geist, als Dämon, Teufel, weil er vom Jin ist. Da es keine höhere Macht über dem Tao gibt, so kommt alles Gute in der Welt nur von den Šĕn, alles Übel nur von den Kwei.

Daß dieser Glaube schon im ältesten China vorgeherrscht hat, davon legt das Ji' Zeugnis ab und verleiht demselben, vermöge seines Gewichts als heiliges Buch, bis auf den heutigen Tag unumstößliche, dogmatische Kraft. In dem schon auf S. 7 angeführten dritten Anhang (I) sagt es an drei verschiedenen Stellen: 神無方〇〇〇陰陽不測之謂神〇〇〇精氣爲物、游魂爲變、是故知鬼神之情狀. Die Šĕn sind allgegenwärtig. Sie sind es, die das unergründliche Werk von Jang und Jin verrichten. Das feine Odempaar (des Universums) erschafft die Wesen; die dahinflutenden Hun (oder Šĕn) erzeugen die Wandlungen (in der Natur), und durch diese erkennt man Tun und Wesen der Kwei und Šĕn.

Wie aus andrer klassischer Stelle hervorgeht, war von der Allgegenwart der Kwei und Šĕn und ihrem Wirken in jedem Schöpfungsvorgang ein Konfuzius nicht minder überzeugt wie wohl jeder andre Denker seiner Zeit. Er sprach, dem 中庸 Tšung Jung (16) zufolge: 鬼神之爲德其盛矣乎。視之而弗見、聽之而弗聞、體物而不可遺。使天下之人齊明盛服、以承祭祀、洋洋乎如在其上、如在其左右. Überreich ist das segnende Wirken der Kwei und Šĕn! Wir schauen nach ihnen, doch sehen sie nicht, wir lauschen nach ihnen, doch hören sie nicht; sie wohnen in allen Wesen, und diese können sich nicht von ihnen losmachen. Sie machen, daß alles Volk unter dem Himmel fastet, sich reinigt und große Feiertracht anlegt, und ihnen so seine Opfer darbringt; dann gleich einem

Ozean scheinen sie ihm zu Häupten, scheinen sie ihm zur Rechten und Linken zu sein.

Auf Grund der angeführten Dogmen läßt sich voraussetzen, daß das chinesische Religionssystem ein universistischer Animismus ist. Das System ist überdies, da man sich das Weltall mit zahllosen Šĕn und Kwei belebt vorstellt, polytheistisch und polydämonistisch. Gottheiten sind beispielsweise die Šĕn, die den Himmel, die Sonne, Mond und Sterne beleben, den Wind, Regen, Wolken, Donner und Blitz, Feuer, Erde, Seen, Berge, Flüsse, Steine, Tiere, Pflanzen und alle möglichen andren Gegenstände; Gottheiten sind insbesondere auch die Šĕn Verstorbener. Was nun die Welt der Dämonen betrifft, so spielen diese nirgends auf Erden eine so große Rolle wie in China. Überall schwärmen die Kwei einher. Nirgends ist der Mensch vor ihnen sicher. Besonders gefährlich sind sie des Nachts, wenn sich die Macht des Jin, dem die Dämonen angehören, am stärksten erweist. Sie haschen nach den Seelen Lebender, so daß diese erkranken oder sterben. Ihre Berührung verursacht am Körper Beulen und Geschwüre. Geister von schlecht bestatteten Toten treiben in den Wohnungen unheimlichen Spuk und beruhigen sich nicht eher, als bis die Leichen von neuem und in geziemender Weise beerdigt sind. Schwärme von Dämonen versetzen nicht selten ganze Ortschaften und Landstriche in Aufregung und machen die Bevölkerung fassungslos. Geisterscharen, zu Fuß oder Roß und in kriegerischer Rüstung, ziehen nachts am Himmel einher, rauben Kinder, stehlen Zöpfe harmloser Bürger, verbreiten Seuchen und Tod, zwingen die heimgesuchte Bevölkerung, sich mit Gonggetöse und Trommellärm, mit Bogen und Pfeil, Schwert und Speer, mit Fackelschwingen und Anzünden von Scheiterhaufen zu verteidigen. Die chinesische Literatur ist überreich an Geistererzählungen, die beim Volk indes nicht als Fabeln, sondern als wahrhafte Geschichten angesehen werden.

Konfuzius selbst unterschied drei verschiedene Klassen von Dämonen: solche, die auf Bergen und in Wäldern, die in Gewässern und in der Erde hausen. Die Berggeister können durch ihre bloße Anwesenheit Dürre und dadurch Mißwachs, Teuerung, Hungersnot verursachen — das bedeutet in China unter Umständen den Tod von Hunderttausenden. Wie chronische Plagen pflegen sie China von Zeit zu Zeit heimzusuchen. Wasserdämonen sind meist die Geister Ertrunkener. Sie locken mit List die Menschen in Gewässer und Sümpfe oder verursachen bei Schwimmenden Muskelkrampf. Die Erdgeister werden in ihrer Ruhe gestört, wenn die Menschen den Erdboden aufgraben oder schwere Gegenstände bewegen. Sie rächen sich dann, indem sie dem Embryo im Mutterleib Schaden zufügen.

Zahlreich sind im Reiche der Gespenster die Tiere vertreten. China hat seine Werwölfe, vor allem seine Geistertiger, die in Menschengestalt rasen. Füchse und Füchsinnen, Wölfe, Hunde und Schlangen schleichen sich mit Vorliebe und zu unsittlichen Zwecken in die Kreise menschlicher Gesellschaft ein, in Gestalt reizender Mädchen und schöner Frauen. Oft verschlingen sie die Opfer ihrer Lust, auf jeden Fall machen sie sie krank, besessen, verrückt. Regelmäßiges Unheil bringen über die Menschen alle möglichen Tierarten, selbst Vögel, Fische und Insekten, besonders, wenn sie menschliche Gestalt annehmen. Diese endlose Wandlungsmöglichkeit zwischen Menschen und Tieren und umgekehrt kennzeichnet am besten den gewaltigen Einfluß, den der Universismus auf die chinesische Volksanschauung ausübt, denn nach dieser Auffassung sind Menschen wie Tiere in gleicher Weise von demselben Jang und Jin belebt, aus denen sich das Tao des Weltalls zusammensetzt. Eine weitere Folge dieser Anschauung ist auch der Glaube, daß gewisse Bäume, Sträucher, Pflanzen und andre Gegenstände ihre Seelen ausschicken, um den Menschen Schaden zuzufügen.

Das chinesische Volk sieht also die Welt, in der es lebt, ringsum von gefährlichen, Unheil stiftenden Geistern wimmeln. Das ist keineswegs ein bloßer Aberglaube, der etwa noch in Ammenmärchen spukt, sondern ein Grundsatz der universistischen Weltanschauung, der in den Augen der Chinesen ebenso unumstößlich ist wie die Tatsache, daß es in der Welt ein Jin gibt. Die Kwei sind innerhalb dieser Weltordnung als Spender von Unheil tätig und üben in dieser Rolle einen wichtigen Einfluß auf des Menschen Geschick aus, ebenso wie umgekehrt die Šĕn als segnende, glückbringende Geister auftreten. Doch Jang ist hoch erhaben über das Jin, so hoch wie der Himmel, der dem Jang entspricht, über die Erde, welche zum Jin gehört. Der Himmel gilt deshalb als höchster Šĕn oder Gott und ist Meister aller bösen Geister. Hieraus hat die chinesische Theologie das Dogma entwickelt, daß ohne Ermächtigung oder wenigstens stillschweigende Einwilligung des Himmels kein Teufel einem Menschen Leid zufügen darf. Dieses Dogma ist durchaus klassisch, da es sich bereits im 書 Šu, (im Buche 湯誥 Tʻang Kao des 18. Jahrhunderts v. Chr.) und im Jiʼ (im ersten Teil des ersten Anhangs, der die Bezeichnung 彖 Tʻuan trägt) ausgesprochen findet. Dort steht beziehungsweise geschrieben: 天道福善禍淫, des Himmels Tao bringt Glück über den Guten und Unheil über den Schlechten, und 鬼神害盈而福謙, die Kwei quälen den von seinem Ich erfüllten, aber die Šĕn beglücken den Selbstlosen.

Der Glaube an die Existenz böser Geister bildet den Hauptbeweggrund zur Anbetung und Verehrung des Himmels, der dadurch veranlaßt werden soll, die rächenden Kwei in Schranken zu halten. Die Jang entsprossenen Šĕn sind die natürlichen Feinde der Kwei, die dem Jin angehören, denn zwischen Jang und Jin herrscht ewiger Kampf, der sich in dem beständigen Wechsel von Tag und Nacht, Sommer und Winter, Hitze und Kälte offenbart. Zweck der Religion in China ist, göttlichen Schutz gegen die bösen Geister zu erlangen, z. B. dadurch, daß während der Opfer die Götter selbst zu den Menschen herabsteigen und durch ihre furchtgebietende Gegenwart die bösen Geister verjagen. Der chinesische Götterkult ist ein Flehen um Glück; Glück aber ist die Abwesenheit des Unglücks, das die Dämonen verhängen; sonach bedeutet dieser Kult die Bekämpfung der Dämonen mit Hilfe der Götter.

Der Glaube an eine Welt böser Geister, die mächtig in das menschliche Schicksal eingreifen, ist mehr als nur eine Grundlage der chinesischen Religion; er ist auch eine der Hauptstützen der öffentlichen Moral.

Das Tao oder die Weltordnung, d. h. der jährliche Kreislauf von Jang und Jin, zeichnet sich durch vollkommene Unparteilichkeit oder Gerechtigkeit gegenüber allen Menschen aus. Durch die Šĕn verteilt der Himmel Segen unter die Guten, und durch die Kwei Strafe unter die Schlechten. Deshalb gibt es in dieser Welt nur für den Guten Glück.

Schon das 左傳 Tso Tš'uan, dieses berühmte klassische Buch, das einem Konfuziusschüler zugeschrieben wird und deshalb dogmatische Autorität genießt, enthält klare Belege für den Glauben, daß die bösen Geister mit Ermächtigung des Himmels berufen sind, Strafen über die Menschen zu verhängen. Es besagt auch, daß die Geister, je nach der Führung der Herrscher, ganze Reiche und Völker segnen oder züchtigen, sie gedeihen lassen, wenn der Herrscher Tugend übt, und ihren Untergang herbeiführen, wenn er böse und schlecht ist. Geschichten von Segen oder Fluch bringendem Eingreifen der Geister bringt die chinesische Literatur alter und neuer Zeit in großer Anzahl. Sittenlehrer haben von solchen Geschichten ganze Bände gesammelt, um mit ihnen die Volksgesittung zu heben und zu fördern.

Zahlreich sind anderseits die Berichte von Geistern, die Lohn spenden aus Erkenntlichkeit für geleistete gute Dienste.

Kaiserliche Truppen erringen Siege mit Hilfe von Geisterscharen, die in der Schlacht mitkämpfen. Auffallend häufig begegnet man in der Literatur Fällen, in denen Seelen der Toten diejenigen belohnen, die sich ihrer mangelhaft oder gar nicht bestatteten leiblichen Überreste angenommen haben; und hiermit kommt die hohe Bedeutung zum Ausdruck, die der Totenpflege nicht nur als Zweig menschlicher Wohltätigkeit, sondern auch als Gegenstand staatlicher Gesetzgebung beigemessen wird. Grabschänder haben stets die Rache der Seelen erfahren müssen, deren Ruhe sie gestört hatten. Durch hunderte von Erzählungen, die teilweise noch aus der guten alten Zeit stammen, aufrecht erhalten, beherrscht der Glaube an das rächende Auftreten der Geister bis auf den heutigen Tag alle Schichten des chinesischen Volkes.

Die Vorstellung, daß jederzeit unsichtbare Wesen in das Leben des Menschen eingreifen können, übt entschieden einen günstigen Einfluß auf die öffentliche Moral in China aus. Man sieht sich gezwungen, Respekt für das Leben der Mitmenschen zu zeigen und Schwache und Kranke mit zarter Rücksicht zu behandeln. Dieser Sinn für Barmherzigkeit und menschliche Anteilnahme erstreckt sich sogar auf Tiere, denn auch diese besitzen Seelen, die Lohn oder Rache verhängen können. Aus der gleichen Ursache schreckt der Mandarin in China auch vor zu krasser Anwendung ungerechter Justiz zurück, weil die ungerecht behandelte Partei sich nicht selten dadurch in einen rächenden Geist verwandelt, daß sie einfach Selbstmord begeht.

In hundertfacher Weise bestätigt sich die Rache der Geister. So ist es möglich, daß der feindliche Dämon in den Körper seines Opfers steigt und es dahin bringt, in einem Zustand geistiger Verwirrung seine Schuld zu bekennen, so daß es irdischer Justiz verfallen muß. Oder der Geist bemächtigt sich des Körpers seines Feindes und macht ihn krank oder wahnsinnig; er läßt ihn auch nach langen Leiden und Seelenqualen sterben oder treibt ihn zum Selbstmord. Auch Armut kann durch eine Schuld des Betroffenen und einen Racheakt der Geister verursacht sein; und als grausamste Züchtigung gilt es, wenn einer seine männlichen Nachkommen verliert, da ihm dann niemand bleibt, der ihn im Alter schützen und nach dem Tode durch Bestattung und Grabopfer vor Elend und Hunger bewahren kann.

Da der höchste Ehrgeiz jedes Chinesen seine Zulassung zu der bevorzugten Klasse der Mandarinen ist, so findet man in der Liste der Belohnungen, die dankbare Geister zu verleihen vermögen, ganz vorn an der Spitze, Erfolg in den berühmten Staatsprüfungen, die Zutritt zu den Amtsstellen verschaffen. In Erzählungen aus alter und neuer Zeit finden sich zahlreiche Fälle, wo Kandidaten durch die Hilfe von Geistern ihre Prüfung bestanden. Andererseits schreibt man die Schuld am Examenspech häufig der Einmischung rachsüchtiger oder grollender Geister zu. Stets kommt es bei den Prüfungen vor, daß unter der Masse von Kandidaten dem einen oder anderen, wenn er in seiner Prüfungszelle eingeschlossen sitzt, infolge nervöser Aufregung unwohl wird und er wohl gar stirbt oder Selbstmord begeht; derartige Zwischenfälle sehen die Chinesen regelmäßig als die Tat rächender Geister an.

Menschlichkeit und Mitgefühl, die sonach auf selbstischer Furcht vor Strafe und Hoffnung auf Belohnung beruhen, mögen zwar in unseren Augen nur geringen sittlichen Wert haben, aber dennoch muß ihr bloßes Dasein in einem Land, dessen Kultur die Menschen noch wenig gelehrt hat, das Gute um seiner selbst willen zu tun, als Segen begrüßt werden. Eine Moralität, die auf Dämonismus aufgebaut ist, also auf einer Grundlage, die wir als nichtig und hohl verachten, als unwahres und abergläubiges Erzeugnis tiefster Unwissenheit verwerfen, beansprucht zweifellos die Aufmerksamkeit jedes Forschers menschlicher Kultur. Sie ist jedenfalls mehr als eine bloße sinologische Kuriosität. Mit Rücksicht auf ihr mehr als zweitausendjähriges Bestehen und auf den gewichtigen Rückhalt, den sie in dem universistischen System besitzt, bildet sie ein bedeutsames Phänomen in der Kulturgeschichte der Menschheit. Wie dem auch sei, Tatsache bleibt, daß Chinas Dämonenglaube trotz der Hinfälligkeit seiner Grundlage bis auf den heutigen Tag in Ostasien zur Bändigung schlechter menschlicher Triebe ganz Unschätzbares geleistet hat.

Schon im klassischen Zeitalter haben sich Chinas Denker der Spekulation über das Tao des Universums hingegeben, jedoch immer im Rahmen des Vorstellungskreises, den wir bereits skizziert haben. Die Lehre des Ji', wonach das Tao oder das Jang und Jin sich aus dem t'ai Ki' (s. S. 7), dem „Allerhöchsten" (etwa unserm Chaos entsprechend?), entwickelt hat, ist von den chinesischen Weisen aller Zeitalter als unumstößliches, heiliges Dogma übernommen worden; und da nun das Jang und das Jin mit dem Himmel und der Erde gleichgestellt werden, so überrascht es nicht, daß bedeutende Philosophen den Standpunkt vertreten, daß das organisierte Weltall spontan durch das Tao geschaffen wurde und das Tao von aller Ewigkeit im Chaos existierte. Einige Stellen im 道德經 Tao Te' King des Philosophen 老子 Lao Tsě, die sich mit diesem Problem befassen, lauten folgendermaßen:

道可道、非常道、名可名、非常名。無名、天地之始、有名、萬物之母 (§ 1). Im Tao (dem „Weg" des Weltalls) sollt ihr wandeln — es ist nicht ein gewöhnlicher Weg; seinen Ruhm sollt ihr rühmen — der ist kein gewöhnlicher Ruhm. Als das Tao noch keinen Ruhm (unter den Menschen) hatte, war es schon des Himmels und der Erde Anfang, und seit es diesen Ruhm hat, ist es die Mutter (Genitrix) gewesen von allem, was besteht.

Weiter: 吾不知誰之子、象帝之先 (§ 4). Ich weiß nicht, wessen Kind es (das Tao) ist, denn es war schon, ehe der kaiserliche, mit Sternbildern geschmückte (Himmel) war.

有物混成、先天地生。寂兮、寥兮、獨立而不改、周行而不殆。可以爲天下母。吾不知其名、字之曰道 (§ 25). Es war einmal etwas aus dem Chaos Gebildetes da vor dem Entstehen von Himmel und Erde. Still war es und gestaltlos; selbständig war es und zeigte keine Veränderung; es kreiste rund umher von nichts gefährdet. Ihr sollt es als die Mutter von Allem betrachten, das es unter dem Himmel gibt. Seinen Namen kenne ich nicht; geschrieben heißt es 道 Tao.

In den Schriften des Philosophen 莊子 Tšuang Tsĕ lesen wir den Satz: 泰初有無、無有無名、一之所起。有一而未形。物得以生謂之德、未形者有分、且然無間謂之命。留動而生物 (Kap. 12). Im allerersten Anfang war nichts; im Nichts war das noch ruhmlose (Tao), aus dem das All entstand. Das All war dann da, aber hatte noch keine Gestalt. Das, wodurch die Wesen die Möglichkeit ihres Entstehens und Bestehens erlangten, nenne ich die Kraft (Ṭe' des Tao); im Gestaltlosen entstand durch sie eine Trennung (in Jang und Jin), und weil diese ohne Unterbrechung fortdauerte, war, was ich Leben nenne, da. Sie (Jang und Jin) verharrten in Bewegung und erzeugten dadurch (immerfort) die Wesen.

In den Schriften von 管子 Kuan Tsĕ (Buch 14, bezw. Kap. 40) finden wir klipp und klar ausgesprochen, daß 道生天地, das Tao Himmel und Erde geboren hat.

Diese drei alten Philosophen verdienen es, Propheten des Taoismus genannt zu werden, weil neben den klassischen Büchern es in erster Linie ihre Schriften sind, die über den Ursprung und die Entwickelung des Universismus Aufschluß geben. Lao Tsĕ's Tao Te' King oder heiliges Buch vom Tao und dessen Tugenden oder Eigenschaften ist auch außerhalb Chinas wohlbekannt, weil es oftmals, auch durch Personen, die gar nicht chinesisch konnten, in europäische Sprachen übersetzt worden ist; diese Auszeichnung verdankt das Werk dem Umstande, daß seine genaue Wiedergabe in europäischer Sprache höchst schwierig, ja fast unmöglich ist, und sogenannte Übersetzungen sich somit auf ihre Richtigkeit so gut wie gar nicht prüfen lassen. Nach herrschender Ansicht war Lao Tsĕ ein Greis, als Konfuzius lebte. Tšŭang Tsĕ oder 莊周 Tšŭang Tšou lebte in der zweiten Hälfte des 4. Jahrhunderts vor Christi Geburt. Seine Schriften sind, ebenso wie das Tao Te' King, von Legge, dem meisterhaften Übersetzer der konfuzianischen Bücher, ins Englische übertragen worden. Das Werk des Kuan Tsĕ ist umfangreicher als die Schriften Lao Tsĕ's und Tšŭang Tsĕ's zusammengenommen. Es enthält in der Hauptsache die Darstellung einer ethischen und politischen Philosophie auf universistischer Grundlage. Der Verfasser 管仲 Kuan Tšung oder 管夷吾 Kuan I-wu lebte angeblich im 7. Jahrhundert vor Christi Geburt, so daß sein Werk, falls es damals wirklich entstanden sein sollte, Zeugnis dafür ablegen würde, daß der Taoismus bereits in der frühesten Periode zuverlässiger ostasiatischer Geschichte existiert hat. Indes enthält es offenkundig umfangreiche Beiträge von fremder Hand; doch selbst, wenn es später geschrieben sein sollte, etwa zur Han-Zeit, so bleibt es eine wertvolle Quelle für unsere Kenntnisse vom alten Taoismus und höchst wertvoll auch als Kommentar und Ergänzung zu den Schriften des Lao und Tšŭang.

Die Schriften der drei Philosophen haben einen entscheidenden Einfluß auf die Entwickelung des Taoismus zu einer selbständigen Religion ausgeübt. Maßgebend sind sie vor allem für die Lehre geworden, daß der Mensch sich und sein Benehmen dem Tao des Weltalls und dessen Eigenschaften anpassen soll. Da die Richtlinien, die sie in dieser Beziehung angeben, aus heiliger alter Zeit stammen, so sind sie immer hoch verehrt worden und werden als Grundlagen für das ethisch-religiöse System angesehen, das den Namen „menschliches Tao" (s. S. 6) führt. Jedoch sind die Werke nie als heilige Bücher des Konfuzianismus anerkannt worden. Der Grund für diese Ausschließung ist noch unbekannt; einstweilen müssen wir uns mit der Annahme begnügen, daß sie erfolgte, weil die genannten Werke nicht von Konfuzius oder seinen Schülern stammen. Diese Frage verdient nähere Untersuchung, da diese Ausschließung kennzeichnend ist für die Spaltung des ursprünglichen universistischen Glaubens in einen taoistischen und einen konfuzianischén Zweig (vgl. S. 3 f.). Vom Augenblick dieser Spaltung in der Han-Zeit an, haben die Schriften von Lao, Tšuang und Kuan zusammen mit einigen anderen von geringerer Bedeutung eine Rolle für sich gespielt als Bibeln des Taoismus, jedoch brüderlich Seite an Seite mit den Bibeln des Konfuzianismus.

Zweites Kapitel.

Das Tao des Menschen.

Wie in dem vorigen Kapitel gezeigt wurde, ist die Grundlage der chinesischen Philosophie und Religion das treibende,
lebende, schöpferische Universum, der Gang der Natur, die
Weltordnung, genannt Tao oder „Weg". Es wurde ferner
darauf hingewiesen, daß dieses Tao sich kundtut in der Umwälzung der Zeit, insbesondere in jedem Umlauf der Jahreszeiten, wie er durch die Wechselwirkungen des Jang und des
Jin oder der hellen und dunklen, bezw. warmen und kalten
Weltseele hervorgerufen wird. Weiter wurde das große universistische Dogma betont, daß der Mensch das Produkt dieses
Weltseelenpaares ist und gleichfalls eine Doppelseele besitzt,
nämlich als Bestandteil des Jang einen Šĕn und als Bestandteil des Jin einen Kwei. Der Mensch ist sonach ein Stück
des universellen Tao; sein Werden und Vergehen, sein ganzes
Dasein richtet sich nach dieser Weltordnung.

Diese Fundamentalsätze bilden bis auf den heutigen Tag
den Ausgangspunkt für die konfuzianische und taoistische Lehre
von der rechten Lebensführung des Menschen. Diese soll
sich in Übereinstimmung mit dem Tao des Universums befinden; daher ihr Name „menschliches Tao" (S. 6). Das
Ji' (hi Tsĕ, I) enthält einen Satz, aus dem die ganze
Bedeutung einer derartigen Übereinstimmung hervorgeht:

一陰一陽之謂道、繼之者善也、成之者性也；
das Jin des Alls und das Jang des Alls, die heißen das Tao; was aus demselben hervorgeht, ist das Gute (善 Šan); was es schafft, ist die menschliche Natur (性 Sing).

Das Tao ist somit die Quelle des Guten, alles Segens, das summum bonum. Das Tao kann nur gut sein, darin stimmen alle Philosophen überein, weil unter seinem Einfluß das wohltätige Zusammenwirken von Himmel und Erde erfolgt, das alle Wesen entstehen läßt und unparteiisch mit gleichem Wohlwollen erhält; diese Schöpfergüte 善 Šan bildet die höchste Eigenschaft (德 Te') des Universums. 天地之大德曰生， die höchste Eigenschaft von Himmel und Erde ist Schöpfung, sagt das Ji' (hi Tsĕ, II). Auch lesen wir in diesem heiligen Buch: 天地感而萬物化生, Himmel und Erde werden erregt (durch das Tao), und dann entstehen durch Umbildung die zehntausend Wesen (T'uan, II). 天地養萬物、聖人養賢以及萬物, Himmel und Erde nähren die zehntausend Wesen; der Heilige nährt seine Vortrefflichkeit und läßt sie den zehntausend Wesen zukommen (T'uan, I)

Da des Menschen Seele ein Teil von Jang und Jin ist, die das Tao bilden, so folgt, daß ihre Beschaffenheit, d. h. des Menschen Charakter oder Natur, sein 性 Sing, von Natur gut ist. Das Ji' sagt:

乾道變化、各正性命, das Tao des Himmels schafft die Wandlungen der Natur, welche für jedermann Charakter und Leben zurechtmachen (T'uan, I). 天地設立而易行乎其中 矣。成性存存。道義之門, Himmel und Erde haben ihre Lage, und inmitten von ihnen vollziehen sich die Wandlungen. Sie schaffen die Natur der Wesen und erhalten sie fort und fort. Das ist die Lehre zum Verständnis des Tao (hi Tsĕ, I).

Das Ji' entwickelt diese Lehre weiter, indem es darlegt, daß die menschliche Natur vier Grundeigenschaften umfaßt, die aus den vier höchsten Eigenschaften des Himmels hervorfließen. Wenn wir die erste Seite des genannten heiligen Buches aufschlagen, so finden wir die Worte: 乾元亨利貞，

der Himmel ist schöpferisch, alldurchdringend, freigebig und unerschütterlich. Und im vierten Anhang zum Ji', der den Titel 文言
Wĕn Jĕn trägt, steht geschrieben: 元者善之長也、君
子體仁足以長人。亨者嘉之會也、[君子]嘉
會足以合禮。利者義之和也、[君子]利物足
以和義。貞者事之幹也、[君子]貞固足以
幹事。君子行此四德者故曰乾元亨利貞.
Schöpfungskraft ist die Haupteigenschaft der natürlichen Güte; der Edle
verkörpert Menschenliebe (仁 Žĕn) und kann dadurch zum Höchsten
unter den Menschen werden. Alldurchdringend ist die Gesamtheit des Vortrefflichen; der Edle vereint soviel Vortrefflichkeit, daß sie den Lebensregeln und der guten Lebensform (禮 Li) entspricht. Freigebigkeit ist
die harmonische Vereinigung der Lebenspflichten; der Edle wirkt so wohl-
tätig auf die Wesen, daß er die Lebenspflichten (義 I) harmonisch vereint.
Unerschütterlichkeit ist die feste Grundlage alles Tuns; der Edle ist unerschütterlich fest, deshalb kann er Werke vollbringen. Der Edle verfährt
nach diesen vier Eigenschaften; deshalb spricht (das heilige Buch) von
schöpferisch, alldurchdringend, freigebig und unerschütterlich.

Diese vier Haupteigenschaften, die der menschlichen Natur
innewohnen und den Haupteigenschaften des Himmels entlehnt
sind, werden in dem chinesischen Ausdruck 常 Šang, die
unvergänglichen (Eigenschaften), zusammengefaßt; sie gelten als so
ewig und unveränderlich wie der Himmel selbst. Die vierte
wird allgemein mit 知 Tši, Wissen, gleichgesetzt, weil nur
das Wissen, die Mutter der Weisheit, zu festen Taten führt.
Zusammen stellen die vier „unvergänglichen Eigenschaften“ das
„Tao des Menschen“ dar. Sie bildeten immer und bilden noch
heute die Quintessenz der konfuzianischen Sittenlehre, Hand in
Hand damit das Dogma, daß der Mensch von Natur gut (šan)
ist. Allerdings gab es in der klassischen Zeit Philosophen, die
dieses „von Natur Gutsein“ der Menschen in Abrede stellten
und die Meinung vertraten, daß der menschliche natürliche
Charakter ein Gemisch von gut und böse sei, wobei je
nach der Erziehung das eine oder andre überwiege. Ja, ein

Weiser des 3. vorchristlichen Jahrhunderts, 荀况 Siün Huang, behauptet sogar die völlige Verderbtheit der dem Menschen angeborenen Natur. Aber alle diese Meinungen wurden in China endgültig verurteilt und in die Region der Irrlehre verbannt, zuerst durch den großen 孟子 Möng Tsĕ, den Altmeister der konfuzianischen Schule, dessen Schriften unter die klassischen Bücher eingereiht wurden, sodann auch durch Konfuzius' Enkel 孔伋 K'ung Ki' oder 孔子思 K'ung Tsĕ-sĕ, den berühmten Verfasser des Tšung Jung, (S. 11), das ebenfalls zum Range eines klassischen Buches erhoben ist und mit folgenden bedeutungsvollen Worten anhebt: 天命之謂性、率性之謂道、修道之謂教, was der Himmel bestimmt, das ist des Menschen Natur (Sing); der menschlichen Natur folgen, das ist das Tao (des Menschen); Pflege dieses Tao, das heißt Unterweisung. So wurde die Lehre von der menschlichen Anpassung an das Universum von einem der größten Meister der konfuzianischen Schule zur Grundlage des konfuzianischen Erziehungssystems erhoben.

Wie die chinesische Philosophie übereinstimmend lehrt, ist die wichtigste der vier natürlichen Haupttugenden Beobachtung der 禮 Li, d. h. der Lebensregeln, der Gesetze für das Benehmen, wie sie die klassischen Schriften aus der heiligen Zeit der Vorahnen überliefert haben. Die Li regeln das Verhalten des Menschen zum Einzelnen, zur Familie, Gesellschaft und Staat, zu den Ahnen und Göttern, kurz das ganze menschliche Tao; sie enthalten mithin zahlreiche religiöse Bräuche und Riten. Wie Konfuzius und seine ersten Schüler mit Nachdruck erklärten, sind die Li das Mittel, vermöge dessen der Mensch sich dem Tao des Himmels überhaupt nur angleichen kann, was zu seinem Leben unbedingt notwendig ist; überdies stammen die Li, gemäß einem Ausspruch des großen Weisen, unmittelbar vom Himmel und Weltall, d. h. sie beruhen völlig auf der Natur. Demgemäß kann kein Staat, keine Dynastie, ja keine

Familie ohne Li existieren. Dieses Dogma erhebt die konfuzianische Lehre ganz von selbst zu einer Staatslehre und Staatsreligion, die auf dem Tao beruht, und deren Aufrechterhaltung Sache der jeweils regierenden Dynastie ist. Selbstverständlich ist diese Auffassung durch und durch klassisch; wir finden sie in einem der Bücher des Li Ki, dem Li Jun (s. S. 9), in folgender Weise zum Ausdruck gebracht:

孔子曰、夫禮先王以承天之道、以治人之情。故失之者死、得之者生。詩曰、相鼠有體、人而無禮、人而無禮、胡不遄死。是故夫禮必本於天、殽於地、列於鬼神、達於喪祭、射御、冠昏、朝聘。故聖人以禮示之、故天下國家可得而正也 (Kap. I). Konfuzius sprach: „Fürwahr, die Li sind es, durch die die alten Herrscher das Tao des Himmels in Empfang nehmen konnten, um über die Leidenschaften der Menschen zu regieren. Darum, wer die Li verliert, der muß sterben, wer sie aber erworben hat, der wird leben. Denn im Buch der Lieder (詩經 Ši King) steht: „Siehe die Ratte, sie hat ihre Gliedmaßen; es gibt aber Menschen ohne Li; Menschen ohne Li, müssen sie nicht alsbald sterben (wie eine Ratte ohne Gliedmaßen)?" Das kommt daher, weil die Li im Himmel wurzeln, sich über die Erde verbreiten, sich auf böse und gute Geister verteilen und sich erstrecken auf Totentrauer und Opfer, auf Bogenschießen und Wagenlenken, auf Mannbarkeitsfest und Eheschließung, auf Audienzen und Empfang von Gesandtschaften. Darum nimmt der Heilige (der Herrscher) die Li und tut sie der Welt kund; dann vermag sein Haus, das über alles unter dem Himmel regiert, die Welt in Ordnung zu halten."

是故夫禮必本於大乙、分爲天地、轉而爲陰陽、變而爲四時、列而爲鬼神。其降曰命、其官於天也 (Kap. IV). Das ist so, weil die Li im großen All wurzeln, das sich in Himmel und Erde teilt, die drehend Jin und Jang bilden, welche die Wandlungen (der Natur) hervorbringen und so die vier Jahreszeiten schaffen, deren Ordnung die Kwei und Šĕn bildet. Was (dieser Gang der Welt) herabsendet, ist das Schicksal; die Verwaltung des Schicksals aber liegt beim Himmel.

故禮義也者人之大端也。所以講信修睦
而固人肌膚之會、筋骸之束也。所以養生送死
事鬼神之大端也、所以達天道順人性之
大寶也。故唯聖人爲知禮之不可以已也、
故壞國喪家亡人必先去其禮 (Kap. IV). Deshalb ist die richtige Deutung der Li der Menschheit höchster Grundsatz. Sie sind es, vermöge deren die Menschen die Fügsamkeit lehren, die Eintracht pflegen, und die dadurch der Menschen Haut mit dem Fleische, ihre Muskeln mit den Knochen fest zusammenhalten.[1] Die Li sind das Hauptprinzip, durch das den Lebenden Erhaltung, den Toten Bestattung, den Geistern und Göttern Verehrung zuteil wird; sie sind die große Bresche zum Verständnis des himmlischen Tao und zur Befolgung der menschlichen Natur. Darum darf in der Regierung eines Heiligen (eines Herrschers) die Erkenntnis der Li keine Grenzen haben, denn wann auch immer ein Reich vernichtet wurde, ein Herrscherhaus herabsank, ein Volk zugrunde ging, stets war schuld daran, daß man die Li preisgegeben hatte.

Das Tao des Universums, aus dem das Tao des Menschen entspringt, beherrscht also gemäß konfuzianischer Anschauung das gesamte menschliche Leben. Man kann sagen, das menschliche Tao bedeutet einen pflichtgemäßen Wandel des Menschen in Übereinstimmung mit den Lebensbedingungen, in die ihn das Tao des Weltalls, das ihn erschuf und unter seinem allmächtigen Einfluß leben läßt, von Natur gestellt hat. Man könnte auch sagen, das menschliche Tao, das sich durch die vier natürlichen Haupttugenden des Menschentums äußert, ist der „Weg", in dem der Makrokosmos den Mikrokosmos wandeln läßt, der Weg menschlicher Gesittung im allgemeinen. Das Wort Tao bedeutet demgemäß rechtes Verhalten, auch die wahren Regeln für Leben und Religion, die guten Grundsätze; in allen diesen Bedeutungen wird es in den klassischen Schriften gebraucht. Bis auf den heutigen Tag ist Tao in China die Bezeichnung fast alles dessen, was des Menschen höheres Wesen ausmacht. Seit der Han-

---

[1] Ohne Li herrschte gewiß unaufhörlich Zwist und blutiger Kampf.

Dynastie sind die konfuzianischen, klassischen Schriften die
Grundlage der chinesischen Gesittung und Politik gewesen. Diese
Tatsache kennzeichnet sie gleichzeitig als taoistische Schriften.
Tatsächlich sind sie seit jeher von der Regierung und den
geistigen Führern der Nation als einziger Wegweiser für das
menschliche Tao angesehen worden. Sie sind es, die das Volk
lehren, wie seine ältesten und darum heiligsten Vorfahren gedacht und gehandelt haben, was sie für Lebensgrundsätze und
politische Anschauungen hatten, sie, die „Vollkommenen oder
Heiligen“ (聖 Šing), die besser als irgend jemand wußten,
was das Tao sei, weil sie schon lebten, als es zuerst unter die
Menschen kam, ja weil sie an seiner Begründung selbst teil-
genommen haben. Einfachste Logik zwingt daher zu sklavischem
Gehorsam gegenüber diesen konfuzianischen Schriften und macht
sie zu Bibeln, nach denen sich Glauben und Leben des Einzelnen
wie der Gesamtheit, der Familie wie des Staates zu richten
haben. Die Lehren, die in diesen Schriften enthalten sind,
bilden das, was wir als Konfuzianismus kennen. Der Konfuzianismus kann also nur die allein richtige Lehre sein, weil es
nur ein Tao, nur eine Weltordnung gibt und nur einen Satz
von heiligen Büchern, die diese Ordnung unter den Menschen
verkünden; jede andere Religion oder Sittenlehre muß im Widerstreit mit dem Universum selbst stehen und deshalb für Staat
und Menschheit verhängnisvoll sein. Weisheit und Politik in
China versagen demnach, abgesehen vom taoistischen Konfuzianismus, bezw. konfuzianischen Taoismus, jedem Glauben
oder Sittensystem die Existenzberechtigung. Nur das Tao
zeigt die Wahrheit und den Weg zum rechten Leben; es ist
sogar der Schöpfer alles Guten wie überhaupt aller Dinge.
Über dem Tao, der treibenden Kraft des Weltalls, gibt es
nichts Höheres, noch neben ihm ein Gleiches. Deshalb ist
außer der Lehre des Tao kein Raum für irgendwelche andre
sittliche, religiöse oder politische Anschauungen. Sollten aber

andersgläubige Anschauungen und Lehren, die nicht auf den klassischen Schriften beruhen, aufkommen, so müssen sie unbedingt irreführend, ketzerisch, schädlich, verderblich sein, und jeder Staatsmann von wahrhaft aufrechter konfuzianischer Gesinnung ist verpflichtet, für ihre gänzliche Ausrottung und Vernichtung Sorge zu tragen. Und zwar soll er sie bereits im Keime zerstören, bevor sie an Ausdehnung gewinnen und Verwirrung unter den Li stiften, diesen allumfassenden Regeln und Geboten wahrer menschlichen Gesittung, die allein imstande sind, des Menschen Denken und Tun in völligem Einklang mit der Ordnung des Weltalls zu erhalten.

Diese Grundanschauungen erklären uns vollständig die Tatsache, daß die klassischen Bücher in China die einzigen Schriften sind, die stets bei den Gebildeten, Gelehrten und Staatsmännern höchstes Ansehen genossen haben. Man versteht nun, warum diese klassischen Bücher als Basis aller Kultur und Bildung gelten, und warum die gründlichste Kenntnis ihres Inhaltes stets den hauptsächlichsten, ja den einzigen Gegenstand in jenen weltberühmten Prüfungen gebildet haben, die in China den Weg zum Beamtentum öffnen. Es ist jetzt klar, warum dort die Worte „Gelehrter“ und „Staatsmann“ gleichbedeutend mit „Konfuzianer“ sind. Die Schriften außerhalb des Gedankenkreises der Klassiker sind entweder neutral, dann entgehen sie der Beachtung der gelehrten und politischen Welt und gelten als gerade gut genug für zweit- und drittklassige Geister, die gern müßigen Beschäftigungen nachgehen; oder aber sie atmen einen von den klassischen Schriften abweichenden Geist, dann gelten sie als irrlehrig, ketzerisch, sittlich gefährdend, staatsfeindlich. Man nennt sie dann: 不經 pu’-king, unklassisch; 不正 pu’-tšing oder 不端 pu’-tuan, unrichtig oder nicht orthodox; 邪 siĕ oder 淫 jin, sittlich gefährdend; auch: 左道 tso Tao, linkes oder minderwertiges Tao, und 異端 i Tuan, vom Richtigen abweichend, also heterodox.

Stets war in dieser Welt der Dogmenglaube die Ursache von Unduldsamkeit und Verfolgung. Hätte es in China anders sein können? Sicherlich nicht. Tatsächlich findet man die konfuzianische Lehre im Verein mit dem Staat, der ihr ja völlig angepaßt ist, von jeher von geradezu fanatischer Feindschaft gegen jede religiöse und sittliche Richtung erfüllt, die sich nicht als rein klassisch darstellt, und gegen jede Lehrmeinung, die nicht auf den konfuzianischen Schriften beruht. Kreuzzüge gegen falsche Lehren predigt schon das Šu (s. S. 14), eins der heiligsten unter den heiligen Büchern, in den 大禹謨, Ratschlägen von Jü dem Großen, eine Sammlung von politischen Lehrsätzen vom heiligen Stifter der 夏 Hia-Dynastie, der im 23. Jahrhundert vor unsrer Zeitrechnung lebte. Dieses wichtige Dokument, das, seit es in der Han-Zeit entdeckt wurde, als eines der Hauptpfeiler der Staatsverfassung Chinas gegolten hat, sagt kurz und kräftig: 去邪勿疑, wirf fort, was sie ist, und zaudere dabei nicht. Konfuzius selbst, der allerheiligste der Heiligen Chinas, predigte die Verfolgung der Ketzerei für alle Zeit, denn dem heiligen Buche 論語 Lun Jü zufolge (II, 16) befahl er: 攻乎異端、斯害也已, greift die Irrlehre an, denn sie ist das Schädliche und Gefährliche! Auch Mĕng Tsĕ legt die Verfolgung der Ketzerei allen künftigen Geschlechtern als dringende Pflicht ans Herz. Ausdrücklich bezeichnet er mit Ketzerei alles, was von den Lehren des Konfuzius oder noch älterer Weisen abweicht. Die Schriftkundigen, einschließlich der Mandarinen, die ja mittels der Staatsprüfungen aus den Kreisen der Schriftkundigen ausgewählt werden, sind also natürlicherweise stets als Verfolger der Irrlehre aufgetreten, denn sie sind es, die das auf der konfuzianischen Lehre beruhende chinesische Staatswesen aufrechterhalten. Die Masse des gewöhnlichen, ungelehrten Volkes ist von konfuzianischem Fanatismus frei. Sie liefert die Opfer und Märtyrer für den blutgetränkten Altar eines intoleranten Beamtentums.

Aus dem Gesagten geht hervor, warum der chinesische Staat notwendigerweise auch die christliche Religion und den Islam, den Buddhismus und dessen zahlreiche Sekten verfolgen mußte. Gegen die Werbetätigkeit, die Ausübung ihrer religiösen Gebräuche, die Abhaltung ihrer Andachten seitens dieser Religionsgemeinschaften ist häufig mit Erdrosselung, Bambusprügeln und Verbannung eingeschritten worden. Besonders streng war die religiöse Verfolgung unter der Mantschu-Dynastie. Hunderte von kaiserlichen Erlässen sind überliefert, die sich auf Sektenverfolgung beziehen. Zahlreiche Aufstände von Sekten wurden, wie aus solchen Erlässen hervorgeht, mit Zustimmung des Throns durch grausamste Verfolgungen hervorgerufen und dann unter Strömen von Blut erstickt. Ausführliche Mitteilungen über diesen Gegenstand bietet mein zweibändiges Buch „Sectarianism and Religious Persecution in China".

Da alles Gute (Šan), alle Tugenden und Segnungen (德 Te') aus dem Tao des Weltalls hervorgehen, so bedeuten die viel gebrauchten Ausdrücke 得道 te' Tao, Erwerbung von Taó, und 有道 jiu Tao, Besitz von Tao, Erwerbung und Besitz höchster Tugend, sittlicher Vollendung und höchsten Glücks, — alles Dinge, die aus dem menschlichen Tao erfolgen, d. h. aus einer Lebensdisziplin, welche völligen Einklang mit dem Tao des Weltalls, insbesondere mit dem Tao des Himmels, erstrebt. Im Tao Te' King, dem „Buch des Tao und seiner Eigenschaften", lesen wir: 天道無親、常與善人 (§ 79), das Tao hat niemanden, der ihm besonders nahe steht, sondern ist stets mit dem guten (šan) Menschen. 古失道而後德、失德而後仁、失仁而後義、失義而後禮、失禮者忠信之薄而亂之首 (§ 38); geht dem Menschen das Tao verloren, so verliert er auch dessen Segnungen oder Tugenden (Te'), demnächst die Menschenliebe (Žen), dann die Lebenspflichten (I) und die Lebensregeln

(Li, s. S. 25); Verlust der Li hat das Schwinden der Treue und Zuver-
lässigkeit zur Folge und ist also der Anfang zur Anarchie.

Wer das Tao gänzlich gewonnen hat, ist demnach ein vollkommener Mensch, ein Heiliger. Nun vollzieht sich, wie uns schon bekannt ist (S. 11), das Wirken des Tao des Weltalls durch die Šĕn oder guten Geister, Gottheiten, welche Unterteile des Jang, der himmlischen Weltseele, sind. Es ist dann eine logische Folgerung, daß der Mensch, der das Tao besitzt, ebenfalls ein Šĕn, eine Gottheit ist. Daher heißt sein Tao auch 神道 Šĕn Tao, göttliches Tao oder Tao des Gottseins. Uns allen ist dieses Wort aus der japanischen Religion bekannt als Schinto; tatsächlich besteht der Taoismus seit jeher im Land der aufgehenden Sonne. Der Ausdruck Šĕn Tao stammt aus dem heiligen Ji', und zwar aus der folgenden Stelle des ersten Anhangs (T'uan, I): 觀天之神道而四時不忒、聖人以神道設教而天下服矣; der Heilige (der Herrscher) betrachtet das Šĕn Tao des Himmels und die nimmer fehlende Regelmäßigkeit der vier Jahreszeiten, und er gründet auf diesem Šĕn Tao seine Lehre, durch die alles unter dem Himmel sich ihm unterwirft. Dieser klassische Satz hat das chinesische Regierungssystem für alle Zeiten durch und durch beeinflußt. Er gab den Staatslenkern die Gewißheit, daß Gehorsam und Frieden im Lande herrschen müssen, solange das Volk getreu im Tao erzogen wird, und sie haben deshalb durch die Pflege der klassischen Schriften die Lehre des Tao hochgehalten mit all der Ehrfurcht, die man den heiligen Ahnen der Vorzeit und ihren in den klassischen Büchern enthaltenen Geboten schuldig ist.

Besitz des Tao erhebt also den Menschen zu einem Zustand von Macht und Glück, der Göttlichkeit oder Heiligkeit ist. Mit größtem Nachdruck wird diese Lehre ebenso in den klassischen Büchern wie in den Schriften der Philosophen Lao Tsĕ und T'šuang Tsĕ verkündet; sie ist also Gemeinbesitz des Konfuzianismus ebenso wie des Taoismus, wie im nächsten Kapitel näher klargestellt werden wird. Über die Macht und Herrlichkeit des Menschen, der seine Lebensführung dem Tao entsprechend gestaltet, ergeht sich das Ji' in folgenden schwungvollen Wendungen (Wên Jên): 夫大人者與天地合其德、與日月合其明、與四時合其序、與鬼神合其吉凶。先天而天弗違、後天而奉天時、天且弗違、而況於人乎、況於鬼神乎. O der große Mensch! seine Eigenschaften sind eins mit Himmel und Erde, seine Klarheit eins mit Sonne und Mond, sein Wandel eins mit den vier Jahreszeiten, sein Wohl und Wehe eins mit den Kwei und Šên. Er geht dem Himmel voran (d. h. er paßt sich ihm rechtzeitig an), und darum ist der Himmel nicht wider ihn; er folgt dem Himmel nach, während er sich ehrerbietig nach den vier Jahreszeiten richtet, und darum ist abermals der Himmel nicht wider ihn; um wieviel weniger die Menschen, um wieviel weniger die Kwei und Šên.

Konfuzius selbst hat, wie Tšuang Tsĕ (Buch 10, bezw. Kap. 31) berichtet, seinen Jüngern ausdrücklich erklärt, daß nur ein Taoist bestehen, glücklich sein und Vollkommenheit erlangen kann: 且道者萬物之所由也。庶物失之者死、得之者生。爲事逆之則敗、順之則成。故道之所在聖人尊之. Aus dem Tao entstehen die zehntausend Wesen. Alle Wesen, die das Tao verlieren, sterben; die es finden, leben. Wer in seinen Taten wider das Tao handelt, geht zugrunde; wer das Tao befolgt, hat gänzlichen Erfolg. Deshalb ist das Verharren im Tao von den Heiligen als das Höchste geschätzt.

Unter den Mitteln, die seit alters als wirksam angesehen werden, um des Menschen Einssein mit dem Tao und demgemäß sein Gottsein zuwegezubringen, hat Nachahmung des Tao immer an erster Stelle gestanden. Sich benehmen wie das Weltall ist Anpassung an das Weltall, und da dieses im höchsten Grade vortrefflich ist, so ist seine Nachahmung Tugend. Diese Anschauung wird im Ji' mehrfach vertreten. Da

heißt es z. B.: 天行健、君子以自彊不息 (象 Siang, I).
首出庶物、萬國咸寧 (T'uan, I). Der Lauf des
Himmels ist ein fester Lauf; der Edle läßt daher nie ab, sich selbst zu
festigen. Wenn das Haupt (des Herrschers) über die zehntausend Wesen
herausragt, dann herrscht in den zehntausend Ländern. Ruhe. Das will
sagen, der Herrscher muß, da er den Himmel vertritt, zwecks
Aufrechterhaltung von Ansehen und Würde genau so unerschütterlich und ehrfurchtgebietend sein wie der Himmel. Dann
wird er seine Staaten genau so in ruhigem Gleichgewicht halten,
wie der Himmel vermöge seiner Unerschütterlichkeit das Gleichgewicht der Erde aufrechterhält.

Die schöpferische Kraft des Weltganzen äußert sich in
den alljährlichen Schöpfungsvorgängen der Natur, die durch die
Wechselwirkungen von Jang und Jin zuwege gebracht werden.
Dieses Kräftepaar, das Tao, verteilt den Reichtum der Schöpfung
ohne Ansehen des Einzelnen mit völliger Unparteilichkeit über
die Welt. Unparteilichkeit (公 Kung) in der Regierung ist
demnach eine selbstverständliche Pflicht der Herrscher; Partei-
lichkeit (不公道 pu' kung Tao) gilt als Verletzung des
Weltgesetzes, stört somit das Tao und muß deshalb unweigerlich im Staate Verwirrung stiften. Kuan Tsě schrieb:
天公平而無私、故美惡莫不覆。地公平
而無私、故小大莫不載 (Buch 20, bezw. Kap. 64).
Der Himmel ist gerecht und unparteiisch und ohne Selbstsucht; ob schön
oder häßlich, alles überdeckt er. Auch die Erde ist gerecht und unparteiisch
und hat keine Selbstsucht; deshalb trägt sie das Kleinste ebensogut wie
das Größte.

聖人若天然、無私覆也、若地然、無私載
也。私者亂天下者也 (Buch 13, bezw. Kap. 37).
Der Heilige gleicht dem Himmel, der uneigennützig und unparteiisch alles
überdeckt; er gleicht der Erde, die unparteiisch alles trägt. Selbstsucht
ist es, die Verwirrung bringt im Reich, das unter dem Himmel ist.

有道之君者善明設法而不以私防者
也、而無道之君旣己設法、則舍法而行私

者也。爲人上者釋法而私行、則爲人臣者援
私以爲公 (Buch 10, bezw. Kap. 30). Ein Herscher, der das
Tao besitzt, schafft mit natürlicher Güte (Šan) und Weisheit Gesetze und
handhabt sie nicht mit Rücksicht auf seine eigenen Interessen; ein Herrscher ohne Tao aber gibt die Gesetze, die er eben geschaffen hatte, preis
und handelt mit Selbstsucht. Wenn der Höchste der Menschen seine eigenen
Gesetze preisgibt und zur Förderung seiner eigenen Interessen handelt,
dann wird seinen Ministern Förderung ihrer Selbstsucht als Gerechtigkeit gelten.

行天道、出公理、則遠者自親。廢天道、
行私爲、則子母相怨 (Buch 20, bezw. Kap. 64).
Wenn des Himmels Tao befolgt wird und also Gerechtigkeit entsteht,
dann werden Fernstehende zu Verwandten. Wird aber das Tao des Himmels
preisgegeben und eine selbstsüchtige und parteiische Regierung geführt,
dann ist Feindschaft sogar zwischen Mutter und Kindern.

是以德之流潤澤均加于萬物、故曰、聖
人參于天地 (Buch 4, bezw. Kap. 11). Darum sage ich,
damit Ströme befruchtenden Segens gleichmäßig die zehntausend Wesen
netzen: der Heilige (der Herrscher) reiht sich als Dritter dem Himmel und
der Erde an.

Es geht aus diesen Lehrsätzen hervor, daß in der Forderung der Unparteilichkeit gegenüber den Untertanen inbegriffen ist, daß der Herrscher gegen sich selbst unparteiisch
(公), d. h. völlig frei von Eigenliebe und Eigennutz (私) sei.
Selbstlosigkeit gilt denn auch ebenso als eine Haupteigenschaft
des Universums, worüber wir im Tao Te' King (§ 7) lesen:

天長、地久。天地所以能長且久者以其
不自生、故能長生。是以聖人後其身而身先、
外其身而身存。非以其無私邪故能成其私.
Der Himmel ist ewig und die Erde ist ewig. Der Grund für des Himmels
und der Erde Ewigkeit ist, daß sie nicht für sich selbst leben; deshalb sind
sie auch imstande, ewiglich Leben zu schaffen. Darum stellt der Heilige
sein persönliches Interesse zurück, und dennoch behauptet es den ersten
Platz; er behandelt seine Person als außerhalb seines Interesses liegend,

und doch bleibt sie ihm wohlbehalten. Ist nicht seine Selbstlosigkeit die Ursache, daß er sein eigenes Wohl vervollkommnet?

Der Gang des Weltalls vollzieht sich in völliger Ordnung. Warum? Weil die Teile des Weltalls nicht zusammenstoßen. Und warum das? Weil ihre Bewegungen gegenseitig 順 šun, willfährig, sind.

Willfährigkeit ist demnach gleichfalls eine wichtige Herrschertugend, die zur Aufrechterhaltung der Staatsordnung unerläßlich ist. Ihr Vorhandensein ist politisches Dogma und wird in den konfuzianischen wie taoistischen Schriften mit besonderem Nachdruck gefordert. Im Ji' lesen wir:

天 地 以 順 動、故 日 月 不 過 而 四 時 不 忒。
聖 人 以 順 動、則 刑 罰 清 而 民 服. (T'uan, I).
Himmel und Erde bewegen sich mit Willfährigkeit, deshalb geschehen im Laufe von Sonne und Mond keine Fehler, noch Abweichungen im Gange der vier Zeiten. „Wenn der Heilige (der Herrscher) sich gleichfalls mit Willfährigkeit regt, dann sind seine Strafgesetze lauter, und das Volk unterwirft sich ihm.

坤 道 其 順 乎、承 天 而 時 行 (Wĕn Jĕn).
Ist nicht der Erde Tao ihre Willfährigkeit? Sie empfängt des Himmels Kraft, und die Jahreszeiten bewegen sich in ihrer Bahn. Augenscheinlich will es diese Lehre der Willfährigkeit, daß Herrscher in weitem Maße dem Volkswillen und der Volksstimmung Rechnung tragen sollen. Sie wendet sich gegen stumpfsinnige Tyrannei und dürfte den Namen 順 治 Šun Tši, Regierung durch Willfährigkeit, erklärlich machen, der bekanntlich als Bezeichnung für die Regierungsperiode des ersten Mantschukaisers gewählt wurde. Im Zusammenhange mit neueren Reformbestrebungen, die Chinas Neugestaltung auf verfassungsrechtlicher Grundlage wünschen, ist jedenfalls eine bemerkenswerte Tatsache, daß in China bereits seit uralten Zeiten „Willfährigkeit" als politischer Grundsatz der Regierung anerkannt ist.

In den Schriften des Kuan Tsö wird mit größter Bestimmtheit versichert, daß die Regierungsweise der ältesten heiligen Kaiser sich durch peinliche Befolgung des großen Gesetzes der Willfährigkeit hervortat. Da heißt es (Buch 10, bezw. Kap. 30):

先王之在天下也、民比之神明之德、先王善牧之於民者也。夫民別而聽之則愚、合而聽之則聖。雖有湯武之德、復合於市人之言。是以明君順人心、安情性而發於眾心之所聚。先王善與民爲一體。與民爲一體則是以國守國、以民守民也、然、則民不便爲非矣. Als die ersten Herrscher unter dem Himmel lebten, richtete sich das Volk nach ihren göttlich leuchtenden Tugenden; daß sie vortrefflich herrschten, lag also am Volke. O, hätten sie volksfremden Rat gehört, dann würden sie unweise regiert haben; so aber hörten sie auf volksgeistigen Rat und darum waren sie heilig. Sie hatten die hohen Tugenden eines T'ang und Wu (alte, berühmte Kaiser), dennoch fügten sie sich dem, was das Volk in der Straße sprach. Deshalb zeigt sich der weise Herrscher willfährig gegen die Stimmung der Menschen; er unterdrückt seine leidenschaftliche Natur und geht aus von dem, was sich in den Gemütern des Volkes ansammelt. Die ersten Herrscher waren von Natur gut und deshalb mit ihrem Volke ein Leib und eine Seele. Weil sie ein Leib und eine Seele mit dem Volke waren, darum konnte sich ihr Haus durch sich selbst, ihr Volk durch sich selbst erhalten, und in der Tat war das Volk nicht zu Übeltaten bereit.

Und Lao Tsö sprach (Tao Te' King, § 49):

聖人無常心、以百姓心爲心. Der Heilige (der Herrscher) hat keine unveränderliche Gesinnung, sondern macht die Gesinnung der hundert Stämme des Volkes zu seiner eigenen.

Daß jedes Herrschers Pflicht darin bestehen soll, seine Untertanen mit einer Regierung zu beglücken, die sich ihrem Wollen und Begehren willfährig erweist, verlangt mit besonderem Nachdruck auch das Li Jun, das in einer willfährigen Regierung die Voraussetzung zu dem Staatsideal erblickt, dessen Kennzeichen

Eintracht und Friede, Sicherheit und Glück der Bürger sind. Eine derartige Regierung hat nach Ansicht dieser heiligen konfuzianischen und taoistischen Schrift die Folge, daß der Mensch bei Lebzeiten nicht hungert, beim Tode anständig bestattet wird und als Geist oder Gottheit gebührende Verehrung genießt. Mit großartigem Erfolge übten die ältesten Herrscher Willfährigkeit in der Regierung, und dem war es zu danken, daß die Bevölkerung nicht durch Hunger, übermäßigen Regenfall, Dürre und Seuchen litt; denn des Himmels Tao war mit ihnen, und so hatte die Erde genügend befruchtendes Wasser und verschloß nicht ihren Reichtum. Wörtlich heißt es in diesem Buche auf dem letzten Blatt:

大順者所以養生送死事鬼神之常也。故事大積焉而不苑、竝行而不繆、細行而不失、深而通、茂而有閒、連而不相及也、動而不相害也、此大順之至也.

Die absolute Willfährigkeit ist es, durch die den Lebenden Ernährung, den Toten Bestattung und den Geistern Opferdienst auf ewig gesichert wird. Wenn Mühseligkeiten sich überall hoch auftürmen, ohne daß sie Kümmernis schaffen; wenn sie sich mit einem Male geltend machen, ohne Verwirrung zu stiften, oder allmählich herantreten und dennoch nichts Übles ausrichten; wenn sie schwer zu begreifen sind und dennoch begriffen werden, üppig emporschießen, aber Lücken lassen; wenn sie nacheinander herantreten und dennoch ihr Ziel verfehlen, tätig sind, jedoch nicht schaden — dann kommt es daher, daß das höchste Maß der absoluten Willfährigkeit herrscht.

故明於順、然後能守危也。。。故聖王所以順、山者不使居川、不使渚者居中原而弗敝也。。。用民必順。故無水旱昆蟲之災、民無凶饑妖孽之疾。故天不愛其道、地不愛其寶、人不愛其情、故天降膏露、地出醴泉、山出器車、河出馬圖、鳳凰麒麟皆在郊椒、龜龍在宮沼、其餘鳥獸之卵胎皆可俯

而 闢 也。則 是 無 故、先 王 能 修 禮 以 達 義、體 信 以 達 順。此 順 之 實 也. Also besteht, wenn die Weisheit sich durch Willfährigkeit zeigt, die Möglichkeit, sich gegen Gefahren zu schützen. Deshalb zeigten die heiligen Herrscher ihre Willfährigkeit dadurch, daß sie Bergvolk nicht in Tälern, Inselbewohner nicht auf dem Festlande wohnen ließen und somit verhinderten, daß ihnen Übles widerfuhr. Auch bei der Inanspruchnahme der Kräfte des Volkes übten sie unbedingt Willfährigkeit. Infolgedessen gab es keine Plagen durch Wasser, Dürre und Insekten, unter dem Volke mithin keine unheilvollen Mängel und keine durch böse Geister verursachten Krankheiten. Und deshalb versagte ihnen der Himmel sein Tao nicht, die Erde nicht ihre Schätze, die Menschheit nicht ihre Liebe; der Himmel sandte also seinen befruchtenden Tau hinab, die Erde öffnete ihre süßen Quellen, die Berge brachten (Holz und Metall für) Geräte hervor, der Huang-ho ein Pferd mit Zeichnungen (auf dem Rücken); Phönixe und Einhörner hielten sich im Gebüsch bei den Vorstädten auf, Schildkröten und Drachen in den Teichen der Paläste; die Eier der Vögel und die Jungen der Vierfüßler konnte man zu seinen Füßen liegen sehen. Das alles hatte keine andere Ursache, als daß die Herrscher der ersten Zeiten es vermochten, die Lebensregeln (Li) derart zu pflegen, daß dadurch die Beachtung der Menschheitspflichten (I) allseitig durchdrang, und daß sie die Anpassung (信) derart in sich verkörperten, daß auch die Willfährigkeit allseitig durchdringen konnte. Das war das Wesen der Willfährigkeit.

Die Lehre von der Willfährigkeit, die also hohe klassische Autorität besitzt, hat immer eine große Rolle im politischen System Chinas gespielt. Es ist tatsächlich ein bemerkenswerter Zug der chinesischen Regierungsweise, daß man dem Volke in seinem privaten und sozialen Leben so große Freiheit wie nur irgend angängig einräumt. Es liegt da eine Politik das Gehenlassens vor, die vielen Reibungen und deren verhängnisvollen Wirkungen aus dem Wege geht. Dieser Politik entsprechend werden kaiserliche und andere Verordnungen erlassen, ohne daß man auf ihrer strikten Befolgung besteht. Diese Erscheinung könnte in einem so autokratischen Lande wie China befremden, erklärt sich aber unschwer durch die große Lehre, daß Übereinstimmung mit der Weltordnung das höchste Gute ist.

Willfährigkeit schließt natürlich Nachsicht, Duldsamkeit, Milde, Selbstlosigkeit, Selbsverleugnung und ähnliche Tugenden in sich. Besonders großes Gewicht wird auf die zwei letztgenannten, die in Selbsterniedrigung, Selbstpreisgabe übergehen, im alten taoistischen Schrifttum gelegt, wo sie als Haupteigenschaften des Universums gelten. Man gibt sie dort mit den Zeichen 沖 (gleich 盅) Tšung oder 虛 Hü, Leere, wieder.

Dem Tao Te' King zufolge sprach Lao Tsĕ:

大道氾兮、萬物恃之而生、而不辭、功成不名有。愛養萬物而不爲主。常無欲、可名於小。萬物歸焉、而不爲主、可名爲大。是以聖人終不爲大、故能成其大 (§ 34). Das große Tao durchdringt alles, und die zehntausend Wesen können nur entstehen und leben infolge seiner Unterstützung; keinen verweigert es diese, und wenn es ein Segenswerk vollbringt, beansprucht es nicht dessen Eigentum. Liebend ernährt es die zehntausend Wesen, und doch macht es sich nicht zu ihrem Herrn. Ewig war es ohne selbstsüchtiges Verlangen, und doch soll sein Name in den kleinsten Dingen gepriesen sein. Die zehntausend Wesen nehmen ihre Zuflucht zu ihm, und doch macht es sich nicht zu ihrem Herrn; preist es also und verherrlicht es! Darum haben sich die Heiligen niemals selbst groß gemacht und doch gerade dadurch ihre Größe zustande bringen können.

生之、畜之、生而不有、爲而不恃、長而不宰。是謂玄德、生而不有、爲而不恃。功成而弗居、夫惟弗居、是以不去 (§ 10 und § 2). Das Tao erzeugt die Wesen und erhält sie; es läßt sie entstehen und entsagt dennoch ihrem Besitz; es macht sie, und doch verzichtet es auf sie; es ist ihnen allen überlegen und übt dennoch keine Herrschaft über sie aus. Das nenne ich seine geheimnisvolle Tugend, ein Schaffen unter Entsagen, ein Schaffen unter Verzicht! Desgleichen, wenn Du ein Werk vollbracht hast, sei nicht darauf versessen, ja wahrlich sei es nicht, dann wird es gerade darum hie von Dir weichen.

道沖 (盅) 而用之或不盈 (§ 4). Das Tao ist leer (tšung), und daher kommt es wohl vor, daß diejenigen, die es üben, nicht von ihrem Ich erfüllt sind.

功成、名遂、身退、天之道 (§ 9): Hast du etwas Verdienstliches verrichtet und verfolgt dich der Menschen Lob, so ziehe dich zurück, denn das ist des Himmels Tao. Senken sich nicht Sonne, Mond und Sterne, nachdem sie geschienen haben, zum Untergang? Nimmt nicht der Mond ab, nachdem er voll gewesen? Läßt nicht die sommerliche Wärme nach, nachdem sie die Pflanzenwelt zur Reife gebracht hat?

上善若水。水善利萬物而不爭處衆人之所惡。故幾於道 (§ 8). Die hohe natürliche Güte (Šan) gleicht dem Wasser. Es ist die gute Natur des Wassers, daß es den zehntausend Wesen Nutzen bringt und sich darauf ohne Widerstreben mit der (niedrigsten) Stelle zufrieden gibt, die alle Menschen verabscheuen. Es kommt deshalb dem Tao sehr nahe.

江海所以能爲百谷王者、以善下之、故能爲百谷王。是以聖人欲上民、必以言下之、欲先民、必以身後之。是以聖人處上而民不重、處前而民不害。是以天下樂推而不厭。以其不爭故天下莫能與之爭 (§ 66). Das, wodurch die Ströme und Meere die Könige der hundert Täler (deren Tribut sie in Gestalt der Bergflüsse empfangen) sein können, ist, daß sie von Natur einen tieferen Platz als jene einnehmen. Der Heilige (der Herrscher), der über dem Volke stehen will, muß sich ihm darum in seinen Worten unterwerfen, und wenn er dem Volke vorangehen will, seine Person hinter ihm zurückstellen. Auf diese Art hat der Heilige seinen Platz oben, und doch fühlt das Volk keine Last; er hat seinen Platz an der Spitze, ohne daß das Volk Schaden nimmt. Freudig drängt ihn darum alle Welt an die Spitze und wird seiner nicht überdrüssig. Weil er nicht um den Vorrang streitet, darum ist für alle Welt keine Möglichkeit, gegen ihn zu streiten.

Die vorstehende Anschauungsweise findet noch ganz besonderen Rückhalt am heiligen Ji', wo dem von seinem Ich erfüllten Bestrafung, dem Selbstlosen Belohnung durch das Tao und dessen Stellvertreter, die guten und bösen Geister, zugesagt wird. **天道虧盈而益謙。地道變盈而流謙。鬼神害盈而福謙。人道惡盈而好謙** (T'uan, I).

Des Himmels Tao tut dem Glück des von seinem Ich Erfüllten Abbruch und vermehrt das Glück des Selbstlosen. Der Erde Tao verwandelt das Glück der Selbstsüchtigen und überströmt den Selbstlosen mit Segen. Die bösen Geister fügen dem Selbstsüchtigen Leid zu, die guten Geister spenden dem Selbstlosen Glück. Des Menschen Tao besteht darin, den von seinem Ich Erfüllten zu verabscheuen und den Selbstlosen zu lieben (vgl. S. 14).

Und, wie das heilige Šu in den „Ratschlägen Jü's des Großen" (s. S. 30) überliefert, war es im 23. Jahrhundert vor unserer Zeitrechnung der weise Staatsmann 益 Ji', der seinem kaiserlichen Herrn vorhielt, 滿招損、謙受益、時乃天道, daß der von seinem Ich Erfüllte Leid auf sich beschwört, dem Selbstlosen dagegen vermehrtes Glück zuteil wird, und daß dies dem Tao des Himmels entspricht.

Zahlreich sind die Aussprüche, die das Tao Te' King den Tugenden der Willfährigkeit und Selbstverleugnung als Quellen so manchen Segens widmet. Wir lesen da z. B.:

曲則全、枉則直○○○是以聖人抱一、爲天下式、不自見故明、不自是故彰、不自伐故有功、不自矜故長。夫唯不爭故天下莫與之爭 (§ 22). Was sich krümmt, erhält sich unversehrt; was sich bückt, wird aufrecht stehen. Der Grund, weshalb der Heilige das All umfaßt und dadurch das Vorbild ist für die Menschheit unter dem Himmel, ist der: er zeigt sich nicht, daher sein Licht; er besteht nicht um seiner selbst willen, daher sein Glanz; er kämpft nicht für sein Ich, darum seine verdienstvollen Taten; er hat kein Mitgefühl für sein Ich, darum seine Überlegenheit. Ja, wahrlich, da er nach nichts strebt, strebt niemand in der Welt gegen ihn.

天下皆謂我大、似不肖。夫唯大故似不肖○○○夫我有三寶、持而寶之。一曰慈、二曰儉、三曰不敢爲天下先○○○不敢爲天下先、故能成器長。今舍後且先、死矣 (§ 67). Alle Welt sagt, ich sei groß, und dennoch erscheine ich minderwertig. Ja, fürwahr, gerade weil man wirklich groß ist, hat man den Anschein der Minderwertigkeit. O, ich besitze drei köstliche Dinge, die ich festhalte und wertschätze; das eine ist Sanftmut, das zweite Sparsamkeit, das dritte Scheu vor Vorrang in der Welt. Durch Scheu vor Vorrang in der Welt vermag man sich die Mittel zu verschaffen, um das Leben zu verlängern; allein heutzutage gibt man seine Zurückhaltung preis und strebt nach Vorrang, und die Folge ist, daß man stirbt!

Selbstlosigkeit, Selbstentäußerung, Selbstauslöschung — alle diese Eigenschaften sind in dem Ausdruck „Leere" (s. S. 40) inbegriffen, welche Eigenschaft der Untugend des „von sich Erfülltseins" (滿 und 盈, „Vollheit", s. S. 41, 42) gegenübersteht. Leere bedeutet in diesem Sinne auch soviel wie Wunschlosigkeit und Leidenschaftslosigkeit. Um leer wie das Tao des Himmels zu werden, muß der Mensch dem Beispiel des Himmels folgen und jede Vorliebe und Abneigung preisgeben; er muß in einem Zustand völliger Gleichgültigkeit und Unerregbarkeit leben. Wenn er keinen Wunsch mehr hat, nicht einmal mehr nach Wissen und Kenntnis, dann erlöst er sich von sich selbst, wird Nichts. In diesem Zustand völliger Leidenschaftslosigkeit und Teilnahmlosigkeit wird der Mensch vollkommen rein, so rein wie der Himmel selbst. Es ist der Philosoph Kuan Tsĕ, der diese stoische Weltanschauung mit Vorliebe predigt als den Weg, der zur Gottwerdung führt, zur Befreiung von allem Irdischen, zur Verschmelzung mit dem unendlichem Tao des Alls, und damit, da das Tao ewig ist, zur Verlängerung der Existenz. Im 13. Buch seiner Schriften, bezw. Kap. 36, lesen wir:

道不遠而難極也。虛其欲、神將入舍、掃除不潔、神乃留處○○○虛無無形謂之道○○○天曰虛、地曰靜、乃不伐○○○去私、毋言、神明若存○○○故必知不言無爲之事、然後知道之紀○○○君子恬愉、無爲、去知與故. Das Tao ist nicht fern, und doch ist sein Erreichen schwer. Entleert sich der Mensch von Begierden, dann wird Göttlichkeit (Šĕn, s. S. 11) einkehren und in ihm verweilen; fegt er aus sich das Unreine (die Begierden), dann wird die Göttlichkeit in ihm bleiben. Leersein und Nichtssein, Unkörperlichkeit oder Stofflosigkeit nenne ich Tao. Der Himmel ist leer, die Erde ist still, und sie streben also nicht. Werft euer Ich weg und schweiget, dann wird göttliche Klarheit dadurch in euch erhalten bleiben. Wer die Schweigsamkeit und Regungslosigkeit gründlich versteht, der versteht das Grundgewebe des Tao. Der Edle ist friedlich und zufrieden, ist regungslos, verwirft Wissen und absichtliche Handlungen.

虛之與人也無間、唯聖人得虛道、故曰竝
處而難得。世人之所職者精也。去欲則宣、
宣則靜矣、靜則精、精則獨立矣。獨則明、明則
神矣。神者至貴也。。。姑曰、不潔則神不處。

Zwischen Leerheit und dem Menschen liegt nichts, und dennoch erlangt nur der Heilige das Tao der Leerheit; deshalb sagte ich, daß Leerheit und Mensch eng nebeneinander liegen und trotzdem einander nur mit Mühe finden. Was den Menschen bei Lebenszeit bestimmt, ist sein Lebensäther (精 Tsing). Entäußert er sich seiner Begierden, dann wird die Leerheit ihn gänzlich durchdringen; ist er ganz von ihr durchdrungen, dann ist er still und ruhig; ist er still und ruhig, dann hat er Lebensäther; wer Lebensäther besitzt, der steht unabhängig (vom irdischen Stoff). Unabhängig wirkt er lichtspendend, und wer Licht spendet, ist ein Gott (Šen). Göttlichkeit ist das höchste Gut. Darum sage ich, machen wir uns nicht rein (von sinnlichem Verlangen), so wird Göttlichkeit nicht in uns wohnen.

虛者無藏也。故曰、去知則奚率求矣、無
藏則奚設矣。無求無設則無慮、無慮則反
覆虛矣。天之道虛、其無形。虛則不屈。無形
則無所位赶。無所位赶故徧流萬物而不變。

Leerheit ist Inhaltslosigkeit. Darum sage ich, wenn du das Wissen aufgibst, was kann dich dann noch verleiten, nach etwas zu streben! und wenn du inhaltslos geworden bist, was solltest du noch für Zwecke verfolgen! Bist du aber ohne Streben und ohne Zwecke, dann bist du frei von Sorge. Von Sorge befreit aber, bist du wieder am Ausgangspunkt, beim Leersein. Des Himmels Tao ist Leere, und zwar weil er unkörperlich ist. Infolge seiner Leere ist er unerschöpflich. Infolge seiner Unkörperlichkeit treibt ihn nichts von seiner Stelle. Da ihn nichts von seiner Stelle vertreiben kann, durchströmt er ewig unveränderlich die zehntausend Wesen.

Fassen wir die hier gepredigte Lehre kurz zusammen. 虛 Hü, Leere, gleichbedeutend mit 冲 oder 盅 Tšung (s. S. 40) oder 無藏 Wu-tsang, Inhaltslosigkeit, ist ein Zustand, den man durch Unterdrückung alles sinnlichen Verlangens, aller Begierde (欲 Ju') und Leidenschaft erlangen kann, und ist dasselbe wie 去知 Kʻi-tši, Entäußerung vom Wissen, Unbewußtwerdung; sie bedeutet auch dasselbe wie 無爲 Wu-wei, Regungslosigkeit, 靜 Tsing, Stille und Ruhe, 不言 Pu'-jĕn, Schweigsamkeit, 恬 Tʻiën, Friedlichkeit, sanfte Seelenruhe, 愉 Jü, Genügsamkeit, 無慮 Wu-li, Sorgenfreiheit, und endlich 潔 Kië', Reinheit. Letztere Eigenschaft veranlaßt naturgemäß die Šĕn, die guten Geisterkräfte des schaffenden und segnenden Alls, in die Person des Reinen einzukehren; dessen eigene Šĕn-Seele wird dadurch beständig durch die verwandten Kräfte des Alls gestärkt und immer kraftvoller; das Šĕn gewinnt in ihm die Oberhand über das Körperliche, Stoffliche; seine Person tritt schließlich ein in den Zustand der 無形 Wu-hing, Unkörperlichkeit oder Stofflosigkeit, des 無 Wu, Nichtsseins, und er verschmilzt mit dem Tao. Sein 精 Tsing, Lebensäther, entzieht ihn nun dem Bereich aller schädlichen Einflüsse, macht ihn 獨立 Tu'-li', unabhängig; damit aber wird er zu einem innerlich zugehörigen Unterteil der lebendigen Weltseele Jang, und mit ihrer lebenspendenden Leuchtkraft ausgestattet wird er ein 明神 ming Šĕn, Lichtspendender Šĕn oder Gott. Praktisch aufgefaßt, schreibt diese Erlösungs- oder Heiligkeits-Askese in erster Linie vor, daß man Wu-wei oder „Regungslosigkeit" und Wu-jĕn oder „Schweigsamkeit" übe, die durch Leidenschaftslosigkeit, sanfte Seelenruhe, Genügsamkeit und Sorgenfreiheit erzeugt werden und umgekehrt aus diesen hohen Eigenschaften von selbst hervorgehen. Dem Wu-wei und Wu-jĕn ist in der Tat, wie wir gleich sehen werden, im System die Hauptrolle zugewiesen.

Lao Tsĕ ist nunmehr leicht zu verstehen, wo er, dem Tao Te' King zufolge, sprach:

至虛極、守靜篤 (§ 16). Erreicht den allerhöchsten Grad der Leere; wahret die Unerschütterlichkeit euerer Stille und Ruhe!

不尚賢、使民不爭、不貴難得之貨、使民不爲盜、不見可欲、使心不亂。是以聖人之治、虛其心、實其腹、弱其志、彊其骨。常使民無知無欲、使夫知者不敢爲也。爲無爲則無不治 (§ 3). Keinen Wert auf Fähigkeiten legen, hält das Volk von Bestrebungen ab; keinen Wert auf schwer zu bekommende Waren legen, hält das Volk von Räubereien und Diebstählen ab; nicht auf das Begehrenswerte das Auge richten, läßt den Sinn nicht in Verwirrung geraten. Der Heilige regiert deshalb das Volk derart, daß er dessen Sinne leer macht, aber seine Bäuche füllt, seinen Willen schwächt, jedoch seine Knochen stärkt. Stets sorgt er dafür, daß das Volk ohne Wissen und ohne Begierden ist; und die Wissenden läßt er es nicht wagen, ihr Wissen zur Geltung zu bringen. Wird so die Regungslosigkeit (Wu-wei) gepflegt, dann bleibt nichts der guten Regierung entzogen.

Dieses universistisch-ethische System, dessen Wesen die angeführten Textauszüge uns klar vor Augen stellen, ist die einzige Ethik, über die die alte chinesische Literatur Aufschluß gibt. Man kann daher nicht umhin, anzunehmen, daß ein anderes System überhaupt nicht existierte, denn hätte es existiert, würde sich das zweifellos in der alten Literatur bemerkbar gemacht haben. Wie wir gesehen, enthüllen uns nicht bloß die Schriften der drei Philosophen Lao, Tšuang und Kuan, sondern auch die klassischen Schriften der konfuzianischen Schule die Grundlagen des Systems. Diese Schule ist es vornehmlich gewesen, die es bis auf diesen Tag als das einzige wahre System aufrecht erhalten hat. Allein den Lehrsatz, daß ebenso wie die Leidenschaften auch das Wissen zu verwerfen und zu unterdrücken sei, hat der Konfuzianismus sich nicht zu eigen gemacht. Er hat sogar entschieden Stellung dagegen genommen und die Pflege des Wissens als eines der Hauptmittel betont, durch die der Mensch zur Vollkommenheit und Heiligkeit gelangen kann. Měng Tsě, der zweite Altmeister der Schule, setzte das Wissen (知 oder 智 Tši) mit dem vierten der großen Grundzüge der menschlichen Natur gleich, welche (s. S. 24)

der Himmel selbst allen Menschen mit der Seele (Šěn) eingepflanzt hat, also mit der „Unerschütterlichkeit", die den Menschen
in den Stand setzt, Gutes, Nützliches und Tüchtiges zu leisten.
Er nennt diese vier Haupttugenden die vier 端 Tuan oder
Grundeigenschaften und schreibt:

人之有是四端也猶其有四體也○○○凡
有四端於我者知皆擴而充之矣 (Das Buch 公
孫丑 Kung-sun Tš'ou, I, 6). Der Mensch hat diese vier Grundeigenschaften wie er seine vier Gliedmaßen besitzt. Da sie alle vier in
uns anwesend sind, soll Wissen sie alle entfalten und zur vollen Entwicklung bringen.

仁義禮智非由外鑠我也、我固有之也
(Buch 告子 Kao Tsě, I, 6). Menschenliebe, Pflichterfüllung, Lebensregeln und Wissen sind uns nicht von außen eingegossen; wir haben
sie fest zu eigen.

Da somit durch Menzius, den größten Apostel der konfuzianischen Lehre, der Menschheit die gebieterische Pflicht ans
Herz gelegt war, samt den drei andern Hauptvermächtnissen
des Alls auch das Wissen zu pflegen, war Anlaß zu einer
Spaltung in der einen, alten Lehre gegeben; denn der Konfuzianismus war nunmehr gezwungen, den Hauptzweck des
menschlichen Daseins im Studium seiner einzig wahren, klassischen Lehre zu erblicken. Sollte das Problem der Trennung
des Universismus in Taoismus und Konfuzianismus einmal Gegenstand einer eingehenden Untersuchung werden, dann wird
man also die Rolle der Kardinaltugend des Wissens dabei nicht
als Hauptfaktor in diesem Prozesse übersehen dürfen. Es ist
jedoch zu beachten, daß in der Wirklichkeit vielleicht nicht
einmal von Preisgabe des Wissens die Rede gewesen ist. In
der Tat bedeutet 知 Tši nicht lediglich Wissen, sondern auch
Bewußtsein, Gefühl, Empfindung; und es können also die taoistischen Philosophen unter K'i-tši, Preisgabe der Empfindung,
Indifferentismus, verstanden haben, der dem Begriff der Leiden-

schaftslosigkeit und anverwandten Tugenden ziemlich gleichkommt. Es läßt sich auch schlechterdings nicht behaupten, daß sich die alten Philosophen des Tao, so fern wir sie durch die chinesischen Schriften kennen lernen, durch Unwissenheit oder Dummheit ausgezeichnet haben.

Hinsichtlich der Lehre der Regungslosigkeit (Wu-wei), der Stille und Ruhe (Tsing) und der Schweigsamkeit (Pu'-jĕn) bestand für die Konfuzianer auf Grund der klassischen Schriften überhaupt kein Anlaß zu einer von den Taoisten abweichenden Anschauung. Dieser Quietismus war stets Gemeingut beider philosophischer Systeme. Die Betrachtung des Alls führte freilich unabweisbar zur allgemeinen Anerkennung der Tatsache, daß die Natur ihr segenspendendes Werk der Erzeugung und Erhaltung leidenschaftslos verrichtet, daß ihr gewaltiges Wirken sich gemächlich und ruhig ohne Anstrengung vollzieht, ohne Reibung, Geräusch und äußere Kundgebung. Das Tao ist demnach keine treibende Kraft, die alle Bewegungen und Erscheinungen des Weltalls veranlaßt, sondern die Gesamtheit dieser Bewegungen und Erscheinungen selbst, kein Handelndes, sondern der gesetzmäßige Gang der Natur. Lao Tsĕ sagt (Tao Te' King, § 25): 人法地、地法天、天法道、道法自然. Der Lenker der Menschen ist die Erde, der Lenker der Erde ist der Himmel, der Lenker des Himmels ist das Tao, und der Lenker des Tao ist die Spontaneität. Und im Ji' (hi Tsĕ, I) lesen wir: 易無思也、無爲也、寂然不動。感而遂通天下之故、非天下之至神、其孰能與於此. Die Wandlung (der Natur, die jährliche Schöpfung, das Tao) vollzieht sich gedankenlos und regungslos, in stiller Schweigsamkeit und ohne Handlung. Ist sie rege geworden, dann durchdringt sie alles Wirken unter dem Himmel, und wie sollte sie das erreichen, wenn sie nicht unter dem Himmel die höchste Göttlichkeit (Šĕn) wäre?

Durch Spontaneität soll sich also auch das Tao des Menschen kennzeichnen, insbesondere das des Herrschers, der die Verkörperung der Vollkommenheit sein soll. Sein Leben

darf nur von unbewußten Triebkräften geleitet sein; keine Vorsätzlichkeit und keine Willenskraft soll sein Handeln bestimmen,
also auch keine Unternehmungslust. Er soll keine Triebkraft
ausüben und keineswegs dem natürlichen Gang der Dinge
Zwang antun. Kuan Tsĕ lehrt:

以無爲之謂道、舍之之謂德、故道之與
德無間、故言之者不別也。。。人主者立於陰、
陰者靜、故曰、動則失位 (Buch 13, bzw. Kap. 36).
Wu-wei, das nenne ich Tao; Preisgabe (der Persönlichkeit), das nenne
ich Tugend (Te’); es besteht also nichts, das Tao und Te’ voneinander
trennt, und somit machen diejenigen, die beide lehren, zwischen beiden
keinen Unterschied. Die Herren der Menschheit regieren im Jin (d. h. auf
der Erde); das Jin ist still, und darum sage ich, daß sie, wenn sie rührig
und rege sind, ihren Thron verlieren.

故天不動、四時云(運)下而萬物化、君
不動、政令陳下而萬功成 (Buch 10, bezw. Kap. 26).
Weil der Himmel sich nicht rührt und dennoch die vier Jahreszeiten abwechselnd von ihm auf die Erde herabkommen, so daß die zehntausend
Wesen sich entwickeln können, so rührt sich auch der Fürst nicht, und
dennoch kommen seine Regierungsbefehle regelmäßig herab, so daß die
zehntausend Beschäftigungen der Menschheit erfolgreichen Verlauf nehmen.

無爲者帝 (Buch 1, bezw. Kap. 5). Der, welcher ohne
Regung ist, ist der Kaiser.

In der gleichen Bahn der Anschauung bewegt sich auch
Lao Tsĕ im Tao Te’ King:

道常無爲而無不爲。侯王若能守、萬物
將自化 (§ 37). Das Tao war immer ohne Regung, und nichts ist,
was es nicht schuf. Wenn Fürsten und Könige die Regungslosigkeit wahren
können, dann vollzieht sich die Entwicklung der zehntausend Wesen
von selbst.

爲無爲、事無事 (§ 63). Übe die Regungslosigkeit, beschäftige dich mit Untätigkeit.

爲學日益、爲道日損、損之又損、以至於
無爲。無爲而無不爲。取天下常以無事、及

其有事、不足以取天下 (§ 48). Durch Studium vermehrt
sich täglich das Wissen, aber durch Übung des Tao verringert sich alltäglich
die Tätigkeit; sie verringert sich mehr und mehr, und so wird die Regungslosigkeit erreicht. Ist man regungslos, dann gibt es nichts, was man nicht
vollbringt. Die Regierung (取 = 治) der unter dem Himmel liegenden
Welt soll stets mit Untätigkeit geführt werden; kommt es dabei zu Tätigkeit,
dann läßt sie sich nicht in genügendem Maße durchführen.

Hier vernehmen wir also, daß der Besitz von Wu-wei
den Menschen mit der gleichen Allmacht ausstattet, wie sie das
Tao des Weltalls besitzt. Natürlich kommt diese menschliche
Allmacht hauptsächlich den Herrschern des Reiches zu, die
nächst Himmel und Erde die höchste Stelle im Universum
einnehmen. Lao Tsĕ sagt weiter:

將欲取天下而爲之、吾見其不得已。天
下神器、不可爲也、爲者敗之、執者失之 (§ 29).
Wer die Welt unter dem Himmel zu beherrschen begehrt und sie mit
Tätigkeit regiert — es wird ihm, meiner Ansicht nach, nicht gelingen. Die
Welt unter dem Himmel ist ein Ding, das mit Šĕn beseelt ist und soll also
nicht mit Tätigkeit regiert werden; denn wer sie mit Tätigkeit regiert,
richtet sie zugrunde, und wer sie fest angreift, greift fehl.

以道佐人主者不以兵强天下 (§ 30). Wenn
ein Herrscher den Beistand des Tao gebraucht, dann tut er der Welt keine
Gewalt mit Waffen an.

故聖人云、我無爲而民自化、我好靜而
民自正、我無事而民自富、我無欲而民自
朴 (§ 57). Darum spricht der Heilige: „Ich habe die Regungslosigkeit
und mein Volk schafft sich also selbst seine Bildung; ich bevorzuge die
Stille und Ruhe, und das Volk geht von selbst den richtigen Weg; ich bin
ohne Tätigkeit, und das Volk wird von selbst reich; ich bin ohne Begierden, und das Volk gelangt somit von selbst zur Reinheit.“

Besonders hoch preist auch Tšuang Tsĕ das Wu-wei.
Und was Konfuzius anbetrifft, der selbst wie jeder andere Denker
seiner Zeit ein guter Universist war, so ist er über diese Allmacht
verleihende Naturtugend ebenso sehr des Lobes voll. Dem Lun
Jü zufolge (XV, 4) sprach er:

無爲而治者其舜也與。夫何爲哉。恭
已、正南面而已矣. „War es nicht Šun (23. Jahrh. vor Chr.),
der mit Wu-wei regierte? O, wie verfuhr er denn? Er verschaffte sich
selbst Ehrfurcht und schaute (von seinem Thron) genau nach Süden, das
war alles!"

Dagegen legt eine Stelle in Tšuang Tsě's Schriften die
Vermutung nahe, daß Konfuzius durchaus kein fanatischer Anhänger des Wu-wei war. Diese Stelle (Buch 1, bezw. Kap. 2)
lautet:

瞿鵲子問乎長梧子曰、吾聞諸夫子聖人
不從事於務、不就利、不違害、不喜求、不緣
道、無謂有謂、有謂無謂、而遊乎塵垢之外。
夫子以爲孟浪之言、而我以爲妙道之行也.
K'ü-ts'io' Tsě fragte den Tš'ang-wu Tsě: „Ich hörte den Meister
(Konfuzius) vom Heiligen sprechen, der bei der Erfüllung seiner Aufgabe
keiner Tätigkeit nachstrebt, noch auf Vorteil aus ist, der sich nicht gegen
Schaden wehrt, noch Freude daran hat, etwas zu erstreben, der unbewußt
nach Tao strebt, schweigsam ist, aber doch spricht und beim Sprechen doch
schweigsam ist, und der auf diese Weise außerhalb des Staubes und Schlammes
wandelt. Der Meister selbst betrachtete das als sinnloses Gerede; ich aber
erachte das als ein Benehmen, das dem herrlichen Tao entspricht.

Wie aus dieser Textstelle hervorzugehen scheint, wurde
die auf gleiche Stufe mit der Regungslosigkeit gestellte Schweigsamkeit in dem Sinne aufgefaßt, daß der wahre Taoist es auch
verschmäht, wirksam als Lehrer und Prediger aufzutreten.
Tšuang spricht diesen Gedanken auch in den folgenden
Worten aus:

大人之教若形之於影、聲之於嚮、有問
有應之、盡其所懷 (Buch 4, bezw. Kap. 11). Der Unter-
richt des großen Menschen gleicht dem Schatten des Körpers, dem Wieder-
hall des Tons: er erteilt nur auf Befragen Bescheid, gibt dann aber alles
her, was er im Herzen hat.

夫知者不言、言者不知、故聖人行不言
之教 (Buch 7, bezw. Kap. 22). Fürwahr, der Wissende übt die

Schweigsamkeit, die Redenden sind die Unwissenden; deshalb erteilt der Heilige nur Lehren, die mit Schweigsamkeit zusammengehen. Auch im Tao Te' King (§ 56) begegnen wir dem Lehrsatz, daß der Wissende schweigsam, der Redner unwissend ist.

Ferner lesen wir in Tšuang Tsě's Schriften:

無爲爲之、之謂天、無爲言之、之謂德

(Buch 5, bezw. Kap. 12). Die Welt mit Regungslosigkeit regieren, das heißt himmlisch; sie mit Regungslosigkeit belehren, das nenne ich Tugend.

天地有大美而不言。四時有明法而不議。萬物有成理而不說ooo是故至人無爲、大聖不作、觀於天地之謂也 (Buch 7, bezw. Kap. 22).

Himmel und Erde besitzen die höchste Vollkommenheit, und doch sprechen sie nicht davon. Die vier Jahreszeiten haben ihre leuchtenden Gesetze, und doch reden sie nicht darüber. Die zehntausend Dinge haben ihre vollkommenen Charakterzüge, und doch halten sie darüber keine Reden. Darum übt der Übermensch die Regungslosigkeit und der Allerheiligste die Untätigkeit, und das bedeutet, daß sie den Blick auf Himmel und Erde (als ihr Vorbild) richten.

Der großen Tugend der Schweigsamkeit, welche der Mensch dem Weltall entlehnen kann und entlehnen soll, hat Konfuzius selbst durch eigenes Wort und Vorbild auf immer in seiner Schule eine feste Stelle gesichert. Im Lun Jü (XVII, 19) steht nämlich geschrieben:

子曰、子欲無言。子貢曰、子如不言則小子何述焉。子曰、天何言哉、四時行焉、百物生焉、天何言哉. Konfuzius sagte: „Ich begehre zu schweigen." Als dann aber (sein Schüler) Tsě-kung erwiderte: „Wenn der Meister nicht redet, was werden seine Jünger dann den Nachkommen zu überliefern haben?" da sprach der Weise: „Sagt denn der Himmel etwas? und trotzdem nehmen die vier Jahreszeiten ihren Lauf, und die hundert lebenden Wesen entstehen! Sagt der Himmel etwas?"

Man kann sich schwerlich der Überzeugung entziehen, daß der große Grundsatz des Wu-wei einen geradezu beherrschenden Einfluß auf die Geister des alten China ausübte, wenn man sieht, daß Lao Tsĕ sogar so weit geht, alles bewußte Streben nach Vervollkommnung, Heiligkeit und Kenntnis zu verurteilen. In diesen Worten ermahnte er die Fürsten (§ 19):

絶聖、棄智、民利百倍。絶仁、棄義、民復孝慈。絶巧、棄利、盜賊無有。此三者以爲文不足. Laßt ab vom Heiligsein, gebt das Wissen preis, und das Volk wird hundertfachen Segen davon haben. Laßt ab von der Menschenliebe, gebt die Pflichterfüllung auf, und das Volk wird seinen kindlichen Gehorsam und seine barmherzige Gesinnung verdoppeln. Laßt ab vom Klugtun, gebt es auf, euere Interessen zu fördern, und nirgends wird es mehr Aufrührer und Räuber geben. Ich meine, diese drei Lehrsätze enthalten so viel, daß die Schrift nicht ausreicht, um es auszudrücken.

Natürlich können wir solche Lehrsätze wörtlich nehmen und darin nichts geringeres sehen als einen Angriff gegen drei der vier höchsten Tugenden, die der Himmel selbst der Menschheit eingepflanzt hat, und damit eine Auflehnung gegen die Grundpfeiler des ganzen alten, heiligen Sittengebäudes. Indes wäre diese Auffassung, wonach also die taoistische Lehre gegen ihre eigenen Ideale Sturm laufen würde, ganz verfehlt. Offenbar handelt es sich hier lediglich darum, daß die Aufforderung zur Übung des erhabenen Wu-wei, mittels dessen das Tao seinen Segen in die Welt ausströmen läßt, hier auf die Spitze getrieben wird: sogar bei der Pflege der höchsten Naturtugenden sollen Mensch und Fürst von bewußtem Streben frei bleiben. Übereifrigen Schriftgelehrten des Konfuzianertums bieten aber solche Textstellen eine Handhabe, um Lao Tsĕ als Urheber eines Ketzertums schlimmster Art zu brandmarken.

Auch die folgenden Worte des Philosophen Tšuang (Buch 4, bezw. Kap. 11) wollen in dem schon angedeuteten, nicht buchstäblich zu nehmenden Sinn verstanden sein:

說明邪是淫於色也。說聰邪是淫於聲也。說仁邪是亂於德也。說義邪是悖於理也。說禮邪是相於技也。說樂邪是相於淫也。說聖邪是相於藝也。說知邪是相於疵也。。。天下將不安其性命之情之八者、乃[始臠卷性囊]而亂天下也、而天下乃始尊之惜之甚矣、天下之惑也。。。故君子苟能無解其五藏、無擢其聰明、尸居而龍見、淵默而雷聲、神動而天隨、從容無為而萬物炊累焉。吾又何暇治天下哉. Die Sucht nach Verstand — sie ist zügelloser Hang am Äußerlichen. Die Sucht nach Vernunft — sie führt zu unzüchtigem Hang am Schall. Die Sucht nach Menschenliebe — sie schafft Wirrwar in der Tugendübung. Die Sucht nach Pflichterfüllung (I) — sie bedeutet Auflehnung gegen die natürlichen Gesetze. Die Sucht nach Erfüllung der Lebensregeln (Li) — sie führt zu Künstlichkeit. Die Sucht nach Musik — sie führt zu Unsitten. Die Sucht nach Heiligkeit — sie führt zu künstlicher Fertigkeit. Sucht nach Wissen — sie führt zu Haarspalterei. Wenn die Menschen unter dem Himmel diese acht Leidenschaften ihrer Natur nicht unterdrücken, so wird alles unter dem Himmel in Unordnung geraten, denn die ganze Welt wird beginnen, sie derartig bis aufs äußerste zu schätzen und zu pflegen, daß alle Welt irre wird. Der Edle wird darum, wenn möglich, die fünf iu ihm verborgenen (Tugenden) nicht äußerlich entfalten, und seiner Vernunft keinen Vorzug gönnen; er wird sich regungslos verhalten wie der Vertreter eines Toten (bei Opfern), aber sein Drache (seine segnende Majestät) wird sich zeigen; er wird in Schweigen versunken sein, und sein Donner wird dröhnen; seine Götterkraft wird wirken, und der Himmel wird bei ihm bleiben; während er in Ruhe und Wu-wei verweilt, werden die zehntausend Wesen wachsen und gedeihen. Was weiter bliebe ihm zu tun, um die Welt in Muße zu regieren?

Auch hier wird also verkündet, daß Leidenschaftslosigkeit und Wu-wei, und zwar beides sogar bei der Ausübung menschlicher Tugenden, einem Herrscher spontan den Weg zur Macht bahnen müssen. Das Gute soll gemächlich gepflegt, entfaltet und gespendet werden, ohne Streben, ebenso wie es in der Natur geschieht. Wie in ihr, sollen die guten Werke des Menschen spontan, unwillkürlich erfolgen. Außerdem noch sagt Tšuang:

聖人觀於天而不助、成於德而不累、出
於道而不謀 (Buch 4, bezw. Kap. 11). Der Heilige blickt
auf zum Himmel (als seinem Vorbild), aber versucht nicht, ihm nach-
zuhelfen; er vollendet sich in Tugend, aber ohne sich dabei anzustrengen;
er ragt im Tao hervor, aber unabsichtlich.

古之治道者以恬養知、生而無以知爲
也、謂之以知養恬。知與恬交相養而和理
出其性。夫德和也、道理也、德無不容仁也、
道無不理義也 (Buch 6, bezw. Kap. 16). Die Alten pflegten
das Tao so, daß sie ihre Kenntnis durch Seelenruhe (T'iën, s. S. 45) nährten,
aber doch ihr ganzes Leben lang nichts taten zur Verwendung ihrer Kenntnis; ich nenne das: das Wissen gebrauchen zur Erhaltung der Seelenruhe. Wenn Kenntnis und Seelenruhe sich so im Menschen vereinen und
gegenseitig erhalten, so sprießen aus seiner Natur Eintracht und Ordnung.
Wahrlich, seine Tugend ist Harmonie, sein Tao ist Ordnung; seine Tugend
ist allumfassende Menschenliebe; sein Tao ist allordnende Pflichterfüllung.

Drittes Kapitel.

Vollkommenheit, Heiligkeit, Göttlichkeit.

Das Wesen der alten chinesischen Religion und Philosophie läßt sich nach allem, was in den beiden ersten Kapiteln über ihren Ursprung und ihre Entwicklung darzulegen versucht wurde, kurz dahin bestimmen:

Des Menschen gute Eigenschaften oder Tugenden (德 Te') und die Art und Weise, diese spontan zu erwerben, bilden das Tao des Menschen. Die menschlichen Tugenden wiederum sind ein Ausfluß der vortrefflichen Eigenschaften des Weltalls; unter ihnen stehen die vier Haupttugenden (常 Šang) voran, die den vier Haupteigenschaften des Himmels entsprechen, und auf denen des Menschen natürliche gute Beschaffenheit (善 Šan), sein innerer Trieb und Charakter (性 Sing) beruhen. Der Keim zu diesen vier guten Eigenschaften liegt von Anfang an in des Menschen Seele (神 Šěn), die einen Teil des 陽 Jang bildet; dieses Jang umfaßt alles Warme, Lichte, Lebendige des Weltalls und ist mit dem Himmel identisch. Entwickelt und gefördert werden die himmlischen Eigenschaften des Menschen durch Nachahmung des Weltalls, insbesondere durch Befolgung dessen 無爲 Wu-wei, das heißt, durch ein spontanes, unregsames, ruhevolles Verhalten, zu dem man durch Unterdrückung oder Beherrschung der Leidenschaften gelangt; man beobachtet ja, wie das Tao, der Weg des Weltalls, dieser Quell alles Guten, sein segensreiches Werk der Schöpfung und Erhaltung spontan, ohne bewußte Anstrengung vollbringt, und folgert daraus, daß auch der Mensch in seinem Handeln spontan, regungslos, ohne Streben sein soll, um vollkommen, d. h. dem Tao gleich zu werden. Eine andere philosophische Richtung, die konfuzianische, stellt überdies zur Vervollkommnung des Menschen ein weiteres Erfordernis, nämlich Wissen (Tši 知), insoweit dies auf der Kenntnis der alten heiligen Bücher beruht. Das in den vorstehenden Sätzen Gesagte vermittelt uns den einzigen wirklichen Schlüssel zum Verständnis der chinesischen Weltanschauung von der ältesten Zeit bis auf den heutigen Tag. Einmal im Besitze dieses Schlüssels, dürfte es abendländischer Forschung auch nicht besonders schwer fallen, sich in Chinas philosophischer, ethischer und religiöser Literatur zurechtzufinden.

Das ideale Ziel der menschlichen Vervollkommnung ist also völlige Angleichung an das Tao des Himmels. Erreicht wird dieses Ziel durch beständige Höherentwicklung der Jangseele, des Šĕn, bis zu dem Ergebnis, daß diese Seele den hunderttausenden von Šĕn oder stofflosen Wesen, von denen das Weltall erfüllt ist, vollkommen gleich wird. Der Mensch ist dann in dem Zustand, den wir Heiligkeit oder Göttlichkeit nennen dürfen. Die ältere taoistische Literatur bezeichnet diesen mit dem Ausdruck 眞 tšĕn, echt, und im Tao Te' King (§ 54) finden wir diesen Satz: 脩之於身、其德乃眞; wer (das Tao) an seiner Person pflegt, dessen Tugend ist Echtheit. Anderweitig, vor allem im Tšung Jung, dem klassischen konfuzianischen Buche, das sich hauptsächlich mit taoistischer Vervollkommnung beschäftigt, wird Heiligkeit auch mit dem Zeichen 誠 Tš'ing, das Wirklichkeit bedeutet, wiedergegeben. Außerdem findet sich in sämtlichen alten Schriften das Zeichen 聖 šing für denselben Begriff. Die genannten drei Ausdrücke sind also gleichbedeutend. Als weiteres Synonym kommt noch das Zeichen 神 šĕn, göttlich, hinzu, da nach chinesischer Meinung Heiligkeit und Göttlichkeit ein und dasselbe ist.

Was sich die Chinesen unter Heiligkeit vorstellen, dafür enthält die alte Literatur zahlreiche Angaben. Folgende Zitate mögen zur Beleuchtung genügen. Bei Tšuang Tsĕ lesen wir:

不 離 於 眞、謂 之 至 人 (Buch 10, bezw. Kap. 33).
Wer sich nicht vom Echtsein entfernt, den nenne ich einen Übermenschen.

眞 者 精 誠 之 至 也。不 精 不 誠 不 能 動 人
(Buch 10, bezw. Kap. 31). Echtsein bedeutet das Höchste·an Lebensäther und Wirklichkeit (Tš'ing). Ohne diesen Lebensäther und ohne diese Wirklichkeit kann man auf andere Menschen nicht wirken.

Der Philosoph 劉 安 Liu Ngan, der im 2. Jahrhundert vor Chr. lebte, sagt (鴻 烈 解 Hung Liĕ' Kiai, Kap. 7):
所 謂 眞 人 者 性 合 于 道 也. Der Mensch, der echt zu nennen ist, ist der, dessen Natur (Sing) mit dem Tao im Einklang steht.

Was sind nun, den alten Schriften zufolge, die Merkmale der Heiligkeit oder Göttlichkeit?

Wir haben gesehen (S. 44), daß, nach Kuan Tsĕ, Heiligkeit den Besitz der gleichen Klarheit verschafft, die dem Jang und dem·Himmel eigen ist; ferner (S. 50), daß, Lao Tsĕ zufolge, durch Wu-wei oder Regungslosigkeit erlangte Vollkommenheit den Menschen unwiderstehlich und allmächtig macht. Natürlich schließt Heiligkeit auch alle Tugenden in sich, die nur je ein Mensch auf Erden erlangen kann. Tšuang Tsĕ sagt (Buch 10, bezw. Kap. 31):

其 用 [眞] 於 人 理 也、事 親 則 慈 孝、事 君 則 忠 貞. Wenn Echtheit in des Menschen Charakter herrscht, dann dient er seinen Eltern mit Liebe und kindlicher Unterwerfung und seinem Fürsten treu und unerschütterlich.

Weiter sagt Tšuang Tsĕ (Buch 3, bezw. Kap. 6):

何 謂 眞 人。古 之 眞 人 若 然 者、登 高 不 慄、入 水 不 濡、入 火 不 熱。是 知 之 能 登 假 於 道 也 若 此. Was ist ein Heiliger? Es ist der, der den Heiligen der Urzeit gleicht; sie erklommen Höhen, ohne schwindlig zu werden; sie schritten ins Wasser hinein, ohne naß zu werden; sie traten ins Feuer, ohne heiß zu werden. Wir wissen es, daß man so wird, wenn man nur hoch genug steigt, um die Macht dazu dem Tao zu entlehnen.

Hierin liegt klar ausgesprochen, daß der taoistische Heilige dem Tao, das er besitzt, übermenschliche, magische Gewalt entlehnt. Die großartigen Fähigkeiten solcher Gottmenschen beschreibt Tšuang Tsĕ folgendermaßen (Buch 1, bezw. Kap. 1):

藐故射之山有神人居焉。肌膚若冰雪、淖約若處子。不食五穀、吸風飲露。乘雲氣、御飛龍而遊乎四海之外。其神凝使物不疵癘而年穀熟○○○之人也物莫之傷、大浸稽天而不溺、大旱金石流、土山焦、而不熱。是其塵垢粃穅將猶陶鑄堯舜者也○孰肯以物爲事. Im fernen Ku-šĕ-Gebirge wohnen Gott-Menschen. Sie haben Fleisch und Haut wie Eis und Schnee; sie gleichen Jungfrauen an Feinheit und Zartheit. Sie essen keine der fünf Feldfrüchte, sondern schlucken Wind und trinken Tau. Sie fahren auf Wolken mit fliegenden Drachen als Gespann jenseits der vier Meere einher. Durch Verdichtung ihrer Götterkraft vermögen sie die lebenden Wesen vor Krankheit und Seuche zu bewahren und alljährlich das Korn reifen zu lassen ... Kein Wesen kann diese Menschen verletzen; eine Flut, die bis an den Himmel steigt, kann sie nicht ertränken; Gluthitze mag Metall und Felsen schmelzen, den Erdboden und die Gebirge versengen, aber sie empfinden die Hitze nicht. Ihres Wesens Staub und Spreu allein reicht aus, um Leute vom Schlage Jao's und Šun's daraus zu formen und zu gießen. Was wollen sie mit stofflichen Wesen zu schaffen haben!

An einer anderen Stelle (Buch 1, bezw. Kap. 2) bei Tšuang Tsĕ findet sich folgende Verherrlichung der Heiligen:

至人神矣。大澤焚而不能熱、河漢沍而不能寒、疾雷破山、風振海而不能驚○若然者乘雲氣、騎日月而遊乎四海之外。死生無變於已、而況利害之端乎○ Der höchste Mensch ist ein Gott (Šĕn)! Ein Feuermeer mag ihn umlodern, es kann ihn nicht heiß machen; die Fluten des Huang-ho und Han mögen vereisen, er kann nicht frieren; rasende Donnerkeile mögen die Berge spalten, Sturmwinde die Meere erschüttern, ihn können sie nicht schrecken. So vermag er auf Wolken und Luft einherzufahren, auf Sonne und Mond zu reiten jenseits der vier Weltmeere. Weder Tod noch Leben können irgendeinen Wandel an seinem Selbst vollziehen, geschweige denn Brutstätten schädlicher Einflüße.

Ein andermal läßt Tšuang einen Weisen folgenden Vers sprechen: 上神乘光、與形滅亡、此謂照曠 (Buch 5, bezw. Kap. 12). Die, welche höchste Götterkraft besitzen, gleiten auf dem Licht einher, so daß sie mit ihrer Gestalt darin erlöschen und verschwinden; das nennen wir ihre weithinstrahlende Leuchtkraft.

Andre taoistische Philosophen stimmen gleichfalls in diese Verherrlichung der Heiligen ein. Bemerkenswert ist unter anderem, was 鶡冠子 Ho' Kuan Tsĕ, der vermutlich im 4. Jahrhundert vor unserer Zeitrechnung lebte, in folgenden Worten von ihnen sagt:

後天地生、然知天地之始、先天地亡、然知天地之終。道包之、故能知度之 (Kap. 11).
Der Heilige entsteht nach Himmel und Erde, und dennoch kennt er ihren Ursprung; er vergeht vor Himmel und Erde, aber er kennt ihr Ende. Das Tao umhüllt ihn, darum kann er solche Dinge wissen und ermessen.

聖人者力不若天地而知天地之任。氣不若陰陽而能爲之經。不若萬物多而能爲之正。不若衆美麗而能舉善指過焉。不若道德富而能爲之崇。不若神明照而能爲之主。不若鬼神潛而能著其靈。不若金石固而能燒其勁。不若方圓治而能陳其形 (Kap. 18).
Des Heiligen Kraft gleicht nicht der des Himmels und der Erde, aber er kennt ihr Wirken. Sein Atem gleicht nicht Jang und Jin, doch vermag er ihnen Gesetze vorzuschreiben. Er kommt den zehntausend Wesen an Zahl nicht gleich, doch kann er ihnen allen ein richtiger Führer sein. Er vereinigt zwar in sich nicht alles Vortreffliche der Menschheit, dennoch vermag er das Gute emporzuheben, die Fehler nachzuweisen. Er gleicht nicht dem Tao an reichen Segnungen, und doch vermag er es zu überragen. Er gleicht nicht den Göttern an strahlendem Glanz, dennoch vermag er über

sie Herr zu sein. Er ist nicht unsichtbar wie die Kwei und Sên, und doch vermag er ihre Geisterkraft zu entfalten. Er besitzt nicht die Festigkeit von Metall und Stein, und doch vermag er ihre Härte durch Glut anzugreifen. Er besitzt nicht die Regelmäßigkeit eines Vierecks oder eines Kreises, und doch vermag er diese Formen zu konstruieren.

Es läßt sich jetzt nach allem sagen, daß in der Meinung der ältesten und wichtigsten Vertreter der universistischen Weltanschauung ein taoistischer Heiliger übernatürliche Fähigkeiten und Weisheit besitzt, vermöge derer er übernatürliche Wirkungen hervorbringen kann. Er ist allmächtig, allwissend, allgegenwärtig, ein Gott über den Göttern. Er ist auch unverletzlich. Diese Unverletzlichkeit war vermutlich nicht allzu buchstäblich gemeint. Denn es konnte unmöglich verborgen bleiben, daß auch hervorragende Taoisten sterben mußten; ihre Gräber dürften allgemein bekannt und häufig besuchte Wallfahrtsstätten gewesen sein. Tšuang selbst (Buch 7, bezw. Kap. 19) erwähnt einen gewissen 單豹 Tan-pa, der in einer Felsengrotte nur von Wasser lebte und noch im siebzigsten Jahre die Jugendfrische seiner Wangen besaß, bis ein Tiger kam und ihn verschlang. Doch fügt er hinzu, 豹養其內而虎食其外, dieser Pa hatte sein inneres Wesen gepflegt, und der Tiger verschlang nur die äußere Hülle. Und der Philosoph 韓非 Han Fei, der im 3. Jahrhundert vor Chr. lebte, bemerkt in seinem Werk (Kap. 1, § 3), gelegentlich der Aufzählung einer Reihe guter Taoisten, die sämtlich hingerichtet wurden:

雖賢聖、不能逃死亡避戮辱者、何也。則愚者難說也. Wiewohl diese Menschen Vortrefflichkeit und Heiligkeit besaßen, vermochten sie dennoch weder dem Tode, noch körperlicher Verstümmelung und Schändung zu entgehen; wie kommt das? Nun, ich Einfältiger kann es schwerlich erklären.

Sterben müssen also große Taoisten freilich, wohl aber vermögen sie besser als andere Menschen lebendrohenden Gefahren zu widerstehen. Liu Ngan (Hung Liĕ' Kiai, Kap. 2) schrieb:

大寒至、霜雪降、然後知松栢之茂也。
據難、履危、利害陳於前、然後知聖人之不
失道也. Wenn die große Kälte gekommen ist, und Eis und Schnee sich niederlassen, dann erkennen wir die Unverletzbarkeit des Nadel- und Blattwerks von Fichten und Zypressen. Und wenn man Schwierigkeiten aus dem Wege räumen, Gefahren trotzen muß, wenn Schrecken sich vor uns auftun, dann erkennen wir, daß der heilige Mensch sein Tao nicht verliert.

Für die Erforschung der Geschichte alter Religionen dürfte es von ziemlichem Werte sein, zu wissen, daß man in Asien zu einer Zeit, die weit vor der christlichen liegt, bestimmte Vorstellungen von Heiligkeit und Göttlichkeit, sowie von der übernatürlichen Zaubermacht, die der Besitz beider verleiht, gehabt hat. Chinesischen Quellen allein aber ist es zu danken, daß man diese Vorstellungen mit Gewißheit als Ausfluß einer uralten universistischen Weltanschauung zu erkennen vermag.

Wie im vorhergehenden Kapitel gezeigt wurde, zählt zu den vier Urtugenden, die der Himmel jedem Menschen als Elemente seiner natürlichen Veranlagung eingepflanzt hat, und deren Pflege zur Heiligkeit führt, das Wissen (Tši), auch als Unerschütterlichkeit bezeichnet, weil diese das Wissen gewährleistet. Es ist nun zu beachten, daß die konfuzianische Lehre auf das Wissen ein ganz besonders hohes Gewicht legt und sich damit in Gegensatz zu der Lehre der Taoisten stellt, die, von dem großen universistischen Grundsatz der „Leere" ausgehend, Kenntnis und deren Verwendung verwerfen.

Dieser Gegensatz zwischen der konfuzianischen und taoistischen Lehre erhielt sein entscheidendes Gepräge durch Tsĕ-sĕ, den Enkel des Konfuzius, der, wie wir auf S. 25 gesehen haben, sein klassisches Werk, das Tšung Jung, mit dem Satze einleitet, daß die Pflege des Tao gleichbedeutend sei mit Unterweisung. Dieser Gedanke einer „Vervollkommnung durch Unterweisung" hat den Konfuzianismus zu dem entwickelt, was die Chinesen mit dem Ausdruck 儒教 Žu Kiao, Lehrsystem oder Religion der Gelehrten, bezeichnen. Diesem System verdankt China seine gesamte wissenschaftliche Bildung, und diese Bildung wurzelt also — es kann nicht nachdrücklich genug betont werden — im Universismus.

Die Hauptmittel zur menschlichen Unterweisung, die einzig zuverlässigen Führer des Menschen zum Tao, sind nun nach konfuzianischer Anschauung lediglich die klassischen Schriften (s. S. 28). Sie sind es, die seit der Han-Zeit, als sich die konfuzianische Lehre zum herrschenden System entwickelte, bis auf den heutigen Tag stets und ständig von den führenden Klassen des Volks als das ausschließliche Evangelium für die gesamte Menschheit angesehen worden sind, also auch als einzige politische Grundlage, auf der sich Staat und Gesellschaft aufbauen müssen, wenn die Regierung gleich dem All ewig dauern, und das Volk wahrhafte Beglückung genießen soll.

Mit den klassischen, heiligen Büchern Chinas ist der Name Konfuzius (551—479 v. Chr.) untrennbar verknüpft. Einige nennen die Chinesen 經 King, andere 書 Šu. Sicher sind sie nicht sämtlich von Konfuzius geschrieben; sie entstammen teils einer früheren, teils einer späteren Zeit. Wirklich von ihm soll nur ein King verfaßt sein, das 春秋 Tsʿun Tsʿiu, die Annalen, nämlich in der Hauptsache die des Staates 魯 Lu, wo er lebte und lehrte; sie enthalten kurze Notizen über die Jahre 722—481. Drei andere King soll Konfuzius, dem allgemeinen Glauben nach, lediglich kompiliert haben. Es sind dies das 詩 Ši, die Lieder, das 易 Jiʾ, die Wandlungen, und das 書 Šu, die Geschichtsbücher; letzteres ist eigentlich eine Sammlung von 30 Büchern verschiedener Art, von denen die zwei ersten über 堯 Jao und 舜 Šun, die beiden heiligen Herrscher des 24. und 23. Jahrhunderts v. Chr., handeln, und das letzte sich auf einen Fürsten des 7. Jahrhunderts bezieht. Das besonders umfangreiche fünfte King, das 禮記 Li Ki, Schriften über die Lebensregeln, besteht aus 46 Büchern; es werden darin Konfuzius und seine Schüler häufig erwähnt, und es scheint demnach zum großen Teil aus Überlieferungen und Aussprüchen zu bestehen, die von ihm herrühren. Klassisch und heilig sind auch drei umfangreiche Erweiterungen und Kommentare des Tš'un Ts'iu, nämlich das 左傳 Tso Tš'uan, Berichte des Tso, das 穀梁傳 Ku'-liang Tš'uan, Berichte des Ku'-liang, und das 公羊傳 Kung-jang Tš'uan, Berichte des Kung-jang; ferner das 周官 Tšou Kuan, Beamtentum von Tšou, dem Fürstenhause, dessen Herrschaft vom 12. bis in das 3. Jahrhundert v. Chr. gedauert hat; endlich das 儀禮 I Li, Lebensregeln, eine Sammlung von Schriften über Zeremonien bei verschiedenen feierlichen Gelegenheiten.

Was die sogenannten vier Šu anbetrifft, so stammen diese fast gänzlich von Schülern des Konfuzius. Sie enthalten hauptsächlich Aussprüche, Gespräche, Lehrsätze und Lebensregeln des Meisters, vorwiegend ethischen und philosophischen Charakters. Ihre Titel lauten: 論語 Lun Jü, Besprechungen; 中庸 Tšung Jung, Methode der Mitte (??); 大學 T'ai Hio', das allerhöchste Studium, und 孟子 Mĕng Tsĕ, Menzius. Das Tšung Jung und das T'ai Hio' sind eigentlich Bücher des Li Ki. Im engeren Sinne gibt es also 14 heilige Bücher, im weiteren aber 86.

Man ist also berechtigt, an Stelle von Konfuzianismus auch die Ausdrücke Klassizismus, Taoismus oder Universismus zu setzen. Der Konfuzianismus allein ist orthodox, da es im Weltall nur ein Tao gibt und also nur eine Reihe wahrer, klassischer Schriften, die dieses Tao unter der Menschheit predigen und aufrecht erhalten. Die überherrschende Stellung hat der Konfuzianismus bis auf den heutigen Tag in China zu wahren gewußt. Und somit steht daselbst das ganze Erziehungs- und Unterrichtssystem, von den Elementarschulen angefangen bis zu den höchsten Staatsprüfungen, die zum Staatsdienst den Zugang eröffnen, sowie das ganze Staatswesen Chinas auf der breiten Basis, die Taoismus oder Universismus heißt.

Der Kaiser ist naturgemäß der oberste Führer der Nation auf dem Wege, der „Tao der Menschheit" heißt. Um diesen hohen Auftrag des Himmels zu erfüllen, muß er die Te' oder segensreichen Eigenschaften und Tugenden des Tao im höchsten Grade in seiner eigenen Person vereinigen, auf daß er durch seine Regierung sie für die Menschenwelt in Segnungen verwandle. Es ist klar, daß er diese Eigenschaften und Tugenden durch klassische Studien sich aneignen und zur Entfaltung bringen muß, und so von selbst der höchste Lehrer des Menschtums und der gelehrteste Mensch der Welt werden soll. Selbstverständlich sollen seine Minister und Staatsbeamte, die Mithelfer zur Erledigung dieser höchsten Aufgabe, 儒 Žu, klassische Gelehrte, sein, Muster und leuchtende Sterne des konfuzianischen Wissens, die tüchtigsten aller, welche die Staatsprüfungen bestehen und also durch und durch vertraut sind mit dem Inhalt der klassischen Schriften, kurz, sie müssen die weisesten und besten unter den Menschen sein. Nur wenn sie das Tao oder dessen Te' selbst besitzen, können sie für die Menschheit die richtigen Führer sein auf dem Wege zur Tugend und zum Glück und somit dem Volke Frieden, der Regierung Stabilität, der Dynastie den' ewigen Besitz des Thrones sichern. Diesem Grundgedanken hat Konfuzius selbst, nach dem Lun Jü (II, 3), in folgenden Worten Ausdruck verliehen:

道之以德、齊之以禮、有恥且格. Führt die Menschen im Tao durch euere Tugenden (Te') und organisiert sie mittels der Lebensregeln (Li), dann wird es Anspruchslosigkeit (= 謙 Bescheidenheit, = Leidenschaftslosigkeit, Leerheit) besitzen, und mithin wird Ordnung herrschen.

Ganz ausschließlich befaßt sich der kurze Text des T'ai Hio', des allerhöchsten Studiums, mit der Pflicht der Herrscher, ihre durch Studium erworbenen universistischen Tugenden zur Vervollkommnung des Volks anzuwenden und so zum beiderseitigen Wohl zu verwerten. Wir lesen in dieser klassischen Schrift:

大學之道在明明德、在親[新]民、在止於至善。知止而后有定、定而后能靜、靜而后能安、安而后能慮、慮而后能得. Das Tao des allerhöchsten Studiums besteht darin, daß (der Herrscher) glänzende Eigenschaften und Tugenden (Te') klar scheinen läßt; es besteht ferner darin, daß er dadurch das Volk erneuert, und darin, daß es demzufolge im Zustande der höchsten natürlichen Güte (Šan) verweilt. Versteht er es, das Volk (auf diese Weise) in diesen Zustand zu versetzen, dann wird Stabilität herrschen; herrscht Stabilität, dann kann er sich still und schweigsam (tsing) verhalten; übt er Stille und Schweigsamkeit, dann kann Friede und Ruhe herrschen; herrscht Friede und Ruhe, dann kann er sich um (seine und des Volks) Interessen kümmern und wird dadurch seine Zwecke zu erreichen imstande sein.

In diesem etwas mystisch aussehenden Lehrsatz tritt die quietistische Lebensauffassung des Taoismus klar zutage. Lesen wir doch ganz deutlich, daß das Gute (Šan), welches von Natur dem Menschen eigen ist, sich unter dem segensvollen Einfluß der hohen sittlichen Vervollkommnung, welche die Staatslenker sich durch Studieren aneignen, soweit entwickeln soll, daß das Volk sich von ihnen mittels Wu-wei und Schweigsamkeit regieren läßt und der Herrscher also seine Zwecke erreicht, das heißt, unwiderstehlich und allmächtig ist. Folgen wir jetzt wieder dem T'ai Hio', das unmittelbar danach die Wichtigkeit des Studiums für die Herrscher nochmals betont und dabei erklärt, daß es sie zur Heiligkeit führt:

物有本末、事有終始、知所先後則近道矣。

古之欲明明德於天下者先治其國。欲治其國者先齊其家。欲齊其家者先脩其身。欲脩其身者先正其心。欲正其心者先誠其意。欲誠其意者先致其知。致知在格物.

Alle Dinge haben eine Wurzel und einen Gipfel, alle Sachen ein Ende und einen Anfang; wer richtig versteht, was zuerst kommt und was folgt, der nähert sich dem Tao.

Die Alten, die da trachteten, die glänzenden Eigenschaften und Tugenden in der sich unter dem Himmel erstreckenden Welt klar scheinen zu lassen, beabsichtigten damit vor allen Dingen, für ihr Reich eine gute Regierung zu schaffen. Aber um ihr Reich gut zu regieren, stellten sie die Regelung ihres Hauses voran. Der Regelung ihres Hauses ließen sie die Pflege ihres eigenen Wesens vorangehen. Um ihr eigenes Wesen zu pflegen, machten sie zuerst ihr Gemüt wahr (tšing, orthodox). Um ihr Gemüt wahr zu machen, begannen sie zunächst ihre Gesinnung „wirklich" (tš'ing, heilig) zu gestalten. Und um „wirklich" in der Gesinnung zu werden, entwickelten sie ihr Wissen bis zum äußersten. Diese Entwicklung des Wissens bis zum äußersten bestand in der Erforschung der Dinge.

Also erfolgt klipp und klar aus den heiligen Büchern, daß die Kaiser ihr klassisch-taoistisches Wissen bis zum äußersten entwickeln müssen (致知) und den klassisch-taoistischen Lehren gemäß ihr Haus einrichten und ihr Reich regieren sollen. Es ist somit in China stets hohes Staatsprinzip und unumstößlicher Brauch gewesen, jungen Kaisern und Thronerben eine ganz besonders gewissenhafte Ausbildung in der Lehre der klassischen Schriften angedeihen zu lassen. Nicht wenige unter den Kaisern haben einen hohen literarischen Bildungsgrad besessen und auch tatkräftig zur Förderung der Wissenschaft beigetragen, indem sie große Gelehrten-Kommissionen einsetzten, welche die klassischen Bücher, sowie die geschichtlichen Überlieferungen der Dynastien und andere Hauptwerke, mit Erläuterungen und Kommentaren versehen herausgeben mußten. Zahlreiche Meisterwerke der chinesischen Gelehrsamkeit von oft riesenhaftem Umfange verdanken dieser staatlichen Tätigkeit ihre Entstehung;[1] im Palast selbst besorgten

---

[1] Viele findet der Leser in meinem Aufsatz „Sinologische Seminare und Bibliotheken" erwähnt; s. Abhandlungen der Kön. Preuß. Akademie der Wissenschaften, 1913.

kaiserliche Druckereien Prachtausgaben davon. Unter den
Kaisern der letzten Dynastie, deren Regierung in dieser Be-
ziehung besonders fruchtbar war, stehen an der Spitze die
Namen 聖祖 Šing Tsu (K'ang-hi) und 高宗 Kao Tsung
(K'iĕn-lung). Das gewaltigste Zeugnis solchen kaiserlichen
Unternehmungsgeistes ist das 古今圖書集成 Ku-kin
T'u Šu Tsi'-tš'ing, Vollständige Sammlung von Schriften der
Vergangenheit und der Gegenwart, dessen Anfertigung Šing Tsu
anordnete, und das 1725 unter seinem Nachfolger abgeschlossen
wurde. Es ist an Umfang das größte Werk, das in der Welt
existiert. Es enthält in planmäßiger Anordnung nahezu die ge-
samte Wissenschaft, über die China verfügt, und entspricht somit
in seiner Anlage so vollständig wie möglich der Forderung des
T'ai Hio', daß der Herrscher bestrebt sein soll, sein eigenes
Wissen und das seiner Staatsdiener zur äußersten Entfaltung
zu bringen.

Wenn es der höchste Beruf des Herrschers ist, das ganze
Menschtum an Tao oder dem Weltall entlehnter Vollkommenheit
zu überragen, so folgt von selbst, daß das Weltall, oder vielmehr der Himmel, der das Weltall umfaßt und beherrscht, den
Thron nur dem Menschen anvertraut, der solche Vollkommenheit
besitzt — anderseits aber der Mangel solcher Vollkommenheit
unweigerlich den Verlust des Thrones nach sich ziehen muß.
In der Tat finden wir diese Lehre in den heiligen Büchern klar
ausgesprochen, und somit ist sie seit alters her ein Axiom und
Dogma gewesen. Im Šu wird im 舜典, dem Buche von Šun,
von Šun gesagt:

玄德升聞、乃命以位。慎徽五典、五典克從·
Weil seine verborgenen Tugenden (Te') droben sich kundgaben, darum
wurde er mit dem Thron beauftragt. Er erfüllte selbst mit Sorgfalt die fünf
Grundpflichten, und darum konnten diese auch von anderen befolgt werden.
Und im Tšung Jung (XVII) sagt Konfuzius von diesem
heiligen Herrscher:

德爲聖人、尊爲天子｡｡｡故大德必得其位、必得其祿、必得其名、必得其壽｡｡｡故大德者必受命. Seine Tugenden (Te') machten ihn zu einem Heiligen, und er ward deshalb· der Ehre würdig, Sohn des Himmels zu sein. Wegen seiner höchsten Tugenden mußten ihm Thron,· Glück, Ruhm und lange Lebensdauer zuteil werden. Also muß derjenige, welcher die höchsten Tugenden besitzt, der Vollmacht des Himmels teilhaftig werden.

Gleichfalls, wie im Šu das Buch über „die Ratschläge des großen Jü" (s. S. 30) uns lehrt, verdankte dieser Stifter der Hia-Dynastie im 23. Jahrhundert v. Chr. den Thron ausschließlich seiner hohen Vollkommenheit. Sein Ratgeber 益 Ji' sprach zu ihm:

都帝德廣運、乃聖乃神、乃武乃文｡皇天眷命、奄有四海、爲天下君. Deine Tugenden, o Kaiser, wirkten überall hin; du warst dadurch heilig, du warst göttlich und also den Militär- und Zivilaufgaben gewachsen. Der kaiserliche Himmel nahm es wahr und schenkte dir seine Vollmacht; somit ist jetzt alles, was zwischen den vier Meeren liegt, dein Eigentum, und du bist Herr über alles, was unter dem Himmel ist.

Und an 太甲 T'ai-kia', den Nachfolger des 湯 T'ang, des Gründers der 商 Šang-Dynastie, richtete, dem Šu zufolge, um 1753 v. Chr. sein großer Ratgeber 伊尹 I-jin folgende Worte:

天位艱哉｡德惟治、否德亂與｡治同道、罔不興與 (Buch 太甲 T'ai Kia', III).

常厥德、保厥位、厥德靡常、九有以亡｡夏王弗克庸德、慢神虐民、皇天弗保、監于萬方、啓迪有命、眷求一德、俾作神主｡惟尹躬暨湯咸有一德、克享天心、受天明命、以有九有之師、爰革夏正｡非天私我有商、惟天佑于一德｡非商求于下民、惟民歸于一德｡

德惟 一、動罔不吉、德二三、動罔不凶。惟
吉凶不僭在人、惟天降災祥在德·

今嗣王新服厥命、惟新厥德、終始惟
一、時乃日新。任官惟賢材、左右惟其人、臣
爲上爲德、爲下爲民 (Buch 咸有一德)·

Der Thron, den der Himmel verleiht, ist ein Thron der Mühsal! Aber hast du Tugend, so wird Ordnung sein; bist du jedoch ohne Tugend, so wird Verwirrung herrschen! Ist deine Regierung mit dem Tao in Einklang, dann wird fürwahr alles gedeihen.

Ist deine Tugend von Bestand, dann schützt sie deinen Thron; ist sie ohne Bestand, so werden dir die neun Besitztümer (Provinzen des Reichs) verloren gehen. Als die Herrscher des Hauses Hia nicht länger imstande waren Tugend zu üben, die Götter höhnten und das Volk grausam unterdrückten, da entzog ihnen der kaiserliche Himmel seinen Schutz; sein Auge wanderte über die zehntausend Gegenden der Welt, um einen zu finden, dem er als Inhaber seiner Vollmacht seine Weisungen erteilen könnte; sein Blick suchte nach einem, der Tugend vom ersten Grade besaß, um ihn zum Herrn über die Götter (Šen) zu machen. Nur ich selbst und (dein Vater) T'ang besaßen zusammen den ersten Grad der Tugend und konnten deswegen des Himmels Wohlwollen genießen; und so kam es, daß er die leuchtende Vollmacht des Himmels empfing, mithin Inhaber der Herrschaft über die neun Besitztümer ward und den Kalender von Hia änderte. Es war nicht Parteinahme des Himmels für unser Haus Šang; o nein, er stand lediglich dem zur Seite, der an Tugend der allererste war. Auch war es dem Hause Šang nicht um die Gunst des niederen Volkes zu tun, sondern das Volk suchte Zuflucht bei dem Ersten an Tugend. Wenn deine Tugend vom ersten Grade ist, dann wird keine deiner Handlungen unglücklich verlaufen; ist sie aber vom zweiten oder dritten Grade, so wirst du in keiner deiner Handlungen glücklich sein. Fürwahr, Glück und Unglück kommen nicht zufällig über die Menschen; o nein, der Himmel sendet ihnen Unheil und Heil herab gemäß ihren Tugenden.

Jetzt hast du, Thronfolger, in Demut die himmlische Vollmacht übernommen; erneuere deine Tugend; ist das von Anfang bis Ende dein erster Zweck, dann wirst du sie sogar alltäglich erneuern. Die Regierungsbeamten werden sich dann nur vortreffliche Eigenschaften aneignen, und deine nächste Umgebung zur Rechten und zur Linken wird ihnen darin gleichkommen; die Minister werden dann nach oben hin für die Erwerbung von (deinen) Tugenden, nach unten hin für das Volk leben.

Diesen Sätzen, welche klassisch sind und deshalb für die Kaiser Chinas immerdar heiliges Evangelium waren, liegt offensichtlich diese Auffassung zugrunde: spontan wie das Tao des Himmels, verbreitet die Person eines heiligen Kaisers, der die Eigenschaften oder Tugenden des Tao besitzt, seine Segnungen über die Menschheit. Auf Grund dieser selben Lehre hob Konfuzius, wie wir auf S. 51 gesehen haben, ausdrücklich hervor, daß die vortreffliche Regierung des großen Šun aus nichts anderem bestand, als daß er seine Person zum Gegenstand höchster Ehrfurcht machte und dann ohne Tätigkeit, ohne Einmischung in praktische Regierungsgeschäfte, also im Zustande des Wu-wei, auf dem Thron saß. Wu-wei ist demnach untrennbar mit persönlicher Vollkommenheit oder Heiligkeit verknüpft, und Einfluß und Macht, sogar Allmacht, sind lediglich die natürlichen Folgen, die aus Wu-wei hervorgehen (s. S. 50). Es ist also durchaus verständlich, wenn Konfuzius sagt (Lun Jü, II, 1):

為 政 以 德 譬 如 北 辰、居 其 所 而 衆 星 共 之.

Wer durch Tugend die Regierung führt, der gleicht dem Polarstern: der steht unbeweglich an seinem Platze und wird deshalb von der Masse der (umkreisenden) Sterne geehrt.

Da taoistische Tugend das Ergebnis der Vertiefung in die Weisheit der heiligen Schriften ist, so ist in chinesischen Augen jeder, der sich mit dem Studium dieser Schriften befaßt, bereits auf dem Wege zur Vollkommenheit. Wer sehr weise und tugendhaft ist, der ist in der Sprache der klassischen und nichtklassischen alten Schriften, 賢 hiĕn, und wird ein 君子 Kiün Tsĕ genannt, was soviel bedeutet wie fürstliche, edle Person. Und wer die höchste Stufe der Weisheit und Tugend erreicht, also Heiligkeit besitzt, ist, wie wir gesehen (S. 57), tsĕn,

tš'ing oder šing, ein Šĕn oder Gott. Es versteht sich von
selbst, daß solche heilige Personen in erster Linie die Männer
sind, die das Tao des Menschen auf Erden stifteten, also die
ältesten Herrscher der chinesischen Überlieferung, die 伏羲
Fu'-hi, 神農 Šĕn-nung, 黃 Huang, Jao, Šun, wie auch
der große Jü, der die Hia-Dynastie gründete; sie alle, so
glaubten die Chinesen jeder Zeit, verdankten ihren Thron von
Himmels Gnaden lediglich nur ihrer hohen Vollkommenheit im
Tao. Heilig ist natürlich auch T'ang, der Gründer der Šang-
Dynastie, sowie dessen Ratgeber I-jin, denn man weiß es
ganz bestimmt aus des letzteren eigenem Munde durch das Šu
(s. S. 70), daß beide die höchste Tugend besassen, und T'ang
auch gerade auf Grund seiner Vollkommenheit durch den Himmel
zum Kaiser erkoren wurde. Endlich sind auch heilig die beiden
Stifter der 周 Tšou-Dynastie (12. Jahrh. v. Chr.), 文 Wĕn
und 武 Wu, denn sonst wäre auch ihnen nicht der Thron
vom Himmel anvertraut. Es ist fast unnötig zu sagen, daß
unter allen Heiligen Chinas Konfuzius die erste Stelle einnimmt.
Ist ihm und seiner Schule doch die großartige Schöpfung der
heiligen klassischen Bücher zu danken, durch welche die Menschheit die Lehren und Taten der Heiligen und Ahnen uralter
Zeit kennen lernen kann, und die ihr also der einzige und un-
schätzbare Wegweiser zur Weisheit und Tugend sind. Überdies
sind durch die klassischen Schriften Aussprüche seiner Jünger
überliefert, die ausdrücklich seine Heiligkeit bekunden. Wir lesen
nämlich in Menzius (Buch 公孫丑 Kung-sun Tš'ou, I, 2),

于貢曰、學不厭、智也。教不倦、仁也。仁
且智、夫子既聖矣。。。有若曰、聖人出於其類
拔乎其萃、自生民以來未有盛於孔子也.

Tsë-kung sprach: „Du studierst immerzu ohne Überdruß: das ist der Beweis, daß du weise bist. Du unterrichtest, ohne müde zu werden; das zeigt,
daß du Menschenliebe hast. Menschenliebe und dazu Weisheit — o Meister,
du bist heilig." Und Jiu-žo' sprach: „Ein Heiliger überragt seinesgleichen

wie hohe Halme (? Garben?) niederes Gras (Stoppeln?); aber seit der Entstehung des Volks hatte noch niemand eine höhere Vollkommenheit als Konfuzius." In der großsprecherischen Hymne, die sein Enkel Tsĕ-sĕ Konfuzius im Tšung Jung widmet, nennt er ihn 至聖 Tšĭ-šing, den Überheiligen; das ist in China der gebräuchliche Ehrentitel des großen Weltweisen geblieben bis auf den heutigen Tag.

An Heiligkeit kommt nach Konfuzius sofort der Mĕng Tsĕ, der Verfasser des ´umfangreichen klassischen Buches, das als Titel seinen Namen führt und an Weisheit und Lehren der Alten ganz besonders reichhaltig ist. ·Ihn pflegt man daher als 亞聖 ja Šing, den zweitgrößten Heiligen, zu bezeichnen. Heilig sind auch die drei größten Jünger des Konfuzius: 顔回 Jĕn Hui, 曾子 Tsĕng Tsĕ und Kʿung Kiʾ oder Tsĕ-sĕ (s. S. 25), der angebliche Verfasser des Tšung Jung. Die übrigen Jünger des Meisters gelten entweder als Kiün Tsĕ (S. 71) oder bloß als Žu, Gelehrte (S. 65).

Wie im zweiten Kapitel schon aus vielen Textstellen klar hervorgegangen ist, findet in den alten Schriften der Ausdruck Šing, Heiliger, so häufig Anwendung auf Herrscher, daß man zu der Annahme gelangen muß, daß Šing in der klassischen Zeit überhaupt als eine allgemeine Bezeichnung für Herrscher gilt. Diese Annahme entspricht auch durchaus der chinesischen Auffassung; denn man sagt sich, wen der Himmel überhaupt auf dem Throne duldet und schützt, der muß in sich schon den allerhöchsten Grad von Weisheit und Tugend vereinigen. Kuan Tsĕ (Buch 18, bezw. Kap. 57) schreibt: 天子聖人也; der Sohn des Himmels ist ein heiliger Mensch. Und in den Schriften von Hoʾ Kuan Tsĕ (Kap. 10) lesen wir: 上賢爲天子、次賢爲三公; derjenige, der der Höchste ist an Weisheit und Tugend (Hiĕn), ist der Sohn des Himmels; die nächstfolgenden an Weisheit und Tugend sind seine drei ersten Minister.

Bis auf den heutigen Tag läßt der Himmel ständig einen Heiligen in des Reiches Hauptstadt thronen, dessen himmlischer

Auftrag es ist, das Tao des Himmels zu dem Tao der Menschen umzugestalten, und zwar durch eine Regierung, welche sich getreu an die Weisheit der alten heiligen Bücher hält, ferner durch sein persönliches vollkommenes Verhalten und durch die ständige Kundgebung seines heiligen Willens. Darum heißen seine Befehle 聖旨 šing Tši, heilige Weisungen, seine Erlasse 聖諭 šing Jü, heilige Befehle, usw.

Der Heilige, der vollkommene Mensch, besitzt natürlich eine vollkommene Šĕn oder Seele, d. h. seine Seele, sein Geist gleicht an Art völlig den sonstigen Šĕn oder Gottheiten, deren Gesamtheit das Jang des Weltalls ausmachen; mit anderen Worten, er ist selbst eine Gottheit. Diese Anschauung findet sich in den klassischen Schriften ausdrücklich bestätigt. Menzius (Buch 盡心 Tsin Sin, II) sagt: 聖而不可知之、之謂神; wessen Heiligkeit man nicht begreifen kann, der ist ein Gott.

Ganz besonders befaßt sich mit dem Wesen der Heiligkeit und des Heiligen das Tšung Jung. Da steht geschrieben:

誠者天之道也、誠之者人之道也。誠者不勉而中、不思而得、從容中道、聖人也。誠之者擇善而固執之者也、博學之、審問之、慎思之、明辨之、篤行之 (§ 20).

Heiligkeit ist das Tao des Himmels, heilig werden und heilig machen das Tao des Menschen. Zur Heiligkeit gelangt man nur ohne Anstrengung; man erlangt sie nur unbewußt, und wer das Tao ohne Streben erreicht, ist der heilige Mensch. Man wird dadurch heilig, daß man das Gute erwählt und dann fest am Guten hält, (zu diesem Zwecke) umfassende Studien darüber macht, es durchforscht und danach fragt, sorgfältig darüber nachdenkt, es vernunftgemäß prüft und ernsthaft übt.

唯天下至誠爲能化。至誠之道可以前知。國家將興、必有禎祥、國家將亡、必有妖孽。見乎蓍龜、動乎四體、禍福將至、善必先知之、不善必先知之。故至誠如神 (§§ 23 und 24).

In dieser Welt kann nur der Überheilige (wie Konfuzius) andere zu
höherer Bildung bringen. Das Tao des Überheiligen ermöglicht es ihm,
die Zukunft zu kennen. Wenn das Herrscherhaus seiner Blütezeit entgegen-
geht, so erscheinen bestimmt gute Vorzeichen, böse dagegen, wenn ihm
der Untergang bevorsteht. Solche Vorzeichen lassen sich durch Schafgarbe
oder durch die Schildkröte erkennen, oder durch außerordentliche Zuckungen
an den vier Gliedmaßen; aber wenn Schlimmes oder Gutes kommen wird,
so weiß solch ein Heiliger das eine sowohl als das andere im voraus. Aus
diesem Grunde ist der Überheilige den Göttern gleich.

誠者自成也、而道自道也。。。誠者非自成
已而已也、所以成物也。成已仁也、成物
知也、性之德也。合外內之道也 (§ 25).

Der Heilige ist der, welcher sich von selbst vollkommen macht; sein
Tao ist das Tao der Spotaneität. Aber nicht bloß vervollkommnet der
Heilige sich selbst spontan, sondern er vervollkommnet auch die lebenden
Wesen dadurch. Sich selbst vervollkommnet er aus Liebe zur Menschheit,
und andere Wesen durch seine Weisheit, denn diese Menschenliebe und
diese Weisheit sind die Tugenden (Te') seiner Natur (Sing). Sein Tao
ist also ein Tao, das sowohl nach innen (auf ihn selbst) wirkt als nach
außen (auf andere).

如此者不見而章、不動而變、無爲而成 (§ 26).

Wer so ist, der kann unwahrnehmbar bleiben und doch seinen Einfluß offenbaren; er kann, ohne sich zu rühren, Umwälzungen hervorrufen,
und ohne sich zu regen Werke vollbringen.

大哉聖人之道。洋洋乎。發育萬物。峻
極于天。優優大哉。禮儀三百、威儀三千待
其人而後行。故曰、苟不至德、至道不凝
焉。故君子尊德性而道問學、致廣大而盡
精微、極高明而道中庸 (§ 27).

Gewaltig ist des Heiligen Tao! Ist es nicht ein Meer der Meere?
Den Zehntausenden von Wesen und Dingen verleiht es Werden und Erhalten. Bergesgleich gipfelt seine Erhabenheit im Himmel. Unermeß-
lich ist seine Größe! Die dreihundert Hauptzeremonien für das menschliche Zusammenleben, die dreitausend Regeln für das Benehmen warten,
bis der Mensch erscheint (der dieses Tao besitzt), um dann in Wirkung

zu treten. Und deshalb sage ich: ohne die (Pflege der) höchsten Tugend (Te') wird das Tao nicht Wirklichkeit! Und darum ist für den Kiün Tsĕ das höchste Ziel, daß seine Natur sich Tugenden aneignet und sein Tao also im Studium besteht; er dehnt dieses Studium möglichst weit und erschöpfend sogar bis in die feinsten Kleinigkeiten aus; dadurch führt er seine Intelligenz zum höchsten Höhepunkt hinauf und bewegt sich dann auf dem Wege zum Tšung Jung.

Die Bedeutung dieses Ausdrucks 中庸 Tšung Jung, der auch dem ganzen heiligen Buche als Titel beigelegt wurde, ist unsicher und Gegenstand vielen Streits im Gelehrtentum gewesen. Zumeist wird er in seiner buchstäblichen Bedeutung „Anwendung der Mitte" aufgefaßt, ohne daß es den Gelehrten gelungen ist, die Bedeutung dieser „Mitte" in befriedigender Weise klarzustellen; nach dem allgemeinen Glauben soll sie eine Art seelischen Gleichgewichts vorstellen. Jedoch obenstehender Auszug zeigt klar, daß sie die Vervollkommnung andeutet, zu welcher die Entwicklung der Tugend und der Intelligenz den Menschen bringt, also den Zustand, der zur Heiligkeit führt oder schon die Heiligkeit selbst, das Tao, ist; deshalb ist gewiß die Frage berechtigt, ob diese „Mitte" oder 中 Tšung nicht das auf S. 40 erwähnte 冲 oder 盅 Tšung, also schlechthin die Naturtugend der „Leere" oder Leidenschaftslosigkeit von Lao Tsĕ und Tšuang Tsĕ vorstellt, die ebenfalls zur Heiligkeit führt oder diese selbst ist. In der Tat steht es deutlich und klar im Tšung Jung (§ 1) geschrieben:

喜怒哀樂之未發謂之中、發而皆中節謂之和。中也者天下之大本也、和也者天下之達道也。致中和、天地位焉、萬物育焉.

Der Zustand, in dem Freude und Zorn, Leid und Vergnügen noch nicht erweckt sind, heißt 中 Tšung; sind sie erweckt, und wird trotzdem ihre Bezwingung erzielt, dann heißt das Harmonie. Tšung ist das große Prinzip dieser Welt, und Harmonie ist das alles durchdringende Tao der Welt. Führt man das Tšung und die Harmonie bis zum höchsten Grade hinauf, dann werden Himmel und Erde fest an ihrer Stelle bleiben, und dadurch werden die zehntausend Wesen und Dinge geschaffen und erhalten! Wenn also, wie wir hier lesen, Tšung das Ruhen der Leidenschaften bezeichnet und so hohe sittliche Kraft verleiht, daß sie das Universum in seiner schöpferischen Bahn zu halten vermag, dann können wir fürwahr nicht umhin, darin die Tšung oder Leerheit zu erkennen, die große taoistische Naturtugend, die den Menschen zur Heiligkeit und Allmacht führt. Und angesichts der Tatsache, daß die Bücher für das Studium und die Pflege des Tao der Heiligkeit die klassischen Bibeln des Konfuzianismus sind, und unter diesen das Tšung Jung kräftiger als alle anderen die taoistische Lehre der Vervollkommnung und Göttlichkeit, der Allwissenheit und übernatürlichen Macht vertritt, welche durch die taoistischen Tugenden der Spontaneität, Leidenschaftslosigkeit und Regungslosigkeit erreicht werden, — da kann es uns keineswegs verwundern, daß gerade dieses Tšung Jung unter den klassischen Büchern sehr hoch angeschrieben ist, und daß seinem Verfasser eine Stelle unter den vier Heiligen der konfuzianischen Schule zuerkannt ist.

Also erkennt die Lehre des Konfuzius, ebensowohl wie der Taoismus oder Universismus, die Einschränkung und Ruhe der Leidenschaften als das große Hauptmittel zur Erreichung des Tao der Tugend, Weisheit und Macht. Das Tšung Jung verbreitet sich jedoch nicht über die Art und Weise, wie diese Einschränkung geschehen soll. Aber in einem anderen klassischen Buch, dem uns bekannten Li Jun, ist ein System darüber aufgestellt, das von Konfuzius selbst herrühren soll. Wie wir schon auf S. 26 gesehen haben, erklärte dieser Weise, daß die Herrscher in alter Zeit vom Himmel selbst das Tao in der Gestalt von Lebensregeln oder Li empfingen und mittels derselben die Leidenschaften der Menschen beherrschten und regelten. Damit ist eine strenge Durchführung dieser heiligen, klassischen Li im sittlichen, religiösen, häuslichen und sozialen

Leben der chinesischen Regierung als hohe Pflicht für alle
Zeit auferlegt. Und so war immer das Ministerium der Li, das
seit verschiedenen Jahrhunderten den Namen 禮部 Li Pu
führt, von selbst eines der allerwichtigsten Staatsinstitute und
unter den zwei letzten Dynastien das ˙vornehmste der sechs
Pu. Ebenso wie die Li selbst, ist es eine Institution des Universismus.

Aber nicht bloß durch die Li und die Tugenden, welche
sie erzeugen, soll, dem Li Jun zufolge, die Zügelung der
Leidenschaften erreicht werden. Noch eine Reihe anderer Tugenden muß man zu diesem Zwecke pflegen und üben. Im
2. Kapitel lesen wir:

何謂人情。喜怒哀懼愛惡欲。七者弗學
而能。何謂人義。父慈、子孝、兄良、弟弟、夫
義、婦聽、長惠、幼順、君仁、臣忠、十者謂
之人義。。。聖人之所以治七情、脩十義、講
信、脩睦、尚慈讓、去爭奪。舍禮、何以治之

Welches sind die menschlichen Leidenschaften? Es sind Freude, Zorn, Leid,
Angst, Liebe, Abscheu, Begierde. Da bedarf es erst keines Studiums, daß
diese Sieben ihre Macht ausüben. Welches sind nun die menschlichen
Pflichten? Es sind Vaterliebe, Unterwürfigkeit und die anderen Pflichten
des Kindes gegenüber den Eltern; Sanftmut des älteren Bruders gegenüber
den jüngeren, Folgsamkeit des jüngeren Bruders gegenüber den älteren;
Pflichtgefühl des Mannes gegenüber der Ehefrau, Gehorsamkeit seitens der
Frau ihrem Manne gegenüber; Wohlwollen der Älteren gegenüber den
Jüngeren, Willfährigkeit der Jüngeren gegenüber den Älteren; Menschenliebe des Fürsten, Treue des Untertans; — das sind die zehn Pflichten der
Menschen. Der Heilige (der Herrscher) regelt die sieben Leidenschaften,
indem er die zehn Pflichten fördert, indem er Treue und Folgsamkeit predigt, Eintracht pflegt, Sanftmut und Nachgiebigkeit hochhält, dagegen Zwist
und Raub aus der Welt schafft. Wie soll er jedoch diese Aufgabe vollbringen, wenn er die Li außer Acht läßt?

Schließlich spricht eins der Bücher des Li Ki, das 樂
記 Jo' Ki, Schriften über Musik, im 1. Kapitel die Forderung aus,
die Leidenschaften mit Hilfe der Musik zu bändigen:

先王之制禮樂、人爲之節。。。將以教民 平好惡而反人道之正也. Die früheren Herrscher regelten die Li und die Musik, und die Menschen bezwangen infolgedessen ihre Leidenschaften. Sie lehrten mittels der Li und der Musik das Volk, seine Vorlieben und Abneigungen im Gleichgewicht zu halten und in die wahre Richtung des menschlichen Tao zurückzukehren.

Da der Kaiser heilig ist, ist er ein Gott, und seine Regierung ist daher eine göttliche. Er ist aber viel mehr als ein gewöhnlicher Gott, denn wir haben im Šu gelesen (S. 70), daß der Himmel, als er T'ang für den Kaiserthron erkor, ihn zum 神主 Šĕn Tšu, zum Herrn der Götter, machte. Also hat der Kaiser, infolge eines unumstößlichen klassischen Dogmas, eine Stelle über den Göttern inne, und kein anderer Gott steht über ihm außer dem Himmel, seinem Vater und der Erde, seiner Mutter, deren Zusammenwirkung er, wie jedes lebende Wesen, seine Entstehung verdankt.

Dieser Lehre entsprechend, trifft der Kaiser die Entscheidung darüber, welche Götter Verehrung genießen sollen. Er ernennt neue, erteilt ihnen Ehrennamen, erhöht ihren Rang, oder setzt sie ab und verbietet ihre Verehrung. Die Rache der betroffenen Götter braucht er hierbei nicht zu fürchten, denn auch des mächtigsten Gottes Macht ist nichts im Vergleich zu der des Himmels, nach dessen allerhöchstem Willen der Sohn des Himmels die Herrschaft über alles, was unter dem Himmel ist, ausübt, es sei denn, daß er sich infolge Vernachlässigung der kaiserlichen Pflichten oder Verlust seiner Tugenden den Schutz des Himmels verscherzt. Die chinesischen Geschichtsbücher aller Zeiten enthalten viele Beispiele, daß Mandarine als Vertreter der kaiserlichen Macht sogenannte 淫祀 Jin Sĕ, ketzerische Opferstätten, zerstört haben, wobei die Götterbilder zertrümmert, die Tempel niedergerissen und sogar die Priester geprügelt wurden. Man liest auch von Fällen, wo diese Maßnahmen auf direkten kaiserlichen Befehl in der Hauptstadt des Reichs vollzogen wurden. Häufig genug werden solche Fälle erwähnt, um die Annahme zu rechtfertigen, daß sie im Laufe der Jahrhunderte an der Tagesordnung gestanden haben.

Genau wie ein ältester Sohn im gewöhnlichen Leben Verkörperung und Fortsetzer der Seele, des Geistes und des Willens seines Vaters ist, so ist jeder Kaiser die Verkörperung des himmlischen Tao. Der Titel 天子 T'iĕn Tsĕ, Sohn des Himmels, den die Kaiser bereits seit den ältesten uns bekannten Zeiten tragen, besagt daher, daß der Kaiser nicht nur von Himmels Gnaden, sondern auch als Verkörperung der Seele des Himmels das ganze Weltall regiert.

Wohin dieses religiöse und politische Dogma notwendigerweise weiter führen muß, läßt sich leicht verstehen. Wenn der Kaiser seine taoistischen Obliegenheiten gründlich erfüllt, indem er sich dem Tao des Himmels anpaßt und ihm nachahmt, und vermöge seiner hierdurch erlangten Tugenden so gut und erfolgreich regiert, daß das Volk glücklich lebt, dann ist er allmächtig wie das himmlische Tao selbst und thront himmelhoch über seinen Ministern und der Menschenwelt als Mittler, durch den das Tao des Himmels seinen Segen auf die Welt überströmen läßt. Kuan Tsĕ schrieb:

道也者上之所以導民也。是故道德出於君、制令傳於相、事業程於官、百姓之力也胥令而動者也。。。有道之君正其德、以蒞民、而不言智能聰明 (Buch 10, bezw. Kap. 30). Das Tao ist dasjenige, wodurch der Höchste das Volk leitet. Somit entstrahlen die segenspendenden Wirkungen (Te') des Tao der Person des Fürsten; seine Befehle und Anordnungen übertragen dieselben auf den Reichsverwalter; von diesem werden sie als Amtspflichten dem Beamtentum auferlegt; die Aufgabe des Volkes besteht wiederum darin, im Einklang mit den Anordnungen der Beamten, seine Arbeit zu verrichten. Ein Herrscher, der im Besitze des Tao ist, weiß seine Tugenden (Te') in der wahren

Richtung wirken zu lassen und durch sie das Volk zu regieren, ohne daß dabei von Weisheit, Macht, Verstand oder Vernunft die Rede zu sein braucht.

欲王天下而失天之道、天下不可得而王也。得天之道、其事若自然 (Buch 1, bezw. Kap. 2). Wer die ganze Welt als Fürst regieren will, aber das Tao des Himmels verliert, dem wird das Regieren der Welt nicht gelingen. Hat er sich aber das Tao des Himmels angeeignet, dann wird dieses Werk ganz wie von selbst vonstatten gehen.

民之從有道也如飢之先食也、如寒之先衣也、如暑之先陰也。故有道則民歸之、無道則民去之。故曰、道往者其人莫來、道來者其人莫往 (Buch 20, bezw. Kap. 64). Das Volk folgt demjenigen, der das Tao besitzt, gleichwie der Hungrige vor allen Dingen Speise, der Frierende Kleidung, der unter Hitze Leidende Schatten sucht. Wer das Tao besitzt, zu dem nimmt das Volk seine Zuflucht; wer aber ohne Tao ist, den läßt das Volk im Stich. Deshalb sage ich: wen das Tao verläßt, zu dem kommt niemand; zu wem aber das Tao gekommen ist, den verläßt niemand.

Die gleiche Lehre ist im Tao Te’ King in dem folgenden Vers ausgesprochen:

執大象、天下往、往而不害、安平太 (§ 35). Wer am höchsten Vorbild (am Tao) festhält, zu dem geht alle Welt; geht sie zu ihm, dann ist sie außer dem Bereich des Bösen und genießt größte Ruhe und Frieden.

侯王若能守之、萬物將自賓 (§ 32). Wenn ein Fürst es (sein Tao) zu wahren vermag, dann werden die zehntausend Wesen von selbst sich zu ihm begeben.

Das Šu überliefert verschiedene Ermahnungen, die an regierende Kaiser gerichtet wurden und die sich nur aus der geschilderten Anschauung heraus verstehen lassen. So sprach im 23. Jahrhundert vor unserer Zeitrechnung zum großen Jü sein Ratgeber Ji’ (Ratschläge des Jü): 罔違道、以干百姓之譽; handle niemals wider das Tao und erwirb dir dadurch den

Schutz, den das Lob des Volks gewährt. Fünf Jahrhunderte später, nach dem Sturz der Hia-Dynastie, empfing T'ang, der Gründer des neuen Herrscherhauses, von einem Minister eine Reihe Ermahnungen, die mit dem folgenden Rat schloß (Buch 仲虺之誥, Ansprache des Tšung-hui): 欽崇天道、永保天命 Achte und ehre das Tao des Himmels, und für alle Zeiten wirst du (deinem Hause) die Vollmacht des Himmels sichern. Um 1323 v. Chr. sprach zum Kaiser 武丁 Wu-ting einer seiner Minister (Buch 說明 Juě'-ming, II): 明王奉若天道, der weise Herrscher nimmt ehrfurchtsvoll das Tao des Himmels in Empfang und handelt in Einklang mit demselben. Schließlich seien noch die Worte erwähnt, die ein Minister an den Kaiser Wu, den ersten Herrscher des Hauses Tšou, richtete (Buch 旅獒 Lü Ngao): 志以道寧、言以道接, laß deinen Willen in friedlichem Einklang mit dem Tao, deine Worte in Übereinstimmung mit dem Tao sein.

Eine vortreffliche und feste Regierung bedeutet also nach chinesischer Auffassung die Herrschaft des Tao des Himmels auf Erden; daher gebrauchen die klassischen und anderen Schriften, wenn von guter Regierung die Rede ist, den Ausdruck 國有道, es herrscht Tao im Staate, und umgekehrt 國無道, es mangelt an Tao im Staate. Das Tao konzentriert sich also zunächst in der Person des Herrschers, dessen Thron sich nur infolge dessen durch die Unterstützung des Himmels aufrecht erhalten kann; vom Herrscher soll es auf die Beamtenschaft übergehen, das heißt, er soll ihr Weisungen und Befehle erteilen, die bloß dem Tao der heiligen Bücher entsprechen, und die Beamten sollen mittels dieser Weisungen eine segensreiche Verwaltung über das Volk führen. Auf diese Weise richtet sich alles nach dem 大象, dem großen Vorbilde der Natur, die auch durch die Mittlertätigkeit der Erde die Segnungen des Himmels den lebenden Wesen spendet, und somit sagt Kuan Tsě (Buch 15, bezw. Kap. 45): 夫君臣者天地之位也、民者衆物之象也; O! der Herrscher vertritt den Himmel, die Beamtenschaft die Erde, und das

Volk stellt die ganze lebendige Welt dar. Wenn die Regierung genau so dem Weltall gleicht, dann wird alles, was lebt und atmet, sich ebenso schweigsam dem Kaiser und seinen Mandarinen unterwerfen wie der schöpferischen und alles ernährenden Wirkung des Himmels und der Erde — das ist das unerschütterliche Gesetz des Tao des Menschen, so unerschütterlich wie die Tatsache, daß das Weltall aus Himmel, Erde und lebenden Wesen besteht.

Weiter folgt aus dieser universistischen Staatsauffassung, daß dem hohen Träger des himmlischen Tao der unbedingte Gehorsam der gesamten Erde gebührt. Es spielen also nach chinesischer Auffassung andere Herrscher außer dem chinesischen Kaiser nur die Rolle von Vasallenfürsten oder Statthaltern; sogar die mächtigsten Herrscher des Abendlandes sind dem Kaiser von China Gehorsam und Untertänigkeit schuldig, und wenn sie das nicht einsehen, liegt es wohl daran, daß sie weder das Tao des Weltalls, noch das Tao der Menschheit kennen. Nichtsdestoweniger ist die absolute Oberhoheit des Sohnes des Himmels über die ganze Welt das höchste Grundprinzip der chinesischen Staatsphilosophie, und sie ist eine Oberhoheit, genau so absolut wie die Oberhoheit des Himmels im Weltall, der sich die Erde und alles, was sie trägt und gebärt, bedingungslos unterwirft.

Dem Staatsprinzip der unbeschränkten kaiserlichen Gewalt gab Kuan Tsö in den folgenden Worten Ausdruck (Buch 15, bezw. Kap. 45):

各立其所職以待君令、羣臣百姓安得
各用其心而立私乎。故遵主令而行之、雖
有傷敗、無罰、非主令而行之、雖有功利、
罪死。然故下之事上也如響之應聲也、臣
之事主也如影之從形也、故上令而下應、
主行而臣從、此治之道也·

Jeder ist in seine amtliche Stelle eingesetzt, um auf die Befehle des Fürsten zu warten; wie könnte es da Staatsdienern oder Männern aus dem Volke einfallen, daß jeder nach eigenem Belieben seine private Willkür herrschen ließe! Darum bleibt von Schuld und Strafe jedermann frei, der nach dem Willen des Herrschers handelt, auch wenn er diesem dadurch Unheil zufügt oder ihn gar zugrunde richtet; wer aber nicht nach den Befehlen des Herrschers handelt, der verdient Todesstrafe, sogar wenn er Erfolge erzielt hat, die im Interesse des Herrschers sind. Daher müssen die Untertanen ihren Vorgesetzten dienen, wie das Echo der Stimme entspricht; daher müssen die Staatsdiener dem Gebieter dienen, wie der Schatten dem Körper folgt; wenn so die Vorgesetzten befehlen und die Untertanen ihren Befehlen nachkommen, und die Staatsdiener sich nach dem Benehmen des Herrschers richten, so ist das das Tao der Regierung.

Diese dem Himmel entlehnte kaiserliche Autokratie ist tatsächlich ohne Grenzen und Einschränkung. Besonders klar kommt sie im Grundsatz zum Ausdruck: 天子有天下, der Sohn des Himmels ist Eigentümer von allem, was unter dem Himmel ist. Seine Beamten und Untertanen sind tatsächlich seine Sklaven; ihr Leben, Hab und Gut sind sein Eigentum, und er darf demgemäß nach Belieben jederzeit ihre Besitzungen sich aneignen. Hunderttausende von Menschen mußten in allen Epochen der chinesischen Geschichte auf kaiserlichen Befehl Frohndienste leisten — auf diese Weise entstanden Chinas Paläste, Festungen, Mauern und Wälle, Tempel und Altäre der Staatsreligion und Grabdenkmäler. Bis zum jetzigen Augenblick herrscht in China ein System der Besteuerung, das unseren Ansichten nach, mehr oder weniger auf Erpressung und Konfiszierung hinauskommt. „Squeeze" nennen die Ausländer in China dieses System, ohne indes den durchaus berechtigten universistischen Gedanken zu begreifen, der ihm zugrunde liegt.

Aus den universistischen Voraussetzungen ergibt sich auch, daß für den Chinesen zwischen der himmlischen Person des Kaisers und allen übrigen Menschen, selbst den höchsten und ersten Ministern, ein gerade so ungeheurer Abstand liegt wie zwischen Himmel und Erde. Wenn immer Minister, und seien es die höchsten, in Gegenwart des Kaisers erscheinen, Befehle von ihm in Empfang zu nehmen oder ihm Glückwünsche darzubringen haben, so sind sie genau wie der gemeinste Untertan des Reiches verpflichtet, die höchste Huldigung darzubringen, die China kennt, und die gleichzeitig auch die Form der Götterverehrung ist, nämlich den dreifachen Fußfall, verbunden mit dem neunfachen Stirnaufschlag, dem K'o-t'ao. Diesen ungeheuren Abstand kann der Kaiser durch seine Gnade überbrücken, grundsätzlich soll er aber gewahrt bleiben, denn so will es das Tao der Welt.

So stellt sich die kaiserliche Regierung Chinas dar als höchstes Institut des Tao der Menschheit, als eine Schöpfung der Weltordnung, als eine Maschine, die dazu bestimmt ist, die Menschheit mittels weiser Maßnahmen und Gesetze im Tao zu leiten, in der allein richtigen Bahn, in der sich das Universum selbst bewegt. Die Bibeln dieses Regierungssystems sind die klassischen konfuzianischen Bücher, die als das Erzeugnis der universistischen Weltanschauung gelten; und auch aus dieser Tatsache ergibt sich, daß die konfuzianische Regierung Chinas, wie sie seit der Han-Zeit existiert hat, eine universistische Regierung ist.

Viertes Kapitel.

Heiligkeit durch Askese und Absonderung von der Welt. Lebensverlängerung, Exorzismus, Heilkunde.

Aus den klassischen Büchern des Konfuzianismus und den Schriften der Erzväter des Taoismus haben wir in den beiden vorhergehenden Kapiteln eine Reihe von Textauszügen angeführt, die in voller Klarheit zeigen, daß in dem langen Zeitraum, welcher diese Dokumente hervorgebracht hat, eine starke Neigung zur Askese vorherrschte. In der Tat war der Zustand der Vollkommenheit, Heiligkeit oder Göttlichkeit nur zu erreichen durch Loslösung von Leidenschaften, Begierden und Wünschen, durch Gleichgültigkeit gegenüber der Lust und Last des Daseins, durch Quietismus und Regungslosigkeit; notwendig mußte das zur Absonderung von der menschlichen Welt führen.

Auf einem der vielen Blätter, wo Tšuang Tsĕ die hohe Bedeutung der Leerheit, der Stille, des Wu Wei usw. bespricht, durch die auch Jao und Šun allervortrefflichst regierten, lesen wir (Buch 5, bezw. Kap. 13): 以此退居而閒游江海山林之士服; aus diesem Grunde ergaben sich (der Pflege des Tao) die Ši, welche zurückgezogen lebten und müßig an Flüssen und Seen, auf Bergen und in Wäldern herumirrten. Also gab es im alten China Einsiedler und Klausner; jedoch Tšuang erklärt nachdrücklich, daß auch ohne Absonderung von der Welt Heiligkeit zu erlangen sei, wenn nur der Mensch, in getreulicher Befolgung des Tao des Weltalls, davon Abstand nimmt, seine Tugenden und Vortrefflichkeiten, seine Person und seine Weisheit wissentlich und wohlbewußt zu zeigen. Wir lesen nämlich in Buch 6, bezw. Kap. 16, des Nan-hua tššn King:

道無以與乎世、世無以與乎道。雖聖人不在山林之中、其德隱矣、隱故不自隱。古之所謂隱士者非伏其身而弗見也、非閉其言而不出也、非藏其知而不發也. Das Tao hat gar keinen Anlaß zur Erstrebung eines hohen Platzes bei der Menschheit, und somit hat auch die Menschheit keine Ursache, sich (durch tätige Anstrengung) zum Tao emporzuarbeiten. Also verbirgt der heilige Mensch, auch wenn er nicht in Bergwäldern wohnt, seine Tugenden, und weil seine Tugenden verborgen bleiben, braucht er nicht seine Person zu verstecken. Die Menschen, welche die Alten „Ši der Verborgenheit" nannten, die haben keineswegs ihre Person in der Verborgenheit gehalten, aber sie haben sich auch nicht hervorgedrängt; ihren Mund haben sie zwar nicht geschlossen, aber sie haben sich auch nicht geäußert; ihre Weisheit haben sie nicht versteckt gehalten, jedoch sie haben sie auch nicht zur Schau gestellt.

Tšuang Tsě selbst führte das zurückgezogene Leben, das er in seinen Schriften erwähnt. Der große Geschichtschreiber 司馬遷 Sě-ma Ts'iěn des 2. Jahrh. v. Chr. schreibt im 史記 Ši Ki (Kap. 63) folgendes von ihm:

楚威王聞莊周賢、使使厚幣、迎之、許以爲相。莊周笑、謂楚使者曰、子獨不見郊祭之犧牛乎。養食之數歲、衣以文繡以入太廟、當是之時、雖欲爲孤豚、豈可得乎。子亟去、無汚我、我寧游戲汚瀆之中自快、無爲有國者所羈。終身不仕、以快吾志焉. König Wei von Tš'u hatte von der großen Weisheit und Tugend Tšuang Tšou's gehört und sandte einen Boten zu ihm mit reichen Geschenken, um ihn zu holen und ihm die Anstellung als Reichsverweser zu versprechen. Aber Tšuang Tšou lachte und sprach zum Boten: „Hast du allein nie den

Ochsen gesehen, der für das Opfer im Vorstadtgelände bestimmt war? Jahre-
lang wird er gefüttert, dann mit seidengestickten Decken behängt und in den
großen Ahnentempel geführt; — doch wenn die Zeit des Opfers gekommen
ist, dann mag er wohl wünschen, lieber ein vereinsamtes Schwein zu sein;
aber kann dieser Wunsch in Erfüllung gehen? Gehe rasch fort von mir,
damit nichts (Stoffliches) mich besudle; wohl will ich mich (wie ein Schwein)
im schlammigen Graben gemütlich ergehen, aber keineswegs mir vom Inhaber eines Reiches Zügel anlegen lassen. Bis an mein Lebensende werde
ich jedes Amt von der Hand weisen und so gemächlich meinem eigenen
Willen folgen.“

Die Schriften des Tšuang Tsě bieten uns auch wissens-
werte Einzelheiten über die Art und Weise, wie die Heiligkeits-
sucher die Erlösungsaskese übten. Wir lesen da im Buch 3,
bezw. Kap. 6:

南伯子葵問乎女偊曰、子之年長矣、而色
若孺子、何也。曰、吾聞道矣。南伯子葵曰、道
可得學邪。曰、惡惡可、子非其人也。夫卜
梁倚、有聖人之才而無聖人之道、我有聖
人之道而無聖人之才、吾欲以教之、庶幾
其果爲聖人乎。不然、以聖人之道告聖人
之才亦易矣。

Nan-po'-tsě-kwei sprach zu Nü-jü: „Herr, du bist so alt an Jahren,
und doch ist deine Hautfarbe wie die eines kleinen Kindes, wie kommt
das?“ Die Antwort lautete: „Ich habe das Tao gelernt!“ Da fragte Nan-
po'-tsě-kwei: „Kann man das Tao erlernen?“ Da erwiderte jener: „Ja,
ja, das kann man, jedoch du bist nicht die dazu geeignete Person. Der
Po'-liang-k'i, der hatte die Begabung der Heiligen, allein nicht ihr Tao;
ich dagegen besitze das Tao der Heiligen, jedoch nicht ihre Begabung, und
ich hatte Lust daran, ihn das Tao zu lehren, denn wäre dies nicht eine schöne
Gelegenheit, ihn wirklich zu einem Heiligen zu machen? Aber dem war nicht
so, so leicht es auch ist, vermittelst des Tao der Heiligen einen, der die
Begabung der Heiligen besitzt, zu belehren.

吾猶守而告之參日、而後能外天下。已
外天下矣、吾又守之七日、而後外物。已外

物矣、吾又守之九日、而後能外生。已外生矣
而後能朝徹。朝徹而後能見獨、見獨而後
能無古今、無古今而後能入於不死不生。
殺生者不死、生生者不生、其爲物、無不將
也、無不迎也、無不毀也、無不成也。其名爲
攖寧、攖寧也者攖而後成者也.

„Also überwachte ich ihn und ich belehrte ihn, und in drei Tagen war er imstande, sich der Welt, die unter dem Himmel liegt, zu entäußern. Nachdem er sich dieser Welt entäußert hatte, überwachte ich ihn abermals, und nach sieben Tagen hatte er sich des Stofflichen entäußert. Außerhalb des Stoffs angelangt, überwachte ich ihn von neuem neun Tage, und da konnte er aus seinem lebenden Dasein heraustreten. In diesem Zustande vermochte er alles mit der Klarheit des Morgenlichts zu durchschauen. Im Besitze dieser morgenhellen Sehkraft konnte er sich unabhängig von allen Dingen sehen; so selbständig geworden, gab es für ihn keine Vergangenheit und keine Gegenwart mehr; über Vergangenheit und Gegenwart erhaben, vermochte er in einen Zustand einzutreten, in dem er nicht tot war und auch nicht lebte. Er hatte also das Leben getötet, und war dennoch nicht tot; er lebte das Leben und lebte dennoch nicht; er war ein stoffliches Wesen, das alles tat und mit jedermann in Verkehr war, und doch war alles für ihn zunichte geworden, und doch brachte er alles zustande. Dieser Zustand heißt 攖寧 ‚von der Ruhe umschlungen‘, eine Umschlungenheit, der die Vollkommenheit folgt".

南伯子葵曰、子獨惡乎聞之。曰、聞諸副
墨之子、副墨之子聞諸洛誦之孫、洛誦之孫
聞之 . . . .

Darauf sprach Nan-po'-tsĕ-kwei: „Hast du selbständig das Tao gelernt?" Die Antwort war: „Ich lernte es vom Sohne des Fu-mo'; dieser lernte es vom Enkel des Lo'-sung, und dieser lernte es von ... es folgen hier acht weitere Namen von Personen, die einander das Tao übertrugen.

Diese Zeilen sind äußerst lehrreich. Sie besagen, daß völlige Loslösung vom stofflichen Dasein sich durch die Bearbeitung und Belehrung eines Meisters zustande bringen ließ,

90

d. h. durch Unterwerfung des eigenen Geistes unter den des
Meisters, also durch Hypnose. Der Taoist, der diese Kunstbe-
arbeitung durchgemacht, verlor am Ende jedes Bewußtsein vom
Dasein einer stofflichen Welt, jeden Begriff von Zeit; in Selbst-
vergessenheit versunken, der Sinneswelt entrückt, unempfindlich
gegen äußere Eindrücke, weder tot, noch lebendig, befand er
sich in einer höheren Sphäre leidenschaftsloser Ruhe, im Zustande eines Sehers, mit allmächtiger Zauberkraft begabt. Die
Geheimkunst war das Eigentum von Eingeweihten, die sie
einander übertrugen. Den stoischen Charakter dieser Erlösungsaskese zeigt uns auch noch der folgende Lehrsatz, den wir
gleichfalls bei Tšuang Tsĕ finden (Buch 4, bezw. Kap. 11:

汝徒處無爲而物自化。墮爾形體、吐爾聰明、倫與物忘、大同乎涬溟、解心、釋神、莫然無魂. Schüler, bleibt doch regungslos, die stoffliche Welt wird schon von selbst sich entwickeln. Werft euren Leib ab, speit eure Vernunft aus, vergeßt eure Beziehungen zu der Materie, macht euch gänzlich dem unbegrenzten Äther gleich, macht euch frei von euren Gefühlen und löst eure Seele (Šĕn) auf; seid nichts und habt keine zeitliche Lebensseele!

Diese Erlösungs- und Heiligkeitsaskese mit einem so
transzendentalen, außer- und überweltlichen Ideal spielte gewiß
nicht bloß im Hirn einer kleinen Anzahl Träumer und Denker
eine theoretische Rolle. Hätte sie nur beschränkte Kreise umfaßt, gewiß würden wir dann nicht in den klassischen und
anderen alten Schriften vergeblich nach Überresten anderer
Theorien und Denkweisen über Vervollkommnung und Seligkeit
suchen. Nun sind wir zu der Annahme gezwungen, daß überhaupt nur ein einziges katholisches System dieser Art bestand,
welches das ganze denkende Element des alten China umfaßte
und auch sicherlich eine Anzahl von Zeloten erzeugte, welche
die Disziplin des Systems in Einsamkeit praktisch befolgten.
Tšuang hat uns zweimal diese Asketen als 士 Ši vorgeführt
(S. 86 u. 87), ein Wort, das den Begriff eines „Weisen" entspricht,

und bis zum heutigen Tag ist 道士 Tao Ši, Weise des Tao, zur Andeutung der taoistischen Geistlichkeit der gebräuchlichste Ausdruck geblieben. Auch im Tao Te' King werden sie erwähnt, wo wir lesen:

上士聞道、勤而行之。中士聞道、若存若亡。下士聞道、大笑之、不笑、不足以爲道 (§ 41); lassen sich Weise der besten Sorte im Tao unterrichten, dann üben sie es eifrig. Mittelmäßige Weise, die das Tao lernen, behalten es oder lassen es verloren gehen. Aber werden Weise der niederen Sorte im Tao unterrichtet, dann verlachen sie es laut; würden aber diese Leute es nicht verlachen, dann wäre es nicht wert, als Tao betrachtet zu werden.

古之善爲士者微妙玄通、深不可識。夫唯、不可識、故强爲之容。與兮若冬涉川、猶兮若畏四鄰、儼兮其若客、渙兮若冰之將釋、敦兮其若朴、曠兮其若谷、渾兮其若濁。孰能濁、以靜之徐清。孰能安、以久動之徐生。保此道者不欲盈、夫唯、不盈故能蔽、不新成 (§ 15). Diejenigen der Urzeit, welche die Fähigkeit besaßen, Weise zu werden, hatten bis in die allerkleinsten Feinheiten eine Einsicht in das Mysteriöse, die so tief ging, daß wir es zu begreifen nicht imstande sind. Ja wahrlich, das geht über unseren Begriff, und deshalb bin ich gezwungen, nur ihr Aussehen zu schildern. Sie glichen einem, der im Winter einen Strom durchwatet, einem, der vor seinen vier Nachbarn bangt, als ein Fremdling unter ihnen weilt, verschwommen wie hinwegschmelzendes Eis und doch fest wie solides Holz, breit und geräumig wie ein Flußtal, wie trübes Wasser, dessen Schlamm sich absetzt. Wer vermag es, seinen Schlamm abzusetzen? derjenige, der sich vermittelst Ruhe und Stille langsam reinigt. Und wer vermag es, Ruhe zu haben? der seine Handlungen über einen langen Zeitraum verteilt und hierdurch sein Leben verlangsamt. Wer sich diese Lebensdisziplin (Tao) sichert, der hat das Verlangen nicht, von sich selbst erfüllt zu sein (s. S. 43); und fürwahr, ist man nicht von sich selbst erfüllt, dann vermag man, sich zu verdecken und weiter nichts Tätiges mehr zu leisten.

Eine solche Beschreibung des leidenschaftslosen Asketen, der, der Welt entfremdet und von ihr losgelöst, scheu, vereinsamt, empfindungslos, ohne Beschäftigung oder Beruf, verlassen dasteht, gibt Lao Tsĕ von sich selbst im Tao Te' King (§ 20):

衆人熙熙、如享太牢、如登春臺、我獨怕兮、其未兆、如嬰兒之未孩。乘乘兮若無所歸。衆人皆有餘、而我獨若遺。我愚人之心也哉、沌沌兮。俗人昭昭、我獨若昏、俗人察察、我獨悶悶。忽兮若海、漂兮若無止。衆人皆有以、而我獨頑、似鄙。我獨異於人而貴食母. Alle Menschen gehen ihrem Vergnügen nach, ziehen dahin, wo ein großer Ochse (dem Himmel, der Erde oder den Ahnen) geopfert wird, und besteigen Aussichtsterrassen im Frühling, während ich allein dastehe, ohne mich durch irgend etwas zu äußern — einem Kinde gleich, das noch nicht einmal lächeln kann (孩 = 咳). Ich lebe, wie es die Umstände wollen, wie einer ohne Heim. Alle andern haben mehr als sie brauchen, ich aber stehe vereinsamt da, wie ein verlorenes Wesen. Mein Herz ist das eines dummen Menschen! alles ist mir so vage und verschwommen. Die Menschen aus dem Volke haben einen klaren Geist, während in mir allein Dunkelheit herrscht; sie sind scharfsinnig, während in mir allein alles Trübsal ist. Ich werde umhergeschleudert wie auf hoher See; ich treibe hin und her, ohne Ruhestätte. Alle Menschen haben ihre Beschäftigungen, nur ich allein bin dazu nicht geschaffen und bin dem Paria gleich. Ganz abseits stehe ich von den anderen Menschen, aber mir ist es das höchste Gut, mich von meiner Mutter (dem Weltall, dem Tao) zu nähren.

Auch von Sĕ-ma Ts'iĕn erfahren wir, daß Lao Tsĕ von der Welt abgeschieden lebte. Dieser schreibt (Ši Ki, Kap. 63):

孔子適周、將問禮於老子。老子曰、子所言者、其人與骨皆已朽矣、獨其言在耳、且君子得其時則駕、不得其時則蓬累而行。吾聞之良賈深藏若虛、君子盛德、容貌若愚。

去于之驕氣與多欲、態色與淫志、是皆無益
於于之身。吾所以告子若是而已。

Konfuzius war nach Tšou gereist, um Lao Tsĕ über die Lebensregeln (Li) zu befragen. Dieser sprach: „Ihrer Lehre nach wird, wenn der
Mensch mit seinen Gebeinen verwest ist, nur seine Lehre übrig bleiben;
ferner soll der Kiün Tsĕ (wie ein Großer) im Wagen fahren, wenn er dazu
Gelegenheit hat, dagegen, wenn er die Gelegenheit nicht findet, wie eine
verwehte Wüstenpflanze umherirren. Ich aber habe gelernt, daß der gute
Kaufmann seine Habe tief versteckt, und sich so den Anschein gibt, als
besitze er nichts, und daß ebenso der Kiün Tsĕ, der voller Tugend ist,
sich den Anschein der Dummheit gibt. Wirf deinen Hochmut und deine
vielen Bestrebungen fort, und deine Prahlsucht und dein ungezügeltes
Wollen — solche Dinge sind für deine Person ohne Vorteil. Das ist alles,
was ich dich zu lehren habe."

孔子去、謂弟子曰、鳥吾知其能飛、魚吾
知其能游、獸吾知其能走、走者可以為罔、
游者可以為綸、飛者可以為矰。至於龍、吾
不能知其乘風雲而上天。吾今日見老子、其
猶龍邪。

Konfuzius ging und sprach zu seinen Schülern: „Wir wissen es, daß
Vögel fliegen, Fische schwimmen, Vierfüßler laufen; laufenden Tieren kann
man Netze stellen, schwimmenden Schlingen legen, für fliegende Tiere mit
Zwirn versehene Pfeile machen. Aber was den Drachen anbetrifft, so
können wir es nicht fassen, wie er auf Wind und Wolken zum Himmel auf-
steigt. Heute haben wir Lao Tsĕ gesehen; ist der nicht wie ein Drache?"

老子脩道德、其學以自隱無名為務。。。
老子隱君子也·

Lao Tsĕ übte das Tao und dessen Tugenden (Te'); für seine
Schule war das Hauptbestreben, sich selbst verborgen zu halten und keinen
Ruf oder Namen zu haben. Lao Tsĕ war ein Kiün Tsĕ, der in der Ver-
borgenheit lebte.

Bekanntlich war Konfuzius ein Staatsdiener seines Heimat-
landes 魯 Lu, und also, wie auch aus den harten Worten
hervorgeht, welche Lao ihm sagte, gewiß kein Eiferer für

eine strenge asketische Lebensführung, am allerwenigsten ein Einsiedler. Dennoch gibt die bloße Tatsache, daß er eine lange Reise machte, um Lao Tsĕ ehrfurchtsvoll zu besuchen, uns zu denken, zumal wir noch dazu durch das Tšung Jung, das sein eigener Enkel, der heilige Tsĕ-sĕ, schrieb, erfahren, daß er selbst das Prinzip der Zurückgezogenheit als besonders verdienstlich lobte. Wir lesen da:

子曰、素隱、行怪、後世有述焉、吾弗爲之矣。君子遵道而行、半塗而廢、吾弗能已矣。君子依乎中庸、遯世、不見知、而不悔、唯聖者能之、君子之道費、而隱 (§§ 11 und 12). Die Verborgenheit zu suchen und da Wunderwerke zu verrichten, so daß die Nachkommen davon zu erzählen haben, solche Dinge tue ich nicht! Der Kiün Tsĕ wandelt im Tao, und auf halbem Wege ihn zu verlassen, das kann ich nicht! Der Kiün Tsĕ hat seinen Halt am Tšung Jung (s. S. 76); sich aus der Welt zurückziehen und sein Wissen verborgen halten, ohne darüber Bedauern zu empfinden, o, das kann nur der Heilige. Das Tao des Kiün Tsĕ spendet, aber er hält sich verborgen.

君子之道闇然而日章、小人之道的然而日亡。君子之道淡而不厭 (§ 33). Das Tao des Kiün Tsĕ ist verborgen, dennoch glänzt es alltäglich; das Tao des geringen Menschen aber ist sichtbar, vergeht jedoch von Tag zu Tag. Das Tao des Kiün Tsĕ ist die Gleichgültigkeit, und deshalb wird er desselben nie überdrüssig.

Folgender, im Lun Jü (Kap. 8, § 13) erwähnter Ausspruch von Konfuzius weist auch darauf hin, daß Sucher des Tao sich menschlicher Gesellschaft fern zu halten pflegten:

子曰、篤信好學守死善道、危邦不入、亂邦不居。天下有道、則見、無道、則隱. Konfuzius sagte: „Wer mit Ernst und Folgsamkeit das Tao der natürlichen Güte (Šan), das vor Sterben schützt, zu erlernen wünscht, begibt sich nicht in einen Staat, der gefährdet ist, und wohnt nicht in einem Staat, wo Wirren herrschen. Wenn Tao in der Welt herrscht, dann tritt er zum Vorschein; ist aber kein Tao da, dann hält er sich verborgen.

Wo die heiligen Bücher selbst uns solche Aussagen von Konfuzius vorlegen, da betrachten wir gewiß mit minder mißtrauischem Auge ein Blatt in Tšuang's Schriften (Buch 3, bezw. Kap. 6), das uns schildert, wie ermutigend Konfuzius seinem Jünger, dem heiligen Jĕn Hui, entgegenkam, der sich durch Abtötung der Sinne und des stofflichen Daseins, ja sogar durch Abwerfung der vier ewigen universistischen Grundtugenden der eigenen Schule (s. S. 24) zur Heiligkeit ausbildete:

顏回曰、回益矣、仲尼曰、何謂也、曰、回忘仁義矣。曰、可矣、猶未也·　．

他日復見曰、回益矣、回忘禮樂矣。曰、可矣、猶未也·

他日復見曰、回益矣、回坐忘矣。仲尼蹴然曰、何謂坐忘。顏回曰、墮枝體、黜聰明、離形、去知、同於大通。此謂坐忘。仲尼曰、同則無好也、化則無常也、而果其賢乎丘也、請從而後也·

Jĕn Hui sagte: „Ich mache Fortschritte"; und als Tšung-ni (Konfuzius) fragte: „Was meinst du damit?" sprach er: „Die Menschenliebe und das Pflichtgefühl sind mir schon aus dem Gedächtnis geschwunden". „Das ist gut", erwiderte Konfuzius, „aber du bist noch immer nicht am Ziel".

Eines anderen Tags besuchte er wieder den Meister, und sprach: „Ich habe wieder Fortgang genommen und denke nicht mehr an die Lebensregeln und Musik". „Das ist ja gut", war die Antwort, „aber das Ziel ist noch nicht erreicht".

An einem anderen Tag besuchte er nochmals den Meister, mit der Mitteilung: „Ich bin wieder weiter vorgeschritten, und sitze und vergesse". Jetzt ging Tšung-ni einen Schritt auf ihn zu und fragte: „Was soll das heißen, sitzen und vergessen?" Und nun sprach Jĕn Hui: „Meine Glieder lasse ich herabhängen, meinen Verstand stoße ich von mir, ich verlasse mein stoffliches Wesen, werfe mein Wissen fort, und gleiche mich so der großen Vernunft (des Weltalls) an; das nenne ich sitzen und vergessen". Hierauf sagte Konfuzius: „Der großen Vernunft bist du angeglichen und also hast du keine Begierden mehr; umgewandelt, hast du nicht mehr die ewigen Tugenden; dann aber übertrifft deine Weisheit und Tugend (Hiĕn) wirklich die des K'iu (Konfuzius); ich bitte also, (als Schüler) dir folgen zu dürfen".

Die alte universistische Heiligkeitsaskese ist also durch die klassischen Bücher in das konfuzianische System hineingetragen worden. Sie gibt sich in diesen Schriften häufig kund; es sei hier nur auf eine besonders lehrreiche Stelle hingewiesen. Eins der vielen klassischen Bücher, die im Li Ki enthalten sind, trägt den Titel 月令 Juĕ' Ling, Weisungen für die Monate. Angeblich ist es vom Staatsmanne 呂不韋 Lü Pu'-wei, einem Minister des Kaisers Ši Huang, verfaßt, trägt aber an vielen Stellen deutliche Zeichen, daß es aus viel älterer Zeit stammen muß. Es enthält Vorschriften und Regeln gemäß dem Monat, welche der Sohn des Himmels, seine Gemahlin, seine Beamten und sein Volk befolgen sollen, und ist also ein Wegweiser für das Tao der Menschheit, welches dem schöpferischen Tao des Weltalls, das heißt dem jährlichen Umlauf der Jahreszeiten, angepaßt sein soll. In diesem merkwürdigen Buch finden wir auch Folgendes:

仲夏之月也日長至、陰陽爭、死生分。君子齋戒、處必掩身、毋躁、止聲色、毋或進。薄滋味、毋致和、節嗜欲、定心氣。百官靜事、毋刑. Im Mittsommermonat endet das Längerwerden der Tage; Jin und Jang ringen dann miteinander, da liegt die Grenze zwischen Vergehen und Entstehen.[1] Dann fastet der Kiün Tsĕ; in seiner Wohnung muß er sich verstecken, sich nicht regen, Gesang und Geschlechtsverkehr aufgeben, und niemand darf zu ihm eintreten. Den Genuß von schmackhaften Speisen soll er einschränken; würzende Zutaten darf er sich nicht bringen lassen; seine Begierden soll er zügeln und sein Gemüt und seinen Atem beruhigen.

---

[1] Jin ist das Prinzip der Dunkelheit, der Kälte und des Absterbens; Jang ist Licht, Wärme, Entstehung. Jin fängt also bei der Sonnenwende, die in den zweiten Monat des Sommers fällt, Jang zu bekämpfen an und setzt den Streit fort, bis Jang bei der Wintersonnenwende gänzlich unterworfen ist.

Die Beamtenschaft soll ihr Werk in der Stille verrichten und keine Strafurteile vollstrecken.[1]

仲冬之月也日短至、陰陽爭、諸生蕩。君子齋戒、處必掩身、身欲寧、去聲色、禁嗜欲、安形性、事欲靜. Im Mittwintermonat endet das Kürzerwerden der Tage, Jin und Jang ringen dann miteinander, und das Leben beginnt dadurch zu keimen. Nun fastet der Kiün Tsĕ; in seiner Wohnung soll er sich verbergen, die Begierden des Fleisches ruhen lassen, Gesang und Geschlechtsverkehr abweisen, seine Begierden bezwingen, seinem Körper und seiner Natur Ruhe geben; sein Werk verlangt er in Stille zu verrichten.[2]

Tšuang Tsĕ stellte sich die universistische Askese als uralt vor, denn, wie wir auf S. 103 ausführlich lesen werden, schildert er uns den mythischen Kaiser Huang, wie er sich drei Monate lang in die Einsamkeit zurückzog und sich da von einem weisen Einsiedler, der auf dem Gipfel eines Berges Auflösung im Weltall suchte, unterrichten ließ. In den heiligen und anderen alten Schriften ist von Absonderung von der Welt unter den Bezeichnungen 遯 Tun, 遁 T'un, 逸 Ji' und 隱 Jin öfters die Rede, und wenngleich sich dabei nicht immer klar ergibt, daß das universistische Prinzip im Spiele ist, so läßt sich, wenn wir dessen Einfluß in Abrede stellen, diese Erscheinung schwer erklären. In großer Anzahl werden taoistische Asketen und Einsiedler in der Literatur der Han Zeit und der ersten darauf folgenden Jahrhunderte erwähnt und beschrieben. Viele sollen im klassischen Zeitalter, ja sogar in der frühesten, mythischen Periode gelebt haben. Gewiß ist vieles hieran Fabel und Erfindung; nichtsdestoweniger erscheint es im großen und ganzen allzu klar als Überlieferung aus einer wirklichen goldenen Zeit der taoistischen Askese. Und so stellt uns die chinesische Literatur die Beschreibung eines ganzen Parnaß von heiligen und halbheiligen Übermenschen

---

[1] Man sehe auch das 呂氏春秋 Lü-Ši Ts'un Ts'iu, „Lü (Pu'-wei)'s Jahresbuch“, Kap. 5, § 1.

[2] Ebenda, Kap. 11, § 1.

zur Verfügung, von denen viele alle Zeiten hindurch bis auf diesen Tag überall im großen Reiche ihre Tempel besessen haben, wo ihnen Verehrung, Anbetung und Opfer dargebracht wurden. Diese Hagiographie bietet für das Studium alter Religionen viel nützliches Material, das ganz besonders ermöglicht, tiefer die Charakterzüge des asketischen Lebens zu erforschen, durch welches fromme Taoisten das T a o zu gewinnen trachteten.

In dieser Heiligenliteratur werden die Einsiedler und Asketen durchweg mit den auf S. 57 vorgebrachten Ausdrücken bezeichnet, zumeist aber durch das Zeichen 仙 Si ĕ n, oft auch 僊 geschrieben. Es ist aus 亻, Mensch, und 山, Berg, zusammengesetzt und mag vielleicht also das Leben an abgeschiedenen, unbewohnten Orten bedeuten; ebensowohl aber kann der Bestandteil 山, der š a n ausgesprochen wird, bloß die phonetische Rolle im Zeichen spielen. Weder bei L a o und T š u a n g, noch bei L ü P u'- w e i und in den Klassikern ist mir das Zeichen je begegnet, und es ist demnach wahrscheinlich erst seit dem 3. oder 2. Jahrhundert v. Chr. in Gebrauch.

Von diesen Si ĕ n, auch vielfach Š ĕ n, Götter, oder 神仙 Š ĕ n Si ĕ n, göttliche Si ĕ n, genannt, wird erzählt, daß sie in Höhlen und Grotten lebten, oder auch in Hütten auf den Feldern, an Seegestaden und Flußufern, sogar in Baumwipfeln; daß sie an der umgebenden Natur, an Wald und Feld ihre Freude hatten und in vertrautem Verhältnis zu wilden Tieren, zu Vögeln und Fischen standen. Wiederholt heißt es, daß sie sich in der Lehre der Reinheit des L a o T s ĕ übten, woraus sich schließen läßt, daß dieser Heilige vermutlich schon sehr früh als Erzvater der Taoisten galt. Oft soll der Ruf von der Vollkommenheit solcher Einsiedler ans Ohr eines Fürsten, mitunter sogar des Kaisers gedrungen sein, die sie daraufhin an ihren Hof eingeladen und ihnen die höchsten Beamtenstellen angeboten hätten, um durch den gewaltigen Einfluß ihres T a o das Volk zu vervollkommnen. Natürlich hätten sie diese Angebote fast immer ablehnend beantwortet und vorgezogen, ihr ruhiges Leben bis zu einem außergewöhnlich hochbetagten Ende zu führen. Bemerkenswert ist, daß in vielen Fällen berichtet wird, wie sich um einen solchen Einsiedler zahlreiche Jünger scharten, und zwar mitunter so viele, daß aus der Einöde seiner Klause ein belebtes Dorf wurde. Man hat demnach in diesen Einsiedlerklausen, welchen der Name 精舍 Tsing Šĕ, Hütten zur Verfeinerung, nämlich der Seele durch Tao oder Tugend, beigelegt ist, die Urform für die in späterer Zeit, besonders während der Tʿang-Dynastie, so häufig erwähnten taoistischen Klöster oder 觀 Kuan zu erblicken, welche Gelegenheit zur vollen Ausübung der Erlösungsaskese boten. Die rechte Entfaltung eines eigentlichen taoistischen Klosterwesens wurde jedoch durch das Eindringen des Buddhismus verhindert.

Bekanntlich fand der Buddhismus seinen Weg nach China während der Han-Zeit, vielleicht sogar etwas früher. Vor allem war es das Mahayāna des Buddhismus, d. h. „der große oder breite Weg" zur Erlösung, das in China eindrang und alle lebenden Wesen, selbst Tiere und böse Geister, durch mehrere Stufen der Besserung leitet, bis sie den höchsten Grad der Heiligkeit erreichen, den Zustand der Buddhas oder Lichtgötter, die Auflösung im allgemeinen Nichts (Nirwāna). Dieser breite Weg konnte beschritten werden, indem man sich einem gewissen religiösen Leben unterwarf, das zum großen Teil in Fleischabtötung bestand. Demnach herrschte zwischen dem buddhistischen Mahayāna und der Lehre vom Tao des Menschen, die ja gleichfalls die Unterdrückung der Leidenschaften und Sinne, das völlige Einswerden mit dem All predigt, eine auffallende innere Übereinstimmung. Man kann geradezu sagen, daß der Buddhismus bei seinem Eintritt in China den Weg bereits durch den Taoismus geebnet vorfand. Er übernahm sogar das Wort Tao, Weg, um damit seinen eigenen Weg zum Heil zu bezeichnen. Anderseits griff der Taoismus zu der naheliegenden Erklärung, daß der Buddhismus in Indien von niemand anders als Lao Tsĕ selbst verkündet worden sei, der zu diesem Zwecke eine Reise nach dem Westen unternommen hätte, von der er aber niemals zurückgekehrt.[1] Die Verschmelzung beider Systeme wurde wesentlich gefördert durch den universellen und synkretistischen Charakter des Mahayāna, der um des großen Zieles willen, alle Wesen zu erlösen, von dem Gesichtspunkte ausging, daß eine Vermehrung der Mittel zu diesem Ziel nur erwünscht sein könne, und daher mit vollendeter Toleranz dem Tao der Taoisten innerhalb seiner eigenen Lehre bereitwillig Raum gönnte.

Als sich dieser Verquickungsprozeß vollzog, hatte die fremde Religion das Klosterleben im heiligen Lande ihres Begründers schon zu hoher Blüte entwickelt. Da sie die Regeln und Gebräuche dieses Lebens bereits fix und fertig mit sich einführte, so wurde eine weitere Ausgestaltung des taoistischen Klosterwesens überflüssig; der Weg zur Heiligkeit und Erlösung, der durch die buddhistischen Klöster führte, erwies sich in der Tat als breit genug für alle Menschen. Allerdings hat sich nebenher unter dem Einfluß des buddhistischen Vorbildes noch ein spezifisch taoistisches Klosterleben entwickelt, und so sind in China friedlich Seite an Seite buddhistische und taoistische Klöster zu finden, die letzteren allerdings in erheblich geringerer Zahl. Bei dem großen Wettbewerb um das Werk der Erlösung ist mithin allezeit bei weitem der größte Ertrag an Erlösten durch die Kirche des Šakiamuni abgeliefert.

Das Bestreben, auf dem Weg oder Tao des Alls und der Menschheit, mit oder ohne Loslösung von Welt und Stoff

---

[1] Meines Wissens erscheint diese Erzählung zum ersten Male in dem auf S. 92f. zitierten Lebensbericht des Lao Tsĕ im 63. Kapitel des Ši Ki. Sie mag vermutlich in der Han-Zeit als Mittel zur Verbreitung des Buddhismus erdacht worden sein.

die Göttlichkeit zu erreichen, wurde stets besonders gefördert durch die Überzeugung, daß es auch zur Verlängerung des Lebens führt, und das irdische Dasein sich somit von selbst zu einem langsamen und gelinden Übergang in die Ewigkeit des Universums gestaltet. In der Tat ist das Tao der Weg der Tugend, Tugend ist Verfeinerung (精 Tsing) oder Vervollkommnung der Seele (Šˇɛn), und die Seele ist die Lebenskraft; die Schlußfolgerung muß also lauten: Tugend verbessert und vermehrt, erhöht und erstärkt die Lebenskraft, verlängert deshalb das Leben, bis es endgültig in die Göttlichkeit und Allmacht übergeht.

Diese Anschauung ist natürlich alt und wird im Tao Te' King (§ 30) in diesen Worten ausgesprochen: 物壯則老、是謂不道、不道早死; wenn die Wesen nach den Lebensjahren voller Kraft altern, so kommt es daher, daß sie kein Tao haben, denn alles, was ohne Tao ist, nimmt ein frühzeitiges Ende. Wir lesen auch im 大戴禮記 Ta Tai Li Ki, den Schriften des älteren Tai über die Lebensregeln, einem Buche, welches etwa ein halbes Jahrhundert v. Chr. von 戴德 Tai Te' verfaßt wurde: 王者動必以道、靜必以理、動不以道、靜不以理、則自夭而不壽 (§ 81); der Herrscher muß beim Handeln sich ans Tao halten und auch im Ruhezustand sich nach dessen Grundzügen richten; tut er das nicht, dann ist er selbst die Ursache seines vorzeitigen Todes und daß er kein hohes Alter erreicht. Die Lehre, ein langes Leben ist der Tugend Lohn, hat sich auch im Konfuzianismus völlig als heiliges Dogma eingebürgert; denn, wie wir auf S. 69 gesehen haben, steht es im Tšung Jung geschrieben, daß nach der eigenen Erklärung des Konfuzius der heilige Šun seiner Tugend nicht bloß Thron, Reichtum und Ruhm, sondern auch ein langes Leben verdankte. Gewiß wird das Dogma immerhin zur Aufrechterhaltung und Förderung des sittlichen Lebens in China Nützliches geleistet haben, zumal ein langes Leben daselbst allezeit zu den allergrößten Segnungen gerechnet wurde, welche in den Bereich der menschlichen Hoffnungen fallen.

Die Überlieferung von Menschen, die durch die Pflege des Tao eine Verlängerung ihres Lebens erzielten und am Ende sich auflösten in der Ewigkeit des Alls, reicht ohne Zweifel in sehr frühe Zeiten zurück. Tšuang schildert uns einen solchen, an den der heilige Kaiser Huang aus der mythischen Vorzeit sich um Belehrung wandte, und ersann dazu die folgenden Zeilen, die uns in die Theorie der Heiligkeitsaskese seiner Zeit einen interessanten Einblick gewähren (Buch 4, bezw. Kap. 11):

黃帝立爲天子十九年、令行天下、聞廣成子在於空同之上。故往見之、曰、我聞吾子達於至道、敢問至道之精、吾欲取天地之精、以佐五穀、以養民人。吾又欲官陰陽、以遂群生。爲之奈何。

Neunzehn Jahre lang war Kaiser Huang Sohn des Himmels gewesen, und seine Befehle hatten den Gang der Welt, welche unter dem Himmel liegt, bestimmt, als er von Kuang-tš'ing vernahm, der oben auf dem K'ung-tung wohnte. Da machte er sich auf, ihn zu besuchen, und sprach zu ihm: „Ich habe gehört, daß du, mein Weiser, das höchste Tao ergründest, und möchte mich unterfangen, dich über die Verfeinerung (精 Tsing) zu befragen, die der Besitz des höchsten Tao verleiht; ich wünsche nämlich mir die Verfeinerung des Weltalls anzueignen, auf daß ich imstande sei, das Wachstum der fünf Feldfrüchte zu fördern und so mein Volk zu ernähren. Auch möchte ich Macht über Jin und Jang ausüben und so mir alles Lebende folgsam machen. Was soll ich beginnen, um diese Ziele zu erreichen?"

廣成子曰、而所欲問者物之質也、而所欲官者物之殘也、自而治天下、雲氣不待族而雨、草木不待黃而落、日月之光益以荒矣。而佞人之心翦翦者、又奚足以語至道。Kuang-tš'ing erwiderte: „Die Belehrung, welche du verlangst, bezieht sich also auf rein stoffliche Angelegenheiten, und die Macht, welche du dir wünschest, richtet sich gegen stofflichen Verfall und Tod, und zwar weil, während du die Welt regierst, die Wolken bereits, bevor sie sich noch genügend verdichtet haben, Regen herniedersenden, und also die Gewächse und Bäume ihre Blätter fallen lassen, bevor sie gelb geworden sind, so daß das Licht von Sonne und Mond mehr und mehr ödes Land bescheint. Du bist also ein berechnender Mensch mit dem Herzen eines Schlaukopfs — bist du es also wert, daß ich dich über das höchste Tao belehre?"

黃帝退。捐天下、築特室、席白茅、間居三月。復往邀之。廣成子南首而臥。黃帝順下風膝行而進、再拜稽首、而問曰、聞吾子達於至道、敢問治身奈何而可以長久。廣成子蹷然而起、曰、善哉問乎、來、吾語女至道。

Und Kaiser Huang zog ab. Er warf die Regierung der Welt von sich, baute sich eine alleinstehende Hütte, schlief da auf nacktem Stroh und verweilte in ihr drei Monate lang. Dann machte er sich abermals auf, um den Weisen zu besuchen. Kuang-tš'ing lag darnieder, mit dem Haupt nach Süden gewandt. Gehorsam und unterwürfig kroch der Kaiser Huang auf den Knien zu ihm hin, beugte sich mehrmals und machte Stirnaufschläge; dann sagte er: „Ich habe vernommen, daß du, mein Weiser, das höchste Tao durch und durch erforscht hast; ich unterfange mich, dich zu fragen, wie ich über meinen Leib herrschen soll, auf daß er ewig bestehe." Da regte sich Kuang-tš'ing, erhob sich und sprach: „Fürwahr eine gute Frage! Komm her, ich will vom höchsten Tao zu dir reden."

至道之精窈窈冥冥、至道之極昏昏默默。無視、無聽、抱神以靜、形將自正。必靜、必清、無勞女形、無搖女精、乃可以長生。目無所見、耳無所聞、心無所知、女神將守形、形乃長生。慎女內、閉女外、多知爲敗。我爲女遂於大明之上矣、至彼至陽之原也、爲女入於窈冥之門矣、至彼至陰之原也、天地有官、陰陽有藏。慎守女身、物將自壯。我守

其一、以處其和、故我修身千二百歲矣、吾
形未嘗衰。

„Die Verfeinerung, welche der Besitz des höchsten T a o verleiht, ist einsamste Einsamkeit und dunkelste Finsternis; das höchste des höchsten T a o ist dunkelstes Dunkel und stillste Stille. Nichts ist da zu sehen, nichts zu hören; sie hüllt die Seele in Schweigen, und der stoffliche Körper wird dadurch von selbst in den richtigen Zustand versetzt. Sei also still und schweigsam und werde dadurch rein; strenge deinen Körper nicht an und bewege also deine Verfeinerung nicht — denn das ist das Mittel, wodurch sich dein Leben verlängern kann. Wenn dann deine Augen nichts mehr sehen, deine Ohren nichts mehr hören, dein Herz nichts mehr fühlt, dann wird deine Seele (Š ĕ n) deinen Körper bewahren und dein Körper wird dann ewig leben. Hüte also ja, was in dir ist, und laß nichts herein, was draußen ist, denn Vielheit der Empfindungen gereicht zum Verderben. Dann will ich dich hinter mir hinaufführen über das große Licht (der Sonne), wo wir die Urquellen des höchsten J a n g erreichen; dann will ich dich geleiten zur Pforte der Einsamkeit und der Finsternis bis an den Ursprung des höchsten J i n; dort herrschen Himmel und Erde, dort wird alles im J i n und vom J a n g aufgenommen. Überwache aber mit Sorgfalt deinen Körper, damit dein Stoff von selbst kräftig und dauerhaft werde. Ich selbst habe diese Disziplin in vollem Umfange geübt und ihre harmoniöse Wirkung in mir festgelegt; demzufolge habe ich zwölfhundert Jahre lang meine Person pflegen können, und noch immer nicht fängt mein stofflicher Körper zu verfallen an.“

黃帝再拜稽首曰、廣成子、之謂天矣。
廣成子曰、來、余語女。彼其物無窮、而人皆
以爲終、彼其物無測、而人皆以爲極。得吾
道者上爲皇而下爲王、失吾道者上見光而
下爲土。今夫百昌皆生於土而反於土、故余
將去女、入無窮之門、以遊無極之野。吾與
日月參光、吾與天地爲常、當我緡乎、遠我
昏乎。人其盡死而我獨存乎。

Kaiser Huang verneigte sich und machte Stirnaufschläge und er sprach: „Kuang-tšʻing der Weise, der ist ein himmlisches Wesen!“ Der andre versetzte: „Komm, ich habe dir noch mehr zu sagen. Dieser Stoff besitzt eine endlose Dauer; und doch glaubt jedermann, daß er enden müsse; unergründlich ist er, dennoch meint jedermann, er müsse ein letztes Ende haben. Wer mein Tao erlangt, der vermag hoch oben Kaiser und hier unten Herrscher zu sein; aber wem es nicht gelingt, mein Tao zu erlangen, der wird das Licht nur über sich sehen und hier unten Erde werden. Alle Wesen, die von der Sonne beschienen werden, sind aus Erde entstanden und kehren zur Erde zurück; — ich aber werde, sobald ich dich verlasse, durch das Tor zur Unendlichkeit eingehen und in den Regionen des Grenzenlosen wandern. Dort werde ich mit dem Glanz von Sonne und Mond verschmelzen; dort werde ich so ewig bestehen wie Himmel und Erde; was mir dort nahe ist, wird mir verschollen, was mir fern ist, auch geschwunden sein. Das Menschtum wird einmal vernichtet und tot sein, allein ich werde dann leben."

Langlebigkeit, die schließlich in völlige Verschmelzung mit der unendlichen Leere des Weltalls übergeht und ein Bestehen gewährt so ewig wie die des Weltalls selbst, das war also das Ideal, der transzendentale Traum der Schwärmer der Erlösungsaskese. Eine eigentümliche Verkörperung dieses Ideals bildet in Chinas Literatur und Kunst die sagenhafte Gestalt des 彭祖 P'ĕng-tsu. Sein Bild fehlt bei uns in fast keiner Sammlung chinesischer Seltsamkeiten und ist erkennbar an der übertrieben hohen Stirn, die ein Zeichen ungewöhnlich hohen Alters ist, da im Alter der Haarausfall die Stirn zu erhöhen pflegt. Dieser berühmte chinesische Methusalem soll angeblich vom 23. bis 6. Jahrh. v. Chr. gelebt haben. Auch Lao Tsĕ soll ein Alter von vielen Jahrhunderten erreicht haben.

Ziehen wir nun in Betracht, daß nach der konfuzianischen Lehre Tao oder Tugend durch Studium der klassischen Bücher erworben wird, und daß nach derselben Lehre die Tugend das Leben verlängert, so folgt von selbst, daß klassische Studien zu Langlebigkeit führen. Und so erklärt es sich, warum jeder gebildete Chinese es für ausgemachte Wahrheit hält, daß das Šĕn des studierenden Mannes, d. h. seine dem Jang des Weltalls entlehnte Seele, sich so sehr verfeinert, daß sie ihn vor den lebenzerstörenden Einflüssen schützt, welche die Kwei, die

Geister des dem J a n g gegenüberstehenden J i n, ausüben. Es
tritt nun auch klar zutage, daß diese Auffassung sich vollkommen mit dem so kräftig durch Tšuang Tsĕ ausgesprochenen
alten Glauben deckt, daß Besitz des T a o unverletzbar macht
(s. S. 58 f.). Sie führt in China zu mancherlei merkwürdigen
Dingen, Anschauungen und Gebräuchen, von denen hier einige
erwähnt sein mögen.

Der gute Taoist oder T a o Š i vermag böse Geister zu
verjagen einfach dadurch, daß er gegen sie bläst. In Räumen,
in denen es spukt, kann er sich ungestört aufhalten, ohne daß
ihm ein Leid geschieht. Im Gegenteil, die Gespenster legen
sich ihm sklavisch zu Füßen und flehen ihn demütig um Gnade
an. Besonders häufig werden in chinesischen Büchern die T a o
Š i als Teufelsaustreiber erwähnt und ihre besonderen Kenntnisse der Gespensterwelt hervorgehoben. Tatsächlich hat sich
unter der priesterlichen Führung dieser Männer die taoistische
Religion in der Hauptsache zu einer Kunst der Teufelsbannung
entwickelt, die mittels der Hilfe der Šĕn oder Götter, welche
im Weltall naturgemäß den K w e i feindlich gegenüberstehen,
getrieben wird; denn die Priester des T a o vermögen es auch,
durch Zauberzeichnungen und Zauberworte, durch Opfer und
zeremonielle Handlungen vieler Art die Šĕn zur Hilfeleistung
zu bewegen, ja sogar zu zwingen. Der Besitz dieser magischen
Macht treibt natürlich die Angst und Ehrfurcht, welche die
K w e i diesen Männern gegenüber hegen, auf die Spitze. Und
so bildet in den Händen dieser Priester der Exorzismus einen
Hauptbestandteil der weißen Magie, welche der Universismus
im Laufe der Jahrhunderte zum Nutzen des Menschtums erfunden und in das vielumfassende Religionssystem hineingebaut
hat, welches man das taoistische zu nennen pflegt.

Nicht bloß die T a o Š i, auch das konfuzianische Gelehrtentum verfügt über exorzistische Kraft. Jeder Gelehrte,
der sich mit den heiligen Schriften abgibt, jeder Student, ja

jeder Schulknabe, erlangt je nach seinen Kenntnissen einen gewissen Grad dieser Zauberkraft, für den wiederum die auf den staatlichen Prüfungen erworbenen literarischen Titel der Maßstab sind. Natürliche Exorzisten von noch höherer Qualität sind die Mandarine, und zwar weil diese theoretisch nicht nur Auserlesene des Gelehrtentums, sondern auch Stellvertreter des Kaisers und Träger seiner Heiligkeit und Allmacht sind und Teile einer Regierungsmaschine bilden, die aus dem Tao und den Tugenden des Klassizismus zusammengestellt ist. Daß schließlich der Sohn des Himmels der mächtigste Exorzist der Erdkugel ist, versteht sich von selbst. Geschichtsbücher berichten mannigfach über kaiserliche Maßregeln zur Befreiung des Volkes vom unheilvollen Werk der bösen Geister, auch über kaiserliche Befehle, daß die Behörden in den heimgesuchten Gegenden den Kwei Opfer darbringen und sie dabei in des Kaisers Namen auffordern sollen, ihr unseliges Werk zu unterlassen. Es liegt auf der Hand, daß von einer verhältnismäßig viel größeren Zahl solcher Vorkommnisse keine Erwähnung zu finden ist.

Als äußerst wirksames Mittel zur Vertreibung böser Geister gelten sogenannte 符 Fu, Zauberzeichen, die mit eines Mandarinen Pinsel geschrieben sind. Solche Pinsel an sich üben schon diese Zauberkraft, weshalb sie vielfach bei Krankheitsfällen dem Patienten aufgelegt, oder an seinem Bett oder über der Tür seines Zimmers angebracht werden. Diener und Trabanten der Mandarine machen aus dem Verkauf solcher wirkungskräftigen Pinsel ein einbringendes Geschäft und verkaufen sie teils direkt ans Volk, teils mittelbar an Zwischenhändler. Namenskarten von Mandarinen, Abdrücke von ihren Amtssiegeln, gebrauchte Briefumschläge, die solche Abdrücke tragen, stehen als Abwehrmittel hoch im Preise, besonders wenn sie von Unterkönigen, Provinzialoberrichtern und anderen Beamten sehr hohen Ranges herstammen. Auch pflegt man die genannten

Gegenstände zu verbrennen und ihre Asche mit Wasser vermengt dem Patienten zu trinken zu geben. Viele Leute halten bei Hochzeiten den Abdruck eines Mandarinensiegels als durchaus unentbehrlich, um dem neuen vermählten Paar dauerndes Glück zu sichern, und zwar soll die Braut den Abdruck während ihrer Überführung ins Haus des Bräutigams am Gewande oder in der Tasche tragen. Das ärmere Volk, das die teuren Schriftamulette hoher Mandarine nicht bezahlen kann, begnügt sich mit solchen, die von Lehrern oder anderen geringeren Vertretern des Schriftgelehrtentums herrühren. Gewöhnliche Schulmeister werden von der Bevölkerung häufig gebeten, teuflische Geschwüre und Beulen, die im unsauberen China unter dem Volke, vor allem den Kindern weit verbreitet sind, mit Kreisen zinnoberroter Tusche zu. umpinseln. In ähnlicher Weise und für ähnliche Zwecke verwendet man sogar alte Schreibpinsel und Fetzen aus den Schreibheften von kleinen Schuljungen, in dem naiven Glauben, daß auch schon angehende und künftige Mandarine und Gelehrte ebenso wie fertige Große imstande seien, böse Geister in Furcht zu jagen und zu bannen.

Wenn der Besitz von Tao, der durch das Studium der klassischen Schriften erlangt wird, sich als so vortreffliches Schutzmittel gegen böse Geister und darum als so wunderkräftiges Mittel für die Verlängerung des Lebens erweist, so ist es klar, daß die klassischen Schriften selbst erst recht teufelaustreibend wirken müssen. Und in der Tat übt nach chinesischem Glauben schon die bloße Gegenwart eines Exemplars, eines Bruchstückes, ja eines losen Blattes eines heiligen Buches einen gewaltigen Einfluß auf die Erhaltung von Glück und Gesundheit aus und bildet ein ausgezeichnetes Heilmittel gegen teuflische Krankheiten. Schon zur Han-Zeit wird erwähnt, daß man sich durch lautes Hersagen von Sätzen der klassischen Schriften gegen Gefahr und Unheil zu schützen versuchte. Aber auch andere geschriebene und gesprochene Worte, vorausgesetzt, daß sie klassisches Gepräge tragen, vermögen die bösen Geister zu bannen. Ist man in der Dunkelheit und konfuzianisch gebildet, so sucht man Schutz durch lautes Hersagen von Stellen aus den heiligen Schriften. Vortreffliche Dienste leistet das Hersagen solcher heilsamen Sätze auch, um junge Kinder in Schlaf zu lullen, wenn sie schreien, weil böse Geister sie quälen. Kein Wunder also, daß, wie Liu Ngan mitteilt (Hung Liĕ' Kiai, Kap. 8), die Kwei im nächtlichen Dunkel jämmerlich wehklagten, als der heilige 倉頡 Ts'ang-hiĕ' in der grauen Urzeit die für sie so gefährliche Art des Schreibens erfand, durch die die heiligen klassischen Schriften verfaßt und alle Zeiten hindurch überliefert sind. Wohlbegreiflich sind also die chinesischen Schriftzeichen genau so heilig und zauberkräftig, unheilvertreibend und segenspendend wie die klassischen Bücher, und hieraus erklärt sich das Rätsel, weshalb es dem chinesischen Gelehrtentum nie hat einfallen können, die Schrift durch eine einfachere zu ersetzen. Solch eine Tat wäre im wesentlichen der Abschaffung der klassischen Bücher und damit des Tao des Menschen, welches sie vorschreiben, gleichgekommen, und hätte zudem einen völligen Bruch mit dem heiligen Ahnentum und ihrem für die Nachkommenschaft gestifteten Werk bedeutet.

Daß der Kampf gegen die bösen Geister in China zu einem vielseitigen System ausgebaut ist, welches das ganze Volk und sein Priestertum alltäglich beschäftigt und einen der großen Unterteile der Religion bildet, zeigt die ausführliche Erörterung dieses Systems in meinem „The Religious System of China", Bd. VI.

Das Tao des Weltalls ist Jang und Jin; der feine (精 tsing), unstoffliche Teil von Jang und Jin ist der Odem des Weltalls, der Äther, die Atmosphäre. Deshalb gestaltete sich

die Auflösung des Menschen im Tao des Weltalls durch Weg-
werfung des Stoffs in der Wirklichkeit als eine Auflösung in
der Luft. Die Beobachtung, daß der Mensch zu atmen aufhört,
sobald sein Leben erlöscht, führte zur Folgerung, daß der Atem
(K‘i) das Leben darstellt, also tatsächlich die Šĕn oder Lebensseele ist, welche, den alten Lehren nach, der Mensch dem
Jang entlehnt, und neben welcher auch das Jin ihm eine
Seele schenkt, die Kwei heißt (s. S. 10). Und so war von
selbst auch die Lehre gegeben, daß der Mensch durch Einatmen der Luft fortwährend Seelensubstanz in sich aufnimmt,
mithin durch wohlüberlegte Regelung des Atmens sein Leben
zu verlängern in der Lage ist und sogar seine endgültige
Verschmelzung mit dem Tao des Weltalls bewirken kann.

Daß so eine Regelung des Atmens gleichzeitig mit der
Seelenlehre selbst entstand und aufwuchs, läßt sich leicht einsehen. Sie wird im Tao Te’ King (§ 6) erwähnt, und zwar
in diesen Worten:

谷神不死是謂玄牝。玄牝之門是謂天地根。綿綿若存、用之不動. Was die Seele (Šĕn) so nährt,
daß man nicht stirbt, das ist das Schwarze (das Himmlische, also das Jang)
und das Weibliche (das Jin). Die Pforte für das Schwarze und das Weibliche (die Nase), das ist die Wurzel des Himmlischen und des Irdischen
(im Menschen). In langen, langen Zügen (soll man atmen), als ob man den
Atem bewahren wolle, und beim Gebrauch des Atems soll man sich nicht
bewegen.

Dieser Satz ist besonders düster und hat begreiflicherweise
vielerlei Übersetzungen erzeugt. Es ist aber anzunehmen, daß
das K‘ang-hi-Lexikon, welches 谷 durch 養, nähren, erklärt,
recht hat und daß dieses Zeichen, weil es ku’ ausgesprochen
wird, schlechtweg für eine Schreibung des gleichlautenden 穀
anzusehen ist, welches Getreide bedeutet, jedoch im Ši (北山,
Ode 甫田) mit der Bedeutung nähren vorkommt. Das Zeichen
玄, schwarz, erscheint in der Terminologie der Taoisten durch-

weg als ein Synonym von Himmel, und zwar weil, dem Ji'
zufolge, der Himmel schwarz ist. Und der Vergleich der menschlichen Nase mit einem zweiflügligen Tor (門) ist nicht so gesucht, wie beim ersten Anblick scheint. Die Richtigkeit unserer Übersetzung des betreffenden Passus des Tao Te' King gewährleistet eine große Sammlung Notizen über taoistische Heilige, die im 2. Jahrhundert v. Chr. durch den großen Staatsmann und Gelehrten 劉向 Liu Hiang geschrieben sein soll, und deren Titel 列仙傳 Liĕ' Siĕn Tš'uan, Berichte über die Reihen der Siĕn, lautet. Da liest man von einem 容成 Jung-tš'ing, der etwa tausend Jahre v. Chr. lebte und durch Übung der Atemkunst 取精於玄牝、其要谷神不死、守生養精氣, das heißt: dem Schwarzen und dem Weiblichen feinen Äther entnahm, weil er seine Seele (Šĕn) nähren und unsterblich werden wollte und somit zur Wahrung seines Lebens seinen feinen Atem sorgsam pflegte.

Somit lehrt uns das Tao Te' King, daß die Atemkunst in erster Linie bezweckte, den Atem im Körper aufzubewahren und festzuhalten, und daß, damit er nicht durch körperliche Anstrengung wieder verloren gehe, die Kunst mit der großen Naturtugend der Regungslosigkeit, des Wu-wei, verbunden wurde. Hiernach überrascht es uns keineswegs, wenn wir bei Tšuang Tsĕ lesen (Buch 3, bezw. Kap. 6): 眞人之息以踵、衆人之息以喉, das Atmen der Heiligen findet mittels ihrer Fersen statt, das der Menge aber mittels des Halses; d. h. sogar bis zu den Fersen herab zieht der Heilige den Atem ein, und er tränkt somit seinen Körper bis in die entferntesten Stellen mit Ewigkeit und Unzerstörbarkeit verleihendem Äther. Auch gibt Tšuang uns in den folgenden Worten einige Einzelheiten über die Technik der Atemgymnastik (Buch 6, bezw. Kap. 15):

吹呴呼吸、吐故納新、熊經、鳥申、爲壽而已矣、此道引之士、養形之人、彭祖壽考者之所好也. Blasen und schnappen, ausatmen und einatmen, und so den alten Atem ausstoßen und den neuen in sich aufnehmen, die Zeit hinbringen wie ein Bär (im Winterschlaf), (den Hals) strecken und recken wie ein Vogel — all das bezweckt nur die Erreichung eines hohen Alters; und das war es, was die Tao Ši, welche Luft einzogen, und auch die Menschen, welche ihren Körper nährten und die so lange wie Pʻĕng-tsu lebten, mit Vorliebe taten.

Dieses systematische Atmen war gewiß eine ziemlich anstrengende Arbeit. Der Körper wurde dadurch träge, denn tiefes Atmen macht müde und schläfrig; aber gerade das bewies, daß die Verschmelzung mit dem Tao eingetreten war, denn sind nicht Stille und Schweigsamkeit, Regungslosigkeit, Unbewußtheit usw. die Merkmale des Heiligen?

Diese eigenartige Methode zur Erlangung des Tao wird in der chinesischen Literatur der klassischen und nachklassischen Zeit sehr häufig erwähnt. Daß sie tatsächlich auch in großem Maßstabe praktisch geübt wurde, kann man aus der reichen Anzahl technischer Ausdrücke, die zu ihrer Bezeichnung in Gebrauch sind, herleiten. Von diesen Ausdrücken seien hier nur die folgenden erwähnt: 導（道）引 tao jin, (Luft) einziehen; 嗇氣 se' Kʻi, den Atem aufsparen; 煉氣 liĕn Kʻi, den Atem läutern; 蓄氣 tšʻu' Kʻi, den Atem aufspeichern; 禁氣 kin Kʻi, den Atem zurückhalten; 吞氣 tʻun Kʻi und 嚥氣 jĕn Kʻi, Atem schlucken; 養神 jang Šĕn oder 谷神 ku' Šĕn, die Seele nähren; 養生 jang Šĕng, das Leben nähren oder erhalten; 養性 jang Sing, seine natürliche Anlage pflegen; 養壽 jang Šou, Langlebigkeit pflegen u. a.

Schon früh wurde ein neuer Satz in die Lehre der Lebensverlängerung und Unsterblichkeit eingeschaltet, nämlich der, daß die Zirkulation des Atems oder der Lebensseele durch gesunde körperliche Gymnastik gefördert werden müsse. Der taoistische Staatsmann Lü Puʼ-wei schrieb darüber in seinem Jahrbuch (Lü-ši Tšʻun Tsʻiu, Kap. 3, § 2 und 3):

精氣之集也必有入也。集於羽鳥與爲
飛揚。集於走獸與爲流行。集於珠玉與爲精
朗。集於樹木與爲茂長。集於聖人與爲𧰼
明。。。流水不腐、戶樞不蟻、動也。形氣亦然。
形不動則精不流、精不流則氣欝、欝處頭則
爲腫爲瘋、處耳則爲挶爲聾、處目則爲矇爲
盲、處鼻則爲鼽爲窒、處腹則爲張爲府、處
足則爲痿爲蹙。。。精氣日新、邪氣盡去、及
其天年。此之謂眞人·

Zur Ansammlung des feinen Äthers muß der Körper eine Öffnung
haben, durch die jener eintreten kann. In gefiederten Vögeln angesammelt,
befähigt er sie, zu fliegen und zu schweben. In schnellen Vierfüßlern angehäuft, läßt er sie nach allen Richtungen hin sich bewegen. In Perlen
und Jaspis verdichtet, legt er ihnen feinen Glanz bei. In Pflanzen und
Bäumen aufgespeichert, bringt er das Wachstum ihres Blätterwerks hervor.
In einem heiligen Menschen angesammelt, gibt er ihm weitsichtigen Verstand ... Bewegung ist es, die fließendes Wasser vor Fäulnis, Türangeln
vor zerfressenden Angriffen von Insekten bewahrt. Genau so ist es mit dem
Körper und mit dem Atem. Wenn der Körper ohne Bewegung ist, so durchströmt ihn kein Lebenshauch, und wenn das der Fall ist, wird der Atem
bedrückt. Dieser Druck kann sich im Kopf niederlassen und verursacht
dann Kopfweh und Geschwüre; oder in den Ohren, und verursacht dann
Schwerhörigkeit und Taubheit; oder in den Augen, und verursacht da Ent-
zündung oder Blindheit; oder in der Nase, und verursacht dann Schnupfen
und Verstopfung; im Leib führt der Druck zu Leibschneiden und Hartleibig-
keit; in den Füßen zu Lahmheit und Gehschwäche ... Wenn täglich der
feine Lebensäther sich erneuert und der schlechte Atem den Körper gänzlich verläßt, dann kann ein Mensch so lange leben wie der Himmel selbst.
Solch ein Mensch ist ein Heiliger.

Es ist den alten chinesischen Naturbeobachtern schwerlich
entgangen, daß die Atemtätigkeit ebenso durch zu heftige wie
durch zu geringe Anstrengung des Körpers beeinflußt wird, oder
mit anderen Worten, ebenso durch Vernachlässigung wie durch
Übertreibung des Wu-wei. Auch haben sie sicherlich be-

114

merkt, daß eine ähnliche Beeinflussung des Atems auch seitens
der Leidenschaften vorliegt, deren Regulierung, wie wir wissen
(S. 76 ff.), zum Tao führt, und sie sind so zu der Folgerung
gelangt, daß die Leidenschaftslosigkeit oder „Leere“ des Weltalls eingeatmet und so im Körper festgelegt werden kann. Begreiflich ist also der folgende Lehrsatz im 春秋繁露
Tšʻun Tsʻiu Fan-lu, einem Werke, das im 2. Jahrhundert
v. Chr. der 董仲舒 Tung Tšung-šu, ein großer Staatsmann und Gelehrter, geschrieben haben soll (Kap. 16, bezw. § 77):

泰實則氣不通、泰虛則氣不足。熱勝則
氣寒、泰勞則氣不入、泰佚則氣宛、至怒則
氣高、喜則氣散、憂則氣狂、懼則氣懾。凡此
十者氣之害也、而皆生於不中和·

Ist ein Mensch zu sehr erfüllt (von Leidenschaften), so kann der
Atem den Körper nicht durchdringen; ist er aber zu leer, so ist sein Atem
unzureichend. Ist er zu erhitzt, so ist sein Atem zu kalt; arbeitet er zu
eifrig, so kann er nicht einatmen; ist er zu untätig, so ist sein Atem miß-
vergnügt; gerät er zu sehr in Wut, so steigt sein Atem in ihm empor; gerät er in Freude, so löst sich sein Atem auf; hat er Sorgen, so wird sein Atem
närrisch; packt ihn Furcht, so wird der Atem aufgeregt. Das sind also zehn
Fälle, in denen der Atem ungünstig beeinflußt wird, jedesmal mangels der
Mitte (Tšung Leidenschaftslosigkeit?) und Harmonie (s. S. 76).

Also hat sich in China die Atemgymnastik zu einem förm-
lichen System entwickelt, das alle Jahrhunderte hindurch bis
auf den heutigen Tag praktisch betätigt wurde. Schon früh erschienen in diesem System Theorien über die Nabelgegend, die
sogenannte 關 Kuan oder wichtige Stelle, wo sich der Atem
hauptsächlich ansammeln sollte, um von da aus den Weg zu
den entferntesten Teilen bis in die Fersen zu finden. Um die
Kuan zu füllen, bedurfte es langsamen und tiefen Atmens,
das als sehr gesundheitsfördernd galt. Durch Einatmung von
viel und Ausatmung von wenig Luft ließe sich der Atem verdichten (結氣) und ein kondensierter Vorrat im Körper auf-

speichern, der für längere Zeit eine Atemtätigkeit überhaupt unnötig machte, so daß' der Körper Monate, selbst Jahre hindurch regungslos bleiben konnte wie eine Leiche, ohne jedoch tot zu sein. In dieser Verfassung bestand und lebte er, ohne abgenutzt zu werden und zu altern, und benötigte auch keinerlei stoffliche Nahrung, woraus schon zur Genüge die Göttlichkeit des Zustandes hervorging. Erwähnt doch Tśuang, wie wir bereits sahen (S. 59), in seiner lebhaften Schilderung der Gottmenschen ausdrücklich, daß sie keine der fünf Feldfrüchte zu sich nahmen, sondern nur die Luft einsogen und Tau tranken. Und im Ta Tai Li Ki (§ 81) berichtet Tai Te' von niemand Geringerem als Konfuzius selbst den bemerkenswerten Ausspruch: 食氣者神明而壽、不食者不死而神; wer sich mit Luft ernährt, leuchtet wie ein Gott und lebt lange; wer gar nicht ißt, stirbt nicht und ist ein Gott.

Eine allmähliche Vernichtung des stofflichen Körpers durch systematisches Fasten und Hungern, das man 辟穀 pi Ku', Enthaltung von Speisen, nannte, und ein schrittweiser Übergang in den unstofflichen Zustand durch Einsaugung des himmlischen Jang, aus dem alle Šĕn oder Götter gebildet sind — das war also das ideale Bestreben der höchsten Geister der taoistischen Welt. Die Heiligenliteratur erzählt von vielen, die durch Verbindung der Atemgymnastik mit der Hungerkur den Körper so leicht machten, daß er in der Luft umherschweben konnte; auch von vielen, denen es praktisch gelang, ganz ohne irgendwelche Nahrung zu leben (絕食、絕穀、絕粒、斷穀). Auch lesen wir da, wie man die Hungerkur dadurch unterstützte, daß man gewisse Fruchtkerne, also verdichtetes Pflanzenleben, im Munde hielt; ferner, daß es auch für die Verlängerung des Lebens als sehr förderlich galt, stets mit Sorgfalt den Speichel zu verschlucken, da dieser für eine Verdichtung des Atems gehalten wurde; ja sogar, daß viele aus demselben Grund ihren eigenen Urin tranken.

Auch in der Han-Zeit muß das künstliche Atmen zur Verlängerung des Lebens sehr in Schwung gewesen sein, denn die 漢書 Han Šu, die Geschichtsbücher der Han-Dynastie, erwähnen viele Personen, sogar Staatsmänner und Gelehrte, die sich damit eifrig befaßten. Voran in der Liste steht 張良 Tšang Liang, der heldenhafte Ratgeber des Stifters der Han-Dynastie, der Ahnherr des 張道陵 Tšang Tao-ling, der, wie wir im 5. Kap. sehen werden, etwa zwei Jahrhunderte später die taoistische Kirche gründete. Auch sind von vielen Schriftstellern der Han-Zeit, darunter Konfuzianisten allerreinsten Wassers, Abhandlungen über die Atmungskunst erhalten geblieben. Eine große Autorität auf dem Gebiete war 華佗 Hua T'o, der um die Wende des 2. Jahrhunderts n. Chr. lebte. Wie seine Biographie in Kap. 112 b der 後漢書 Hou Han Šu oder Geschichtsbücher der späteren Han-Dynastie uns lehrt, soll er als Arzt und Chirurg geradezu Wunderbares geleistet haben. Er konnte den Magen und die Eingeweide aus dem Leib schneiden, sie rein waschen und dann wieder an ihren früheren Platz setzen, ohne dem Patienten mit dieser Operation mehr als ein kleines Unwohlsein zu verursachen.

通數經、曉養性之術、年且百歲而猶有壯容○○○佗語吳普曰、人體欲得勞動、但不當使極耳。動搖則穀氣得銷、血脉流通、病不得生、譬如戶樞終不朽也。是以古之仙者爲導引之事、熊經鴟顧、引挽要體、動諸關節、以求難老。吾有一術、名五禽之戲、一曰虎、二曰鹿、三曰熊、四曰猨、五曰鳥、亦以除病、兼利蹏足以當導引。體有不快、起作一禽之戲、怡而汗出、因以著粉、身體輕便而欲食。普施行之、年九十餘耳目聰明、齒牙完堅.

Er war mit mehreren heiligen Büchern (des Konfuzianismus) durch und durch vertraut und verstand die Kunst der Pflege seiner Natur (die Atmungskunst, s. S. 112) so gut, daß er, schon fast 100 Jahre alt, noch das Aussehen eines Jünglings hatte. Er sprach einmal zu Wu P'u: „Der menschliche Körper will Arbeit und Bewegung haben, nur sollen dieselben nicht bis an die Grenze des Könnens getrieben werden. Wenn der Körper in Tätigkeit ist, verdaut er die Nahrungsstoffe, und das Blut durchströmt ihn, so daß keine Krankheit entstehen kann, genau so wie eine Türangel, die nie verfault (s. S. 113). Darum übten die Siĕn (仙) der Urzeit die Kunst des Atemholens (tao-jin, s. S. 112), verbrachten die Zeit wie Bären, indem sie gleich Eulen um sich herumblickten, ihre Lenden und Gliedmaßen streckten und einzogen und die Muskeln ihres Kuan (s. S. 114) bewegten; auf diese Weise suchten sie das Altern aufzuhalten. Ich besitze eine Kunst, welche die Gymnastik von fünf Tieren heißt, nämlich des Tigers, des Hirsches, des Bären, Affen und Vogels; ich wehre damit alle Krankheit ab und außerdem fördert sie die Bewegungen der Füße, was auf die Einatmung günstig einwirkt. Sobald ich mich unbehaglich fühle, stehe ich auf und mache die Gymnastik eines der fünf Tiere; dann fühle ich mich wieder wohl und schwitze; und wenn ich mich dann mit Reisstaub bestreue, wird mein Körper leicht und wohl und ich bekomme Appetit." Darauf übte auch Wu P'u diese Kunst, und als er mehr als 90 Jahre zählte, war sein Auge noch klar, sein Gehör noch scharf, sein Gebiß vollständig und fest.

Allezeit sind erhabene Auffassungen, wann immer der Mensch sie zu selbstsüchtigen Zwecken hat ausbeuten wollen, zu Albernheiten herabgesunken. So ist es auch der Lehre der Heiligkeit und Unsterblichkeit durch Pflege der erhabenen Tugenden des Weltalls ergangen: am Ende wurde sie zu einer lächerlichen Lungengymnastik herabgewürdigt, womit man einige Zimmergymnastik verband, offenbar weil dadurch die Gedrücktheit, welche das Nichtstun notwendig hervorrief, sich einigermaßen aufheben ließ. Die Tiergymnastik des Hua T'o ist in allerhand Gestaltungen ausgearbeitet worden, weil sie sich urkundlich als die älteste nachweisen ließ und also durchweg als die allerbeste galt. Sie wird noch immer in China geübt und gelehrt, obwohl sich im Laufe der Zeit nebenher verschiedene andere Turnereien herausgebildet haben. Die Atemgymnastik wurde schließlich auch eine Gymnastik der Lippen und Nasenlöcher, welche man mit oder ohne Hilfe der Finger methodisch öffnete oder zudrückte, um das Zu- und Ausströmen der Luft nach der Größe der Öffnung zu regeln. Man blies sich auch die Backen auf, ließ nach jeder langen Einatmung die Luft durch möglichst viel kleine Ausatmungen wieder aus, oder umgekehrt, und so wurde jeder Körperteil auf bestimmte Art und Weise ernährt und gekräftigt. Man schloß sich dabei auch die Ohren ab, knirschte mit den Zähnen (叩齒), hing sich ab und zu ein wenig an den Füßen auf, usw.

Oft ist seit der Han-Zeit die Frage erörtert worden, welches höchste Lebensalter bei richtiger Anwendung solcher Künste erreichbar sei. Ein volles Jahrtausend hielt man wohl für möglich, und dem Einspruch, daß die Menschen so selten ein hohes Alter erreichten, begegnete man damit, daß sie eben nicht imstande seien, ihre Leidenschaften zu bezwingen. Auch über die Macht, welche die Atemkunst verleiht, ist viel geschrieben worden. Diese Kunst sollte auch eine besonders günstige Wirkung auf die Kindergeburt ausüben, weil sie die Geschlechtskraft vor Abspannung und Erschöpfung bewahrt. Beispiele werden berichtet, daß Taoisten noch im Alter von 200 Jahren eine ungeschwächte Zeugungskraft und ein blühendes Aussehen besessen haben.

Die Atemgymnastik finden wir in China auch stets den Kranken und Schwachen empfohlen, und sie spielt mithin eine hervorragende Rolle in der Heilkunde. Das ist allerdings vollkommen begreiflich; denn das Šěn, welches dem Menschen als Seele und Lebenskraft innewohnt, ist aus dem Jang entstanden, und jede Vermehrung oder Verstärkung dieses Šěn durch richtiges Einatmen von Luft oder Jang des Weltalls kann also nur zur Erhaltung und Förderung seines Lebens und seiner Gesundheit beitragen; — außerdem sind Krankheiten wie alle möglichen Übel das Werk der Kwei, welches naturgemäß durch das der Šĕn beeinträchtigt oder vernichtet wird.

Die Autorität, welche die Atmungskunst als Mittel zur Genesung von Kranken allezeit besessen hat, beruht nicht allein auf ihrem ehrwürdigen Alter, sondern auch auf dem sehr gelehrten Gewand, das sie sich, wie uns das alterälteste medizinische Buch Chinas beweist, schon früh hat umzuhängen gewußt. Dieses Buch führt den Titel 素文 Su Wĕn und stammt angeblich vom mythischen Kaiser Huang und seinen Ratgebern her; zwar zeigt uns der Stil, daß es wohl nicht in der vorchristlichen Zeit abgefaßt sein kann, aber nichtsdestoweniger überliefert es ganz gewiß viel chinesische Wissenschaft sehr alter Zeiten. Dort wird im 67. Kapitel ausgeführt, daß Jang und Jin, das Tao des Weltalls, hauptsächlich sich in fünf 氣 K'i, Odem oder Einflüssen, äußern, nämlich Hitze oder Wärme, Trockenheit, Kälte, Wind und Nässe. Diese Einflüsse walten, wie Huang von seinem weisen Ratgeber 岐伯 K'i-po' belehrt wurde, natürlich auch in allen lebenden Wesen und wirken auf ihr Leben bestimmend ein, je nach dem Verhältnis der Mischung, in der sie auftreten. Der Osten, so führte dieser Weise weiter aus, bringt den Wind hervor, und weil der Osten dem Element Holz entspricht, ist es der Wind, der das Holz erzeugt, ebenso wie das Saure, weil dies der Geschmack des Ostens ist. Die genannten Faktoren beherrschen die menschliche Leber, da diese dem Osten entspricht; die Leber bringt die Muskeln ¦hervor und diese das Herz. Ferner entspricht auch der Frühling dem Osten und bringt alljährlich durch die schöpferische Kraft den Pflanzenwuchs oder das Holz hervor; im Menschen erzeugt diese Jahreszeit Weisheit und Verstand, aber auch 怒 Zorn, weil diese Leidenschaft dem Wind entspricht. Und so wird es ganz klar, daß Zorn die Leber beschwert, und daß der Wind und das Saure auch von nachteiligem Einfluß auf die Leber sind. In gleich scholastischer

Art gab der große Weise seinem kaiserlichem Herrn auch für die übrigen Gegenden und die Mitte des Weltalls ebenso scharfsinnige Kombinationen an, die sich übersichtlich in der untenstehenden Tabelle veranschaulichen lassen; diese Tabelle bildet ungefähr die ganze Grundlage der universistischen Krankheitslehre und Heilkunde der Chinesen.

東 Ost	春 Frühling	風 Wind	木 Holz	酸 sauer	肝 Leber	Muskeln und Herz	怒 Zorn
南 Süd	夏 Sommer	暑 Wärme	火 Feuer	苦 bitter,	心 Herz	Blut und Milz	喜 Freude
中 Mitte		濕 Nässe	土 Erde	甘 süß	脾 Milz	Fleisch und Lunge	思 Gedanke
西 West	秋 Herbst	燥 Trockenheit	金 Metall	辛 scharf	肺 Lungen	Haut, Haare und Nieren	憂 Sorge
北 Nord	冬 Winter	寒 Kälte	水 Wasser	鹹 salzig	腎 Nieren	Knochen und Mark	恐 Furcht

Die hier skizzierte Einwirkung der fünf Odem des Tao der Welt auf den Menschen nennen die Chinesen 五運 wu Jun, den fünffältigen Umlauf, oder 運氣 jun K'i, den Odemumlauf, und zwar weil die Jahreszeiten, denen sie entsprechen, der alljährliche Umlauf von Jang und Jin sind. Man hat in dieser Einwirkung allezeit das Urprinzip der Heilkunde erkannt, das vom heiligen Huang herrührt und somit von unanzweifelbarer Richtigkeit und Wahrheit ist. Durch das künstliche Atemholen werden diese Einflüsse in den menschlichen Körper hineingeführt, und diese sichern dann, je nach den Jahreszeiten, wie es die Tabelle angibt, die Gesundheit der entsprechenden Körperteile und Lebensorgane, verlängern somit

das Leben und führen sogar zur Unsterblichkeit. Diese dem
Kreislauf der Zeit angepaßte Heilmethode eignete sich vortrefflich zu einer weiten Ausarbeitung und ist in der Tat allmählich
zu einer reichen Schatzkammer von Weisheit ausgebaut worden,
die es jedem einsichtigen Menschen ermöglicht, die Geheimnisse
des menschlichen Körperbefindens im Zusammenhang mit den
wechselnden Natureinflüssen des Jahrkreises gründlich zu erkennen. Es wurde bei dieser Ausarbeitung noch mehr universistische Weisheit des Altertums an den Haaren herangeschleppt,
in erster Linie die Lehre, daß die fünf Elemente gegenseitig
teils zerstörend, teils erzeugend aufeinander wirken; Holz z. B.
erzeugt Feuer und besiegt Erde; Feuer erzeugt Erde (Asche)
und besiegt Metall; Erde erzeugt Metall und besiegt Wasser;
Metall erzeugt Wasser und besiegt Holz; Wasser erzeugt Holz
und zerstört Feuer, usw. In entsprechender Weise beeinflussen
mithin die anderen Faktoren, welche die Tabelle enthält, einander.
Wenn man nun alle die Faktoren des Makrokosmos mit denen
des menschlichen Mikrokosmos vernünftig zu verbinden und ihre
Kombinationen einsichtsvoll zu verwerten versteht, dann fällt
es gewiß nicht schwer, in jedem Krankheitsfall die richtige
Diagnose zu treffen und den genauen Sitz des Leidens zu ermitteln, das heißt, nach chinesischer Ausdrucksweise, das Organ zu entdecken, das durch 邪 Siĕ oder Einflüsse, welche
dem Tao zuwider sind (s. S. 29), angegriffen ist. Die dafür
benötigten Arzneien geben Handbücher aller Art zur Genüge
an; auch die Diät des Patienten läßt sich nach den fünf Ge-
schmacksarten regeln. Einer solchen dem Tao des Universums
angepaßten Genesungs- und Nahrungsmethode muß unbedingt
Besserung und Heilung folgen, weil das Tao die Quelle des
Lebens und alles Guten ist.

Es stellt sich also klipp und klar heraus, daß die Krankheitslehre und die Heilkunde in China unmittelbar aus dem
universistischen Boden emporgewachsen sind. Zwar hat, wie

gesagt, Weisheit aller Jahrhunderte das System weit und breit
ausgebaut, jedoch dabei hat es sich nie von der uralten, heiligen
Basis losgelöst, und ebensowenig ist daneben ein anderes und
besseres System aufgekommen. Es hat geblüht, sogar üppig
geblüht, allein Frucht hat es nie getragen; und für unsere
Heilkunde ist von der chinesischen absolut nichts zu lernen.
Eins wird uns aber durchaus klar, und zwar die Tatsache, daß die
berühmten Ärzte und Theoretiker, deren Werke bis zum heutigen
Tage in der medizinischen Literatur den höchsten Platz einnehmen, fast ausnahmslos Tao Ši waren, und daß es immer
die Tao Ši gewesen sind, die in China die Heilkunde Hand
in Hand mit der Teufelsaustreiberei (s. S. 106) ausübten.

Auch die körperliche Gymnastik, welche, wie erwähnt,
schon früh zur Förderung der Gesundheit mit der Atemgymnastik eng verbunden wurde, ist eben aus diesem Grunde
durch den Universismus hervorgebracht worden. Sie wird meist
坐功 tso Kung, nützliche Tätigkeit beim Sitzen, genannt. Die
Lehre dieser Gymnastik regelt mit peinlicher Genauigkeit die
Bewegungen der Hände, Finger, Arme und Beine zu jedem
Atemzug und schreibt umständlich vor, wie der Leib gedreht,
der Hals gestreckt und dabei zur Förderung des Speichelflusses
die Zunge bewegt werden soll. An Körperhaltungen unter-
scheidet das System die aufrechte, sitzende, liegende, krie-
chende Haltung und unzählige Zwischenstufen. Zur Förderung
der gesunden Wirkung der Leber, des Herzens, der Milz, der
Lungen und Nieren und zur Schärfung des Gehörs, Gesichts
und Verstands gibt es besondere Übungen, die wiederum je
nach der Jahreszeit verschiedentlich ausgeführt werden. Auf
die strenge Unterscheidung aller dieser Übungen muß sorgfältig geachtet werden, denn was für das eine Glied oder Lebens-
organ gut ist, kann für das andere sehr schädlich sein, und
was in der einen Jahreszeit zuträglich ist, kann in einer anderen
sehr nachteilig wirken. Gewöhnlich sind die Bücher, welche

über die Heilgymnastik handeln, mit Abbildungen versehen, welche die einzelnen Bewegungen und Stellungen veranschaulichen, und dadurch sind sie auch für alle brauchbar, die nicht lesen können. Die Bewegungen und Stellungen tragen allerhand Bezeichnungen, die entweder ganz phantastisch oder der Terminologie des universistischen Systems entlehnt sind.

Auch die Arzneilehre ist in China aus dem Universismus erwachsen. Sie ist sogar mit dem künstlichen Atmen verwandt, weil man, wie die alten Schriften lehren, nicht bloß die Luft zur Verstärkung der Seele, Verlängerung des Lebens und Erlangung der Unsterblichkeit systematisch in den Körper einführte, sondern auch allerlei andere Dinge, von denen man annahm, daß sie ebenfalls besonders mit Jang behaftet seien. Die Auffindung solcher spezifisch lebenshaltiger Stoffe wird allgemein den Siĕn und Heiligen zugeschrieben, welche die Wunderkraft derselben an sich selbst erprobten und durch ihr langes Leben erwiesen. Viele Bäume erreichten ein enormes Alter, scheinbar sogar die Unsterblichkeit, und zwar weil sie spontan, regungslos, schweigsam und frei von Leidenschaften, also vollkommen wie das Tao des Weltalls selbst, dahinlebten. Folglich waren solche Bäume von einem ungemein starken Šĕn beseelt, das sich jahrein, jahraus darin verdichtet und als Harzstoff abgelagert hatte, und das sich besonders in dem Samen so dicht ansammelte, daß dieser ganze neue Bäume hervorzubringen imstande war. Die Lebenskraft vieler war so gewaltig stark, daß ihre Blätter oder Nadeln sogar der kältesten Jahreszeit des Tods vollkommen unversehrt Trotz zu bieten vermochten. Harz, Samen und andere Bestandteile solcher Baumarten wurden also mit besonderer Vorliebe verschluckt. Täglich bewies die Erfahrung, daß Pflanzen aller Art Kranke zu heilen vermochten, und daß mithin besonders viel Šĕn oder Jang darin aufgespeichert lag. Und so durchsuchten Siĕn und Tao Ši Jahrhunderte lang die Berge und Wälder nach solchen

Pflanzen, daraus Arzneien und Lebenselixiere verfertigend, und so wurde die Pharmakopöe Chinas unaufhaltsam bereichert, bis sie schließlich ihren heutigen erstaunlichen Umfang erreichte und etwa alles umfaßte, was innerhalb des menschlichen Beobachtungskreises fiel. Die Art der Verlängerung des Lebens und die Arzneikunde bildeten also von Anfang an nur eine einzige Art, und sie ist eine einheitlich universistische oder taoistische Art geblieben bis auf diesen Tag.

Und so kommt es, daß die vortrefflichsten Medikamente in China durchweg 神藥 Šĕn Jo', Šĕn-Arzneien, heißen, oder 靈藥 Ling Jo', Heilstoffe mit Götterkraft, oder 仙藥 Siĕn Jo', Arzneien der Siĕn. Am höchsten angeschrieben in der Arzneilehre standen die ewig grünen Fichten, Tannen und Zypressen, auch der Pflaumen-, Birnen- und Pfirsichbaum, weiter der Kassia (桂), dem P'ĕng-tsu seine Unsterblichkeit verdankt haben soll, allerhand Pilzarten, Kalmus, Chrysanthemum u. a. Daneben kamen Gold, Jaspis, Perlen, Perlmutter und Zinnober in Betracht. Ich verweise hier auf meinen ausführlichen Beitrag über diesen Gegenstand, „On amorphous Plant-spirits" in „The Religious System of China", Bk. IV, S. 294 ff. Nicht alle Vertreter der genannten Baumarten spendeten in gleichem Maße Lebenskraft. Nur von wenigen Bäumen sammelten sich die Siĕn Samen und andere Bestandteile, welche sie selbst zur Erlangung der Unsterblichkeit verspeisten oder wenigen Bevorzugten weiter verschenkten. Auch sollen derartige höchstklassige Wunderbäume von solchen Gottmenschen wohlwollend gepflanzt worden sein, um der Menschheit die Unsterblichkeit zu sichern; schade nur, daß sie so äußerst selten und überdies so schwer aufzufinden waren, weil sie zumeist in einsamen Schluchten und auf unzugänglichen Berggipfeln wuchsen, dort, wo die Gottmenschen in Einsamkeit das Jang des reinen Himmels atmeten. Nichtsdestoweniger ist es manchem Liebling des Glücks gelungen, sie zu entdecken und sich

unsterblich zu machen. Die Früchte solcher Unsterblichkeits-
bäume pflegten sich durch außerordentliche Größe auszu-
zeichnen. Am herrlichsten gediehen sie in den Waldungen
und Hainen der 西王母 Si-wang-mu, einer geheimnis-
vollen Königin der Siĕn, die ihr Reich fern im unbekannten
Westen in einer zauberhaft paradiesischen Gegend hatte; von
dort sind bisweilen Pfirsichsteine und andere Samen nach China
gelangt und haben sich dort zu Bäumen der Unsterblichkeit
entwickelt, welche die Fabeln vielfach erwähnen und verherrlichen.

Der Glaube an dieses Paradies der Unsterblichen wurzelt
vermutlich im tiefen Dunkel der Vergangenheit. Urkundlich
läßt er sich nur auf das 山海經 Šan Hai King, das Buch
von Land und Meer, zurückführen, das wahrscheinlich früh in
der Han-Zeit aus allerlei alten geographischen Mitteilungen
fabelhaften Anstrichs zusammengestellt wurde. Dort lesen wir
an verschiedenen Stellen von einem im Kun-lun-Gebirge
wohnenden Wang-mu oder Si-wang-mu, der eine Krone
trug und dessen Land an schönen und kostbaren Sachen reich
war. Auch Tšuang Tsĕ (Buch 3, bezw. Kap. 6) erwähnt
einen gewissen Si-wang-mu, der das Tao erlangt hatte,
sagt aber weiter über diese Person gar nichts. In den sämtlichen klassischen Büchern ist von diesem Namen keine Spur
zu finden. Die Auffassung, daß er eine Königin bezeichne,
beruht offenbar nur auf dem Umstand, daß Si-wang-mu
königliche Mutter des Westens bedeutet; jedoch liegt die Vermutung
ganz nahe, daß wir es hier lediglich mit der Transkription
eines Fremdwortes zu tun haben. Liu Ngan gab dem
Glauben an das Paradies des Westens festere Gestalt, indem
er im 4. Kap. seines Hung Liĕ' Kiai eine schwungvolle
Beschreibung von den Wundern des Kun-lun-Gebirges gab
und dabei versicherte, daß dort hoch oben die Regionen lägen,
wo nur unsterbliche und göttliche Wesen wohnten, über deren

Häuptern der 太帝 T'ai Ti oder Höchste Kaiser des Himmels thronte.

Überdies findet sich in der Literatur der Han-Zeit auch der Glaube, daß gleichartige Paradiese der unsterblichen Gott-menschen im Osten beständen, auf Inseln weit draußen im Ozean. Dort führte ein 東王公 Tung Wang Kung, Königlicher Herr des Ostens, die Herrschaft. Offenbar ist diese Gott-heit schlechthin als Gegenstück zur Königlichen Mutter des Westens erfunden worden. Eine Schrift, welche den Titel 十洲記 Ši' Tšou Ki, Beschreibung der zehn Inseln, führt und eine Reihe dieser Wunderinseln bespricht, hat sich bis auf diesen Tag er-halten. Ohne auf diese oder noch andere Beschreibungen näher einzugehen, heben wir hier mit Nachdruck die Tatsache her-vor, daß der alte Universismus auch imstande gewesen ist, einen Glauben an selige Gefilde zu schaffen, wo die Menschen, welche sich heilig machten, im Jang des Weltalls ewig lebten. Eine unabhängige Fortentwicklung dieses Glaubens wurde aber durch die Einführung des Buddhismus beeinträchtigt, der neben dem taoistischen Paradies des Westens sein eigenes westliches in den Vordergrund rückte, wo Amita, der Buddha der unter-gehenden Sonne, herrscht.

———

Fünftes Kapitel.

Die taoistische Kirche und ihr Götterkult.

Der Charakter jeder Religion wird hauptsächlich durch
den Charakter ihrer Götter bestimmt. Indem wir die Grundzüge des universistischen Systems kennen lernten, ist uns von
selbst das Wesen seiner Gottheiten klar geworden. Diese waren
von alters her (s. S. 12) die 神 Šĕn oder Unterteile des Jang,
welche als Kräfte und Erscheinungen im Weltall wirken oder
die verschiedenen Unterteile des Weltalls beseelen; im wesentlichen sind also die Weltteile selbst Gottheiten, weil sie sich
nur in solch einem beseelten Zustand denken lassen. Mit dem
vollsten Rechte kann man deshalb die chinesische Religion einen
polytheistischen Naturismus heißen. Als aber die
menschliche Heiligwerdung und Vergöttlichung, welche wir
kennen gelernt haben, erfunden war, wuchs die Zahl der chinesischen Gottheiten ins Ungeheure. Jedes Jahr führte den
Sphären der Göttlichkeit neue Scharen von 仙 Siĕn und
Heiligen zu, die zwar zum größten Teil bald wieder in Vergessenheit gerieten, allein auch zum Teil Gegenstände menschlicher Verehrung blieben, sogar bis auf diesen Tag. Die Siĕn
werden, wie wir auf S. 98 betonten, in den klassischen Büchern
gar nicht erwähnt, wahrscheinlich weil sie erst kurz vor der
Han-Dynastie hervortraten oder erfunden wurden. Ihnen ist
also im Pantheon des Konfuzianismus kein Platz gewährt; aber

im übrigen ist die universistische Götterwelt Gemeingut des taoistischen wie des konfuzianischen Systems.

Anthropotheismus und Anthropolatrie: Vergöttlichung und Verehrung des Menschen, sind mithin wesentliche Merkmale von Chinas universistischer Religion. Verehrung der Verstorbenen durch ihre Nachkommen mag wohl eine der ältesten Religionsformen der Menschheit sein. Sie wird in den klassischen Büchern so häufig und so umständlich erwähnt, daß es sich nicht in Zweifel ziehen läßt, daß sie im alten China die Hauptinstitution, der Kern des religiösen Lebens war. Sie war eine logische und natürliche Fortsetzung der Verehrung, welche die Eltern bereits zu ihren Lebzeiten zu beanspruchen berechtigt waren, weil die Natur oder Weltordnung selbst sie zu den ersten Häuptern der Menschen machte. In China war zu allen Zeiten das Familien- und Stammleben patriarchalisch organisiert. Demnach ist jedes Kind der völligen Gewalt seines Vaters unterworfen und schuldet ihm das Höchstmaß von Unterwürfigkeit, Gehorsam und Ehrfurcht, das der Chinese mit dem Ausdruck 孝 Hiao bezeichnet. Diese Verpflichtung verbietet den Kindern ohne Rücksicht auf ihr Alter, sich der väterlichen Macht zu entziehen, und hat zur Folge, daß ein Verlassen der Familie seitens der Kinder nur ausnahmsweise stattfindet. Durch die Ehe der Söhne und Enkel entstehen immer wieder neue Generationen, und die Familie entwickelt sich zu einem 族 Tsu᾽ oder Stamm, dessen Häuptling der älteste Familienvater ist, dem gegenüber die sämtlichen Mitglieder des Stammes ebenfalls das Hiao schuldig sind. Während der Stamm durch Kindergeburt immer neuen Zuwachs bekommt, stirbt er oben allmählich ab. Jedoch die Toten trennen sich nicht von ihm. Auch im Jenseits fahren sie damit fort, ihre Herrschaft auszuüben und ihren segnenden Willen walten zu lassen, und die Nachkommen wagen es nicht, ihnen gegenüber die Pflichten des Hiao zu vernachlässigen. Ihre Seelen, durch Holztafeln

mit ihren Namen darauf vergegenwärtigt, finden auf dem Haus-
altar und im Ahnentempel ihren Platz und werden daselbst
getreu verehrt, zu Rate gezogen und durch Speisenopfer ehrfurchtsvoll ernährt. Und so bilden Lebende und Tote zusammen
einen größeren Stamm, der 宗 Tsung heißt. Gleichwie zu
ihren Lebzeiten sind die Ahnen die natürlichen Schutzherren
ihrer Nachkommen, von denen sie die schädlichen Einflüsse
böser Geister fernhalten, und denen sie dadurch Glück, Wohl-
fahrt und Kinderreichtum sichern.

Ahnenkult geht also aus dem natürlichen Lauf (Tao) des
menschlichen Zusammenlebens von selbst hervor und stimmt
sonach vollkommen zum universistischen System, dessen Alpha
und Omega freilich des Menschen völlige Anpassung an die
Natur ist. Somit tritt klar zutage, daß er im Leben der Völker
des fernen Ostens eine hervorragende Rolle spielt und sich mit
der Lehre der Heiligkeit und Göttlichkeit des Menschen völlig
deckt. Und da die klassischen Schriften ihn an zahlreichen
Stellen erwähnen, vorschreiben und preisen, so bildet er gleichzeitig einen integrierenden Bestandteil der konfuzianischen
Staatsreligion — was wiederum die enge Verwandtschaft dieser
Religion mit dem Taoismus stark zum Ausdruck bringt.

Da die Gottwerdung des Menschen in seiner Einswerdung
mit dem Jang des Himmels besteht, so werden die Götter
natürlicherweise als Bewohner der himmlischen Sphären gedacht, wo sie sich um den Thron des höchsten Gottes scharen,
nämlich des Himmels selbst, den die Schriften der alten Zeit
als 上帝 Šang Ti, Oberster Kaiser, bezeichnen. Sein Thron
ist der Polarstern, um den sich das ganze Himmelsgewölbe
dreht. Daherum gruppieren sich die Götter der Sonne, des
Mondes, der Sterne und der Sternbilder, des Windes, der Wolken,
des Donners und Regens. Sie werden alle abgebildet in menschlicher Gestalt, in stattlicher Haltung, in höchster Ruhe; denn
„Regungslosigkeit“ und „Stille“ sind die großen Eigenschaften

des Tao und mithin auch die der Wesen, welche die spontan wirkenden Kräfte der Weltordnung sind. Dasselbe gilt natürlich für die unzähligen Menschen, die sich durch Aneignung der Eigenschaften des Tao die Göttlichkeit und damit einen Platz auf dem himmlischen Parnaß erworben haben. Ruhelosigkeit und Hast, Streben und Streiten gibt es dort nicht; allein tief unten, in der von Menschen bewohnten Welt, führt eine 天兵 T'iĕn Ping oder himmlische Kriegsmacht, von 36 將軍 Tsiang Kiün, Heerführern, oder 天將 T'iĕn Tsiang, himmlischen Anführern, befehligt, dauernd die Waffen gegen die bösen Geister, die Kwei, zum Schutz und Heil der Menschheit. In der taoistischen Religion spielen diese Heerscharen eine besonders hervorragende Rolle. Wie bereits hervorgehoben (S. 106), nimmt der Exorzismus in dieser Religion einen Hauptplatz ein und wird vornehmlich durch Zauberei ausgeübt, welche die Götter zur Hilfeleistung gegen die Kwei treibt. Diese Götter nun sind stets in erster Linie die himmlischen Heerführer. Mit den von ihnen befehligten Heerscharen sind sie deshalb in der Hand der Tao Ši das allerwichtigste Zauberwerkzeug zur Förderung menschlichen Wohlseins, das besonders bei Epidemien kräftig in Anwendung tritt.

Der höchste Gott der taoistischen Religion ist 天地之精, die feine, ätherische Seele von Himmel und Erde, 元始天王, der himmlische König des Uranfangs, der den unerklärten Namen 盤古 P'an-ku trägt. Als das Chaos noch die Gestalt eines Hühnereies besaß, schwebte diese Gottheit darin bereits umher; Jang und Jin hatten sich damals noch nicht voneinander getrennt und Himmel und Erde, Sonne und Mond waren mithin noch nicht entstanden. Den Besitz dieses kostbaren Dogmas verdankt die taoistische Welt ihrem großen und weisen Meister 葛洪 Ko' Hung, der es im 4. Jahrhundert n. Chr. niederschrieb in einer kleinen Schrift, welche als 枕中書 Tšen tšung Šu, das Buch im Kopfkissen, bekannt ist, das stets als

Autorität ersten Ranges auf dem Gebiete der Theogonie und Kosmogonie gegolten und immer einen hohen Platz in der heiligen Schrift der Kirche eingenommen hat. Sie belehrt uns auch hinsichtlich des Entstehens weiterer Hauptgottheiten der taoistischen Kirche. Nachdem Jang und Jin sich endgültig voneinander losgetrennt hatten, ließen die Felsen Blut hervorquellen, und dadurch entstanden die Gewässer, worin die Urtierwelt ihren Ursprung nahm. Hoch über dem Zentrum des Himmels thronte damals der P'an-ku auf dem 玉京山 Ju' King Šan, Berg der Hauptstadt von Jaspis. Da erzeugte er die 太元玉女 T'ai Juan ju' Nü, Jaspisfrau der Allschöpfung, die alles gebärende Erde; er erhob sie zur Gemahlin und schenkte ihr den Titel 太元聖母 T'ai Juan šing Mu, Heilige Mutter der Allschöpfung. Damit war die harmonische Wirkung von Jang und Jin, also von Wärme und Kälte, Licht und Finsternis, dargestellt; 天得一以清、地得一以寧, der Himmel erlangte seine Einheit und dadurch seine Reinheit, die Erde erlangte ihre Einheit und dadurch ihre Ruhe; dieses Begebnis bedeutete also die 大道之興, Entstehung des großen Tao, das Walten der Weltordnung, die alljährliche Schöpfung.

Aus dem kosmischen Ehepaar wurden dreizehn 天皇 T'iĕn Huang, himmlische Kaiser geboren, die 36.000 Jahre lang regierten, und außerdem noch der auf S. 126 erwähnte Tung Wang Kung, der Königliche Herr des Ostens, der auch 元陽父 Juan Jang Fu, Vater des schöpferischen Jang, heißt, sowie die ebenda genannte Si Wang Mu, die Königliche Mutter des Westens. Die himmlischen Kaiser erzeugten dann elf 地皇 Ti Huang, irdische Kaiser, von denen jeder 36.000 Jahre herrschte; sie sind es, die das „Tao der Menschheit" gründeten. Ihre Nachkommen sind die ältesten Kaiser Fu'-hi, Šĕn Nung, Huang (S. 72), 祝融 Tšu'-jung und 少昊 Šao Hao, die bezw. den Osten, den Süden, die Mitte, den Westen und den Norden des Weltalls vertreten und die Vorgänger von Jao und Šun waren. Durch sie wurde das Tao der Menschheit den Stiftern der Dynastien Hia, Šang und Tšou vermacht, von denen jeder es seinen kaiserlichen Nachkommen übertrug; und so wurde sein Besitz durch die klassischen Schriften auf ewig der Menschheit gesichert.

Vom Anfang der Schöpfung an haben somit P'an-ku und seine Gemahlin als höchste schöpferische Gottheiten oben in den 上清宮 Šang Ts'ing Kung, den höchsten Palästen der Reinheit, gethront. Das 金闕 Kin K'uĕ' oder goldene Turmpaar, welches den Eingang zum zentralen Palaste bildet, wird von Lao Tsĕ verwaltet; in der Tat hat dieser Heilige zum ersten Male der Menschheit die Mittel zur Erlangung der Unsterblichkeit und Göttlichkeit durch das Tao Te' King verkündet und ihr somit die Pforte zum Elysium erschlossen. Einundachtzigmal zehntausend Wege entstrahlen von der „Hauptstadt von Jaspis" und führen nach ebensovielen Bergen, Hügeln und Grotten hin, welche den Legionen von Heiligen, die das Tao erreicht haben, als Wohnstätten dienen. Die höchsten dieser Siĕn bekleiden himmlische Ämter und erscheinen alltäglich dreimal vor dem Königlichen Herrn des Ostens, der Königlichen Mutter des Westens und Lao Tsĕ zur Audienz, losgelöst von allen Distanzbegriffen, denn ihnen sind Myriaden von Meilen nur ein einziger Schritt. Und dreimal monatlich machen sie sich zu einer Audienz bei P'an-ku auf. Dieser hat überall seine Könige, Vasallen und Minister. Auch der allerheiligste Konfuzius bewohnt dieses Elysium, und zwar als 太極上眞公 T'ai Ki' šang tšĕn Kung, Allerheiligster Herr des T'ai Ki' (s. S. 7).

Es ist klar, daß diese Theogonie schlechthin eine Ausarbeitung der ältesten Begriffe über das Weltall ist, welche wir schon kennen gelernt haben, und nur bezweckt, derselben festere Gestalt zu verleihen. Deshalb ist es nicht unwahrscheinlich, daß sie bereits in der Han-Zeit dem taoistischen Gedankenkreis angehörte, denn, wie wir gesehen, hatte sich in dieser Periode der Taoismus zu einer vollständigen Religion entwickelt, die ihre Lehren über Heiligkeit und Göttlichkeit besaß, Askese, Sittenlehre, Paradiese, Lehrer und Jünger, welche kleinere oder größere Gemeinden bildeten. Es steht sogar urkundlich fest, daß bereits im 2. Jahrhundert unserer Zeitrechnung diese Religion die Gestalt einer organisierten Kirche mit hierarchischer Gewalt besaß.

Mit dieser Kirche ist der Name ihres Stifters Tšang Ling 張陵 oder 張道陵 Tšang Tao-ling untrennbar verbunden. Dieser wird im 4. Kapitel der Hagiographie, welche den Titel 神仙傳 Šěn Siěn Tšʻuan, Berichte über Götter und Siěn, trägt und von Koʼ Hung verfaßt sein soll, aufgeführt als ein mit großer Zauberkraft begabter Taoist, der in der Teufelsbannung und Krankenheilung äußerst bewandert war und sich sehr darauf verstand, sich die Götter dienstbar zu machen und Lebenselixiere zu brauen. Lao Tsě selbst soll ihm den Auftrag erteilt haben, die alte universistische Lehre und Disziplin zu einer Kirche zu gestalten; somit ist die Leitung dieser Kirche heiliges Vermächtnis seiner Nachkommenschaft geblieben, die bis auf den heutigen Tag das jeweilige Oberhaupt der Kirche, den sogenannten 天師 Tʻiěn Ši oder himmlischen Lehrmeister, gestellt hat. Der Sitz dieses Apostolats befindet sich in der Provinz Kiang-si, im Kreise 貴溪 Kwei-kʻi, an derselben Stelle, wo dermaleinst Tšang Ling seine Lebenselixiere bereitete und ins Azurblau des Himmels emporstieg.

Aus den Geschichtsbüchern der Han-Zeit erfahren wir, daß Tšang Ling in der jetzigen Provinz Sě-tšʻuan über seine zahlreichen Anhänger eine halb weltliche, halb geistliche Verwaltung führte, mit eigenem Steuerwesen und einer religiösen Disziplin, welche hauptsächlich auf Selbsterniedrigung vor den hohen Mächten des Weltalls und auf Sündenbeichte beruhten. Weiter lesen wir da, daß er die Verwaltung dieses

religiösen Staats seinem Sohne 張衡 Tšang Hĕng ver-
machte, von dem uns nichts Weiteres gemeldet wird, als daß
er die Verwaltung seinem Sohne 張魯 Tšang Lu hinterließ.
Dieser dehnte seine Herrschaft bis in die Provinz Šĕn-si aus.
In seinem Staatswesen spielten die bösen Geister als Vollstrecker
des himmlischen Strafgerichts eine wichtige Rolle; man pflegte
die Wohltätigkeit, Wahrhaftigkeit und Ehrlichkeit, die freiwillige
Sündenbeichte; man strafte nur diejenigen, welche sich zum
vierten Male eines Verbrechens schuldig machten. Ausschließlich weltliche Obrigkeiten gab es nicht, nur geistliche.

Außer Tšang Lu beschäftigten sich noch zwei Apostel
mit der Bekehrung und geistlichen Organisation des Volkes, nämlich 張修 Tšang Siu und 張角 Tšang Kio'. Das reli-
giöse Reich des erstgenannten verschmolz sich bald mit dem
des Tšang Lu; dem des Tšang Kio', welches sich 太平
教 Tʻai Pʻing Kiao, die Religion des höchsten Friedens, nannte,
wurde ein tragisches Ende zuteil. Im Jahre 184 klagte ein
Abtrünniger ihn und seine Kirche wegen Empörungsplänen
gegen die regierende Dynastie an. Eine blutige Verfolgung
brach los, gegen die sich die Anhänger der Kirche selbstredend
zur Wehr setzten — und bald war das große Reich fast in
seiner ganzen Ausdehnung ein Schauplatz des Hinschlachtens
und der Verheerung. Nach vielen Jahren war dieser Aufstand,
den die Geschichtsschreiber den Aufstand der 黄巾 Huang
Kin oder Gelben Kopftücher nennen, in Strömen von Blut erstickt, jedoch auch die Han-Dynastie selbst dem Untergang
nahe geführt. Sogar noch im Jahre 207 finden wir in den Geschichtsbüchern die Gelben Kopftücher erwähnt, was wohl beweist, wie groß der Anhang und die Kraft der taoistischen
Kirche damals waren. Soweit sich urkundlich nachweisen läßt,
ist dieser lange Krieg der erste, den in China die Reichs-
regierung zur Vertilgung einer Religionsgenossenschaft geführt
hat. Viele andere sollten ihm im Laufe der Jahrhunderte folgen,

wie ich in meinem „Sectarianism and Religious Persecution in China" ausführlich beschrieben habe.

Es scheint, daß die Gelben Kopftücher die Kriegsmacht der Han-Dynastie so völlig beschäftigten, daß sie sich nicht gegen Tšang Lu und seine in Sĕ-tš'uan und Šĕn-si gefestigte Kirche zu kehren vermochte. Dennoch machte er nicht mit ihnen gemeinsame Sache, wahrscheinlich weil er dadurch wenigstens seine eigene Kirche vor Vernichtung zu bewahren hoffte. Der Dynastie kam das sehr gelegen; sie erkannte ihn als Herrscher seines Religionsgebiets an, verlieh ihm dazu hohe Titel und legte ihm nur die Verpflichtung auf, sich durch Zahlung von Tribut zu ihrem Lehnsmann zu machen. Im Jahre 215 unterwarf er sich dem Feldherrn 曹操 Ts'ao Ts'ao, dem es gelang, die Han-Dynastie zu stürzen und sich als Kaiser auf den Thron zu setzen. Dieser Stifter der 魏 Wei-Dynastie schenkte ihm und seinen Söhnen hohe Ehrentitel, und so wurde er neben seinem Großvater Tšang Ling der ruhmvolle Patriarch der Tšang-Familie, in der, wie schon gesagt, das Pontifikat der taoistischen Kirche sich bis heute erhalten hat.[1]

Die Klöster dieser Kirche bezweckten begreiflicherweise stets in erster Linie, den Tao Ši, welche sie bewohnten, die Gelegenheit zu bieten, durch die asketische Lebensweise und andere Mittel, die uns bekannt geworden sind, sich zur Göttlichkeit und Unsterblichkeit emporzuarbeiten. Sie bildeten also den Vorhof des himmlischen Paradieses und gestalteten sich deshalb wie dieses Paradies selbst, insofern hier die Bilder der hohen Gottheiten des Weltalls in größeren und kleineren Sälen und Kapellen thronten. Dadurch war diesen Gottheiten die Gelegenheit geboten, ihre Seele von sich selbst darin hinabzusenden, vornehmlich wenn die Mönche sie durch Opfer und andere

---

[1] Die Quellenberichte über die Stiftung der taoistischen Kirche wurden von mir in Übersetzung veröffentlicht in den „Transactions of the 3rd International Congress for the History of Religious" at Oxford, 1907, Bd. I, S. 138.

Feierlichkeiten, Zauberzeichnungen und Zauberworte dazu ein-
luden und zwangen. Durch die Anwesenheit so vieler Götterkraft waren die Klöster Brennpunkte himmlischer Reinheit, von
denen fortwährend Segen und Glück ausstrahlten. Um diese
für die umwohnende Menschheit so heilsame Wirkung sicher-
zustellen, dienten jährlich zu festen Zeiten wiederkehrende und
auch außergewöhnliche Opferfeste, vereint mit Zauber- und
anderem Ritual, das im Laufe der Zeit in verschiedenen Formen
erfunden und in der Liturgik der Kirche niedergelegt wurde.

Es hat sich aber dieses Klosterwesen nie besonders aus-
dehnen können, weil es dem Wettbewerb mit dem Buddhismus
nicht gewachsen war (s. S. 100) und ihm eine feindlich gesinnte
konfuzianische Staatsregierung gegenüberstand. Somit existieren
heutzutage in China nur noch wenige K u a n von ansehnlicher
Größe und Bedeutung. Alle Zeiten hindurch lebten die T a o
Š i wie heute, hauptsächlich in der menschlichen Gesellschaft,
in gewöhnlichen Häusern, verheiratet wie jedermann und Kinder
erzeugend. Sie leisteten der Laienwelt gegen Bezahlung Priester-
dienst beim Darbringen von Opfern, beschwörten für sie die
Götter herab, bannten die Teufel aus und verhalfen dadurch
den Kranken zur Genesung. Sie beschwörten Seuchen und
Pestilenz, Dürre und Hungersnot, erstickten Feuersbrünste,
hemmten rasende Flüsse, dämmten Überschwemmungen ein,
zauberten Wolken und Regen hervor. Der alten Lehre entsprechend, daß der Besitz des T a o Zauberkraft verleiht, war
die Magie allezeit das Rückgrat der taoistischen Religion und
bedingte immer die Berufstätigkeit ihres Priestertums. Sie
durchläuft wie eine Schlagader den Körper des kirchlichen Rituals, welches im großen und ganzen die Vernichtung von bösen
Geistern und die Sicherung der Hilfe der Gottheiten bezweckt.
Diese Magie wird hauptsächlich mittels Zauberzeichnungen oder
符 F u und Zauberworten oder 咒 T š o u getrieben, deren
Kraft angenommenermaßen keine Grenzen hat; sie drücken

vielfach Befehle von Lao Tsĕ und anderen hohen Göttern aus, denen nichts widerstehen kann. Mittels solcher Zeichnungen und Worte werden die Götter gezwungen, den priesterlichen Wünschen nachzukommen, böse Geister und ihr Werk zu vernichten. Wo immer Unheil abgewendet oder Glück herbeibeschworen werden soll, läßt man von den Tao Ši einen Altar errichten, mit gemalten Bildern der Götter umhängen, mit viereckigen Kartons, welche Namen und Titel von Göttern tragen, schmücken, mit Blumen, Kerzen und Weihrauchgefäßen ausstatten; dann werden Opferspeise, Tee und Wein darauf gesetzt. Der Wohlgeruch des Weihrauchs und der Speise lockt die unsichtbaren Götter herbei; Figuren, z. B. von Sänften, Trägern, Reitpferden, Gefolge usw., welche auf Papier gedruckt sind und verbrannt werden, so daß sie in Flammen und Rauch hinaufsteigen, holen ihre Seele in die Bilder und Kartons hernieder; daraufhin werden sie durch Anwendung gleichartiger magischer Mittel, Gebete und Beschwörungen genötigt, ihre Kraft in der verlangten Richtung zu entfalten. Dann müssen die Götter von Donner, Wind, Wolken und Regen die dürstenden Felder befruchten oder umgekehrt die Regenwolken vertreiben, wenn die Erde von allzu großer Nässe heimgesucht wird; die Flußgotter müssen den geschwollenen Wassern Einhalt gebieten, die Feuergötter verheerende Brände ersticken; und wenn Teufel wüten, welche Dürren und Seuchen verursachen, müssen die herbeibeschworenen Götter sie mittels der 36 Befehlshaber der himmlischen Heerscharen (S. 130) verjagen oder vertilgen.

Für die Ausübung ihrer durchaus magischen, exorzistischen und ritualistischen Religion haben gewisse Taoisten im Laufe der Zeit mancherlei Systeme erdacht, die zusammen eine ausführliche Liturgik bilden, jedoch wahrscheinlich nur in geringer Zahl tatsächlich in Gebrauch sind. Sie unterscheiden sich in erster Linie dadurch voneinander, daß die Götter, welche man nützlich verwendet, verschieden sind, ausgenommen die des

Donners und Blitzes, den Hauptwerkzeugen des Himmels zur
Bekämpfung des Bösen, und die Anführer der himmlischen
Kriegsmacht, da diese in fast allen Systemen in der exorzistischen Hauptrolle auftreten. Für das Wohl der andauernd
vom Übel bedrohten Menschheit und als Anleitung für die
Geistlichkeit ist diese Liturgik durch den Druck ver-
mannigfaltigt und nimmt im riesenhaften Sammelwerk der
taoistischen Schriften, dem 道藏 Tao Tsang oder Pitaka
des Tao, einen sehr umfangreichen Platz ein. Diese einheitliche
Sammlung kam unter kaiserlichem Schutz im 16. Jahrhundert
zustande.[1] Von einer kaiserlichen Ausgabe, welche die Jahres-
zahl 1598 trägt und aus 491 Bündeln besteht, befinden sich
215 Bündel in der Bibliothèque Nationale zu Paris. Auch die
königliche Bibliothek in Berlin hat neuerdings eine Anzahl
Bände erworben. Bisher weiß man nur von einem Exemplar
in dem 白雲觀 Pe' Jün Kuan, dem Kloster der Weißen
Wolken, bei Peking, und von einem in der kaiserlichen reser-
vierten Bibliothek in Tokio, ohne daß Sicherheit besteht, ob
sie vollständig sind.[2] Aussicht auf vollständige Erhaltung dieses
wertvollen Materials zum Studium einer der interessantesten
Religionen der Menschheit ist also kaum da, wenn nicht Japan
bald einen Neudruck davon macht. Könnte und sollte eine Anregung hierzu von der deutschen Wissenschaft ausgehen?

Der Kult der Götter, welche Teile der schaffenden und
gestaltenden Naturkraft oder Weltseele sind, wird allgemein in
größeren und kleineren Tempeln ausgeübt, von denen das Volk
sich überall im Reiche Zehntausende errichtet hat. Zumeist ist
jedes einzelne dieser Heiligtümer nur einer einzelnen Hauptgottheit geweiht, jedoch fast immer mit anderen Götzenbildern
ausgestattet, die der Hauptgottheit untergeordnet sind oder als

---

[1] Ein Katalog dieser Sammlung wurde von Dr. Wieger S. J. unter dem
Titel: „Le Canon taoiste" veröffentlicht.

[2] Wieger, dem beide Exemplare zur Anfertigung seines Katalogs zur
Verfügung standen, stellt das (S. 5) merkwürdigerweise gar nicht klar.

seine Diener betrachtet und verehrt werden; und somit ist China mit Hunderttausenden von Götzenbildern übersäet, die es als ein Land der Idolatrie und des Fetischkults kennzeichnen, wie es in dieser Welt kein zweites gibt. Man findet darunter Schutzgötter und Schutzgöttinnen für fast alle einzelne Gewerbe und Berufe, für glückliche und zahlreiche Kindergeburten, für Reichtum und Segen aller Art. Von vielen dieser Gottheiten läßt sich der Ursprung und die Geschichte nur schwierig erörtern, von vielen auch gar nicht, weil sie schlechthin von legendarischer Herkunft sind. Tagtäglich werden die Tempel und Tempelchen von zahlreichen Anbetern aufgesucht, sogar von Pilgerscharen aus weitentlegenen Gegenden. Erhebliche Geldsummen werden ab und zu gesammelt, um diese Heiligtümer instand zu halten, zu schmücken und auszubauen, oder um dort Opfer und Festlichkeiten zu feiern und Prozessionen mit den Götzenbildern abzuhalten. Der Ruf einer Gottheit kann Jahrhunderte überdauern, aber auch sehr rasch schwinden. Einige unerhörte Gebete können schon genügen, um dem umwohnenden Volke die Überzeugung beizubringen, daß ihrem Bilde die Šěn oder Seele, die 靈 Ling oder Seelenkraft verloren gegangen und es also nicht mehr šing oder heilig, göttlich ist — und bald ist es um ihren Ruf geschehen. Ihr Altar bleibt unbesucht, man läßt das Heiligtum verfallen, das Bildnis vermodern.

Auch für Berge, Felsen, Ströme und Bäche werden Bilder von Menschengestalt angefertigt und in Tempeln und Tempelchen angebetet. Die steinernen Bilder von Pferden, Kamelen, Ziegen und anderen Tieren, welche man häufig bei alten Gräbern sieht, werden vom Volke verehrt, und falls sie sich durch Erhörung von Gebeten als beseelt und gotteskräftig erweisen, so baut man ihnen dicht dabei eine Kapelle oder ein Tempelchen, mit oder ohne Götzenbild. So verbindet sich Bilder- und Fetischkult mit Tierverehrung. Heiligtümer, wo Bilder von Tigern, Schlangen, Fischen, Schildkröten usw. verehrt werden, sind gar nicht selten. Natürlich geht diese Zoolatrie auf den universistischen Glauben an eine allgemeine Beseelung des Weltalls und seiner Teile zurück, weil danach Tiere und Menschen seelisch verwandt sind, und Tiere sich somit leicht in Menschen, Menschen in Tiere verwandeln können. Auch Bäume, Pflanzen und Gegenstände aller Art entleihen dem großen Weltgeist ihre Seelen und nehmen deshalb unter den Gottheiten der taoistischen Religion einen breiten Platz ein.

Idolatrie wird auch allgemein in den Wohnhäusern ausgeübt, auf Altären, an denen an festen Jahrestagen geopfert wird. Auch da werden, ebenso wie in den Tempeln, bei besonderen Anlässen Tao Ši hinzugezogen, die mit mehr oder weniger Feierlichkeit ihr magisches Werk verrichten, worüber oben gesprochen ist.

Ein aufmerksames Studium des Taoismus führt mithin zu dem Ergebnis, daß diese Religion, trotz ihrer erhabenen universistischen Grundlage, nicht dem Polytheismus, Dämonismus, Anthropotheismus, der Idolatrie und dem Fetischismus hat entwachsen können, sondern im Gegenteil diese Unterteile aller heidnischen Religionen weiterhin gepflegt und sogar zu großer Entwicklung gebracht hat. Als Hauptbeschaffenheit tritt seine materialistische Selbstsucht hervor: die Förderung des Wohls des Menschen ist ja sein höchstes und letztes Ziel; ein idealerer Zweck läßt sich nicht entdecken. Eine ähnliche Beurteilung muß notwendigerweise auch der konfuzianischen Religion zuteil werden, und zwar schon aus der einfachen Ursache, weil sie von der taoistischen nicht grundverschieden sein kann, da sie ebenfalls aus dem Boden des alten Universismus erwuchs und sich stets das Anrecht versagte, von den Anschauungen und Lehren des Altertums auch nur im geringsten abzuweichen. Auch ihre Gottheiten können deshalb nur Unterteile und Kräfte des Weltalls, einschließlich menschliche Seelen sein. Das sollen die nächsten Kapitel klarlegen.

Sechstes Kapitel.

Der Götterkult des Konfuzianismus (I).

1. Der Himmel.

Ganz oben im Pantheon der konfuzianischen Staatsreligion
steht der Himmel, der Vater des regierenden Kaisers, seines
Hauses und Thrones Schirmherr, welche unvermeidlich zugrunde
gehen, wenn die Regierung des Reiches nicht mit dem Tao des
Himmels übereinstimmt (S. 68 ff.). Der Kaiser ist des Himmels
Statthalter, der durch seine Regierung die Segnungen des
Himmels der Menschheit zuerteilt; er steht also an der höchsten
Spitze des Staatswesens und ist mithin von selbst auch das
Oberhaupt der Staatsreligion, vor allem der höchste Verehrer,
der Hohepriester des Himmels.

In der Staatsreligion trug der Himmel immer seinen ar-
chaischen, klassischen Namen 天 T'iĕn, Himmel, und 帝 T'i,
Kaiser, zumeist aber 上帝 Šang Ti, Oberster Kaiser. Es versteht sich, daß das universistische System in dem kaiserlichen
Kult dieses allerhöchsten Gottes gipfelt und immer, seitdem die
Staatsreligion entstand, darin gegipfelt hat. Nichts bringt die
dominierende Stellung des Universismus im chinesischen Kultur-
leben aller Zeiten so scharf zum Ausdruck wie dieser Kult
und die Opferstätte, welche er erzeugt hat, die größte und
großartigste, welche das Menschtum je der Natur erbaute. In
diesem dem Universismus gewidmeten Werke beanspruchen

beide somit eine eingehendere Beschreibung, zumal wir dann von selbst auch zum Verständnis des Kults der anderen Götter der Staatsreligion gelangen; denn in der Tat kennzeichnet sich das Ritual der verschiedenen Unterteile dieser Religion durch eine ausgeprägte Einheitlichkeit, weil alles auf einer und derselben gemeinschaftlichen Basis, auf den in den klassischen Büchern enthaltenen Angaben, erbaut ist.

Die große Opferstätte heißt 天 壇 T'iĕn T'an, Opfergelände (祭 場) des Himmels. Sie liegt in dem 南 郊 Nan Kiao, dem südlichen Vorstadtgelände von Peking, ein wenig nach Osten hin, und zwar weil der Süden und der Osten besonders dem Jang, der schöpferischen Himmelskraft, der Wärme und dem Licht, entsprechen. Sie ist von einer aus großen Backsteinen erbauten Umfassungsmauer umgeben, deren vier Fronten genau nach den vier Hauptpunkten des Kompasses gekehrt sind; die schnurgerade Südseite wird als die vornehmste betrachtet, da der Süden als vornehmste Himmelsgegend gilt; die Ost- und Westfront, ebenfalls schnurgerade, sind vollkommen gleich lang; die Nordseite ist zu einem Kreisbogen ausgebuchtet, dessen Mittelpunkt im Zentrum des unten zu besprechenden Runden Hügels zu liegen scheint. Die ganze Länge dieser 外 垣 Wai Juan oder Außenmauer beträgt 1987,5 丈 Tšang des 工 部 Kung Pu oder Ministeriums der Werke, also etwa 6,7 Kilometer; sie ist sechs 尺 Tš'i' dick und 1,15 klassische Tšang oder ungefähr 3,15 Meter hoch. Hier ist zu bemerken, daß ein Tšang zehn Tš'i', ein Tš'i' zehn 寸 Ts'un enthält, die Länge des Tšang auf 3,35—3,40 Meter zu veranschlagen ist, und das klassische Maß 0,81 mal dem des Ministeriums der Werke ist. Diese Mauer ruht überall auf einer hohen Grundlage (址 Tši) von behauenen marmornen Quadersteinen, die acht Tš'i' dick ist, und sie trägt über ihrer ganzen Länge ein nach beiden Seiten sanft abfallendes Dach (檐 Jĕn) von schweren blauglasierten Ziegeln.

Zwei große überdachte Tore, jedes mit drei Durchgängen, sind in die Westseite dieser Mauer eingebaut. Das nördliche heißt 外西天門 Wai si Tʻiĕn Mĕn, Äußeres Tor des westlichen Himmels oder des Westens; das südliche trägt den Namen 圜丘門 Juan Kʻiu Mĕn, Tor des Runden Hügels. Hinter dem zuletzt genannten steht ein viereckiger 鐘樓 Tšung Lou oder Glockenturm.

Parallel mit der Außenmauer läuft eine 內垣 Nei Juan oder Innenmauer, deren Länge 1286,15 Tšang, also etwa 4,34 Kilometer beträgt, und deren Nordseite, wie die der Außenmauer, zu einem Kreisbogen ausgebuchtet ist. Sie ist sieben Tšʻiʼ dick, das beträchtlich hohe marmorne Fundament neun Tšʻiʼ, und die Höhe beträgt 1,1 klassische Tšang. Sie umschließt das eigentliche Opfergelände. Eine Mauer, die in der Mitte eine halbkreisartige, nach Norden gerichtete Ausbuchtung hat, durchquert west-östlich dieses Opfergelände wahrscheinlich gerade in der Mitte und teilt es in zwei Opferstätten, von denen die nördliche 祈穀壇 Ki Kuʼ Tʻan, Opfergelände, wo um Getreide gebeten wird, die südliche 圜丘壇 Juan Kʻiu Tʻan, Opfergelände des Runden Hügels, heißt. Die südliche gilt als die vornehmere, und ihre wesentliche Bedeutung konzentriert sich in dem Runden Hügel, der gerade in seiner Mitte liegt und sich wie das Herz, wie der Kern der universistischen Religion kennzeichnen läßt, weil darauf durch den Kaiser die allervornehmsten Opfer dargebracht werden, die wir weiter in diesem Kapitel beschreiben werden.

Den alten klassischen Begriffen zufolge entsprechen die ungeraden Zahlen, und insbesondere 1 und 3, die voran in ihrer Reihe stehen, dem Jang des Weltalls und dem Himmel. Sonach spielen diese im Bau der verschiedenen Teile der ganzen Opferstätte durchweg eine Hauptrolle. Der Runde Hügel ist aus drei gleichachsig übereinander gelagerten zylindrischen Erdschichten (成) verschiedener Größe konstruiert, deren runde

Form der des Himmels entspricht. Sie sind mit weißen Marmorblöcken bekleidet und der Farbe des Himmels entsprechend mit blauem Stein (青石 Granit?) gepflastert. An vier genau nach den Hauptpunkten des Kompasses gekehrten Stellen wird jede Schicht durch eine mit schönen Brüstungen (欄) versehene Treppe (階) bestiegen, die neun (3 × 3) Stufen (級) hat. Gleichartige Brüstungen, deren sorgsam gemeißelte Pfeilerköpfe beträchtlich emporragen, umschließen die Terrassen der Schichten; die der oberen oder ersten Terrasse enthält 72 (9×8) sogenannte 版 P a n, Paneele, d. h. zwischen den Pfeilern befindliche Fächer, die der mittleren 108 (27 × 4), die der unteren 180 (9 × 20). Der Durchmesser der höchsten Schicht ist neun (3 × 3) klassische Tšang, der zweiten 15 (3 × 5), der dritten 21 (3 × 7), also etwa 24,40 und 57 Meter entsprechend; ihre Höhe beträgt bezw. 5,7, bezw. 5,2 und 5 klassische Tš'i', so daß der Hügel im ganzen ungefähr 4,35 Meter hoch ist.

Der wichtigste Teil des Runden Hügels ist die obere Terrasse, auf der die großen kaiserlichen Opfer dem Himmel dargeboten werden. Deshalb hat man sich bei ihrem Bau erst recht an die ungeraden Zahlen des Jang und des Himmels gebunden. Eine kreisrunde Steinplatte im blauen Pflaster bildet den Mittelpunkt. Rings herum liegen in einem Zirkel neun gleichgroße Steinplatten; dann folgt ein zweiter Kreis, in dem je zwei Platten an einer des ersten Kreises liegen; an diese zwei sind wiederum drei im dritten Kreise gelegt und so weiter, bis in dem neunten oder äußersten Kreis die Zahl 9 erreicht wird; dieser enthält also 9 × 9 oder 81 Platten. Die ganze Oberfläche besteht sonach aus neun Sektoren mit je 45 Platten. Das Pflaster der zwei anderen Terrassen oder vielmehr Rundgänge des Hügels besteht aus Fliesen, die auf gleichartige Weise neun konzentrische Kreise und neun Sektoren bilden. Auf der zweiten Terrasse liegen in jedem Sektor als Fortsetzung des vorigen im inneren Kreise 10, im äußeren 18 Stück; auf der dritten Terrasse sind diese Quoten 19 und 27. Es muß die Aufmerksamkeit der Chinesen erregt haben, daß auf der zweiten oder geraden Terrasse die geraden Zahlen im Pflaster naturgemäß eine größere Rolle spielen müssen.

Es liegt also der Mittelpunkt der Oberfläche dieses merkwürdigen Himmelsaltars und die Mittellinie der nördlichen und der südlichen Treppen in einem und demselben Meridian, der die ganze Opferstätte in zwei gleichgroße Hälften, eine östliche und eine westliche, teilt. Dieser Meridian, welcher der Hauptlinie des Weltalls entspricht, ist die große Achse der Opferstätte, und wir werden sehen, daß auch die übrigen Hauptbauten derselben genau darin gelegen sind.

Ungefähr 22 Meter vom Fuß des Runden Hügels läuft eine kreisrunde, rote Umfassungsmauer, der sogenannte 內壝 Nei Wei, Innenwall. Er hat eine Länge von 106,4 Tšang und eine Höhe von 5,9 klassischen Tš'i', also von etwa 1,6 Meter, und jeder Altartreppe gegenüber drei nebeneinander liegende Durchgänge, die 欞門 Ling Měn, Sturztore, heißen; jedes ist aus zwei viereckigen Marmorpfeilern gebildet, die oben durch zwei Marmorstürze mit zwischenliegender Marmorplatte verbunden sind. Gerade vor diesen Durchgängen stehen annähernd dreißig Meter weiter ganz gleichartige Sturztore, die in eine viereckige Umfassungsmauer eingebaut sind, welche 外壝 Wai Wei, Außenwall, heißt. Dieser hat insgesamt eine Länge von 210,1 Tšang und eine Höhe von 8,6 klassischen Tš'i'; es versteht sich, daß seine vier Fronten von gleicher Länge und genau gegen die vier Gegenden der Welt gekehrt sind. Zwischen den beiden Wällen und dem Hügel ist der Boden überall mit Marmor gepflastert. Die nächstfolgende Umfassung bildet die schon erwähnte „Innenmauer" (s. S. 143).

Diese Innenmauer hat in jeder Front ein überdachtes Tor mit drei Durchgängen, deren rote hölzerne Flügeltüren mit neun Reihen von neun großköpfigen Nägeln beschlagen sind.

Das vornehmste Tor steht genau in der Mitte der Südseite, und das nördliche in der Mitte der Quermauer; beider mittlere Durchgänge liegen also mit denen der nördlichen und südlichen Sturztore der beiden Wälle in der großen Achse des Altargrundes. Das östliche und das westliche Tor der Innenmauer liegen einander gerade gegenüber nahe bei der Südfront. Die vier Tore sind nach den vier Eigenschaften des Himmels genannt, die wir auf S. 23 f. kennen gelernt haben. Das östliche heißt 泰元門 T'ai Juan Měn, das Tor der Allschöpfung; das südliche 昭享門 Tšao Hěng Měn, das Tor des leuchtenden Alldurchdringenden; das westliche 廣利門 Kuang Li Měn, das Tor der weitwirkenden Freigebigkeit; das nördliche 成貞門 Tšing Tšing Měn, das Tor der vollkommenen Unerschütterlichkeit. Diese Namen, von denen jeder auf einer Tafel über dem mittleren Durchgang angebracht ist, werden noch bedeutungsvoller, wenn wir in Betracht ziehen, daß der Osten dem schöpferischen Frühling entspricht, der Süden dem sonnigen Sommer, und der Westen dem Herbst, der der Menschheit reichen Erntesegen bringt.

Süd-südöstlich vom Mittelpunkt des Runden Hügels liegt außerhalb des runden Innenwalles ein Ofen aus grünglasierten Kacheln, der 燔壇 Fan T'an, Brandaltar, oder 燔柴壇 Fan Tš'ai T'an, Scheiterhaufen-Altar, auch 燔柴爐 Fan Tš'ai Lu, Scheiterhaufen-Ofen, heißt. Er hat die Gestalt eines großen runden Topfes, ist neun Tš'i' oder etwa drei Meter hoch und sieben Tš'i' im Durchmesser; er hat einen Marmorrand und in der Vorderseite ein großes viereckiges, mit Marmorblöcken umsäumtes Luftloch, und links und rechts ist eine neunstufige Treppe von grünglasierten Kacheln angebaut. Während eines jeden großen Opfers ist dieser Ofen mit brennendem Holz gefüllt, auf dem ein ganzes Rind geopfert wird, denn im heiligen Buche 祭法 Tsi Fa', Opferregeln, des Li Ki steht geschrieben: 燔柴於泰壇祭天也, der Scheiterhaufen auf dem vornehmsten Altar bildet das Himmelsopfer. Weiter steht an diesem Platz in einer gebogenen Linie eine Reihe von ebensoviel eisernen 燎鑪 Liao Lu, Verbrennungsöfen, wie die Zahl der Tafeln des Himmels und der kaiserlichen Ahnen beträgt, denen, wie wir sehen werden, auf dem Runden Hügel Opfer dargebracht werden. Solch ein Ofen steht auch auf jeder Seite der östlichen und der westlichen Sturztore des runden „Innenwalles".

Zum Runden Hügel gehört ein kreisrunder Tempel, der 皇穹宇 Huang K'iung Jü, Kaiserliches Gewölbe, heißt. Er liegt nördlich des Runden Hügels, genau in der Hauptachse des Altargeländes, in dem auf S. 143 erwähnten Halbkreis der Quermauer. Sein kreisrundes Dach ruht auf acht den Himmelsgegenden entsprechenden, mit Schnitzwerk verzierten Holzpfeilern, welche die runde Tempelwand in große Paneele zerlegen. Es trägt himmelblaue, glasierte Ziegeln und einen vergoldeten Gipfel und überdacht eine kreisrunde Kuppel, eine reich und prächtig mit geschnitzten und gemalten Paneelen geschmückte Holzkonstruktion, welche auf acht schweren, mit Schnitzwerk geschmückten Holzpfeilern ruht, die innerhalb des Gebäudes einen zweiten konzentrischen Kreis bilden. Dieser Tempel erhebt sich auf einer runden Terrasse, die neun Tš'i' hoch ist und einen Durchmesser von 5,99 Tšang hat. Das Pflaster der Terrasse ist aus blauem Stein (青石); sie hat eine Marmorbrüstung von 49 Fächern, die 3,6 Tš'i' hoch ist, und auf der Süd-, Ost- und Westseite liegen Marmortreppen von vierzehn Stufen. Der Haupteingang dieses Heiligtums liegt genau gegen Süden, also nach dem Runden Hügel gekehrt. Davor erstreckt sich ein Vorhof, wo sich sowohl zur linken wie zur rechten Seite auf einer Marmorterrasse, einem sogenannten 崇基, Erhöhungsfundament, welches eine Treppe von sieben Stufen hat, ein viereckiges Nebengebäude (廡 Wu) erhebt; diese zwei Bauten haben ihre Front gegen Westen, bezw. Osten, sind von vollkommen gleichem Bau und mit Ziegeln aus blauglasiertem Porzellan bedeckt. Die drei Gebäude umgibt eine Ringmauer von großen Backsteinen, die 56,68 Tšang lang und 1,08 Tšang hoch ist und auf der Südseite, genau in der Achse des Altargrundes, drei überdachte Pforten auf einer Marmorterrasse hat, die auf dem Mittelteil mit Brüstungen und auf jeder Seite mit drei fünfstufigen Treppen versehen ist.

Das kaiserliche Kuppelgewölbe ist ein Heiligtum zur Aufbewahrung der 神位 Šěn Wei oder Seelensitze des Himmelskaisers und der verstorbenen Kaiser der herrschenden Dynastie, welche zum Empfang der kaiserlichen Opfer nach dem Runden Hügel gebracht werden. Ein Seelensitz, auch 神牌 Šěn P'ai, Seelentafel, genannt, ist eine in einem viereckigen Sockel von Holz stehende hölzerne Tafel, die den eingeschnitzten Namen oder Titel der betreffenden Gottheit trägt und demzufolge ihre Seele enthält; sie spielt also genau dieselbe Rolle wie ein Götzenbild. Im „Gewölbe" steht die Seelentafel des Himmels natürlich auf dem vornehmsten Platz, nämlich in einem drachengeschnitzten Schrein auf der Nordseite, genau in der Zentralachse des Altargrundes, mit der Front gegen Süden. Sie trägt die Inschrift 皇天上帝, Kaiserlicher Himmel, Oberster Kaiser. Quer dazu befinden sich auf beiden Seiten, also gegen Westen und Osten gekehrt, Schreine mit den Tafeln der Kaiser. Die des zuerst verstorbenen 太祖 T'ai Tsu steht der des Himmels am nächsten, an ihrer östlichen oder linken Seite, also auf dem ersten Platz; sein Nachfolger 太宗 T'ai Tsung steht gerade gegenüber auf der Westseite, also auf dem zweiten Platz; der dritte Kaiser 世祖 Ši Tsu (Šun-tši) folgt neben T'ai Tsu auf dessen linker Seite usw., so daß die ungeraden Kaiser sich alle auf der Ostseite, die geraden sich auf der Westseite befinden. Diese Anordnung entspricht der Natur, denn der Osten, wo die Sonne aufgeht, steht über dem Westen, wo sie niedergeht; jede andere Ordnung wäre dem Tao des Weltalls, dem alles Menschliche sich anpassen soll, zuwider und sonach auf heiligem universistischen Opferboden erst recht unzulässig, ja sogar sündhaft und eigentlich undenkbar.

Diese Seelentafeln der kaiserlichen Ahnherren werden offiziell 配位 P'ei Wei, in gleicher Rangstufe nebengeordnete Sitze, genannt. Dieser Ausdruck setzt voraus, daß der regierende Kaiser seine Ahnen mit dem Himmel auf die gleiche Rangstufe stellt und sich den Himmel bloß als ihren primus inter pares denkt. Daß dieses Verfahren sich vollkommen deckt mit der Lehre, wonach jeder Kaiser ein Sohn des Himmels ist, so daß der Himmelgott nicht grundsätzlich von den kaiserlichen Ahnherren verschieden sein kann, ist ganz klar. Es entspricht mithin der Logik, daß die Seelentafeln der letzteren direkt neben der des Himmelkaisers im Kuppelgewölbe stehen und nicht in den Nebengebäuden. Im östlichen dieser Nebentempel sind die Tafeln der Sonne oder des 大明, Großen Lichts, des 北斗, Nördlichen Scheffels oder Großen Bären, der 五星, fünf Planeten, der 28 宿 Siu, Hauptsternbilder, und der 周天 星辰, Sterne und Sternbilder des ganzen Himmels, in Tabernakeln untergebracht. Im westlichen Nebentempel wird die Tafel des 夜明, Nächtlichen Lichtes, des Mondes, aufbewahrt, samt denen der vier sogenannten 天神 T'iĕn Šĕn oder Himmlischen Götter, nämlich des 雲師, Verwalters der Wolken, des 雨師, Verwalters des Regens, des 風伯, Verwalters des Windes, und des 雷師, Verwalters des Donners. Natürlich befinden sich die Sonne und der Mond in den höchsten, d. h. den nördlichsten Tabernakeln; die übrigen Tafeln stehen in der erwähnten Reihenfolge in den südlicheren. Hiermit ist auf einen Schlag klargestellt, daß die kaiserlichen Ahnherren in dem universistischen Pantheon des Konfuzianismus über Sonne, Mond, Sternen und den himmlischen Naturerscheinungen stehen, folglich den höchsten Platz nächst dem Himmel einnehmen. Und nun erübrigt sich jede Erklärung, wenn wir alsbald sehen, daß der Kaiser, wenn er auf dem

Runden Hügel dem Himmel opfert, gleichzeitig auf derselben höchsten Terrasse dieses Altars den Tafeln seiner Ahnen mit genau demselben Zeremoniell genau dieselben Opfergaben bietet, den Tafeln aus den Nebentempeln dagegen nur auf der zweiten Terrasse durch seine stellvertretenden Beamten ein zweitklassiges Opfer darbringen läßt. Diesen Tafeln wird auch keineswegs der Titel P'ei Wei verliehen, sondern sie werden offiziell 從位 Tsung Wei genannt, d. h. Sitze für die Gefolgschaft des Himmels.

Sowohl im Kuppelgewölbe wie in seinen Beitempeln steht vor jedem Tabernakel ein 香案, Weihrauchtisch, mit einem Weihrauchgefäß und Kerzenträgern.

An der Ostseite des „Außenwalles" liegt nordöstlich ein besonderer viereckig ummauerter Raum, den zwei nord-südlich laufende Mauern in drei Abteilungen trennen, jede mit einer überdachten Pforte in der Südfront. In der westlichen Abteilung steht ein nach Süden gekehrtes 神庫, Aufbewahrungshaus für die Götter, und eine dem Westen zugewandte 神廚, Küche für die Götter; in der Küche werden die Opferspeisen zubereitet und dann bis zur Opferstunde im Aufbewahrungshaus aufbewahrt. Hier befindet sich auch ein 井亭, Pavillon mit Wasserbrunnen. Im angrenzenden Raum findet man nebeneinander gebaut und dem Westen zugewandt ein 祭器庫, Aufbewahrungshaus für die Opfergeräte, ein 樂器庫, Aufbewahrungshaus für die Musikinstrumente, und ein 棕薦庫, Aufbewahrungshaus für die Matten von Palmfasern. Der dritte Raum enthält einen 宰牲亭, Kiosk zum Schlachten der Opfertiere, und einen Brunnen.

Nachdem wir hiermit die südliche Hälfte des von der „Innenmauer" umschlossenen Opfergeländes des Himmels in Augenschein genommen haben, müssen wir nunmehr seinen nördlichen Teil, „wo um Getreide gebeten wird" (s. S. 143), der Betrachtung unterziehen. Die Quermauer (S. 143) bildet seine Südseite, und das „Tor der vollkommenen Unerschütterlichkeit"

(S. 146) somit seinen südlichen Zugang. Außer diesem Tor besitzt dieses Opfergelände, gleichwie das des Runden Hügels, drei überdachte Zugangstore, jedes mit drei Durchgängen. Gerade in der Mitte der gebuchteten Nordmauer erhebt sich nämlich das 北天門 Pe' T'iĕn Mĕn, Tor des nördlichen Himmels oder des Nordens, auf der Ostseite das 東天門 Tung T'iĕn Mĕn, Tor des Ostens, und auf der Westseite das 西天門 Si T'iĕn Mĕn, Tor des Westens. Die beiden letzteren liegen genau östlich vom „Äußeren Tor des Westens" (S. 143) und sind mit demselben durch eine schnurgerade marmorne Straße verbunden, welche längs der Südseite eines ummauerten, gegen die vier Kardinalpunkte gekehrten Viereckes läuft, das genau von der Meridianachse in der Mitte durchschnitten wird. Ein kreisrunder Tempel mit drei kreisrunden, übereinander getürmten Dächern (檐三重) mit großer vergoldeter Spitze ragt darin stolz gen Himmel. Eine schön geschnitzte Holztafel, unter dem höchsten Dach gerade über dem nach Süden gekehrten Eingang dieses Gebäudes angebracht, trägt die Zeichen 祈年殿 Ki Niĕn Tiĕn, Tempelhalle, wo für die Jahresernte gebetet wird, und daneben die Mantschurische Version.

Hier befinden wir uns vor dem Hauptgebäude des nördlichen Opfergeländes, mithin vor dem zweitwichtigsten des kaiserlichen Himmelkultes. Genau im Meridian des Runden Hügels, mit dem Haupteingang nach Süden, erhebt er sich auf einem Erdhügel von drei Schichten, der fast genau so wie der Runde Hügel konstruiert und mit Marmorbrüstungen ausgestattet ist. Der Durchmesser der Schichten beträgt 21,5 und 23,26 und 25 Tšang, so daß die höchste Terrasse viel größer als die des Runden Hügels ist, während die zwei Rundgänge viel schmaler, nämlich weniger als 3 Meter breit sind. Auch hat dieser Hügel nicht nur vier, genau gegen die vier Kardinalpunkte gerichtete neunstufige Treppen, sondern außerdem zu beiden Seiten der südlichen und der nördlichen, unweit derselben, noch je eine, so daß die Treppen im ganzen acht an der Zahl sind. Die Gesamtzahl der Fächer in den Brüstungen beträgt 420.

Das dreifache Dach des Rundtempels trägt himmelblaue Ziegeln und ruht auf einem Kreis von zwölf schweren Pfeilern, die aus der Wandung, welche zwischen ihnen angebracht ist, außer- und innerhalb des Tempels wie Pilaster scharf hervortreten. Es deckt eine aus Holz konstruierte und von vier gewaltigen hölzernen Pilaren getragene Kuppel, die dem des „Kaiserlichen Gewölbes" ähnlich, aber entsprechend größer ist (vgl. S. 147). Der Umkreis des Tempels mag wohl etwa ein Drittel von dem der Terrasse sein, in deren Mitte er emporragt; es bleibt also ringsherum ein breiter Rundgang übrig, der nach allen Seiten hin interessante Ausblicke gewährt. Ein breiter Vorhof erstreckt sich auf der Südseite. Da liegt links und rechts in genau der gleichen Entfernung ein viereckiges Nebengebäude (廡 Wu) mit neun Abteilungen und einem himmelblauen Dach, die lange Frontseite mit drei neunstufigen Treppen nach Osten, bezw. Westen gekehrt. Auf der Südseite zeigt sich eine hohe Marmorterrasse mit Brüstungen und drei elfstufigen Treppen vorne und hinten, auf der sich das 祈年門 Ki Niĕn Mĕn oder Tor zum Beten für die Ernte erhebt. Dieser Bau hat drei Durchgänge und ein blaues Dach und ist durch überdachte Mauern mit der Südseite der beiden Nebengebäude verbunden; der mittlere Durchgang liegt genau in der Hauptachse des Altargrundes. Auf der Südostseite dieses Tors stehen, wie beim Runden Hügel (s. S. 146), ein grüner Brandopferaltar und eine Reihe von eisernen Verbrennungsöfen, neben einer Grube zum Hineinwerfen von Opfergaben.

Alle diese Bauten umgibt eine rote, viereckige Umfassungsmauer, der Nei Wei oder Innenwall (vgl. S. 145), im ganzen 190,72 Tšang oder etwa 590 Meter lang. Auf der Süd-, West- und Ostseite hat sie genau in der Mitte ein überdachtes Backsteintor mit drei Zugängen, und auf der Nordseite stehen gerade in der Mitte der Mauer drei Tore, jedes mit einem Durchgang, nebeneinander auf einer gemeinschaftlichen Marmorterrasse. Gleich dahinter liegt ein kleinerer Raum, ebenfalls rechteckig und ummauert, und darin steht, mit der langen Frontseite genau den drei Toren gegenüber, also in der Hauptachse des Altargrundes, ein viereckiger Tempel, dessen Bestimmung dieselbe als die des „Kaiserlichen Gewölbes" des Runden Hügels ist, worin sich also Seelentafeln des Himmels und der Kaiser befinden. Er trägt den Namen 皇乾殿 Huang k'iĕn Tiĕn, **Kaiserlicher himmlischer Tempel.** Er enthält fünf Abteilungen und steht auf einer rechteckigen Marmorterrasse, die auf der nach Süden gekehrten Seite drei neunstufige Treppen, auf der kürzeren Ost- und Westseite aber nur eine hat und von einer Marmorbrüstung mit 59 Fächern umgeben ist.

Auf der Süd-, Südost- und Südwestseite ist der Innenwall wieder umschlossen von einer Parallelmauer, die auf den drei Fronten eine überdachte Pforte mit nur einem Durchgang besitzt, eine sogenannte 角門, **Eckpforte.** Und außerhalb des östlichen Tores des Innenwalles liegen, nach Norden hin, zwei rechteckige ummauerte Räume, in denen sich ein Aufbewahrungshaus und eine Küche für die Götter und ein Schlachtpavillon mit Brunnen befinden (vgl. S. 150). Vor diesen Räumen liegt eine 廊 Lang, eine Reihe von 72 unter einem gemeinschaftlichen Dach vereinigten Wohnräumen für das mit der Versorgung des Schlachtens und der Zubereitung der Opfertiere beauftragte Personal.

Hiermit ist die größte und großartigste Opferstätte des Universismus in den Hauptsachen beschrieben und erklärt. Große Fichten, Zypressen und andere Baumarten, stellenweise Wäldchen bildend, mit dazwischenliegenden Weidegründen für das Opfervieh, verleihen ihr einen eigenartigen druidischen Charakter und vertiefen den überwältigenden Eindruck, welchen die zahlreichen Gebäude, Tore und Mauern mit ihren sonderbar gestalteten, im Sonnenschein leuchtenden Dächern auf den Besucher ausüben. Fast alle Dächer tragen blaue Ziegeln von glasiertem Porzellan (琉璃); nur auf einigen kleinen Mauern und auf sieben Pforten sind sie grün. Die überdachten Tore ruhen auf Fundamenten von behauenen Marmorblöcken, und ihre tunnelartigen Eingänge sind gänzlich umwölbt von einem breiten Saum aus Marmorblöcken, mit eingemeißelten Figuren. Die Wege (甬路), welche sie miteinander und mit den verschiedenen Bauten verbinden, sind mit Marmorquadern und Marmorplatten gepflastert. Sie laufen alle entweder gerade nord-südlich oder ost-westlich und bilden mithin nur rechte Winkel. Von besonderer Bedeutung sind die, welche, mit der Hauptachse zusammenfallend, auf die südliche Treppe des Runden Hügels, des Kaiserlichen Gewölbes, des großen Rundtempels und des kaiserlichen himmlischen Tempels zulaufen. Ihnen ist der Name 神路 Sĕn Lu, Göttlicher oder Heiliger Weg, beigelegt; sie sind erheblich breiter als die übrigen Straßen.

In der Urzeit war in China Götterkult untrennbar mit Musik verbunden. Deshalb ist das erst recht allezeit mit der Staatsreligion der Fall gewesen, die stets alles Alte mit der größten Sorgfalt als heilig bewahrte und zur höchsten Entwicklung brachte. Dementsprechend gibt es in der Reichshauptstadt ein 樂部 Jo' Pu oder Musikministerium, das einen Anhang des Ministeriums der Li bildet, und dessen erster und vornehmster Unterteil das 神樂署 Sĕn Jo' Su ist, das Amt für die Göttermusik, welche ausschließlich bei Opferfeiern gespielt wird. Selbstverständlich ist diese heilige oder geweihte Musik streng klassisch; sie darf also nur über fünf Töne (宮商角徵羽) verfügen, weil die zwei übrigen (變宮 und 變徵) in keinen Schriften der Vor-Han-Zeit Erwähnung finden; auch ihre Instrumente sind ausschließlich Nachahmungen von denen der Alten. Das Amt für die Göttermusik hat seine Gebäude im

Altargrund des Himmels, nordöstlich am Tore des Runden Hügels. Sie liegen da in einem rechteckigen, ummauerten Raum, der genau nach den vier Kardinalpunkten gewendet ist und eine überdachte Pforte mit drei Durchgängen in der Mitte der Ostfront hat. Hinter dieser Pforte liegen hintereinander zwei rechteckige Hauptgebäude, nämlich die 凝禧殿 Ning Hi Tiĕn, Halle des verdichteten Glückes, und die 顯佑殿 Hiĕn Jiu Tiĕn, Halle des glänzenden Beistandes, beide gleichfalls mit der langen Frontseite nach Osten gekehrt. Sie sind von einer viereckigen Innenmauer umschlossen, mit der sie durch Quermauern verbunden sind, und zwischen allen diesen Mauern liegt eine Anzahl kleinerer Bauten für das Personal des Musikamts, das sich wahrscheinlich nur, wenn Opfer begangen werden sollen, nennenswert beschäftigt.

Das Hauptopfer, welches auf dem Runden Hügel dem Himmel durch den Kaiser dargebracht wird, also das allervornehmste Opfer der Staatsreligion, findet, nach klassischer Präzedenz, alljährlich in der Nacht der Wintersonnenwende (冬至) statt, sonach am wichtigsten Zeitpunkt in dem Tao oder Gang der Weltordnung, wenn das Jang, die schöpferische Himmelskraft, das Licht und die Wärme, seinen größten Tiefstand erreicht hat und sogleich seine Wiedergeburt erlebt.

· Am fünften Tage vor dem Opfer begibt sich ein 親王 Tsʻin Wang, Prinz des nächsten Verwandtschaftsgrades, also ein Sohn des regierenden oder eines vorigen Kaisers, auf allerhöchsten Befehl nach dem 犧牲所, Platz der Opfertiere, wo diese für die Opfer in Bereitschaft gehalten werden. So heißt ein innerhalb des „Tores des Runden Hügels“ (S. 143) nach Südosten hin gelegener Raum, den eine überdachte, genau gegen die vier Himmelsgegenden gekehrte Mauer umgibt. Auf jeder Front ist dieses Viereck 52 Tšang lang. In der Mitte der Südseite hat es drei nebeneinander liegende überdachte Pforten und gerade dahinter, etwa im Zentrum des Viereckes, steht ein recht-eckiges, mit der langen Vorderseite nach Süden gewendetes Gebäude mit elf Abteilungen, von denen die drei mittleren zur Aufbewahrung und Verehrung der Schutzgötter der Opfertiere (犧 牲 神) dienen. Weiter befinden sich in diesem Raum eine Anzahl Wohnungen für Aufseher, Hirten und Versorger der Tiere, nebst Futterscheunen und Ställen für Rinder, Schafe, Hirsche, Schweine und Hasen.

Sobald der Prinz zur Stelle ist, geleiten ihn zwei Zere-monienmeister (贊 禮 郎) des Opferamtes (太 常 寺), die ihm alles, was er tun soll, befehlend zurufen, hinter einen gegen Süden gekehrten Tisch, auf dem Weihrauch brennt. Dann führen die Hirten die Ochsen und Schafe an dem Tisch vorbei, knien nieder und sagen, daß es 牷 Ts'uan, Opfertiere ohne Makel, sind. Sodann stellt sich der Prinz hinter einen Weihrauchtisch auf der Ostseite und läßt da die Hirsche an sich vorübergehen, endlich hinter einen Tisch auf der Westseite, wo ihm die Schweine vorübergeführt werden, und beide Male wiederholen da die niederknienden Hirten denselben Ausruf. Die 視 牲, Besichtigung der Opfertiere, ist hiermit erledigt, und der Prinz ent-fernt sich. Diese Schau ist eine Sache höchster Wichtigkeit, weil dem Himmel nur ganz makellose Opfertiere annehmbar sind und also von ihrer Beschaffenheit die guten Erfolge des Opfers abhängen. Eigentlich soll der Kaiser selbst die Schau vornehmen und darf deshalb nur einem der allerhöchsten Mitglieder seines Hauses die stellvertretende Inspektion über-tragen.

Am dritten Tage vor dem Opfer wird noch vor Tages-anbruch aus dem Opferamt von einem seiner Präsidenten (卿) mit Gefolge eine 齋 戒 牌 oder Tafel der Enthaltsamkeit, nebst einem 銅 人 oder kupfernen Menschen nach dem Haupttor des inneren Palastes des Kaisers getragen, das 乾 淸 門 K'iên Ts'ing Mên, Tor der Himmelsreinheit, heißt, und vor demselben auf einen gelben Tisch gesetzt. Diese Tafel der Enthaltsamkeit ist ein Holzbrett, mit gelbem Papier bekleidet, worauf in Chinesisch und Mantschurisch die Tage geschrieben stehen, an denen der Kaiser fasten soll; der kupferne Mensch ist in stehender Haltung und trägt eine kupferne Enthaltsamkeitstafel in der Hand. Nunmehr reinigt der Kaiser im inneren Palaste durch Fasten und Enthaltsamkeit seinen Körper und Geist, damit er dem Himmel, der die allerhöchste Reinheit ist, näher zu treten fähig und würdig werde. Zu gleicher Zeit ergeht von ihm eine Warnung (戒辭) an die Minister und Beamten, die jeder im großen Saal seines Amtsgebäudes auf einer Tafel anzuschlagen verpflichtet ist, und die in folgenden Schriftzeichen abgefaßt ist:

某年月日冬至朕恭祀皇天上帝於圜丘。惟爾群臣其、蠲洒心、齋洒志、各楊其職。敢或不共、國有常刑。欽哉、勿怠. Am Tage Soundso des Mondes Soundso des Jahres Soundso werden Wir bei der Wintersonnenwende ehrerbietig dem kaiserlichen Himmel, dem Obersten Kaiser, auf dem Runden Hügel ein Opfer darbringen. O, ihr sämtlichen Minister, beachtet diesen Befehl: reinigt euere Herzen, säubert euere Neigungen, damit ein jeder (beim Opfer) seine amtlichen Obliegenheiten in jeder Richtung vollbringe. Sollte es vorkommen, daß irgendeiner sich untersteht, seine Schuldigkeit dabei nicht zu tun, für den hat die Dynastie unveränderliche Strafen. Ehrfurchtsvoll beachtet diesen Befehl! Seid nicht fahrlässig!

Nunmehr fangen auch alle, die beim Opfer beschäftigt sein werden, sofort in ihren Amtswohnungen die Enthaltsamkeit zu üben an. Sie erfüllen ihre amtlichen Pflichten nur insofern, als es unumgänglich nötig ist, hören keine Musik, meiden die Frauengemächer, statten keine Trauerbesuche ab, trinken nichts Berauschendes, essen keinen Knoblauch, keine Zwiebeln oder derartige Pflanzenkost; auch verrichten sie keine Gebete, opfern keinen Göttern, reinigen keine Grabstätten. Am Tage vor dem Opfer waschen sie sich den Körper. Diejenigen, welche nach brennendem Artemisia (艾) riechen, gebrechlich sind oder mit einer bösen Krankheit behaftet, oder die Trauerzeit für verstorbene Verwandte durchzumachen haben, fasten nicht mit. Wer über sechzig Jahre alt ist, braucht nicht zu fasten, und auch wenn er das tut, darf er dem Opfer nicht beiwohnen. Jeder muß eine rote Tafel mit den Zeichen 齋戒, Enthaltsamkeit, in seinem Amtsgebäude aufstellen und ein kleines Täfelchen mit derselben Inschrift auf der Brust tragen.

Am frühen Morgen des darauffolgenden Tages findet abermals eine 省牲, Schau der Opfertiere, statt seitens des Präsidenten des Ministeriums der Li (禮部尙書), und zwar in derselben Weise, wie der kaiserliche Prinz sie vornahm, und an derselben Stelle. Auch wird zur gleichen Zeit in der kaiserlichen Kanzlei (內閣) mit großer Sorgfalt und Ehrfurcht das beim Opfer zu verlesende 祝 Tšu' oder Gebet mit roter Tusche auf himmelblaues Papier geschrieben, das auf einem viereckigen Holzbrett befestigt ist; und mit doppelter Ehrfurcht wird der 御名 jü Ming, des Kaisers persönlicher Name, darin eingetragen. Bekanntlich muß das Schreiben oder Erwähnen dieses heiligen Namens immer von hoch und niedrig im ganzen Reiche peinlichst vermieden werden; nur für das Opfergebet gilt, seit kaiserlicher Verfügung des 24. Jahres der Kʿang-hi-Periode (1685), dieses strenge Gebot nicht.

Am Tage, der dem Opfer unmittelbar vorangeht, findet kurz nach Mitternacht im Schlachthause des Runden Hügels (s. S. 150) das Schlachten der Opfertiere statt, und zwar unter der Aufsicht eines Präsidenten (卿) des Bewirtungsamtes (光祿寺), zweier Zensoren (御史) und vier weiterer hoher Beamten, die hinter einem Tisch, auf dem Weihrauch brennt, aufmerksam zuschauen. Das Blut und die Haare werden neben der Mauer des Schlachthauses in eine Grube geworfen, welche die Metzger zu diesem Zwecke am selben Morgen gegraben haben. Im Laufe des Vormittags werden in der „Küche für die

Götter" (s. S. 150) die Opferspeisen zubereitet und vorläufig in dem „Aufbewahrungshaus für die Götter" (S. 150) untergebracht. Sie bestehen aus:

Brühe (羹) von Rindfleisch in sogenannten 登, runden, römerförmigen Vasen aus blauem Porzellan, auf breitem Fuß mit Deckel.

Reis (稻) und Sorghum (粱) in 簠, viereckigen, trogähnlichen Gefäßen aus blauem Porzellan mit Fuß und Deckel, die wie umgekehrte Tröge aussehen.

Hirse (黍) und rispige Hirse (稷), jede Sorte in einer 簋, ovalen Terrine aus blauem Porzellan, mit ovalem Fuß und Deckel.

Kristallisiertes Salz (形鹽); getrockneter Fisch (槁魚); Früchte des 棗, Ziziphus jujuba; Kastanien (栗); Haselnüsse (榛); Wasserkastanien (菱); Euryale ferox? (芡); trockenes Hirschfleisch (鹿脯); weiße Pasteten (白餅); schwarze Pasteten (黑餅); Hirsekuchen (糗餌); Mehlkuchen (粉餈); jede Ware in 邊, becherähnlichen, runden Körben von Bambus, auf breitem Fuß und mit Deckel, innen mit Seide gefüttert, außen teilweise blau lackiert.

Eingemachte Rüben (韭菹), eingemachter Rettich (菁菹), eingemachter Sellerie (芹菹) und eingemachte Bambusrohrknospen (筍菹); Pökelfleisch (醓醢), gepökeltes Hirschfleisch (鹿醢), gepökeltes Hasenfleisch (兔醢), gepökelter Fisch (魚醢); Schnitzel von Magen (脾析), Schweinskoteletten (豚膊), wässerige Speise von Reis oder Hirse (酏食), Ragout von Rind-, Hammel- und Schweinefleisch (糝食). Jede Ware in einem 豆 oder Behälter aus blauem Porzellan, dessen Form der der oben erwähnten Bambuskörbe (邊) sehr ähnelt.

Die meisten Speisen und Behälter, wenn nicht gar alle, sind in den klassischen Büchern erwähnt und eben deswegen alle Jahrhunderte hindurch für die Staatsopfer in Gebrauch gewesen. Das Geschirr ist mit Figuren verziert, welche auf den befruchtenden Segen, den der Himmel spendet, anspielen: Spiralen, die Donner vorstellen, Drachen, welche Regen hervorbringen, Wolken, Wasserwellen usw.

Gegen 9 Uhr wird unter Führung eines Präsidenten des Opferamtes der Runde Hügel von oben bis unten gefegt und gereinigt und an den erforderlichen Stellen mit Matten von Palmfasern (vgl. S. 150) belegt. Dann werden 青幄, blaue Zelte, errichtet und darin 神座, Thronsitze für die Götter, aufgestellt, das heißt, schön bearbeitete dreifüßige Sockel aus Marmor, welche während des Opfers die Seelentafeln der Götter tragen. Das runde Zelt des Himmelsgottes wird auf der höchsten Terrasse aufgeschlagen, genau in der Hauptachse bei der nördlichen Treppe, mit der Vorderseite gegen Süden. Links und rechts, nach der östlichen und westlichen Treppe hin, errichtet man eine nord-südgerichtete Reihe viereckiger Zelte, in gleicher Anzahl wie die kaiserlichen Ahnen, deren Seelentafeln darin in derselben Anordnung wie im Kuppelgewölbe (vgl. S. 148) Platz finden. Ein viereckiges Zelt für die Sonne und eins für die vier Tafeln der Sterne und Planeten werden bei der Brüstung der zweiten Terrasse, etwas nördlich der östlichen Treppe aufgestellt, mit der Vorderseite gegen Westen; und schließlich kommen ein viereckiges Zelt für den Mond und eines für die himmlischen Götter der Wolken, des Regens, Windes und Donners bei der Brüstung nördlich von der westlichen Treppe, mit der Vorderseite nach Osten.

· In der frühen Morgenstunde dieses Tages wurde durch das Personal des Opferamtes ein gelber Tisch vor den kaiserlichen Thron gesetzt, der sich in der 太和殿 T'ai Ho Tiën oder Halle der höchsten Harmonie befindet, welche ganz vorn im Palaste liegt. Zur selben Zeit scharte sich vor dem großen gleichnamigen Tor dieser Halle eine Gruppe von Beamten zusammen. Einer trägt einen Korb mit einem 蒼璧

oder blauem P i', d. h. einer kreisrunden Scheibe von Jaspis, womit nach klassischen Urkunden in alten Zeiten der Himmel verehrt wurde; es steht nämlich im Tšou Kuan (Abschnitt 大宗伯) geschrieben: 以蒼璧禮天、以黄琮禮地, mit einem blauen P i' verehrt man den Himmel, mit einem gelben Tsung die Erde. Der Durchmesser des P i' beträgt 6,1 Ts'un, also etwa zwei Dezimeter; es ist 0,7 Ts'un dick und hat im Zentrum ein kreisrundes Loch von 0,4 Ts'un. Andere Beamte tragen ähnliche Körbe, worin Seidenstücke liegen. Die Körbe (筐) sind von blaulackiertem Bambus, rechteckig und mit Deckeln versehen. Wieder andere Beamte tragen Schüsseln (盤) mit dem zu opfernden Weihrauch. Allen diesen Opfergaben wird hohe, klassische Bedeutung beigemessen. Ein Beamter mit dem von der kaiserlichen Kanzlei herangebrachten Opfergebet (S. 158) gesellt sich zu der Gruppe. Inzwischen läßt sich der Kaiser in seiner Sänfte aus dem inneren Teil des Palastes nach der Halle tragen. Sobald er darin auf der östlichen Seite Stellung genommen, tragen die Beamten das Gebet, die Scheibe, die Seide und den Weihrauch durch das Tor in die Halle, legen sie auf den gelben Tisch, machen dreimal den Stirnaufschlag und ziehen sich zurück. Voll Ehrfurcht läßt nun der Kaiser über alles seinen Blick schweifen, kniet nieder und macht dreimal den Stirnaufschlag. Und nach dieser allerhöchsten Besichtigung treten die Beamten wieder vor, machen dreimal den Stirnaufschlag, nehmen die Dinge in der oben erwähnten Reihenfolge wieder weg und setzen sie vor dem Tor in pavillonartige Tragbahren (亭). Diese werden unter dem Geleit eines Präsidenten des Opferamtes nach dem Altargrund gebracht, und die Gegenstände in dem „Aufbewahrungshaus für die Götter" auf dazu bestimmten Tischen niedergelegt.

Auch die „Tafel der Enthaltsamkeit" und das kupferne Bild (S. 156) werden jetzt vom „Tore der Himmelsreinheit" feierlich nach dem Opfergrund getragen und da im 齋宮

162

Tšʻai Kung oder Fastengebäude aufgestellt. Dieses liegt südöstlich des inneren Tores des Westens, also nördlich vom westlichen Ende der Quermauer, die deshalb an dieser Stelle drei
nebeneinander liegende Pforten hat. Es besteht aus zwei rechteckigen Hauptgebäuden, die, hintereinander liegend, mit der
langen Frontseite nach Osten gekehrt sind. Das vordere, die
大殿 oder große Halle, erhebt sich stattlich auf einer viereckigen, mit Marmorbrüstungen versehenen Marmorterrasse,
deren drei Vortreppen dreizehn Stufen hoch sind. Vor dieser
Halle steht ein kleiner Kiosk aus Marmor für das kupferne
Bild. Hinter der „großen Halle" folgt die 正殿 oder Haupthalle
auf einer Terrasse, welche nur eine Treppe hat. Beide Bauten
haben grüne Dachziegeln. Auf den vier nach den Kardinalpunkten gerichteten Seiten sind sie von einer Mauer umschlossen, die 123,99 Tšang lang ist und die ein gemauerter
Kanal umfaßt. Pforten und Steinbrücken befinden sich auf der
Ost-, Süd- und Nordseite. Im Nordosten erhebt sich ein viereckiger Glockenturm. Neben den beiden Hallen liegen zwischen
Mauern und Pforten zahlreiche kleinere Gebäude für die kaiserliche Dienerschaft. Schließlich ist alles von einer zweiten,
198,2 Tšang langen Mauer mit einem Kanal umschlossen,
mit entsprechenden Pforten und Brücken auf der Ost-, Süd-
und Nordseite.

Wenn es nun an dem betreffenden Tag ganz hell geworden ist, verläßt der Kaiser seinen Palast mit einer besonders
großen Eskorte, mit Musik, zahlreichen Fahnen und Symbolen
aller Art, Prunkwaffen, Garde- und anderen Truppen zu Fuß
und zu Pferde, etwa einem Dutzend Elefanten, einer Anzahl
Beamten in Staatsgewändern usw. Seine Sänfte (輦) wird von
36 Mann (駕士) getragen. Außerhalb des 午門 Wu Mĕn
oder Südtors, also auf dem weiten inneren Vorhof des Palastes,
geben ihm zahlreiche, auf beiden Seiten Spalier bildende
Prinzen, Minister und Beamte ehrerbietigst auf den Knien das

Geleit. Oben im Tor ertönt die große Glocke. Eine Abteilung Soldaten säuberte bereits die Straßen gründlich vom Volk und sperrte sie zu beiden Seiten ab, damit nur Ruhe und Stille dem Sohne des Himmels auf dem Wege zum Altar der höchsten Reinheit entgegentrete, kein weltliches Gewühl ihn besudle.

Durch das „Tor des Westens" und an der Außenmauer entlang wird der Kaiser nach dem Göttlichen Weg (S. 154) getragen, der vor dem „Tor des leuchtenden Alldurchdringenden" (S. 146) liegt. Auf der Westseite dieses Weges wirft sich ein hoher Beamter der Verwaltung der kaiserlichen Equipagen (鑾儀衛) vor der Sänfte auf die Knie und ladet den Kaiser zum Aussteigen ein. Die beiden Präsidenten des Opferamtes führen nun den Kaiser auf dem Göttlichen Weg durch den östlichen Durchgang des Tores und den des „Außenwalls" östlich um den Altar herum nach dem Kaiserlichen Gewölbe. Da wirft er sich vor der Seelentafel des Himmelsgottes auf die Knie, hebt Weihrauchstäbchen, welche ein kniender Unterpräsident (少卿) des Opferamtes ihm reicht, ehrerbietig zur Tafel empor und gibt die Stäbchen wieder weiter; noch zweimal wird sodann dasselbe Rauchopfer wiederholt und darauf ein einziges Mal vor jeder Tafel der kaiserlichen Ahnen verrichtet. Zum Schluß kniet der Kaiser in der Meridianachse vor allen Tafeln zusammen dreimal nieder und macht jedesmal dreimal den Stirnaufschlag. Währenddessen wird von speziell dazu angewiesenen Beamten ganz ähnlich den Tafeln in den zwei Nebengebäuden dasselbe Rauchopfer dargebracht.

Nun läßt sich der Kaiser auf demselben Wege wieder nach der südlichen Treppe des Runden Hügels geleiten. Er besteigt dieselbe, wirft auf der höchsten Terrasse den Blick nordwärts nach dem Zelt des Himmels hin (S. 160), während der Präsident des Opferamtes niederkniet und mit lauter Stimme ihm zuruft: Šang Ti T'an, der Opferplatz des Obersten Kaisers! Alsdann stellt sich der Kaiser auf der Westseite der Terrasse auf und wirft den Blick nach Osten, indem der Präsident ausruft: P'ei Wei T'an, der Opferplatz der nebengeordneten Tafeln! (S. 149); schließlich schreitet der Kaiser nach der Westseite und schaut ostwärts, wobei derselbe Ausruf ertönt. Hiermit ist die kaiserliche 閱壇位, Besichtigung des Altars mit den Tafeln, erledigt. Der Kaiser steigt nun auf der östlichen Treppe hinab und begibt sich nach dem „Aufbewahrungshaus für die Götter“. Dort stellt er sich vor die bereits fertigen Opferspeisen, welche für den Himmel bestimmt sind, und genau nach der Rangordnung vor die der verschiedenen Ahnen, während der Präsident des Opferamtes jedesmal die zu besichtigenden Gegenstände mit lauter Stimme erwähnt. Zum Schluß wird in der Küche auf genau dieselbe Weise die Schau über die verschiedenen Opfertiere abgehalten.

Sodann nach den südlichen Sturztoren geführt, steigt der Kaiser da in seine Sänfte ein und wird nach dem „Fastengebäude“ getragen. Außerhalb des großen Tores der östlichen Front desselben erwarten ihn in ihren offiziellen Gewändern ehrfurchtsvoll sämtliche Prinzen und Beamte, welche an der Opferfeier teilnehmen werden, um sich wieder zu zerstreuen, sobald der Kaiser in eine andere Sänfte umgestiegen und in dem Gebäude verschwunden ist. Selbstredend wird von dem Augenblick an das Fastengebäude von der kaiserlichen Garde streng bewacht und allen Unbefugten der Zutritt abgesperrt.

Abends nach 6 Uhr werden auf dem Runden Hügel die letzten großen Vorbereitungen getroffen. Große metallene Behälter, korbartig geformt mit offenen Maschen, werden mit Brennholz gefüllt und zur Beleuchtung des Altars angesteckt. Gleichzeitig wirft man in den Brandaltar (S. 146) das Holz und legt das 燔牛, Brandrind, obenauf. Die Körbe und Gefäße mit Speisen werden aus dem „Aufbewahrungshaus“ herbeigetragen und in peinlich vorgeschriebener Ordnung in jedem Zelt der höchsten Terrasse auf einem Tisch 28 an Zahl aufgestellt, der Reis, das Sorghum und die Hirse genau in der Mitte vor dem „Thronsitz" (S. 160), die Körbe auf ihrer linken, die übrigen Sachen auf der rechten Seite. Ganz hinten, außerhalb jedes Zeltes, gerade in der Mitte, wird ein hölzernes, tischähnliches Gestell, das 俎 T s u heißt, niedergesetzt, das einen ganzen jungen Stier (犢) trägt, geschlachtet und gereinigt, die höchste und vornehmste Opfergabe, welche das alte, klassische China kannte. Auf den vier Seiten der Opfergaben stehen Kandelaber und ganz hinten zwei Weihrauchgefäße. Was die vier Zelte der zweiten Terrasse betrifft, so kommen auf jedes 24 Körbe und Gefäße; die Sonne und der Mond empfangen außerdem je ein ganzes Rind, die Götter in jedem der zwei anderen Zelte zusammen ein Rind, ein Schaf und ein Schwein. Die Anordnung der Opfergaben ist hier genau so wie auf der höchsten Terrasse.

Inzwischen wird ganz unten am Runden Hügel auf der südöstlichen und der südwestlichen Seite das vollständige Orchester der heiligen Musik in der vorgeschriebener Anordnung aufgestellt. Wenn alles fertig ist, besteigt ein Unterpräsident (侍郎) des Ministeriums der Li die westliche Treppe des Hügels und inspiziert unter Führung eines hohen Beamten des Opferamtes die aufgestellten Opfergaben, wobei er natürlich beim Himmel anfängt und sich dann genau nach der Rangordnung der Ahnen und der Götter der zweiten Terrasse richtet. Dieser Akt heißt 省豋, die Schau der Opferschüsseln.

In der siebenten Viertelstunde vor dem Aufgang der Sonne begibt sich der 司祝, Beamte für das Opfergebet, nach dem „Aufbewahrungshaus für die Götter", macht vor dem Tisch, auf dem am vorigen Tage das Gebet niedergelegt worden war (s. S. 161), einen Fußfall mit drei Stirnaufschlägen und trägt das Gebet auf die höchste Terrasse des Hügels. Dort legt er es auf einen Tisch, der ein wenig westlich vom runden zentralen

Stein des Pflasters steht, und verabschiedet sich mit einem Kniefall und drei Stirnaufschlägen. Währenddessen haben sich an der Vordertreppe des Kaiserlichen Gewölbes die Präsidenten des Ministeriums der Li und ein Präsident des Opferamtes mit ihrem Gefolge sowie Beamte der kaiserlichen Equipagen versammelt. Daselbst steht eine Anzahl von 龍亭, Drachenpavillons, pavillonartig gebauten Traggestellen, welche mit Drachen, dem Symbol der Kaiserwürde, verziert sind, eines für die Seelentafel des Himmels in der Mitte vor der Treppe und beiderseits ebensoviele, als es im Gewölbe Seelentafeln der kaiserlichen Ahnen gibt, genau so angeordnet wie diese in den Tabernakeln; etwas weiter noch nach Süden hin stehen zwei auf jeder Seite für die Tafeln der Nebentempel. Beamte des Opferamtes öffnen die verschiedenen Tabernakel; ein Präsident des Ministeriums der Li tritt heran, hebt, die Rangordnung befolgend, zu jedem Tabernakel dreimal ein Weihrauchstäbchen empor und begibt sich dann in den Vorhof, um daselbst für alle die Tafeln zusammen einen Kniefall mit drei Stirnaufschlägen zu machen. Nun holen Beamte des Opferamtes unter Führung des Präsidenten die Tafeln aus den vier Tabernakeln der Nebentempel, nachdem sie vor jedem einen Kniefall mit drei Stirnaufschlägen gemacht haben, und stellen sich mit diesen heiligen Gegenständen in den Händen im Vorhof beiderseits des Göttlichen Weges auf. Sodann tun andere Beamte genau dasselbe hinsichtlich der Tafeln der Ahnen und stellen sich im Gewölbe in zwei Reihen auf; sobald dann die Tafel des Himmels aus dem Tabernakel herausgenommen ist und zwischen den beiden Reihen hindurch nach ihrem „Drachenpavillon" getragen wird, folgen sie hinterher, dabei unablässig die Rangordnung der Ahnen peinlichst beobachtend. Ihnen schließen sich die im Vorhof wartenden Träger der Tafeln der Nebentempel an. So werden die Tafeln in die Pavillons gesetzt, ohne daß dabei eine Abweichung von der Rangordnung stattfindet, und jede wird wiederum von ihrem Träger mit drei Stirnaufschlägen begrüßt. Sofort bewegt sich nun der Zug, mit dem Präsidenten des Opferamtes und seinen Beamten an der Spitze und dem Präsidenten des Ministeriums der Li hintenan, auf dem Göttlichen Wege durch die nördlichen Sturztore nach der südlichen Treppe des Runden Hügels. Da nimmt jeder Beamte nach drei Stirnaufschlägen seine Tafel wieder aus dem Pavillon; alle besteigen in derselben Reihenfolge den Hügel, und zwar die mit den Tafeln des Himmels und der Ahnen auf der südlichen Treppe, die übrigen auf der östlichen und der westlichen, und jeder setzt seine Tafel in dem betreffenden Zelt auf ihren Thronsitz (S. 160), sich von ihr mit drei Stirnaufschlägen verabschiedend.

Diese feierliche Überbringung der Tafeln heißt 請神位 tšʻing Šĕn Wei, die Seelentafeln (zum Opfer) einladen. Indessen überbringt einer der Präsidenten des Opferamtes dem Kaiser im Fastenpalast die Kunde, daß die Opferzeit angebrochen ist, und der Kaiser begibt sich nun in Opferkleidung in einer seiner Prunksänften mit großem Gefolge nach dem südlichen Sturztor des viereckigen Außenwalles. In einer daselbst auf der Ostseite des Göttlichen Weges errichteten 大次, Großen Hütte, wartet er eine kleine Weile, bis einer der Präsidenten des Opferamtes ihm feierlich bekundet, daß die Seelentafeln an ihren Stellen stehen, und an ihn die Bitte richtet, die Zeremonien zu verrichten. Daraufhin verläßt der Kaiser die Hütte, wäscht sich die Hände, wozu ein kniender Beamter ihm das Becken (盥) hält, und trocknet sie mit einem Tuch ab, das ihm ein anderer kniender Beamter reicht. Sodann geleiten ihn die beiden Präsidenten des Opferamtes die südliche Treppe hinauf bis auf die zweite Terrasse, wo mitten vor der höchsten Treppe, also in der Hauptachse des Altargrundes, sein 拜位, Verneigungsplatz, ist, der von einer gelben 幄次 oder Zelthütte gegen Wind und Wetter geschützt ist.

Hohe Beamte führen jetzt die kaiserlichen Prinzen der vier höchsten Grade zu ihren „Verneigungsplätzen" auf der dritten Terrasse vor der Treppe und die übrigen Prinzen zu den ihrigen am Fuß der untersten Treppe, während den verschiedenen Beamten Plätze angewiesen werden außerhalb der Sturztore des viereckigen Walles, den Zivilbeamten auf der Ost-, den Militärbeamten auf der Westseite. Alle wenden sich, gleichwie der Kaiser, dem Norden zu. Übrigens stehen zahlreiche Beamte, die beim Opfern Dienst zu leisten haben (執事官), gruppenweise auf dem südlichen Quadranten des Hügels, beiderseits der Hauptachse, sich derselben zuwendend. Die Musikanten (樂工 oder 樂生) stehen bei ihren Instrumenten (s. S. 165), die Sänger (歌工 oder 歌生) und die Tänzer (舞工 oder 舞生) nahe bei derselben Stelle. Jedesmal, wenn das Orchester einfallen oder abbrechen soll, wird der Befehl dazu von einem 協律郎, Stimmer der Tonarten, erteilt, der dazu einen 麾 Hui hochhebt oder sinken läßt, das heißt, einen von der Spitze eines roten Stabes herabhängenden Streifen von gelbem Seidentuch, auf den ein Drache gestickt ist, der über Land und Meer inmitten von Wolken zu dem blauen Himmel, der Sonne und den Sternen emporsteigt. Zur Ausübung einer strengen und gefürchteten Kontrolle über alle, die bei der Opferfeier Dienst leisten, ja, wie es heißt, sogar über den Kaiser selbst, stehen auf der südlichen Seite der höchsten Terrasse ein Präsident und ein Vizepräsident des Zensorats (左都御史 und 副都御史) und auf der dritten Terrasse, auf jeder Seite der südlichen Treppe, zwei 糾儀御史, Zensoren zur Kontrolle der Zeremonien.

Nunmehr ist der Zeitpunkt da, wo das Opfern seinen Anfang nimmt. Feierlich durchdringt eine Stimme die nächtliche Stille; der 典儀 Tiĕn I, der höchste Leiter der Zeremonien, der seinen Platz auf der zweiten Terrasse, östlich vom Kaiser hat, ruft: 樂舞生登歌執事官各共廼職, Ihr Mu-

sikanten und Tänzer, und ihr, die ihr Gesänge emporsendet, und ihr, dienst-
leistende Beamte, tuet alle euere Pflicht! Das Opfer zerfällt in
neun Akte, welche also dreimal der himmlischen Zahl drei
entsprechen. Unablässig halten sich die beiden Präsidenten des
Opferamtes an des Kaisers Seiten und rufen ihm mit lauter
Stimme jede Handlung, jeden Kniefall, jeden Stirnaufschlag
zu, die er zu verrichten hat; auf die Weise ermöglichen es
diese Zeremonienmeister dem Kaiser, das unerschütterlich fest-
stehende Staatszeremoniell strikt zu beobachten, ohne im geringsten davon abzuweichen. Der Präsident auf der linken
Seite, der höhere, heißt 贊引, der helfende Führer, oder der Führer,
der Befehle ausruft; der andere wird 對引 genannt, der gegenüberstehende Führer. Bei jedem Kniefall, den der Kaiser zu
machen hat, ist ein Beamter zur Stelle, der vor ihm einen
拜褥, Verbeugungsteppich, ausbreitet.

Zur Einleitung des ersten Aktes ertönt wieder von der
zweiten Terrasse der Ruf des „Leiters der Zeremonien“: 燔
柴迎帝神, Steckt den Scheiterhaufen in Brand und empfanget die
Seelen der Kaiser! Rauch und Flammen steigen vom Brandaltar
empor, und die 司香, Weihrauchbeamten, die ihre Plätze auf der
südöstlichen und südwestlichen Seite der höchsten Terrasse
haben, schreiten vor und stellen sich in den verschiedenen
Zelten auf, jeder eine Schüssel mit Weihrauchstäbchen auf den
Händen tragend. Der 典樂, Leiter der Musik, der auf der südwestlichen Seite der höchsten Terrasse steht, ruft: 舉迎帝神,
hebt an zum Empfang der Seelen der Kaiser! und die Sänger setzen
unter Begleitung einiger Musikinstrumente mit dem 始平
之章, Lied des anfangenden Friedens, ein. Es ist aus zwölf gereimten Strophen zusammengesetzt, aus je neun Worten oder
Schriftzeichen, und wie alle Opferhymnen der Staatsreligion
in hochklassischem Stil abgefaßt. Kaum ist das Lied beendet,
da erhebt der „Stimmer der Tonarten“ das H u i (s. S. 168), und
sofort fällt das Orchester ein. Auf Befehl des „helfenden

Führers" besteigt nun der Kaiser die höchste Terrasse; der „gegenüberstehende Führer" bleibt beim Mittelpunkte des Pflasters stehen, während der „helfende Führer" den Kaiser in das Zelt des Himmels geleitet. Hier kniet der Kaiser nieder, hebt ein Weihrauchstäbchen, das ihm der „Weihrauchbeamte" reicht, zu der Seelentafel empor und wiederholt dieselbe Handlung dreimal; dann macht er den Rundgang durch die Zelte seiner Ahnen und bringt jedem auf genau dieselbe Weise das Rauchopfer dar. Nun ruft ihm der „helfende Führer" zu: 復位, gehe auf Deinen Platz zurück! der Kaiser begibt sich mit den beiden Präsidenten des Opferamtes auf seinen „Verneigungsplatz" (S. 167) und macht da auf ihren Befehl hin drei Kniefälle mit neun Stirnaufschlägen. Beamte am Fuße des Hügels wiederholen die Befehle der Präsidenten, und unmittelbar bezeugen alle Prinzen und Beamten hinter dem Kaiser wie ein Mann dem Himmel und den Ahnen dieselbe höchste Ehrung, welche China kennt. Gleich darauf läßt der „Stimmer der Tonarten" das H u i sinken und bringt dadurch das Orchester sofort zum Schweigen.

Hiermit endet der erste Akt, der offiziell 迎帝神, Empfang der Seelen der Kaiser, heißt. Der Duft des brennenden Opfertieres, des Weihrauchs und der Opferspeisen, der Zauber des Liedes und der heiligen Musik haben den Abstieg der Seelen des Himmelskaisers und der kaiserlichen Ahnen in ihre Tafeln bewirkt, und somit kann der zweite Akt, das 奠玉帛, Niedersetzen des Jaspis und der Seidenstücke, seinen Anfang nehmen. Sobald der höchste Leiter der Zeremonien denselben durch den Ausruf: „Setzet den Jaspis und die Seidenstücke nieder!" eingeleitet hat, spielt sich ein ganz gleichartiger Vorgang wie beim Weihrauchopfer ab; es treten aber dabei ein besonderer 司玉, Beamter für den Jaspis, und eine Anzahl von 司帛, Beamten für die Seidenstücke, auf, die ihre Standplätze auf der südöstlichen und der südwestlichen Seite der höchsten Terrasse haben und die Körbe mit Jaspis und Seide von einem Tisch abnehmen, der auf dem südöstlichen Teil der Terrasse steht. Wenn der Kaiser vor dem Himmelsgott den Korb mit Jaspis und den mit Seide und vor jedem seiner Ahnen den mit Seide aus den Händen des betreffenden Beamten entgegennimmt, hebt er ihn empor und setzt ihn auf den Tisch, der die Opferspeisen trägt. Dann kehrt er auf seinen „Verneigungsplatz“ zurück, ohne diesmal Stirnaufschläge zu machen. Die Kantate, die diesen Akt begleitet, heißt 景平之章, das Lied des glanzreichen Friedens, und enthält sechs gereimte Strophen von acht Schriftzeichen.

Hierbei werden dem Himmel zwölf Stück azurblaue Seide geopfert, jedem Kaiser vier Stück weiße. Die Sonne empfängt ein rotes, der Mond ein weißes; die Sterne und Planeten zusammen (vgl. S. 174), außer sechs weißen Stücken, ein blaues, ein gelbes, rotes, schwarzes und weißes Stück, und zwar weil diese Farben die der fünf Hauptgegenden des Weltalls sind und sonach den fünf Elementen entsprechen (s. Tabelle, S. 120), deren Namen von den fünf Planeten getragen werden. Die Götter der Wolken, des Windes, Regens und Donners bekommen zusammen ein blaues, ein gelbes, ein schwarzes und ein weißes Stück. In die Seide des Himmels sind in archaischer Schriftform die Zeichen 郊祀制帛, für das Opfer des Vorstadtgeländes verfertigte Seide, eingewebt und daneben dasselbe in mantschurischer Schrift. Die Seide der Ahnen trägt in ähnlicher Weise die Zeichen 奉先制帛, zur Anbietung an die Ahnen verfertigte Seide; die für die zweite Terrasse 禮神制帛, Seide, verfertigt zur Verehrung der Götter.

Der dritte Akt heißt 進俎, die Anbietung der Opfertiergestelle. Nach dem einleitenden Ausruf des Leiters der Zeremonien stellt sich der Kaiser mit den beiden Präsidenten des Opferamtes östlich neben seinen „Verneigungsplatz“ und die Prinzen weichen nach den beiden Seiten der Treppe aus; und nachdem sie auf diese Weise es einer Reihe von Beamten ermöglicht haben, silberne Töpfe (壺) mit Brühe von Rindfleisch (羹) die Treppen hinaufzutragen, nehmen sie ihre Plätze wieder ein. Jeder Beamte trägt seinen Topf nach einem Zelt auf der höchsten Terrasse, wirft sich da vor der Seelentafel auf die Knie und hebt den Topf empor; dann gießt er etwas von der Brühe über den Opferstier (s. S. 165) aus und steigt die westliche Treppe wieder hinab. Nun ertönt das 咸平之章, Lied des alle Menschen umfassenden Friedens, sechs gereimte Strophen, aus je acht Worten bestehend, und wenn dann das Orchester wieder spielt, begibt sich der Kaiser der Reihe nach in jedes Zelt, um dort auf den Knien durch Hochheben der Hände den Opferstier der Seelentafel anzubieten. Dann kehrt er auf seinen Verneigungsplatz zurück, und das Orchester wird mittels des Hui zum Schweigen gebracht.

Der vierte Akt heißt 初獻, die erste Darbietung, nämlich des Opferweines. Nachdem der Leiter der Zeremonien gerufen: 行初獻禮, Verrichtet den Ritus der ersten Darbietung! werden von einigen runden, becherähnlichen Töpfen (尊) aus blauem Porzellan, welche bereits vor Anfang des Opfers auf dem südöstlichen und südwestlichen Teil der höchsten Terrasse auf Tischen niedergesetzt worden waren, die roten Seidendecken (幂) entfernt, und dann wird von dem Wein (酒), den sie enthalten, etwas mittelst Löffel in die Opferbecher (爵) gefüllt. Die 爵司, Beamten für die Opferbecher, schreiten darauf, jeder mit einem Becher in beiden Händen, zu den Zelten; und während da vor jedem Opfertisch einer von ihnen wartet, bis der Kaiser kommt, wird das aus sechs gereimten Strophen zusammengesetzte 壽平之章, Lied des Friedens, der lange Lebensdauer schafft, gesungen. Danach fällt das Orchester ein und acht Gruppen (佾) von militärischen Tänzern mit Schilden (干) und Hellebarden (戚) treten vor zur Aufführung ihrer 武功之舞, Tanzbewegungen für Kriegsleistungen. Der Kaiser begibt sich nach dem Zelt des Himmels und bringt dort einen Becher Wein dar, genau auf dieselbe Weise, wie er den Jaspis und die Seide darbot, und der betreffende Beamte des Bechers setzt diesen auf einen tischartigen Gegenstand aus Holz (墊), der hinter dem Opfertisch, also der Seelentafel am nächsten steht.

Nun schreitet der Kaiser nach dem Mittelpunkt der Terrasse, neben dem (s. S. 165) der Tisch mit dem Opfergebet steht. Der Beamte für dieses Gebet berührt vor demselben dreimal den Boden mit der Stirn, steht auf und kniet mit dem Gebet in beiden Händen auf der Ostseite des Tisches nieder. Plötzlich schweigt das Orchester; der Kaiser wirft sich auf Befehl des Präsidenten des Opferamtes auf die Knie, und alle Prinzen und Beamten folgen, auf Befehl der Ausrufer, seinem Beispiel. Der Präsident ruft: 讀祝, Verlies das Gebet! und der Vorleser hebt an:

維某年月日嗣天子臣○○○敢昭告於皇天上帝曰、時維冬至六氣資始。敬遵典禮、謹率臣僚、以玉帛犧齊盛庶品備此禋燎、祗祀於上帝、奉○○○○配○尚饗. Im Jahre ..., im so und sovielten Monate, am so und sovielten Tag wagt es der erbliche Thronfolger, der Sohn des Himmels, der Untertan ... dem Kaiserlichen Himmel, dem Obersten Kaiser, folgendes kundzugeben: Die Zeit ist jetzt im Wintersolstitium, im Anbeginn der Segensspenden der sechs Einflüsse. Ehrerbietig den Li der heiligen Schriften gehorchend, habe ich mich sorgfältig an die Spitze meiner Minister und Beamten gestellt und aus Jaspis, Seidenstücken, Opfertieren, Gefäßen und Schüsseln aller Art die hier liegenden Opfer und Brandopfer bereitet, Dir Oberstem Kaiser ehrfurchtsvoll zum Opfer und Euch Nebengeordneten Kaisern ... als ehrerbietige Darbietung. Mögen die Opfer angenommen werden!

In diesem Gebet folgt auf die Worte „der Untertan" der Name des Kaisers (s. S. 158). Die Namen seiner Ahnen werden nicht erwähnt, wohl aber alle ihre Ehrentitel (廟號 Miao Hao und 尊諡 Tsun Ši), für jeden 23 bis 27 Schriftzeichen, oder sogar noch mehr. Die sechs Einflüsse sind die des Himmels, denn Kap. 21a des Han Šu (Blatt 21) sagt es klipp und klar: 天有六氣, der Himmel hat sechs Einflüsse. Angeblich sind das, Jang und Jin, Licht und Dunkel, Wind und Regen; wir denken hier aber auch an die fünf Einflüsse, die wir auf S. 119 kennen lernten, nämlich Wärme und Kälte, Trockenheit, Nässe und Wind.

Nun trägt der Vorleser das Gebet nach der Seelentafel des Himmels, legt es davor in einen Korb (筐), drückt die Stirn dreimal auf die Erde und kehrt nach seinem Standplatz auf der südwestlichen Seite der Terrasse zurück. Gleich fällt das Orchester wieder ein, und dreimal macht der Kaiser zusammen mit allen Prinzen und Beamten ehrfurchtsvoll je drei Stirnaufschläge. Jetzt wendet sich der Kaiser seinen Ahnen zu und opfert ihnen allen der Reihe nach mit Hilfe der in den Zelten auf ihn wartenden Becherbeamten einen Becher, genau so wie er vor der Gebetslesung dem Himmel einen dargeboten hatte. Und von Zeremonienmeistern geleitet, besteigen die 分獻官, die Beamten für die Nebenopfer, die am Fuß der südlichen Treppe ihren Standplatz haben, teils die östliche, teils die westliche Treppe und begeben sich zu den vier Zelten auf der zweiten Terrasse. Dort opfern sie vor jeder Tafel Weihrauch, Seide (s. S. 171) und einen Becher Wein, genau so wie es der Kaiser auf der höchsten Terrasse tat, und gehen auf ihren Standplatz zurück, während auch der Kaiser sich auf seinen Verneigungsplatz begibt. Das Orchester hört zu spielen auf, die militärischen Tänzer treten ab, und acht Gruppen ziviler Tänzer treten mit langen Federn (羽) und Flöten (籥) an ihre Stelle zur Aufführung der 文德舞, Tänze für die Segnungen der Zivilverwaltung.

Danach folgen zwei Akte, welche 亞獻, die zweite Darbietung, und 終獻, die letzte Darbietung, heißen; sie spielen sich genau nach dem Programm der ersten Darbietung ab, werden aber nicht von einer Gebetsvorlesung unterbrochen. Die hiermit verbundenen Opferhymnen von sechs gereimten Strophen heißen 嘉平之章, das Lied des herrlichen Friedens, und 永平之章, das Lied des ewigen Friedens. Die „Beamten für die Nebenopfer" verrichten auch ein zweites und ein drittes Weinopfer vor den Tafeln der zweiten Terrasse, genau nach dem Programm des ersten. Sobald das Orchester schweigt, treten die „Tänzer für die Segnungen der Zivilverwaltung" ab.

Die Becher, welche dem Himmel und den Ahnen dargeboten werden, heißen 匏爵, Kürbisbecher, und zwar; weil in einem klassischen Buche des Li Ki, das den Titel 郊特牲, die Opferrinder für die Vorstadtgelände, trägt, geschrieben steht (Kap. 2), daß beim Opfer des Wintersolstitiums 器用陶匏、以象天地之性也, als Gefäße Tongeschirr und Kürbisse gebraucht werden, und zwar als Abbild der Natur des (runden) Himmels und der Erde. In Wirklichkeit gebraucht man jetzt leere Kokosnüsse (椰實) ohne Schnitzwerk oder Verzierung, aber innen mit Gold überzogen. Daß diese Becher ein religiöses Überbleibsel aus der Urzeit darstellen, in der Tongeschirr und Metall noch unbekannt waren, ist gewiß nicht unwahrscheinlich. Sie haben einen Durchmesser von 3,7 Ts'un und sind 1,3 Ts'un tief; jeder steht auf einem dreifüßigen Sockel (坫) von wohlriechendem Holz. Die Becher für die Götter der zweiten Terrasse bestehen aus Tonerde (陶), das heißt aus Porzellan (磁), sind himmelblau und mit Spirallinien verziert, die Donner vorstellen.

Der siebente Akt wird von einer Zeremonie eigenartiger Bedeutung eingeleitet. Ein Zeremonienmeister tritt aus der Gruppe von Beamten hervor, welche sich auf der Südwestseite der höchsten Terrasse befindet, begibt sich nach dem Tisch, an dem das Opfergebet verlesen wurde, und ruft aus: 賜福胙, spendet den Glückswein und das Glücksfleisch! Hierauf verlassen die beiden Präsidenten des Bewirtungsamtes (s. S. 158) ihren Standplatz auf der südöstlichen Seite der höchsten Terrasse und schreiten auf den Tisch zu, der daselbst neben dem mit den Weintöpfen steht (s. S. 172); der eine Präsident nimmt von diesem Tisch einen Becher Wein, der andere eine mit Drachen verzierte Schüssel (龍盤) mit Rindfleisch; sie tragen diese Gegenstände vor die Seelentafel des Himmels und heben sie mit beiden Händen zu dieser empor. Nun besteigt der Kaiser die höchste Terrasse, und die Präsidenten stellen sich an seiner rechten Seite auf; er kniet zusammen mit allen Umstehenden nieder, únd nachdem der Präsident des Opferamtes ihm zugerufen hat: 飲福酒, trinke den Wein des Glücks! übernimmt er den Becher, hebt ihn mit beiden Händen empor, trinkt und überreicht ihn einem Beamten, der auf seiner linken Seite kniet. Wenn ihm dann zugerufen wird: 受胙, empfange das Glücksfleisch! so vollzieht er mit der Drachenschüssel dieselbe Zeremonie. Sodann berührt er den Boden dreimal mit der Stirn, kehrt auf seinen Verneigungsplatz zurück und macht drei Kniefälle und neun Stirnaufschläge, wobei alle Prinzen und Beamten genau dasselbe tun.

Der Gedanke, der diesem Unterteil des Opfers zugrunde liegt, läßt sich unschwer ermitteln. Die heiligen Schriften lehren uns, daß von altersher die Opferer das den Göttern und Ahnen dargebotene Fleisch selbst verspeisten und ihre Verwandten damit beschenkten, in der Überzeugung, ihnen würden dadurch um so sicherer die Segnungen zuteil, welche das Opfer bringt. Offenbar legte man dieser Sitte große Bedeutung bei, denn das betreffende Fleisch wird in den klassischen Schriften durch ein besonderes Zeichen 胙 wiedergegeben. Verwundern kann es mithin nicht, daß sie sich zu einer festen Zeremonie der großen Opfer der Staatsreligion gestaltet hat, die bei den jetzigen Himmelsopfern mit nicht geringerer Feierlichkeit als die übrigen Akte begangen wird. Es ist, wie wir sahen, der Himmel selbst, der dabei durch die Vermittlung der beiden

Präsidenten des Bewirtungsamtes dem Kaiser den Wein und das Fleisch reicht, und wohlbegreiflich bringt ihm dafür der Kaiser durch neun Stirnaufschläge ehrerbietigst seinen Dank. Da es sich hier nicht um einen Akt zur Verherrlichung des Himmels handelt, versteht es sich von selbst, daß er nicht von einem Hymnus begleitet wird, und daß die heilige Musik der Götter dabei schweigt. Auch bildet diese Zeremonie keineswegs einen der neun Opferakte, sondern sie wird lediglich als ein Vorspiel zur unmittelbar darauffolgenden Opferhandlung betrachtet, die eigentlich den siebenten Akt darstellt und 徹饌, die Wegräumung der Opfergaben, heißt.

Das Glücksfleisch der jetzigen kaiserlichen Opfer stammt von einem Rind, das besonders für diesen Zweck auserkoren und geschlachtet wird. Noch vor der Opferfeier werden durch das Bewirtungsamt an die verschiedenen Ministerien und Ämter in Peking Scheine ausgeteilt, die zum Empfang eines Teiles des Fleisches an der Opferstätte ermächtigen. Diese Verteilung des Fleisches nach dem Opfer heißt 頒胙, die Verteilung des Glücksfleisches.

Was nun den eigentlichen siebenten Akt betrifft, so werden, sobald aus dem Munde des Leiters der Zeremonien der Befehl zur Ausführung ertönt, die sechs Strophen des 熙平之章, Liedes des weiten Friedens, gesungen; wenn dann das Orchester einsetzt, begibt sich der Beamte für den Jaspis und die Seide in das Zelt des Himmelsgottes, macht dort drei Stirnaufschläge und entfernt sich mit der Jaspisscheibe. Darauf verstummt das Orchester.

Wurden durch den ersten Akt der Himmelskaiser, die Ahnen und die übrigen Götter zum Altar geladen, so bezweckt der achte Akt, sie zu verabschieden. Er heißt deshalb 送帝神, die Verabschiedung der Kaiser und Götter. Sobald dazu der Leiter der Zeremonien den Befehl ausgerufen hat, wird die 清平之章, Kantate des reinen Friedens, gesungen; dann fällt das Orchester ein, und der Kaiser macht mit den Prinzen und Beamten dreimal den Kniefall und neunmal den Stirnaufschlag. Dieser Hymnus des reinen Friedens lautet:

升 中 告 成 兮 、 晻 靄 壇 場
穆 思 廻 聆 兮 、 雲 駕 洋 洋
臣 求 時 惠 兮 、 感 思 馨 香
願 蒙 博 產 兮 、 多 士 思 皇
天 施 地 育 兮 、 百 穀 蕃 昌
殖 我 嘉 師 兮 、 正 直 平 康

Es steigt zur Mitte (des Himmels) die Botschaft empor, daß das Opfer vollbracht ist, die Altarstätte sich nun in Dunkel hüllt;

Still gedenke unser und wende Deine Blicke auf uns; mögen die Wolken als Fahrzeuge (Deiner Segnungen) so zahllos sein wie die Wellen des Ozeans.

Dein Diener bittet Dich um Deine Gunst zu jeder Jahreszeit; lebhaft gedenke der Düfte seines Weihrauchs;

Er erhofft ein Wachstum allüberall und eine Vermehrung der Vortrefflichkeiten der Beamtenwelt.

Himmel! spende (Deinen Segen), so daß die Erde gebäre und alle Feldfrüchte reich und üppig gedeihen;

Hilf meinem guten Volke, damit ihm wahrer Friede und wirkliche Ruhe zuteil werde.

Sobald die Götter verabschiedet sind, vollzieht sich der neunte und letzte Akt. Der Leiter der Zeremonien ruft: 奉 祝 帛 饌、恭 送 燎 位, Tragt das Gebet und die Seidenopfer auf den beiden Händen ehrfurchtsvoll zu den Verbrennungsstätten! Der Beamte für das Opfergebet und die Beamten für die Seidenstücke begeben sich in die Opferzelte, machen dreimal den Stirnaufschlag und tragen das Gebet und die verschiedenen Körbe mit Seiden die südliche Treppe hinab an dem Kaiser und den Prinzen vorbei, die von ihren Verneigungsplätzen seitwärts rücken. Dann nehmen auch die Beamten für den

Weihrauch und die für die Becher Weihrauch und Becher von den Opfertischen, und diese Opfergaben werden, unter Beobachtung der Rangordnung, langsam und feierlich in die eisernen Verbrennungsöfen getragen, welche ʼ(S. 147) östlich vom Brandaltar stehen und von denen jeder in derselben Reihenfolge für eine der Seelentafeln bestimmt ist. Der Weihrauch und die Seide der vier Zelte auf der zweiten Terrasse werden die östliche und westliche Treppe hinabgetragen zu den gegenüberliegenden vier Öfen bei den Sturztoren des runden Innenwalles. Nun ruft der Leiter der Zeremonien aus: 望燎, siehe die Verbrennung an! die sechs Strophen der 太平之章, Hymne des allgemeinen Friedens, werden gesungen, und sobald dann das Orchester einsetzt, ruft der Leiter der Zeremonien: 詣望燎位, gehe hin zur Stätte und schaue die Verbrennung an! Die Stätte liegt westlich vom Brandaltar. Während der Kaiser sich dahin begibt, schreiten die Beamten für die Nebenopfer zu den Öfen bei den östlichen und westlichen Sturztoren und sehen sich da die Verbrennung an. Nach einer Weile ruft der Direktor des Opferamtes dem Kaiser zu: 禮成, die Zeremonien sind vollbracht! und führt ihn nach der Großen Hütte (s. S. 167), worauf das Orchester verstummt.

Und hiermit ist die Opferfeier zu Ende. Die „Drachenpavillons“, in denen die Seelentafeln nach der südlichen Treppe des Hügels getragen wurden (s. S. 166), werden wieder herbeigebracht, und derselbe Zug führt die Tafeln in die Schreine des Kaiserlichen Gewölbes und dessen Nebentempel zurück, in jeder Hinsicht so, wie sie nach dem Hügel gebracht wurden. Während dieses Vorganges kleidet sich der Kaiser in der Großen Hütte um und besteigt seine Sänfte. Sobald er durch das „Tor des leuchtenden Alldurchdringenden“ getragen ist und also die eigentliche Opferstätte verlassen hat, wird ihm das ungeweihte 祐平之章, Lied des beglückenden Friedens, zugesungen, und unter Begleitung profaner Musik bewegt sich der Zug nach dem Palast. Nach ihm verlassen auch die Prinzen und Beamten in ihrer Rangordnung die Altarstätte. Oben im Turm des Wu-Mên läutet die Glocke; die Prinzen und Staatsdiener, welche sich an der Opferfeier nicht beteiligten, haben sich dort in Hofgewändern ebenfalls ihrer Rangordnung gemäß aufgestellt und werfen sich zum Empfang des Sohnes des Himmels auf die Knie. Und nachdem dieser durch ihre Reihen getragen ist, folgen sie dem Zug bis zur Marmorbrücke, welche hinter dem T'ai Ho-Tor (s. S. 160) über den 金河, dem Goldfluß, führt, um dort ehrerbietigst zu warten, bis der Kaiser ihren Blicken entschwindet.

Das beschriebene kaiserliche Opfer mag wohl die imposanteste Feier sein, die je auf Erden die Menschheit zur Verehrung des Himmels veranstaltet hat. Auch sein hohes Alter kennzeichnet es als einen Ritus höchster Eigenartigkeit. Kurze Zeit danach folgt ein großes Opfer in dem auf S. 151 beschriebenen Rundtempel, „wo für die Jahresernte gebetet wird", und zwar am frühen Morgen des durch das Zykluszeichen 辛 sin bestimmten Tages nach 立春, dem Frühlingsanfang, der dem 4., 5. oder 6. Februar entspricht. Weil die Zykluszeichen zehn an der Zahl sind, kehrt der Tag sin jeden zehnten Tag zurück, und somit fällt das Opfer immer zwischen den 14. und 26. Februar. Es beruht auf einer Stelle im heiligen Buche der „Weisungen für die Monate" (S. 96), welche lautet: 是月也天子乃以元日祈穀于上帝, in diesem (ersten) Monat gebraucht der Sohn des Himmels den ersten (sin) Tag dazu, um zum Obersten Kaiser für die Feldfrüchte zu beten.

Die Vorbereitungen zum Opfer, die Opfergaben und das Ritual sind denen des Winteropfers auf dem Runden Hügel vollkommen gleich, nur daß im Tempel keine Zelte für die Tafeln des Himmels und der kaiserlichen Ahnen aufgeschlagen werden und es keine Gefolgschaftsgötter (S. 150) gibt. Der

Kaiser hat seinen „Verneigungsplatz" in der Meridianachse innerhalb des Tempels, während die Prinzen hinter ihm auf der Terrasse, der Leiter der Zeremonien dasolbst auf der Ostseite, die Musik auf der Ost- und Westseite ihren Platz haben und die Beamten am Fuße der Terrasse stehen. Der Zweck des Opfers kommt mit besonderer Klarheit im Opfergebet zum Ausdruck, das wie folgt lautet:

維某年月日嗣天子臣○○○敢昭告於皇天
上帝曰、臣仰承眷命撫育萬方、念切民生、
亟圖康乂。茲者候屆上辛、春耕將舉、爰攄
誠悃、上迓洪庥。謹率臣僚、以玉帛牲醴粢
盛庶品、恭祀上帝。伏祈昭鑒、時若雨暘、俾
百穀用成、三農攸賴。奉○○○○侑神。尚饗.

Im Jahre . . ., im soundso vielteu Monde, am soundso vielten Tag wagt es der erbliche Thronfolger, der Sohn des Himmels, der Untertan . . . Dir Kaiserlichem Himmel, Oberstem Kaiser, folgendes kundzugeben: Dein Untertan hat, ehrfurchtsvoll hinaufschauend, von Dir den besorgten Befehl empfangen, die zehntausend Gegenden beruhigend zu verwalten und zu ernähren, des Lebensunterhaltes der Völker zu gedenken und ihn durchaus zu beherzigen und somit eine ruhesichernde Regierung energisch anzustreben. Aus diesem Grunde hat er gewartet, bis dieser erste sin-Tag gekommen, wo das Pflügeu des Frühlings beginnen wird, um sodann seine wahrhaftige Frömmigkeit zu entfalten, damit man dazu von oben allumfassenden Schutz empfange. Er hat sich sorgsam an die Spitze seiner Minister gestellt und bietet Dir, Oberstem Kaiser, ehrfurchtsvoll Jaspis, Seidengewebe, Opfertiere, süßen Wein, Hirse und Schüsseln aller Art als Opfergaben dar. Mit der Stirn auf dem Boden betet er, daß Du leuchtend herunterblicken mögest, damit die Jahreszeiten Regen, Licht und Wärme in entsprechender Menge empfangen, die hundert Feldfrüchte sich dadurch völlig entwickeln, die drei Landbaubetriebe (auf bergigem, sumpfigem und flachem Boden) sich auf Deinen Beistand verlassen können. Auch opfert er den beistehenden Seelen der Kaiser (es folgen hier ihre langen Titel wie im Gebet auf dem Runden Hügel). Mögen die Opfergaben angenommen werden!

Um rechtzeitig und in genügender Menge Regen zu erlangen, wird im ersten Monat des Sommers, sobald sich Gewitterwolken (sogenannte 龍 Lung, Drachen) am Himmel gezeigt haben, auf dem Runden Hügel ein gleiches Opfer wie am Wintersolstitium dargebracht, welches 常雩 Šang Jü, das feste Regenopfer, heißt. Die Hymnen tragen Namen, die sich auf das Himmelswasser beziehen: 靄平, Frieden durch Bewölkung, 需平, Frieden durch erforderlichen Regen; 霖平, Frieden durch Dauerregen; 霈平, Frieden durch Regenguß usw. Bringt dieses Opfer keinen Regenfall herbei, dann werden den T'iĕn Šĕn oder Himmlischen Göttern von Wolken, Regen, Wind und Donner (s. S. 149), und den 地祇 Ti K'i oder Irdischen Göttern, nämlich den vornehmsten Bergen, Flüssen und Meeren, Opfer dargebracht, sowie auch dem 太歲 T'ai Sui, dem größten Jahrkreis, dem Planeten Jupiter, und schließlich den 社稷 Šĕ Tsi', Göttern des Bodens und der Hirse, und dabei um Regen gebeten. Aber wenn das alles zweimal vergeblich wiederholt worden ist, zelebriert der Kaiser auf dem Runden Hügel ein 大雩 Ta Jü, Großes Regenopfer. Ein glückverheißender Tag wird dazu durch das Astrologische Amt, das 欽天監 K'in T'iĕn Kiĕn, auserwählt. Während der Kaiser fastet, ist das Schlachten verboten. Am Tage vor dem Opfer läßt er sich nicht in seiner Sänfte nach der Opferstätte hintragen, sondern sitzt zu Pferd ohne großes Geleit und trägt alltägliche Kleidung, ebenso wie sein ganzes Gefolge und die Prinzen und Beamten, die ihm am Palasttor das Geleit geben (vgl. S. 162). Keine Musik begleitet ihn. Zur selben Zeit begibt sich ein Prinz des höchsten Ranges nach dem 太廟 T'ai Miao, dem Vornehmsten Ahnentempel, der an der südlichen Front des Palastes steht, um dort den Seelentafeln der verstorbenen Kaiser und Kaiserinnen der Dynastie mit einem großen Opfer die Notlage des Volkes bekanntzugeben und um Beseitigung derselben zu beten. Ein anderer Prinz, gleichfalls vom Kaiser dazu beauftragt, bietet ein ähnliches Opfer der Erde dar, und zwar auf ihrem großen Altar im nördlichen Vorstadtgelände, auf den wir, sowie auf die Altäre und Tempel der anderen soeben genannten Gottheiten, weiterhin zu sprechen kommen.

Während des Regenopfers tragen der Kaiser, die Prinzen und die diensttuenden Minister und Beamten 素服, einfache, schmucklose Gewänder, und 雨冠, Regenmützen. Da, wie gesagt, den Ahnen in ihrem besonderen Tempel geopfert wird, sind ihre Tafeln nicht aus dem Kaiserlichen Gewölbe auf den Hügel hinübergebracht worden, wohl aber die der Sonne, der Sterne und Planeten, des Mondes und der vier „Himmlischen Götter". Tiere zu schlachten ist verboten; es werden also keine dargeboten, und kein Rind wird im Ofen verbrannt. Kein Glückswein wird getrunken und kein Glücksfleisch dem Kaiser verabreicht. Nach dem dreimaligen Weinopfer werden Tänze einer ganz besonderen Art aufgeführt und dabei acht von einem Kaiser der Dynastie selbst verfaßte Lieder von je vierzig Buchstaben gesungen, die 雲漢詩, Verse der Milchstraße von Wolken, heißen.[1] In diesen Zahlen vierzig und acht spielen gerade Ziffern die Hauptrolle, weil sie dem Jin entsprechen und dasselbe mit Wasser, dem Gegensatz von Feuer, der Fall ist.

Wenn dann endlich der ersehnte Regen fällt, wird ein glücklicher Tag auserwählt und an diesem durch einen vom Kaiser angewiesenen Prinzen höchsten Ranges auf dem Runden Hügel und durch einen andern auf dem Altar der Erde ein 報祀, Dankgabenopfer, dargebracht, unter Befolgung des großen Rituals des Winteropfers.

---

[1] Zweimal kommt der Ausdruck 雲漢 zur Andeutung der Milchstraße im heiligen Ši (s. S. 63) vor. Da die Milchstraße gewöhnlich 天河, „der himmlische Fluß", heißt, haben wir den Titel der kaiserlichen Gedichte, welche Regen zu erzeugen bezwecken, gewiß im Sinne von „Fluß von Wolken am Firmament" aufzufassen.

Ein großes Opfer findet auch auf dem Runden Hügel statt, wenn die Seelentafel eines kürzlich dahingeschiedenen Kaisers durch seinen Nachfolger eigenhändig den Tafeln der Ahnen angereiht wird. Dieser feierliche Akt heißt 升配 šing P'ei, die nebengeordnete Tafel hinauftragen, (vgl. S. 149) und findet an einem durch das Astrologische Amt dazu angewiesenen glücklichen Tage statt.

Nachdem die Tafel mit Sorgfalt und frommer Ehrfurcht durch die Zusammenwirkung der Ministerien der Li und der Werke mit der kaiserlichen Kanzlei (內閣) und dem Hanlin verfertigt und mit der Inschrift versehen ist, wird sie außerhalb des Tores·des leuchtenden Alldurchdringenden (s. S. 146) in einem gelben Zelt auf einen gelben Tisch mit Weihrauchgefäß und Kerzenträgern gesetzt. Da verehrt sie der Kaiser mit drei Kniefällen und neun Stirnaufschlägen, sobald er das Kaiserliche Gewölbe besucht und auf dem Hügel die Zelte des Himmels und der Ahnen inspiziert hat, um sich danach in dem Fastengebäude des Altars zurückzuziehen (vgl. S. 163f.). Wenn er dann bei Tagesanbruch dieses Gebäude verläßt, um sich zur Darbringung des Opfers auf den Runden Hügel zu begeben, tritt er in das gelbe Zelt ein, berührt vor dem gelben Tisch dreimal den Boden mit der Stirn, trägt die Tafel eigenhändig in einen „Drachenpavillon“ und macht davor abermals drei Stirnaufschläge. Dann folgt er zu Fuß dem Pavillon, mit den Prinzen, Ministern und dem ganzen weiteren Gefolge hinter sich, und der lange Zug bewegt sich feierlich durch den östlichen Durchgang des Tores des Alldurchdringenden nach den südlichen Sturzpforten des Außenwalles. Da macht der Kaiser wiederum dreimal den Stirnaufschlag vor dem Pavillon, nimmt die Tafel heraus und trägt sie mit den beiden Händen durch die östliche der drei Sturzpforten nach der südlichen Altartreppe. Da verläßt ihn sein Gefolge; unter der Führung der beiden Präsidenten des Opferamtes besteigt er die Treppen

und stellt sich vor die runde zentrale Steinplatte der höchsten
Terrasse. Dann ruft der höchste der beiden Präsidenten feierlich aus: 廟謚皇帝祇見皇天上帝, Kaiser Soundso
(hier erwähnt er den posthumen Ehrennamen des Verstorbenen),
besuche ehrfurchtsvoll den Kaiserlichen Himmel, den Obersten Kaiser!
Sofort kniet der Kaiser nieder, setzt die Tafel auf einen Teppich,
der auf der runden Platte liegt, und macht dreimal einen Fußfall mit je drei Stirnaufschlägen; und auf den weiteren Befehl
des Präsidenten trägt er die Tafel in das neue Zelt, das am
Ende der Zeltreihe der Ahnen steht, deren Tafeln bereits zusammen mit der des Himmelskaisers aus dem Kaiserlichen
Gewölbe dorthin gebracht worden waren. Wiederum berührt des
Kaisers Stirn dreimal den Boden; sodann begibt er sich nach
seinem Verneigungsplatz auf der zweiten Terrasse, und das
Opfer nimmt seinen Anfang. Es spielt sich gänzlich nach dem
Programm des Opfers des Wintersolstitiums ab, nur daß die
Götter der zweiten Terrasse nicht herbeigebracht werden und
ihre Opfer also in Wegfall kommen.

Auch im großen Rundtempel findet die Anreihung der
neuen Seelentafel, die beim westlichen Tore desselben in einem
Zelt angefertigt wurde, in ganz ähnlicher Weise statt, jedoch
nur als Einleitung zum ersten Ernteopfer, das nach dem Tode
des betreffenden Kaisers gefeiert wird.

Ereignisse, welchen der Kaiser große Bedeutung beilegt,
werden auf dem Runden Hügel dem Himmel feierlich kund-
gegeben. So eine 祇告, ehrerbietige Bekanntgebung, wird mit
der Gebetsvorlesung eines Opfers verbunden, das in der frühen
Morgenstunde ein Prinz des höchsten Ranges als Stellvertreter
des Kaisers mit dem Ritual der kaiserlichen Opfer darbringt.
Nur die Seelentafel des Himmels wird dazu in das auf der
höchsten Terrasse errichtete Zelt hinübergebracht. Der Prinz

besteigt den Altar auf der westlichen Treppe und hat seinen Verneigungsplatz an der Südtreppe auf der dritten Terrasse. Nur gepökeltes Hirsch- und Hasenfleisch, getrocknetes Hirsch- fleisch, Zizyphus, Haselnüsse, Trauben, Lotuskerne (蓮實) und Mandeln (桃仁) werden angeboten, keine Opfertiere, keine Jaspisscheibe, und der Ritus des Glücksweines und des Glücksfleisches bleibt fort.

Siebentes Kapitel.

Der Götterkult des Konfuzianismus (II).

2. Die Erde.

Die zweite Gottheit der konfuzianischen Staatsreligion ist die Erde, offiziell 皇地祇 Huang Ti K'i, Kaiserliche Erdgottheit, und 后土 Hou T'u, Kaiserin Erde, genannt. Wie der Himmel dem leuchtenden und wärmenden Jang des Weltalls entspricht, so ist die Erde die höchste Verkörperung des dunklen und kalten Jin (vgl. S. 7), und deshalb liegt das 地壇 Ti T'an, das Opfergelände der Erde, in dem 北郊 Pe' Kiao, dem nördlichen Vorstadtgelände von Peking, da von allen Himmelsgegenden der Norden am meisten dem Jin entspricht. Es befindet sich dort nordöstlich vom 安定門 Ngan Ting Mĕn, dem Tor der Ruhe und Festigkeit, das gewiß so heißt, weil Unbeweglichkeit die Haupteigenschaft der Erde ist.

Die Anlage dieses Opfergeländes sowie der Bauplan und der Stil seiner Mauern, Tore und weiteren Baulichkeiten stimmen in fast jeder Hinsicht mit denen des Opfergeländes des Himmels überein; auch dasselbe Baumaterial, darunter viel weißer Kalk- und Magnesiummarmor ($3\,Ca\,CO_3\ 2\,Mg\,CO_3$), ist hier verwertet worden, dasselbe Material übrigens, aus dem die vielen noch zu beschreibenden Altäre und Tempel Pekings und der kaiserliche Palast errichtet sind. Die Unterschiede zwischen den zwei Opfergeländen sind im wesentlichen nur die, welche aus der Notwendigkeit entstanden, sie den alten Begriffen über Himmel und Erde anzupassen und daneben gewisse in klassischen Schriften enthaltene Angaben genau zu befolgen. Weil nach alter Auffassung die Erde quadratisch (方) ist, hat das ganze Opfergelände der Erde die Form eines gleichseitigen Rechteckes und ist auch die quadratische Form im Bauplan der Unterteile strengstens durchgeführt.

Die quadratische „Außenmauer" (vgl. S. 142) hat einen Umkreis von 765 Tšang oder etwa 2,58 Kilometern und ist gegen die vier Hauptpunkte des Kompasses gekehrt. Sie hat genau in der Mitte der Westfront ein überdachtes Tor mit drei Durchgängen, das 西天門 Si-T'iĕn Mĕn, Tor des Westens. Zu diesem Haupteingang führt von außen eine schnurgerade ost-westlich laufende Straße, die 廣厚街 Kuang Hao Kiai, Straße der weithin wirkenden Bereicherung, deren Name auf die Freigebigkeit anspielt, mit der die Erde im Herbst, der dem Westen entspricht, der Menschheit allüberall ihre reichen Erntegaben spendet (vgl. Kuang Li Mĕn, S. 146). Die Straße geht von einer Marmortreppe aus, führt dann durch eine rote Holzpalissade und eine 牌坊 P'ai Fang, Pforte mit einer Inschrifttafel, mit drei Durchgängen, das heißt durch ein freistehendes Bauwerk wie ein dreifaches Sturztor (vgl. S. 145), dessen Stürze Dächer mit glasierten Ziegeln tragen, und über dessen mittlerem Durchgang eine Tafel mit einer Inschrift angebracht ist. Parallel miteinander zu beiden Seiten der Straße laufen Mauern, 71,2 Tšang lang, die rechtwinklig auf die „Außenmauer" des Opfergeländes stoßen; somit liegt die Straße genau in der Mitte eines 26 Tšang breiten Ganges, der den einzigen Zugang zu dem Opfergelände bildet.

Genau in der Mitte des von der Außenmauer umschlossenen Quadrates liegt in der gleichen Lage ein kleineres, das eine 549,4 Tšang lange „Innenmauer" umgibt, welche in der Mitte jeder Front ein überdachtes Tor hat; nur das nördliche Tor hat drei Durchgänge und kennzeichnet sich so als Haupteingang zu der eigentlichen Opferstätte, da ja der Norden insbesondere die Weltgegend ist, welche dem Jin und somit der Erde entspricht. Dieses Tor ist mit dem „Tor des Westens" durch eine gepflasterte Straße verbunden, welche also zwischen den zwei Mauern läuft. Es versteht sich auch jetzt von selbst, daß der Šĕn Lu, der Heilige Weg (s. S. 154), vom Nordtor aus gerade südwärts nach dem Altar läuft und mit der Meridianachse des Opfergeländes zusammenfällt, in der auch natürlich der Mittelpunkt des Altars liegt.

Der Altar befindet sich in der südlichen Hälfte des von der Innenmauer umschlossenen Raumes. Er trägt den Namen 方澤 Fang Tse', Quadratisches Gewässer. Seine Gestalt ist nämlich nicht bloß durch die der quadratischen Erde bedingt, sondern auch durch das heilige Buch Tšou Kuan, in dessen Abschnitt über den 大司樂, Hauptverwalter der Musik, von einer gewissen Musikart berichtet wird: 夏日至於澤中之方丘奏之, an der Sonnenwende des Sommers führt man sie aus auf dem quadratischen Hügel, der im Tse' liegt. Es besteht der heutige Altar in der Tat aus zwei über demselben Mittelpunkt liegenden quadratischen Schichten, deren Seiten genau gegen die vier Himmelsrichtungen gewendet sind und alle in der Mitte eine Treppe von acht Stufen haben. Die geraden Zahlen entsprechen, wie wir uns erinnern, dem Jin. Die untere Schicht ist auf jeder Seite 10,6 Tšang lang, die obere 6 Tšang, und jede Schicht ist 6 Tš'i' hoch. Das Pflaster der oberen Schicht besteht aus neun gleichgroßen Quadraten, welche die altklassische, theoretische Einteilung des Erdbodens vorstellen, nämlich einen zentralen Teil mit acht darumliegenden, welche den Hauptpunkten des Kompasses entsprechen. Das zentrale Quadrat, welches also das Reich der Mitte im engeren Sinne veranschaulicht, ist mit sechs Reihen von je sechs gelben quadratischen Fliesen gepflastert, und gewiß soll das die Mischung

und Zusammenwirkung von Jang und Jin, welche den Zahlen
drei und zwei entsprechen, vorstellen, durch die auf dieser
Erde alljährlich die Ernte hervorgebracht wird. Die acht
übrigen Quadrate enthalten je acht Reihen von acht gelben
Fliesen, also die Jin-Zahl zwei in der dritten Potenz. Gelb
ist die Farbe des Zentrums des Weltalls und der Erde. Auf der
unteren Terrasse spielen wiederum die selben Zahlen eine Rolle,
da auf jeder Seite des Rundganges sechs Quadrate liegen, jedes
mit achtmal acht Fliesen.

Die senkrechten Wände dieses Erdhügels sind mit Backsteinen großen Formats bemauert. Brüstungen und Geländer hat
er gar nicht. Er ist von einem senkrecht gemauerten Wassergraben, dem oben erwähnten Tse', umgeben, der 8,6 Tš'i'
tief und 8 Tš'i' breit ist und der alten Form des Altars, wie
das Tšou Kuan sie bekanntgibt, gerecht wird. Die Treppen
der unteren Terrasse überbrücken ihn. Wahrscheinlich stellt
er das Wasser vor, das nach alten Begriffen die Erde auf
allen Seiten umgibt. Auf der südwestlichen Seite befindet
sich in der Mauer des Grabens ein Drachenkopf, der, wenn
ein Opfer stattfinden soll, Wasser speit, welches durch ein unter-
irdisches Rohr von dem Brunnen des „Aufbewahrungshauses
für die Götter“ hingeleitet wird und den Graben bis zur Höhe des
Kopfes füllt. Sowohl auf dem östlichen wie auf dem westlichen
Rundgang steht südlich der Treppe ein marmornes Postament,
das während der Opferfeier die Seelentafeln von fünf vornehmen Bergen trägt, und nördlich jeder Treppe noch eines
für die vier Weltmeere und die vier großen Flüsse. Die
beiden Postamente für die Berge sind bergähnlich, die für die
Gewässer mit Abbildungen von Wasser bemeißelt, und die
letzteren umgibt eine viereckige Aushöhlung (池) im Pflaster,
in die vor dem Opfer Wasser gegossen wird.

Dieser Altar ist, wie der Runde Hügel, von einem „Innenwall“ und einem „Außenwall“ umgeben. Beide sind quadratisch,

auf jeder Seite 27,2, bezw. 42 Tšang lang. Jeder hat in der Mitte der Nordseite drei nebeneinanderstehende Sturztore, aber in der Mitte der drei anderen Fronten nur ein einziges. Auf der Südseite des Außenwalles steht ein viereckiger Tempel, das 皇祇室 Huang K'i Ši', Haus der Kaiserlichen Erdgottheit, für die Seelentafeln der Erde und der kaiserlichen Ahnen, die darin auf dieselbe Weise wie im „Gewölbe" des Runden Hügels angeordnet sind (vgl. S. 148). Seine Front ist gegen Norden gewendet, somit auch die Tafel der Erde, welche in einem Tabernakel genau in der Meridianachse des Altars steht, die das Gebäude sowie den ummauerten quadratischen Raum, in dem es sich erhebt, direkt in der Mitte durchschneidet. Dieser Raum ist auf jeder Seite 10,2 Tšang lang. Seine Mauer ist gegen die Hauptpunkte des Kompasses gekehrt und hat in der Mitte der Nordfront ein überdachtes Tor. Der Tempel hat auf beiden Seiten je einen rechteckigen Nebentempel für die oben erwähnten Götter der Berge, Meere und Flüsse, deren Seelentafeln darin in derselben Anordnung aufbewahrt werden, in der sie, wie wir auf S. 192 f. sehen werden, während der Opfer auf dem Altar stehen. Die Dachsteine der drei Gebäude, der Mauer und des Tores sind gelb glasiert.

Westlich von diesem Tempelhof liegt ein ummauerter viereckiger Hof mit einem Aufbewahrungshaus und einer Küche für die Götter, nebst einem Aufbewahrungsplatz für die Opfergeräte und einem für die Musikinstrumente; daneben liegt westlich ein kleiner viereckiger Hof mit dem Schlachthaus. Auch ist noch das kaiserliche Fastengebäude zu erwähnen, das im nordwestlichen Teil des von der Innenmauer umschlossenen Raumes gelegen ist. Es besteht aus einer gegen Osten gekehrten 正殿, Haupthalle, auf einer Terrasse mit marmornen Brüstungen, und zwei 配殿, Nebenhallen, und wird von einer viereckigen Mauer umschlossen; diese liegt wiederum in einer viereckigen Außenmauer, die im ganzen 110,2 Tšang lang ist. Außerhalb derselben erhebt sich bei der nordöstlichen Ecke ein Glockenturm. Alle diese Baulichkeiten sowie die Mauern der Opferstätte tragen grüne Dachziegeln.

Zum Schluß sei noch erwähnt, daß der Altar der Erde, zugleich mit den Altären des Himmels, der Sonne und des Mondes, unter der Ming-Dynastie im Jahre 1531 erbaut wurde (s. 明史 Ming Ši, Geschichte der Ming, Kap. 47).

Wie dem Himmel am frühen Morgen des Tages des Wintersolstitiums, wenn das Jang seine jährliche Wiedergeburt erlebt, sein großes Jahresopfer dargebracht wird, empfängt die Erde das ihrige in der frühen Stunde des Tages der Sonnenwende im Sommer, wenn das Jin sich von neuem belebt. Die Seelentafel der Erde steht dabei auf einem „Thronsitz" (s. S. 160) auf der Südseite der höchsten Terrasse des Altars in der Meridianachse und ist also gegen den Norden, die Gegend des Jin, gekehrt. Vor ihr stehen die Tafeln der kaiserlichen Ahnen genau so wie auf dem Runden Hügel, die der ungeraden Kaiser also auf der Ost-, die der geraden auf der Westseite, eine Anordnung, welche natürlich der der Schreine entspricht, in denen die Tafeln im „Hause der Kaiserlichen Erdgottheit" (S. 191) aufbewahrt werden.

Die Postamente für die Tafeln der zweiten Terrasse haben wir schon erwähnt. Auf dem bergförmigen der östlichen Seite stehen, zusammen in einem Zelt mit der Front gegen Westen, die Tafeln der fünf 岳 (嶽) Jo', der vornehmsten Berge des Reiches, welche, wie das Šu uns lehrt, schon für den heiligen Kaiser Šun Gegenstände der Verehrung waren. Ihre Anordnung auf dem Altar entspricht vollkommen den universistischen Anschauungen und ist, vom Norden angefangen, folgende:

中岳, der Jo' der Mitte, der 嵩 Sung, im Kreise 登封 Těng-fung, Provinz Ho-nan.

東岳, der Jo' des Ostens, der 岱 Tai oder 泰 T'ai, im Kreise 泰安 T'ai-ngan, Provinz Šan-tung.

南岳, der Jo' des Südens, der 衡 Hĕng, im Kreise 衡山 Hĕng-šan, Provinz Hu-nan.

西岳, der Jo' des Westens, der 華 Hua, im Kreise 華陰 Hua-jin, Provinz Šĕn-si.

北岳, der Jo' des Nordens, der 恒 Hĕng, im Kreise 曲陽 K'ü'-jang, Provinz Pe'-tši'-li.

Darauf folgen in derselben Reihe:

啟運山, das K'i-jun-Gebirge bei Jenden in der Mandschurei, bei dem die vier ältesten Vorahnen der Dynastie im 永陵, Jung-Grabhügel, ruhen.

隆業山, das Lung-je'-Gebirge bei Mukden, an dem der 昭陵, Tšao-Grabhügel, des Ahnherrn 太宗 T'ai Tsung gelegen ist.

永寧山, das Jung-ning-Gebirge im Bezirke 易 Ji' in Pe'-tši'-li, wo die 西陵, westlichen Grabhügel, der Dynastie liegen.

Diesen acht Tafeln gegenüber stehen auf dem Postamente der westlichen Seite des Altars in einem gemeinschaftlichen Zelt, mit der Front nach Osten, die Seelentafeln der sogenannten 鎮 Tšĕn, fünf weiteren, auch in klassischen Schriften erwähnten vornehmen Berge. Sie sind gleichfalls in der universistischen Reihenfolge angeordnet, also vom Norden angefangen, in folgender:

中鎮, der Tšĕn der Mitte, der 霍 Ho', im Kreise Ho'. Provinz Šan-si.

東鎮, der Tšĕn des Ostens, der 沂 I, im Kreise 益都 Ji'-tu, Provinz Šan-tung.

南鎮, der Tšĕn des Südens, der 會稽 Kwei-ki, im Kreise Kwei-ki, Provinz Tšĕ'-kiang.

西鎮, der Tšĕn des Westens, der 吳 Wu, im Bezirk 隴 Lung, Provinz Šĕn-si.

194

北鎮, der Tšĕn des Nordens, der 醫無閭 I-wu-lü, im Kreise 廣寧 Kuang-ning, Provinz Šing-king.

Und daneben schließen sich an:

天柱山, das T'iĕn-tšu-Gebirge bei Mukden, an dem der 福陵, Fu'-Grabhügel, des Ahnherrn 太祖 T'ai Tsu gelegen ist.

昌瑞山, das Tš'ang-šui-Gebirge im Bezirk 遵化 Tsun-hua in Pe'-tši'-li, an dem die 東陵, östlichen Grabhügel, der Dynastie liegen.

Es erregt die Aufmerksamkeit, daß auch die fünf Gebirge, welche die Lage der Mausoleen des regierenden Kaiserhauses beherrschen,[1] der Erde als „Gefolgschaftsgötter" hinzugefügt werden, obwohl von ihnen in den heiligen Schriften nirgend die Rede ist. Sie beeinflussen aber ebensogut wie die heiligen alten Hauptberge des Reiches das Glück des Kaisers und seiner Regierung. Es war freilich in China immer unerschütterliche Lehre, daß die Gräber der Toten das Glück und das Fortbestehen ihrer Nachkommenschaft bestimmen, und daß von der Gestaltung des Bodens, in und bei dem sie liegen, ihre Beseelung und daraus erfolgende segenspendende Kraft abhängig sind. Näheres hierüber wird das letzte Kapitel dieses Werkes bringen.

Was die Postamente für die Gewässer betrifft, so stehen auf dem östlichen, zusammen in einem Zelt, die vier Tafeln der 海 Hai, Meere, nämlich des Ostens, Südens, Westens und Nordens, und auf dem westlichen die der vier 瀆 Tu' oder Wasserströme. Diese Flüsse sind: der östliche, der Jang-tsĕ; der südliche, der 淮 Huai, in Ho-nan und Ngan-hui; der westliche, der Huang-ho; der nördliche, der 濟 Tsi, in Šan-tung. In den Nebengebäuden des „Hauses der kaiserlichen Erdgottheit" ist die Anordnung dieser Berg- und Wassergötter natürlich genau so wie auf dem Altar. Sie werden zusammengefaßt unter dem Namen 地祇 Ti K'i, Irdische Götter.

Wie die Hauptgestirne und Planeten mit den vier Himmlischen Göttern auf dem Runden Hügel die „Gefolgschaftsgötter" sind, so sind es auf dem Altar der Erde die Hauptberge und Gewässer. Die klassische Grundlage für diese Einrichtung des Opfers befindet sich im heiligen Buche 王制 Wang Tši, Fürstenregeln, des Li Ki (Kap. III). Da steht geschrieben: 天子祭天下名山大川、五嶽視三公、四瀆視諸侯, der Sohn des Himmels opfert den namhaften Bergen und den großen Strömen der ganzen Welt; er betrachtet dabei die fünf Jo' als seine drei Reichsverwalter, die vier Tu' als seine höchsten Lehnsfürsten. Das heißt also, daß in der Rangordnung der Götter den Bergen und Strömen ein Platz unter und nach dem Kaiser gebührt; da aber die Weltmeere größer als die Flüsse sind, so haben auf dem Altar ihre Tafeln vor denen der Flüsse den Vorrang. Hier tritt also wiederum die Stellung des regierenden Kaisers über allen Göttern außer Himmel und Erde klar zutage.

Eine Beschreibung des großen kaiserlichen Opfers der Sommersonnenwende erübrigt sich. Die Vorbereitungen, die Opfergaben, das Ritual usw. sind in jeglicher Hinsicht denen des Opfers des Wintersolstitiums gleich. Nur ist zu bemerken, daß die Zelte der Tafeln gelb und quadratisch sind und daß, klassischer Vorschrift entsprechend (s. S. 161), der Erde ein gelbes 琮 Tsung angeboten wird, nämlich eine quadratische Scheibe von Jaspis, etwa vier Ts'un lang und breit, die eine flache Seite hat und auf der andern von zwei gegenüberliegenden Kanten nach der Mitte hin leicht gewölbt ist. Anstatt eines Scheiterhaufen-Altars (S. 146) hat der Altar der Erde an der entsprechenden Stelle eine 葬坎 Tsang K'u, Grube, in die beim ersten Opferakt Haare und Blut der Opfertiere, beim letzten das Gebet, die Seide, der Weihrauch und der Wein geworfen werden, welche man der Erdgöttin angeboten hatte.

Diese den Ahnen dargebotenen Opfergaben aber wirft man alsdann in daneben stehende Verbrennungsöfen, und die der zweiten Terrasse in vier „Gruben“ innerhalb des Außenwalles, beiderseits des östlichen und des westlichen Sturztores.

Das Gebet lautet wie folgt:

維某年月日嗣天子臣○○○敢昭告於戶土
皇地祇曰、時當夏至、群物方亨、生長發、育
有生。咸賴功德至厚、上配皇天。謹以玉帛
牲醴粢盛庶品用將祇祭、奉○○○配○尚饗

Im Jahre ... im so und sovielten Monde, am so und sovielten Tag wagt es der erbliche Thronfolger, der Sohn des Himmels, Dein Untertan ... der Kaiserin Erde, der Kaiserlichen Erdgöttin, folgendes bekanntzugeben: Die Zeit beherrscht das Sommersolstitium; alle Wesen sind (von der Himmelskraft) gänzlich durchdrungen; Leben und Wachstum haben sich entwickelt und lassen alles, was lebt, gedeihen. Alles verläßt sich jetzt auf die höchste Freigebigkeit Deines segensreichen Werkes, das sich mit dem des Kaiserlichen Himmels oben paart. Sorgfältig habe ich Jaspis, Seide, Opfertiere, Wein, Gefäße und Schüsseln aller Art und Nutzen zubereitet, Dir ehrfurchtsvoll zum Opfer und Euch nebengeordneten Kaisern (Titel wie im Gebet des Himmelsopfers, S. 173) als ehrerbietige Darbietung. Mögen die Opfer angenommen werden!

Die Hinzufügung der Tafel eines neuverstorbenen Kaisers zu denen seiner Ahnen, sowie die Bekanntgabe wichtiger Ereignisse findet auf dem Altar der Erde genau nach dem Programm statt, das für den Altar des Himmels festgestellt ist (vgl. S. 184 ff.).

3. Die kaiserlichen Ahnen.

Der Kaiser und sein Haus sind vom Staatswesen der allervornehmste Teil. Folglich lassen sich auch die Opfer, welche er, auf Grund des Vorbildes und der Lehre der heiligen Vergangenheit, seinen Ahnen, den Mitgliedern und Schutzgöttern seines Hauses, darbieten muß, unmöglich von der Staatsreligion abgetrennt denken. Diese Heiligen nehmen darin, wie wir wissen, nach Himmel und Erde den Platz über allen Göttern ein, und diese hohe Stellung hat der Opferritus auf den Altären des Himmels und der Erde bereits klar erwiesen.

Zur Aufbewahrung und Verehrung ihrer Seelentafeln besitzt der Kaiser auf der Ostseite der zwei großen Höfe, die zwischen dem 天安 T'iĕn Ngan-Tor und dem 午 Wu-Tor vor der Südfront des Palastes liegen, eine große, im Jahre 1420 von der Ming-Dynastie erbaute Opferstätte. Ihre Lage ebenda beruht auf einem Satz im heiligen Buche Tšou Kuan, welcher lautet: 小宗伯之職掌建國之神位、右社稷、左宗廟, der Unterverwalter des fürstlichen Ahnenstammes, der damit beauftragt ist, die Plätze der Götter des Staates festzusetzen, gibt den Šĕ und den Tsi' den Platz zur rechten, dem Ahnentempel den Platz zur linken (östlichen) Seite. Dieselbe Vorschrift für die Lage dieser zwei Opferstätten befindet sich am Schluß des heiligen Buches Tsi I, das einen Teil des Li Ki bildet.

Mitten im Opfergelände der Ahnen erhebt sich in einem rechteckigen ummauerten Raum der 太廟 T'ai Miao, der Größte, Vornehmste Ahnentempel, auf einer rechteckigen Marmorterrasse von drei Stufen, die auf allen Seiten mit marmornen Brüstungen versehen sind. An der genau gegen Süden gewendeten Vorderseite ist dieser Terrasse ein etwas schmalerer viereckiger Perron mit gleichartigen Brüstungen vorgebaut, der, für jede Stufe, vorn drei nebeneinander liegende Treppen, zu beiden Seiten nur eine Treppe hat. Der Tempel hat ein zweifaches Dach von gelben glasierten Ziegeln. Das obere ruht auf dreißig Säulen von kostbarem Holz, von denen jede ein einziger gewaltiger Baumstamm ist; sie bilden in der Tempelhalle drei Reihen. Parallel zu ihnen steht auf jeder Seite noch eine Reihe von zwölf Säulen, die das untere Dach tragen; zwischen diesen Säulen ist die Tempelwandung angebracht, so daß sie nach außen und innen wie Pilaster heraustreten. Der Baustil dieses Tempels ist dem des größten Opfertempels, der noch heute in den kaiserlichen Grabstätten der Ming-Dynastie steht, ganz ähnlich, und es ist also kaum daran zu zweifeln, daß wir ihn in der ursprünglichen Gestalt vor uns haben, in der dieses Kaiserhaus ihn 1545 erbauen ließ. Für Näheres über seinen Stil und sein Vorkommen dürfen wir mithin auf die illustrierte Beschreibung des gesagten Tempels der Ming-Gräber in Band III meines „The Religious System of China", S. 1214 ff., hinweisen.

Auf dem Hof, der sich vor dem T'ai Miao ausdehnt, liegt auf jeder Seite ein rechteckiger Nebentempel (Wu), mit der langen Frontseite nach Westen, bezw. nach Osten gekehrt. Jedes dieser Gebäude hat nur ein einziges Dach und steht auf einem marmornen 崇基, Erhöhungsfundament, ohne Brüstungen. Das östliche enthält Schreine mit Seelentafeln der 功王, verdienstvollen Prinzen höchsten Ranges, von denen zu einigen sich die Tafel der Gemahlin (福晉) gesellt. Im westlichen Nebentempel stehen auch solche Tafeln und überdies noch viele von 功臣, verdienstvollen Ministern, denen der höchste Adelstitel 公 Kung verliehen worden ist. Hier nach dem Tode in der Gestalt einer Seelentafel ewig wohnen zu dürfen und somit Anteil an den Opfern zu haben, welche der Sohn des Himmels seinen Ahnen bringt, gilt für die allerhöchste Ehrung, welche in China einem Menschen zuteil werden kann. Sie erhebt ihn, den kaiserlichen Ahnen gegenüber, auf die hohe Stufe der Nebenordnung, welche durch das Zeichen 配 p'ei ausgedrückt wird (vgl. S. 149).

Zur Unterscheidung von zwei anderen Tempeln, die hinten liegen, heißt der T'ai Miao auch 前殿, die Vorderhalle. Die Meridianachse der Opferstätte durchschneidet ihn gerade in der Mitte, sowie auch den dahinterstehenden kleineren, der ein einziges Dach hat, ebenfalls nach Süden gekehrt ist und 中

殿, Mittelhalle, heißt. Diese steht auf einem rechteckigen „Erhöhungsfundament" mit Brüstungen, dem vorn in der Mitte eine rechteckige schmalere Plattform (墀) vorgebaut ist, welche auf jeder Seite eine Treppe hat und mit der Terrasse des Vordertempels verbunden ist. In der Mittelhalle werden die Tafeln der Kaiser, von 太祖 T'ai Tsu an, in Schreinen aufbewahrt. Dieser nimmt den Hauptplatz in der Meridianachse ein; zu seiner Linken steht sein Nachfolger 太宗 T'ai Tsung, rechts von ihm der dritte Kaiser, der vierte weiter links und so weiter. Neben der Tafel jedes Kaisers befinden sich in demselben Schrein auf der rechten Seite als p'ei Wei oder nebengeordnete Sitze die Tafeln seiner Hauptgemahlinnen, also der Kaiserinnen; neben 聖祖 Sing Tsu (K'ang-hi) z. B. vier. Die Tafeln der jüngst verstorbenen Kaiser und Kaiserinnen stehen seitwärts, gegen Westen und Osten gekehrt. Für jeden Kaiser mit seinen Gemahlinnen gibt es eine besondere „Kammer", welcher die alte Benennung 室 Si' oder 寢室 Ts'in-si' beigelegt ist. Darin steht, außer dem Schrein oder Tabernakel (龕 K'an), ein Bett mit Decken und Kopfkissen, Kleiderrechen und Gardinen, wie die Lebenden sie im Schlafzimmer zu haben pflegen; endlich auch Kistchen mit ihren 玉寶, Siegeln aus Jaspis, und mit 玉冊, Platten von Jaspis, worin alle die ihnen verliehenen Ehrennamen eingraviert sind (s. S. 209).

Hinter der Mittelhalle läuft ost-westlich eine Quermauer mit überdachten Toren im mittleren Teil. Dahinter erstreckt sich ein Hof, der in gleichem Stande wie die Vor- und Mittelhalle die 後殿, Hinterhalle, enthält. Ihr klassischer Name ist 祧 T'iao. Sie ist der Mittelhalle ähnlich, hat aber an der Vorderseite drei nebeneinander liegende Treppen. Sie enthält die „Kammern" und Seelentafeln der vier Vorahnen der Dynastie, nämlich: 肇祖 Tšao Tsu, 興祖 Hing Tsu, 景祖 King Tsu und 顯祖 Hiĕn Tsu, alle gegen Süden gekehrt, der älteste in der Mitte; auch hier ist jeder Tafel die der Gemahlin zugesellt. Diese Ahnherren und Ahnfrauen wurden 1648 von 世祖 Ši Tsu (Šun-tši), dem ersten Mandschu-Kaiser, der in Peking den Thron bestieg, zur kaiserlichen Würde erhoben und mit kaiserlichen Ehrennamen ausgestattet.[1]

Auch bei der Mittel- und der Hinterhalle befinden sich in gleicher Lage wie bei der Vorderhalle zwei Nebengebäude. Sie werden zur Aufbewahrung von Opfergeräten verwendet. Außen und innen sind die drei Hallen reichlich verziert und besonders zwischen den mittleren Pfeilern bunt bemalt und vergoldet. Sie und ihre sechs Nebengebäude umschließt eine viereckige Mauer, die in der Mitte der Südfront, also in der Meridianachse, ein überdachtes Tor mit fünf Durchgängen hat, das sich auf einer marmornen Terrasse mit Brüstungen und drei Treppen vorne und hinten erhebt. Es heißt 戟門 Ki' Měn, das Lanzentor, weil sowohl innen wie außen zur Linken und zur Rechten Ständer mit Lanzen stehen. Quer vor dem Tor fließt ein mit Marmorquadern gemauerter Bach, über den nicht weniger als sieben Marmorbrücken führen; davor steht auf der Ostseite das Aufbewahrungshaus, auf der Westseite die Küche für die Götter. Nun folgt eine Quermauer mit fünf überdachten Toren in der Mitte, jedes mit nur einem Durchgang; sie ist die Südfront einer Mauer, welche die soeben erwähnte auf den vier Seiten umfaßt und auch selbst wiederum auf allen Seiten von einer dritten Mauer umgeben ist, deren Gesamtlänge 291,6 Tšang beträgt. Die Westfront dieser Mauer hat drei überdachte Tore, welche auf die zwei großen Vorhöfe des Palastes (s. S. 197) gehen. Das südlichste hat drei Durchgänge und ist der kaiserliche Haupteingang. Es heißt 太廟街門 T'ai Miao Kiai Měn, Tor der T'ai Miao-Straße.

Die Dachsteine der Tempel, der Tore und der Mauern sind gelbglasiert und entsprechen somit der kaiserlichen Farbe der Erde, des Weltalls Mitte.

---

[1] Näheres in „The Religious System of China“, Bd. III, S. 1353 f.

Die Opfer, welche der Kaiser in dem beschriebenen Opfergelände alljährlich seinen Ahnen darbietet, beruhen hauptsächlich auf diesem Satz im Tšou Kuan: 以祠春享先王、以禴夏享先王、以嘗秋享先王、以烝冬享先王 (Abschnitt über den 大宗伯, den Oberverwalter des fürstlichen Ahnenstammes). Mittels des 祠 Sŏ opfert man im Frühling den früheren Herrschern; mit dem 禴 Jo' opfert man ihnen im Sommer, mit dem 嘗 Tš'ang im Herbst und mit dem 烝 Tšing im Winter. Die Darbringung dieser vier Opfer ist hier durch das Zeichen 享 hiang ausgedrückt, das durchweg als nicht verschieden vom gleichlautenden 饗 gedacht wird und somit auch dessen Bedeutung von „Bewirtung mit Speisen und Getränken" hat. Daß die vier klassischen Namen der Opfer diesen immer offiziell beigelegt worden sind, versteht sich von selbst. Das Sŏ wird im ersten Monat des Frühlings gefeiert, und zwar an einem der ersten zehn Tage, der als dazu besonders geeignet auserwählt wird; jedes der drei anderen Opfer findet am ersten Tage der betreffenden Jahreszeit statt. Aus diesen Daten ersieht man, daß jedes Opfer die Erlangung des Segens der Ahnen für die eingetretene Jahreszeit bezweckt.

Das Programm dieser Opfer ist dem der großen Himmelsopfer ähnlich. Ganz dieselben Vorbereitungsmaßregeln werden getroffen, allein der Kaiser verbringt die vorangehende Fastnacht im Palast. Während er sich noch vor Aufgang der Sonne mit großem Gefolge zum Opferplatz aufmacht und die Großen, Beamten, Musikanten usw., die beim Opfer amtieren sollen, bereits ihre Plätze eingenommen haben in der entsprechenden Anordnung wie beim Frühlingsopfer im Rundtempel des Himmels (S. 181), wird in der Hinterhalle von einem Prinzen höchsten Ranges (Wang) den Seelentafeln der Vorahnen Weihrauch geopfert und sodann auf der Terrasse, in der Meridianachse, die Verehrung durch drei Kniefälle und neun Stirnaufschläge bezeugt. Nun nehmen acht 覺羅 Gioro, Nachkommen der ältesten Vorahnen des kaiserlichen Stammes, nach drei Stirnaufschlägen die Tafeln aus den Schreinen, stellen sie auf ihre „Thronsitze“ (s. S. 160), die am vorhergehenden Tage zusammen mit den Opfertischen und Opfergaben vor den Schreinen bereitgestellt wurden, und begrüßen sie abermals mit drei Stirnaufschlägen. Darauf verrichtet der Prinz das Weihrauchopfer auch in der Mittelhalle. Sobald er dann dort auf der Terrasse seine Stirnaufschläge gemacht hat, trägt eine Reihe von kaiserlichen Stammesgenossen jeder eine der Tafeln, mit peinlichster Beobachtung ihrer Rangfolge, in die Vorderhalle, um sie da hinter den Opfertischen auf ihre Thronsitze zu stellen und sich mit drei Stirnaufschlägen zu verabschieden. Es versteht sich ohne weiteres, daß die Anordnung dieser Thronsitze genau mit der der Tafeln übereinstimmt, wenn diese sich in den Schreinen der Mittelhalle befinden.

Die Opfergaben sind dieselben, welche beim Himmelsopfer des Wintersolstitiums den Ahnen dargeboten werden, allein es kommt hier zu jedem Tisch ein Rind, ein Schaf und ein Schwein. Zu bemerken ist auch noch, daß es in den beiden Hallen für jeden Kaiser und seine Gemahlinnen bloß einen Opfertisch gibt mit nur einem Satz von Opfergaben, so daß die Kaiserinnen nichts Spezielles bekommen, sondern das Opfer mit ihrem Gemahl gemeinschaftlich zu teilen haben. Dasselbe gilt für die Gemahlinnen der „Verdienstvollen“ in den Nebentempeln. Da gibt es, im östlichen, auf jedem Tisch 24 Gefäße und Körbe, mit einem Rind, einem Schaf und einem Schwein; im westlichen nur 10 Gefäße und Körbe, mit einem Schaf und einem Schwein.

Während der Kaiser den ersten Akt des Opfers vollzieht, das heißt, den Tafeln seiner Ahnherren der Reihe nach Weihrauch opfert und zum Schluß sie alle gleichzeitig auf seinem Verneigungsplatz unweit der Haupttür der Tempelhalle, zusammen mit den Prinzen und Beamten, mit neun Stirnauf schlägen ehrt, wird in der Hinterhalle auf lauten Befehl eines zweiten Leiters der Zeremonien (典儀), der auf der Terrasse steht, genau dasselbe den Vorahnen gegenüber verrichtet durch einen Prinzen höchsten Ranges als 丞祭官, stellvertretenden Opferbeamten. Auch er hat stets seine Zeremonienmeister neben sich, die ihm alles, was er zu tun hat, zurufen (vgl. S. 169). Der zweite und der vierte Akt verschmelzen zu einem einzigen, während der dritte wegfällt. Die Beamten für die Seide und für die Weinbecher stellen nämlich die Körbe mit Seide und die Becher mit Wein auf die Opfertische; darauf wird das Gebet gelesen, und der Kaiser macht mit den Prinzen und Beamten neun Stirnaufschläge. Also bietet der Kaiser die Seide und den Wein nicht eigenhändig an. Inzwischen wird genau dasselbe in der Hinterhalle durch den Opferbeamten verrichtet, und auch da ein Gebet vorgelesen. Im Anschluß an diesen zusammengeschmolzenen Opferakt werden von einer Reihe von „Beamten für die Nebenopfer" (S. 174) den „Verdienstvollen" in den Nebentempeln Weihrauchopfer dargebracht und Seide und ein Becher Wein auf jeden ihrer Opfertische niedergesetzt. Das zweite und das dritte Weinopfer erfolgen mit genau demselben Ritual in allen den vier Gebäuden. Dem Kaiser wird Glückswein und Glücksfleisch dargereicht, den „Opferbeamten" aber nicht.

Nach diesen fünf Akten spielt sich der Schlußakt folgendermaßen ab. Einer der beiden Zeremonienmeister des Opferamtes wirft sich vor den Seelentafeln auf die Knie und ruft ihnen feierlich zu: 禮畢、請還寢室, die Zeremonien sind vollbracht, kehrt, bitte, wieder in Euere Kammern zurück!, sodann macht er drei Stirnaufschläge und tritt zurück. Eine kurze Hymne wird gesungen, und der Kaiser, die Prinzen und Staatsdiener berühren alle zugleich neunmal den Boden mit der Stirn. Der Weihrauch, die Seide, der Wein und das Gebet werden nach den Öfen getragen. In der Hinterhalle und den zwei Nebentempeln findet

dasselbe statt. Nach dem üblichen Ausruf: „die Riten sind vollbracht!" verläßt der Kaiser den Tempel; die Tafeln werden in
ihre Kammern zurückgebracht auf dieselbe Weise und mit derselben Ehrenbezeugung, wie sie vor dem Opfer daraus ent-
nommen worden waren.

Die beiden Gebete enthalten nichts weiter als die übliche
Mitteilung, daß der Kaiser, der sich diesmal 孝孫, unter-
würfigen Enkel, bezeichnet, sorgfältig Opfergaben bereitet hat
und wünscht, dieselben mögen angenommen werden. Alle die
Kaiser und Kaiserinnen werden mit ihren langen Titelreihen in
den Gebeten erwähnt. Vor den „Verdienstvollen" in den Nebentempeln wird kein Gebet gelesen.

In den heiligen Büchern ist einige Male von Opfern die
Rede, welche als 祫 Hia' bezeichnet werden. Immer hat
man sie als Opfer gedeutet, die den Ahnen „insgesamt"
(合) dargebracht worden sind; und obschon die heiligen
Schriften beinahe nichts über sie bekanntgeben, ist ihre bloße
Erwähnung daselbst von den Kaisern als ein genügender Grund
angesehen worden, um am letzten Tage jedes Jahres die Tafeln
der Hinter- und der Mittelhalle zu einem gemeinschaftlichen
Opfer in der Vorderhalle zu vereinigen. Dieses Datum erklärt,
warum nicht gleich am darauffolgenden ersten Tage des Frühlings, sondern erst ein bis zehn Tage später den Ahnen das
jährliche Frühlingsopfer dargebracht wird (vgl. S. 201).

Dieses „Gesamtopfer" wird den betreffenden Tafeln am
Tage zuvor feierlich angekündigt. Ein Prinz des höchsten
Ranges bringt ihnen nämlich in der Hinterhalle, ein anderer
in der Mittelhalle, in derselben Weise wie der Kaiser zu Be-
ginn der Jahreszeiten, ein Opfer dar, bestehend aus Speisen,
Weihrauch, Seide und Wein, ohne Musik, Gesang und Tanz,
ohne Glückswein und Glücksfleisch; dazu wird ihnen beim
dritten Weinopfer durch die Gebetsvorlesung die Botschaft

überbracht mit den Schlußworten: 恭迎同格饗祀。伏惟鑒知; ehrerbietig tritt (Euer unterwürfiger Enkel) Euch entgegen mit der Einladung, Euch zusammen herzubegeben, um seine Opfer anzunehmen. Bis zur Erde gebeugt hofft er, daß Ihr herabschauen und von dieser Mitteilung Kenntnis nehmen wollet.

Am Opfertage selbst werden beim Sonnenaufgang durch Mitglieder des kaiserlichen Stammes unter Führung eines Magnaten höchsten Ranges die Tafeln aus den beiden Hallen in die Vorderhalle getragen in der feierlichen Weise, die uns auf S. 201 f. bekanntgeworden ist. Die Kaiser und Kaiserinnen der Hinterhalle bekommen natürlich die höchsten Plätze in der Meridianachse auf südwärtsgekehrten Thronsitzen. Das Opfer, das darauf der Kaiser darbringt, spielt sich in jeder Hinsicht nach dem Programm der Opfer der Jahreszeiten ab und wird also auch von den „Verdienstvollen" in den beiden Nebentempeln geteilt.

Wichtige Ereignisse gibt der Kaiser nicht bloß dem Himmel und der Erde (S. 185 und 196), sondern auch seinen Ahnen feierlich durch einen Prinzen höchsten Ranges sowohl in der Mittel- wie in der Hinterhalle kund, und zwar durch ein Opfer, das sich nach dem Programm der Ankündigung des „Gesamtopfers" abspielt. Es kommt vor, daß der Kaiser dieses Opfer in der Vorderhalle in eigener Person darbringt.

Eine Feierlichkeit von hoher religiöser Bedeutung ist die Hinzufügung der Seelentafel eines jüngst verstorbenen Kaisers zu denen seiner Ahnen. Dieser Ritus heißt 升祔 šing fu, hinauftragen und beisetzen.

Die Tafel, welche am Grabhügel beim Opfertempel hergestellt wurde, wird daselbst gleich nach der Bestattung der Leiche ehrfurchtsvoll durch den neuen Kaiser in eine pavillonartige Sänfte gesetzt. Auch die Seelentafeln der zuvor unter dem Grabhügel beigesetzten Kaiserinnen des Verstorbenen, welche bis dahin wahrscheinlich dort im Opfertempel. aufbewahrt wurden, werden von ebensoviel Prinzen des höchsten Ranges in dafür bestimmte Sänften hineingetragen; und darauf tritt der Zug die Rückreise nach Peking an, von dem Kaiser und den Prinzen begleitet. Am Abend vor der Ankunft verläßt der Kaiser den Zug und reist voran, um vor dem Palast die beseelten Tafeln ehrfurchtsvoll empfangen zu können. Alle Vorbereitungen zu einem großen Opfer im Tꞌai Miao sind inzwischen getroffen worden; auch war fünf Tage zuvor dem Himmel, der Erde, den Ahnen in der Mittel- und Hinterhalle und den Göttern des Bodens und der Hirse (Šĕ Tsiꞌ) auf die uns bekannte Weise durch Magnaten die Kunde von der kommenden Feierlichkeit gebracht worden.

Wenn dann der Zug mit den heiligen Tafeln das 大淸 Ta Tsꞌing-Tor, den allerersten südlichen Zugang zum Palaste, erreicht, wird er von knienden Prinzen und Beamten mit der tiefsten Ehrfurcht empfangen; und am Tꞌiĕn Ngan-Tor (S. 197) empfängt sie in kniender Stellung der Kaiser selbst, der in einem gelben Zelt dort auf sie wartet. Von den zwei Präsidenten des Opferamtes geführt, schließt sich dann dieser allerhöchste 孝男 hiao Nan oder unterwürfige Sohn der Sänfte seines Vaters an, und so geht es durch das Tor der Tꞌai Miao-Straße (s. S. 200). Durch die Reihen der Magnaten und Staatsdiener, welche beim Opfer amtieren werden, hindurch bewegt sich der Zug nach den Toren der zweiten südlichen Mauer; dort verrichtet der Kaiser das rituelle Händewaschen, schreitet auf die Sänfte der Seelentafel seines Vaters zu, macht dort auf Befehl des Präsidenten des Opferamts dreimal den Stirnaufschlag und nimmt die Tafel aus der Sänfte. Die Prinzen verfahren genau so mit den Tafeln der Kaiserinnen, und nun zieht der Zug ohne die Sänfte bis zum „Lanzentor“. Da bleibt der Zug zurück; der Kaiser und die Prinzen tragen die

Tafeln mit beiden Händen in die Vorderhalle, wo in der Mitte Knieteppiche ausgelegt sind. Nunmehr spielt sich derselbe Ritus ab wie auf dem Runden Hügel (S. 184). Nachdem die Tafeln auf die Teppiche gesetzt sind, ruft der Präsident des Opferamts aus: 新祔帝后祗見列聖列后, „Kaiser und Kaiserinnen Soundso (ihre posthume Namen), die Ihr neu beizusetzen seid, besucht ehrfurchtsvoll die Reihe der Heiligen und die der Kaiserinnen!" und der Kaiser macht zur Begleitung (陪) auf seinem „Verneigungsplatz" neunmal den Stirnaufschlag vor den Tafeln der Kaiser und Kaiserinnen der Mittelhalle, die kurz zuvor hinter den Opfertischen auf die „Thronsitze" gestellt worden waren. Wenn dann der Kaiser und die Prinzen die neuen Tafeln auf die für sie bestimmten neuen Thronsitze hinter einem Tisch mit Opfergaben getragen haben, fängt das feierliche, große Opfer an, das dem der Jahreszeiten völlig gleich ist und mithin auch in der Hinterhalle und den zwei Nebentempeln dargebracht wird.

Sodann wird diese wichtige Beisetzung im ganzen Reiche offiziell verkündet. Erst nachdem sie im T'ai Miao stattgefunden hat, darf sie auf den Altären des Himmels und der Erde (s. S. 184 und 196) erfolgen. Falls eine Kaiserin ihren Gemahl überlebt, dann findet die Beisetzung ihrer Tafel allein auf dieselbe Weise statt.

Der 尊諡 Tsun Ši oder posthume Ehrenname, welcher jedem Kaiser und jeder Kaiserin nach dem Tode vom Thronfolger beigelegt wird, besteht aus einer Reihe von Ausdrücken, welche aus zwei Zeichen zusammengesetzt sind und hohe Eigenschaften und Vortrefflichkeiten bedeuten. Diese Zeichen haben nicht ihren gewöhnlichen Sinn, sondern den, welcher ihnen beigelegt ist in einer Schrift, die von den Stiftern der Tšou-Dynastie herstammen soll. Unter dem Titel 諡法 Ši Fa', Gesetze für die nach dem Tode zu verleihenden Ehrennamen, bildet diese Schrift den 54. Abschnitt eines Buches, das A. D. 281 in einem alten Grab entdeckt sein soll und deswegen den Titel 汲冢 周書 Ki' Tšung Tšou Šu, Buch von Tšou aus dem Grabe von Ki', erhalten hat. Außerdem bekommt jeder Kaiser nach seinem Tode einen 廟號 Miao Hao oder Ahnentempeltitel aus zwei Zeichen, wie 世祖 Ši Tsu, 聖祖 Šing Tsu, 世宗 Ši Tsung usw., unter dem er im Tempel verehrt und angerufen wird.

Es entspricht heiligem, Jahrhunderte altem Brauch, wenn ein Kaiser bei seiner Thronbesteigung seinen Ahnherren und Ahnfrauen in Anerkennung für das, was sie dem ihm vermachten Reiche geleistet haben, durch Hinzufügung von Schriftzeichen zu ihren Ehrennamen Dankbarkeit und Verehrung bezeugt, das heißt, 加上尊謚, ihre Ehrennamen vermehrt und erhöht. Nachdem ihm auf seinen eigenen Auftrag hin das Ministerium der Li die neuen Namen vorgeschlagen hat, über die die höchsten Staatsminister zuvor sorgfältigst sich beraten haben, und er sie mit seinem Gutachten besiegelt hat, werden die Seelentafeln unter Darbietung eines Opfers durch einen Prinzen höchsten Ranges davon unterrichtet; dann werden sie durch den Präsidenten des Ministeriums der Werke und den des Opferamts in der Mittelhalle mit Weihrauch, drei Kniefällen und neun Stirnaufschlägen verehrt und in ein reines Gemach des Tempelplatzes getragen. Unter ihrer erfurchtsvollen Aufsicht und der zweier Großkanzler (大學士) werden daselbst die Inschriften der Tafeln geändert und diese wiederum mit derselben Ehrenbezeigung in die Mittelhalle zurückgebracht. Genau derselben Behandlung werden die Tafeln in der auf S. 210 ff. zu besprechenden „Tempelhalle zur Aufwartung der Voreltern" unterzogen, und zwar unter Überwachung hoher Beamter der kaiserlichen Hausverwaltung (內務府). Die Abänderung der Inschriften findet dort in dem „Aufbewahrungshaus für die Götter" statt.

Alsbald folgt an einem glücklichen Tage die feierliche Beilegung der neuen Namen durch eine große Opferfeier, welche der der vier Jahreszeiten ganz gleich ist. Fünf Tage zuvor wird sie durch einen Prinzen des höchsten Ranges dem Himmel, der Erde, den Ahnen und den Göttern des Bodens und der Hirse in der uns bekannten Weise in ihren großen Opferstätten mit einem Opfer bekanntgegeben. Am glücklichen Tage macht sich der Kaiser nach dem T'ai Miao auf, stellt sich auf seinen „Verneigungsplatz“, läßt die neuen Ehrennamen den auf den „Thronsitzen“ hinter den Opfertischen und Opfertieren stehenden Tafeln bekanntgeben und bringt ihnen gleich darauf das Opfer dar, während ein Prinz höchsten Ranges es den Vorahnen in der Hinterhalle darbietet.

In alt-chinesischer (篆) und in Mantschu-Schrift, wofür das Han-lin und die kaiserliche Kanzlei (內閣) die Modelle besorgen, wird der Ehrenname jedes Kaisers und jeder Kaiserin in eine 玉册(策), Platte von Jaspis, und in ein 玉寶, Siegel von Jaspis, eingraviert. Nach der Beisetzung der Tafeln im T'ai Miao (S. 207) findet mit der gleichen Sorgfalt und Ehrfurcht, womit diese Tafeln angefertigt wurden, diese Arbeit statt, und zwar in einem reinen Gemach beim „Tor der T'ai Miao-Straße“. Da werden auch zur gleichen Zeit für die Kaiser und Kaiserinnen, deren Ehrennamen „Vermehrung und Erhöhung“ zuteil wurde, neue Platten und Siegel angefertigt. An einem glücklichen Tage begibt sich der Kaiser mit großer Eskorte in ein bei dem genannten Tore aufgeschlagenes Zelt, wo die Platten und Siegel auf einem gelben Tische fertig liegen und eine Reihe von Magnaten und Reichsgroßen auf ihn warten. Unmittelbar vor dem Tore steigt er aus seiner Sänfte und wäscht sich die Hände, dann inspiziert er die Gegenstände und verehrt sie mit drei Stirnaufschlägen. Nun treten hohe Prinzen heran, machen ebenfalls drei Stirnaufschläge, legen die Platten und Siegel in ebenso viele pavillonartige Tragbahren und berühren abermals den Boden dreimal mit der Stirn. Die Eskorte trägt nun die Bahren, welchen der Kaiser und die Prinzen langsam und feierlich zu Fuß folgen, durch das „Lanzentor" zur Freitreppe des T'ai Miao. Da nehmen die Prinzen nach drei Stirnaufschlägen die heiligen Gegenstände heraus, tragen sie in die Halle auf gelbe Tische und verehren sie wiederum mit einem dreimaligen K'o-t'ao. Der Kaiser hat inzwischen in seinem gelben Zelt beim „Lanzentor", wo er sich die Hände wusch, gewartet; er betritt nun den Tempel und macht zusammen mit den Prinzen und Großen vor den Platten und Siegeln drei Kniefälle und neun Stirnaufschläge. Durch die Hintertür tragen darauf die Prinzen, vom Kaiser zu Fuß gefolgt, die Gegenstände in die Mittelhalle und legen sie in den betreffenden „Kammern" in 金匱, metallene (goldene?) Koffer, wonach sie sie mit einem dreifachen Stirnaufschlag verehren. Zum Schluß opfert der Kaiser hier vor jedem Tabernakel Weihrauch und macht in der Meridianachse der Halle vor sämtlichen Voreltern drei Kniefälle und neun Stirnaufschläge.

Den vielen Opfern im T'ai Miao schließen sich diejenigen an, welche in einer kaiserlichen Opferstätte dargebracht werden, die 奉先殿 Fung Siĕn Tiĕn, Tempel zur Aufwartung der Vorgänger, heißt. Diese Opferstätte mag wohl Dasein und Namen dem einfachen Umstand verdanken, daß im heiligen Šu (Buch 太甲 T'ai Kia') geschrieben steht, daß der heilige I-jin (s. S. 69) seinem jungen Kaiser in einer weisen Anrede sagte: 奉先思孝, „warte Deinen Vorgängern auf und denke dabei an die Unterwürfigkeit des Kindes!" Aus dem Namen der Opferstätte geht also hervor, daß diese wie eine häusliche gedacht wird, wo der Kaiser seinen Ahnen, wie das Kind seinen Eltern und Großeltern, Speisen und andere Lebensbedürfnisse „mit den beiden Händen darbietet" (奉), und daß sie also den Hausaltären entspricht, welche auch das Volk zur Versorgung seiner Voreltern allgemein besitzt.

Ihre Lage rechtfertigt diesen Glauben. Denn während der T'ai Miao südöstlich des Wu-Tors liegt, der den südlichen Haupteingang der 紫禁城 oder roten Sperrmauer des ganzen Palastes bildet, befindet sich der Fung Siĕn Tiĕn in der entsprechenden Lage innerhalb dieser Ummauerung beim Haupteingang zu den 內宮, inneren Palastgebäuden, das heißt, beim 乾淸門 K'iĕn Ts'ing Mĕn, dem Tor der himmlischen Reinheit. Er läßt sich in kurzen Worten folgendermaßen beschreiben:

Die Hauptgebäude sind zwei hintereinander liegende, gegen Süden gekehrte Tempel, genau in der Mitte von der Meridianachse eines viereckigen ummauerten Raumes durchschnitten. Sie sind der Vor- und Mittelhalle des T'ai Miao in Bauart auffallend ähnlich. Der vorn liegende hat ein doppeltes Dach und erhebt sich auf einer einstufigen Terrasse mit Brüstungen und einem rechteckig ausgebauten Vorderperron, der drei Treppen vorn, eine auf der linken und eine auf der rechten Seite hat. Der Hintertempel steht auf einem gleichartigen „Erhöhungsfundament", das keine Treppen hat, sondern durch einen überdachten gemauerten Damm, der 堂 T'ang oder Halle genannt wird, mit der Terrasse des Vordertempels verbunden ist. Zwei öst- und westlich dem Damm angebaute, einander gegenüberliegende Marmortreppen bilden die Zugänge zu dieser Halle und somit zu dem Hintertempel.

Vor dem Vordertempel steht auf der Meridianachse das überdachte 奉先門 Fung Siĕn Mĕn, Tor zur Aufwartung der Ahnen, das drei Durchgänge hat. Daneben hat die Südmauer beiderseits noch ein Tor mit einem einzigen Durchgang. Vor diesen Toren erstreckt sich ein rechteckiger, ummauerter Hof, auf dessen Westseite der Haupteingang zur Opferstätte liegt, nämlich das 誠肅門, Tor der frommen Ehrfurcht. Südlich dieses Hofes liegt hinter einer Mauer mit zwei Pförtchen ein Vorhof mit einem langen Gebäude, das unter einem Dach die Küche, das Schlachthaus usw. enthält. Tempel, Tore und Mauern sind mit gelbglasierten Ziegeln gedeckt und, wie in allen Opfergebäuden, durch gepflasterte, immer rechtwinklig umbiegende, ost-westlich oder süd-nördlich laufende Straßen verbunden.

Der Hintertempel dient zur Aufbewahrung der Tafeln der Ahnen, die bei Lebenszeit den Kaisertitel trugen, also die von T'ai Tsu an (vgl. S. 199). Jeder hat in derselben „Kammer" die Tafeln seiner Kaiserinnen neben sich. Kammer und Schreine sind alle gegen Süden gekehrt. Am Geburtstag der eventuell noch lebenden Kaiserin-Witwe und an dem des regierenden Kaisers, ferner am Neujahrstag, am Tage des Wintersolstitiums und, wenn etwas die Dynastie sehr Erfreuendes stattgefunden hat, werden die Tafeln in den Vordertempel getragen und auf „Thronsitze" gestellt; sodann wird ihnen ein großes Opfer dargebracht, entweder durch den Kaiser, oder auf seinen Befehl durch seinen Sohn oder einen anderen Prinzen höchsten Ranges. Das dabei befolgte Programm ist das der Ahnenopfer der vier Jahreszeiten, nur daß eine kleinere Gefolgschaft von Prinzen und Staatsdienern den Kaiser begleitet. Wichtige Ereignisse werden im Hintertempel vor den geöffneten Schreinen durch den Kaiser oder einen Prinzen mit einem Opfer bekanntgegeben, allein ohne Musik und ohne Gesänge.

Jedesmal bei Vollmond und Neumond; am Geburts- und Sterbetage eines Kaisers, dessen Tafel im Tempel steht, und am Sterbetag jeder da anwesenden Kaiserin; am 15. des ersten Monats (上元); in den Jahreszeiten 清明 Ts'ing-ming (5.—20. April) und 霜降 Šuang-kiang (24. Oktober—7. November) und am letzten Tage des Jahres stattet der Kaiser dem Hintertempel einen Besuch ab, wo bereits vor jeder Kammer Becher Weins, Fleischspeisen und Obst fertig hingestellt und Lampen angesteckt sind. Unter Führung des Direktors der kaiserlichen Hausverwaltung (內務府總管) opfert der Kaiser vor jeder Kammer Weihrauch und macht Stirnaufschläge.

Natürlich kann er sich auch bei diesen Gelegenheiten durch einen Prinzen vertreten lassen. In der Jahreszeit 立春 Li'-tš'un (5.—18. Februar) und am 端陽 Tuan-jang-Tage, d. h. dem 5. des fünften Monats, verrichten die Aufseher der Opferstätte ähnliche kleine Opfer; endlich noch eins ohne Fleisch und Obst am 8. des vierten und am Vollmondstag des siebenten Monats.

Für jeden jüngstverstorbenen Kaiser und für jede seiner schon früher hingeschiedenen Kaiserinnen wird durch die kaiserliche Hausverwaltung in der „Aufbewahrungskammer" des Fung Siĕn Tiĕn eine Seelentafel angefertigt. Die Beisetzung im Vordertempel daselbst geschieht dann am selben Tage, an dem sie im T'ai Miao stattfindet (vgl. S. 207), jedoch etwas später. Das dabei befolgte Ritual ist in der Hauptsache dasselbe wie im T'ai Miao; allein, wenn der neue Kaiser die Tafel seines Vaters und die Prinzen die Tafeln der Kaiserinnen in den Vordertempel getragen haben, setzt der Kaiser die seine auf den hinter einem vollen Tisch mit Opfergaben für sie bereitgestellten „Thronsitz". Sodann wirft sich der Präsident des Opferamts auf die Knie und ruft: 皇后升祔奉先殿祗見皇帝, „Ihr Kaiserinnen (Soundso, hier folgen ihre posthumen Namen), steigt herauf zur Beisetzung in den Tempel zur Aufwartung der Vorgänger und besucht ehrerbietig den (zuletztverstorbenen) Kaiser (Soundso)!" Sofort tragen nun die Prinzen die Tafeln der Kaiserinnen herbei, knien nieder, stellen sie auf die ausgelegten Teppiche und treten zurück; und nun, auf lauten Befehl des Präsidenten, macht der Kaiser auf seinem „Verneigungsplatz" für die Tafeln drei Kniefälle und neun Stirnaufschläge. Dann trägt er selbst die Tafeln auf die für sie bestimmten Thronsitze und kehrt auf seinen Verneigungsplatz zurück, wonach das große Opfer seinen Anfang nimmt.

Unmittelbar hinter der nördlichen Front der „roten Sperrmauer", die den kaiserlichen Palast umschließt (s. S. 211), liegt gerade in der Mitte ein rechteckiger ummauerter Raum, dessen Fronten gleichwie die des Palastes genau gegen die vier Weltgegenden gekehrt sind. Darin erhebt sich der dreigipflige, waldumgürtete 景山 King Šan, der Aussichtshügel, der einen weiten Ausblick über den Palast und die Stadt gewährt, und nördlich davon erstreckt sich ein Hof mit einer Anzahl von schönen Bauten und zahlreichen Bäumen, der wohl als der prächtigste Hof des Palastviertels bezeichnet werden kann. Das größte seiner Gebäude liegt gleichweit von der östlichen und der westlichen Mauer und wird daher von der Meridianachse der langen Reihe von Haupttoren und Haupthallen des Palastes durchschnitten; auch ist es, wie alle diese, gegen Süden gekehrt. Es heißt 壽皇殿 Šou Huang Tiĕn, Tempel der langlebigen (verewigten) Kaiser, und ist dem Fung Siĕn Tiĕn in Stil und Bau ganz ähnlich, auch in bezug auf die Marmorterrasse und die Treppen. Auf jeder Seite befindet sich in gleicher Lage gegen Süden ein kleinerer Tempel mit einem einzigen Dach, und vor der Freitreppe steht links und rechts auf einem „erhöhten Fundament" aus Marmor mit marmornen Brüstungen und Treppen ein zierlicher sechseckiger Kiosk mit doppeltem Dach, worin sich ein marmorner Monolith mit Inschrift auf einem Sockel erhebt. Zunächst folgt etwas weiter südlich, in der Quere, auf jeder Seite ein Nebentempel (Wu) mit einem schönen Ofen zur Verbrennung der Opfergaben, aus gelbglasierten Dachziegeln und Fliesen erbaut. Den Tempelhof schließt dann auf der Südseite eine hohe Mauer ab, in deren Mitte ein Tor mit drei Durchgängen eingebaut ist; dessen Dach wird vorn und hinten von sechs Pfeilern getragen, welche sich auf einer Marmorterrasse mit Brüstungen erheben, die gleichfalls vorn und hinten drei Treppen hat. Südlich vor diesem Tor kauert auf jeder Seite ein Löwe auf steinernem Sockel. Dort erstreckt sich der Vorhof, in dem in der Quere, auf der Ost-, bezw. Westseite, die Aufbewahrungskammer und

Küche für die Götter liegen, mit je einem Brunnenpavillon. In der Mitte der Südmauer ist hier ein überdachtes Tor eingebaut, von dessen drei Durchgängen jeder für sich mit einem zweiten, niedrigeren Dache verziert ist, und das vorn von zwei steinernen Löwen auf Sockeln flankiert wird. Als Abschluß erhebt sich vor diesem Tor und sowohl links als rechts in der Quere eine schöne P'ai Fang (vgl. S. 188).

Der Šou Huang Tiĕn läßt sich als die kaiserliche Ahnengalerie bezeichnen. Längs der nördlichen Rückwand sind die gemalten Bilder der verstorbenen Kaiser in ebensovielen Schreinen zur Verehrung aufgehängt, und zwar hinter einer langen Scheidewand, die mit fensterartigen Öffnungen versehen ist. Am letzten Tage des Jahres werden vor dieser Wand eine Anzahl Wandschirme (屏) niedergesetzt und die eigens zu diesem Zwecke hervorgeholten Bilder daran aufgehängt, jedes mit denen der betreffenden Kaiserinnen daneben, um am zweiten Tage des neuen Jahres wiederum entfernt zu werden; denn der Kaiser hält es für seine Pflicht, mit einer Gefolgschaft von Prinzen ihnen daselbst am Neujahrstage ein großes Opfer darzubringen, mit Musikbegleitung, aber ohne Tänze und ohne Gebetsvorlesung. Selbstredend darf er die Erfüllung dieser Pflicht dem Kronprinzen oder einem anderen seiner Söhne übertragen. Aus diesem Ritus ergibt sich, daß man glaubt, auch gemalte Darstellungen der Toten seien von ihren Seelen belebt.

Überall in China herrschte von altersher der Glaube, daß das Grab eine Wohnstätte der Seele des darin beerdigten Toten ist, und somit auch eine Opferstätte sein soll, um so mehr, weil es, wenn die Seele darin unter segensreichen Einflüssen des Weltalls glücklich und zufrieden lebt, ihre Nachkommenschaft mit Segnungen übergießt. Die 陵 Ling, die Grabhügel der kaiserlichen Toten, bilden mithin neben dem T'ai Miao und dem Fung Siĕn Tiĕn eine dritte große Hauptstätte für kaiserlichen Ahnenkult. Von einer Beschreibung dieser großartigen Mausoleen nehme ich Abstand unter Hinweis auf Band III des „The Religious System of China“ und die Abbildungen, die in dem letzten Jahrzehnt erschienen sind, zumeist mit mehr oder weniger wertlosen oder sogar irreführenden dilettantischen Beschreibungen.

Für die Darbringung der kaiserlichen Grabopfer ist vor jedem Grabhügel auf einer Marmorterrasse ein Tempel errichtet, dessen Bauart der des T'ai Miao auffallend ähnelt. Er trägt den Namen 隆恩殿 Lung Ngĕn Tiĕn, Tempel für überreichliche Gunstbezeugungen. Er enthält möblierte „Kammern“ mit Schreinen, und zwar eine gegenüber dem Haupteingang für die Seelentafeln des Kaisers und seiner Gemahlinnen, und eine in der Quere an seiner rechten Seite für die Tafeln der neben seinem Grabhügel beerdigten Beifrauen. Vor dem Tempel erhebt sich auf einer Marmorterrasse mit Brüstungen ein überdachtes Tor mit drei Durchgängen.

Ein großes Opfer wird alljährlich in der Ts'ing-ming-Jahreszeit (5.—20. April, s. S. 212), am 15ten Tage des siebenten Monats (中元), am Tage des Wintersolstitiums und am letzten des Jahres in jedem Grabtempel dargebracht, und zwar durch einen Prinzen höchsten Ranges, den der Kaiser als seinen 承祭官, stellvertretenden Opferer, sowohl zur östlichen wie zur westlichen Gruppe (s. S. 194 und 193) entsendet. Für dieselben Opfer bei den drei Grabhügeln in Jenden und Mukden (s. ebenda) entsendet das Ministerium der Li in Mukden einen dort wohnhaften hohen Würdenträger, der ein Mitglied des kaiserlichen Stammes ist. Solch ein Opfer wird nach dem Programm der großen Opfer im T'ai Miao, jedoch ohne Musik, Gesang und Tanz dargebracht. Jeder Kaiser und jede Kaiserin empfängt außerdem ein solches an den Todestagen (忌辰); auch jeder Kaiser, wenn ihm ein für die Dynastie glückliches Ereignis bekanntgegeben wird. Natürlich gehört es zu den Kindespflichten des Kaisers, gelegentlich an einem der genannten Tage persönlich seinen Vater und seine Mutter am Grabe zu besuchen und dort das große Opfer darzubringen. Vor seiner Abreise macht er dann entweder selbst, oder durch einen Stellvertreter, den Tafeln im Fung Siŏn Tiŏn davon mittels des gebräuchlichen Opfers Mitteilung. Wenn er dann das 行宮, das Reisegebäude der Grabstätte, bezogen hat und zur Darbringung des Opfers in der „Großen Hütte" (s. S. 167) vor dem Tempeltor eingetroffen ist, werden hinter einem gemeinschaftlichen Tisch mit Opfergaben für die Seelen des Kaisers und seiner Gemahlinnen und einem für die Beifrauen die Tafeln durch Beamte der kaiserlichen Hausverwaltung auf Thronsitze gestellt, und das Opfer nimmt seinen Anfang. Der Kaiser und seine prinzliche Gefolgschaft machen die Stirnaufschläge auf der Terrasse beim Haupteingang des Tempels, die übrigen Würdenträger am Fuße der Terrasse. Nach Schluß des Opfers macht sich der Kaiser nach dem rechteckigen Hof auf, der zwischen dem Tempel und dem Grabhügel liegt. Vor dem Hügel stehend, mit dem Gesicht nach Westen, bricht er in ein lautes Jammergeschrei aus (舉哀); die Prinzen und Großen, die ihm bis vor dem Tor des Hofes (陵寢門) gefolgt waren, jammern einstimmig mit, und der Kaiser kehrt in das Reisegebäude zurück. Wird ein großes Opfer durch einen Stellvertreter des Kaisers dargebracht, dann jammert dieser mit seiner Gefolgschaft am Tor des Hofes.

Solch ein kaiserlicher Grabbesuch heißt 謁陵 je' Ling, Besuch des Grabhügels. Zumeist wird er in der Ts'ing-ming-Jahreszeit abgestattet, in Übereinstimmung mit einem alten, allgemeinen Brauch des ganzen Volkes, besonders in diesem Zeitabschnitt die Gräber zu besuchen, zu reinigen und herzustellen. Auch die Pflicht der Kinder, die Ruhestätten ihrer Eltern in gutem Zustande zu erhalten, wird vom Kaiser als einem braven Sohn durch einen eigenartigen Ritus erfüllt, der

敷土 fu Tʻu, Erde ausstreuen, oder 上土 šang Tʻu, Erde hinaufbringen, heißt. Ehe er im Tempel das Opfer darbringt, zieht er mit einem kleinen Gefolge von Prinzen und Großen, die alle, wie er selbst, gelbliche, schmucklose Gewänder (素服) tragen, nach dem massiven, aus großen Backsteinen konstruierten Vorbau des Hügels, der 方城 fang Tšʻing, viereckige Festung, heißt und den tunnelartigen Eingang zur Gruft umfaßt. Dort zieht er 護履, Schutzschuhe, an und besteigt mit einigen Prinzen, die auch solche Schuhe tragen, auf dem 磴道, dem ansteigenden Steinweg, die „viereckige Festung". Auf dem Gipfel des Hügels kniet er nieder, schüttet ein ihm dargereichtes Körbchen mit Erde aus, steigt wieder hinab, zieht die Überschuhe aus und begibt sich in die „Große Hütte", um sich von dort aus zur Darbietung des Opfers nach dem Tempel aufzumachen.

Der kaiserliche Stellvertreter, der in der Tsʻing-ming-Periode die Grabopfer darbringt, verrichtet auch für jeden Hügel die Zeremonie des Hinaufbringens der Erde.

Besucht der Kaiser einen anderen Grabhügel seiner Ahnen, dann beschränkt er sich in der Regel darauf, ihn mit neun Stirnaufschlägen zu verehren, dann an einem dazu bereitgestellten Tisch dreimal einen Becher Weins zu opfern und mit jedem Becher einen Stirnaufschlag zu verbinden; zum Schluß bricht er in Jammergeschrei aus. Die Prinzen und Großen begleiten ihn nur bis an das Tor des Hofes, machen da in zwei Reihen zugleich mit ihm die Stirnaufschläge und heulen mit ihm zusammen.

Jeder Grabbesuch einer Kaiserin-Witwe oder Kaiserin mit Gefolge von Prinzessinnen, Harems- und Hofdamen verschiedener Ränge und Grade spielt sich nach dem Programm eines kaiserlichen Besuches ab. Auch Söhne des Kaisers besuchen bisweilen die Grabhügel und bringen dann immer ein großes Opfer dar.

Wenn der Kaiser Jenden oder Mukden besucht, darf er durchaus nicht versäumen, in den Tempeln der dortigen Grabhügel seiner Vorahnen ein großes Opfer darzubringen.

An jedem Neumond- und Vollmondtage, sowie am Geburtstage des regierenden Kaisers wird in allen Grabtempeln von den mit der Verwaltung der Grabstätten beauftragten Prinzen und Beamten Weihrauch und Obst geopfert. Dasselbe geschieht am Geburtstag jedes Ahnherrn und jeder Ahnfrau im betreffenden Grabtempel.

4. Die Götter des Bodens und der Feldfrüchte.

Den kaiserlichen Altvordern folgen unmittelbar in der Reihe der Staatsgottheiten die 社稷 Šĕ Tsi', die Götter des Erdbodens und die (der) Hirse.

Was wir unter diesen Šĕ zu verstehen haben, lehrt das klassische Buch 郊特牲 Kiao Te' Sing des Li Ki in den klaren Worten: 社所以神地之道也, die Šĕ sind es, in denen man das Tao der Erde als vergöttlicht verehrt. Sie sind somit die Gottheiten, welche zusammen das Tao oder die gebärende Kraft der Erde ausmachen, also das Pflanzenreich entstehen und gedeihen lassen. Weil nun die vielen Teile des Erdbodens von sehr verschiedener Beschaffenheit sind und die Gebärkraft der Erde sich sehr verschiedenartig offenbart, werden die Šĕ als eine große Mannigfaltigkeit von Göttern aufgefaßt, die entweder ein größeres oder kleineres Stück der Erde beseelen und für den Menschen fruchtbar machen.

In allererster Linie treten sie also als Gottheiten des Ackerbaues in den Vordergrund. Jeder Acker hat seinen Šĕ, auch jedes Dorf und jeder Unterteil des Staatsgebiets; sogar das ganze Reich hat einen 大社 Ta Šĕ oder 泰社 T'ai Šĕ, einen großen oder größten Šĕ. Sonach sind diese Götter nicht bloß Schutzpatrone des Landvolks, das ihnen allüberall Tempel

und Kapellen errichtet und sie zumeist unter dem Namen
土地神 Tʻu Ti Šĕn, Götter der Grundstücke, verehrt, sondern
auch offizielle Götter für die Verwalter der Unterteile des Reiches
und für den Kaiser. Freilich muß seit den ältesten Zeiten, von
denen man in China Kenntnis hat oder zu haben glaubt, die
Erzeugung der menschlichen Nahrungsmittel durch den Landbau als eine Regierungsangelegenheit allergrößter Wichtigkeit
anerkannt gewesen sein. In der Tat lehren uns die alten
Schriften, daß jeder Fürst und jeder Vasall, der sich ein Reich
gründete, auch für dasselbe eine Opferstätte für die Šĕ stiftete;
und daraus erklärt sich wieder, daß, wie wir weiterhin sehen
werden, heutigentags der Verwalter jeder Provinz, jedes Bezirks
und jedes Kreises solch einen Staatsaltar hat.

Es liegt also auf der Hand, daß die Šĕ besonders häufig
in den klassischen Schriften als Schutzgötter der Fürsten und
Fürstenhäuser erwähnt werden, und es ist nicht wunder-
zunehmen, daß ihnen in der Staatsreligion die sehr hohe Stelle
unmittelbar nach Himmel und Erde und den kaiserlichen
Ahnen zuerkannt ist. Offenbar sind sie die älteste und einfachste
Form der Vergöttlichung der Erde, und es ist augenscheinlich,
daß der Kultus der ganzen Erde als zweite Gottheit des Weltganzen erst in einer späteren Periode höherer Geistesentwicklung
erdacht und entstanden ist. Es erübrigt sich aber, auf diese
interessanten, uralten Šĕ näher einzugehen, nachdem bereits
im Jahre 1910 von der Meisterhand des Prof. Chavannes eine
erschöpfende Monographie über sie geschrieben ist.[1] Die nach-
folgenden kurzen Darstellungen können nur als eine Ergänzung
zu dieser Monographie in Betracht kommen.

Die Verehrung der Šĕ finden wir in den klassischen
Schriften stets mit der der 稷 Tsiʼ oder Hirse verknüpft
Daraus läßt sich entnehmen, daß die Hirse das vornehmste

---

[1] Le Tʻai Chan; Appendice: le Dieu du Sol dans la Chine Antique.
Annales du Musée Guimet.

Getreide, das Hauptnahrungsmittel des alten China war, und daß das damalige Volk das Leben der Pflanzen mit dem des Bodens, auf dem sie wuchsen, gleichstellte. So hat seit alter Zeit der Doppelausdruck 社稷 Šĕ Tsi' die Gottheiten angedeutet, welche wir in der Staatsreligion auf dem vierten Platz eingereiht finden. Daß wir dieses Tsi' im Sinne von Feldfrüchten im allgemeinen aufzufassen haben, ist offensichtlich.

Den heiligen Text, wonach der Ahnentempel zur Linken, die Opferstätte der Šĕ Tsi' zur Rechten beim Fürstenhofe belegen sein sollten, haben wir auf S. 197 wiedergegeben. Sonach liegt das 社稷壇 Šĕ Tsi' T'an, das Opfergelände der Šĕ Tsi', in Peking neben den zwei Höfen des Palastes, die sich zwischen dem Wu-Tor und dem T'iĕn Ngan-Tor erstrecken, an der Westseite. Weil die Šĕ Tsi' Götter der Erde sind, hat ihr Altar dieselbe Gestalt wie der der Erde an der nördlichen Stadtmauer, und es sind ihm, ebenso wie der ganzen Opferstätte, die gleichen universistischen Gedanken zugrunde gelegt. Also ist er eine quadratische, zweistöckige Terrasse ohne Brüstungen, genau gegen die vier Himmelsgegenden gekehrt, mit einzelnen vierstufigen Treppen gerade in der Mitte jeder Seite. Jeder Stock ist 4 Tš'i' hoch; der obere hat eine Seitenlänge von 5, der untere von 5,3 Tš'i'.

Diesen bemauerten und gepflasterten Erdhügel umgibt ein quadratischer „Wall" (Wei, S. 145), der eine Seitenlänge von 19,1 Tšang hat und 4 klassische Tš'i' hoch ist. Auf der Südseite ist er mit rotglasierten Backsteinen, auf der Ostseite mit blauen, auf der Westseite mit weißen, auf der Nordseite mit schwarzen bekleidet und mit Dachziegeln in den entsprechenden Farben gedeckt. Eine alte Textstelle berichtet nämlich, daß die Wälle der Altäre der „großen Šĕ" der Fürsten ehemals aus Erde der vier Farben der Weltgegenden bestanden (s. Chavannes, S. 456). Jeder Altartreppe gegenüber liegt im Wall ein marmornes Sturztor mit einem einzigen Durchgang und roten Türflügeln. Das nördliche Sturztor wird außen von zwei bronzenen Verbrennungstöpfen (鼎鑪) flankiert, und zwei andere stehen beiderseits am Fuße der nördlichen Altartreppe. Wie beim Altar der Erde ist auch hier die Nordseite die vornehmste, und deshalb sind beim Opfern die Seelentafeln der Šĕ und Tsi' gegen Norden gekehrt. Ihre Verehrung durch den Kaiser geht somit von der Nordseite aus, wo sich demgemäß in der Meridianachse der Opferstätte, außerhalb des Walls, die 拜殿 pai Tiĕn, Verneigungshalle, befindet. Dieses rechteckige Gebäude hat ein Einzeldach, welches auf zwei Reihen von sechs Pfeilern ruht; sowohl in der Südfront als in der Nordfront hat es drei große Türen. Es erhebt sich auf einem „Erhöhungsfundament" aus Marmor, das auf der nach dem Altar gerichteten Seite drei, auf jeder anderen Seite nur eine Treppe hat. Durch einen marmornen Weg ist diese Halle verbunden mit der in gleicher Lage weiter nordwärts stehenden 戟殿 Ki' Tiĕn, Lanzenhalle, die von gleicher Größe und Bauart wie die „Verneigungshalle" ist, und in der 72 Lanzen auf der Ost- und Westseite in Reihen stehen. Beide Bauten tragen gelbglasierte Dachsteine. Die Küche befindet sich südwestlich vom Wall; auch steht da die Aufbewahrungskammer für die Götter, die teilweise als Aufbewahrungskapelle der Seelentafeln derjenigen Gottheiten dient, denen der Altar gewidmet ist.

Alle diese Baulichkeiten sind von einer roten quadratischen Mauer umgeben, die eine Gesamtlänge von 268,4 Tšang (etwa 900 Metern) hat. Sie hat genau in der Mitte jeder Front ein überdachtes Tor, das nördliche, also das vornehmste, mit drei, die anderen mit nur einem Durchgang. Alle tragen, gleichwie die Mauer, gelbe Dachziegeln. Vom nördlichen Tor führt eine Straße, die unmittelbar rechtwinklig ostwärts abbiegt, durch ein Tor zu einem zweiten, dem 關右門, Tor zur rechten Seite des Palasttores, durch das der Kaiser die Altarstätte zu betreten und zu verlassen pflegt.

Alljährlich werden auf dem Altar der Šĕ Tsi' vom Kaiser oder von seinem Stellvertreter zwei Opfer für die Ernte gefeiert, und zwar im mittleren Frühlings- und Herbstmonat, am ersten Tage, der durch das Zykluszeichen 戊 mou bezeichnet wird. Offiziell heißen sie das 祈祀 k'i Šĕ, Betopfer, und das 報祀 pao Šĕ, Dankgabenopfer. Das Programm entspricht völlig dem der großen Ahnenopfer.

Am Tage zuvor, wenn der Präsident des Opferamtes den Altar reinigen und alle die Vorbereitungen zum Opfer treffen läßt, wird auch auf der oberen Terrasse eine fünffarbige Schicht Erde, welche die Verwaltung des Bezirkes 順天 Šun-t'iĕn, worin Peking liegt, herbeigeschafft hat, auf der oberen Terrasse aufgetragen und festgestampft, blaue auf dem östlichen, rote auf dem südlichen, weiße auf dem westlichen, schwarze auf dem nördlichen Feld und gelbe im zentralen Quadrat. Auf diese Weise wird der Altar, wie es der ihn umgebende „Wall“ bereits ist, zu einer Abbildung der ganzen Erde gemacht, welche der Kaiser beherrscht, und die sein Großer Šĕ und Großer Tsi' beseelen. Eine Schrift der Han-Zeit, das 獨斷 Tu'-tuan, berichtet, daß für den Großen Šĕ des Kaisers der Altar aus Erde der fünf verschiedenen Farben erbaut wurde (Chavannes, S. 454). Auch wird genau im Mittelpunkt des Altars eine sogenannte 石社主, steinerne Seelentafel des Šĕ, niedergesetzt und hoch um ihren Fuß herum gelbe Erde angehäuft; nach dem Opfer schafft man den Stein wieder fort, vergräbt ihn und überdeckt die Stelle mit Holz. Auch dieser Brauch ist alt, denn er beruht wahrscheinlich auf einer Mitteilung von 鄭玄 Tšing Hüĕn, auch 鄭康成 Tšing K'ang-tš'ing genannt, einem berühmten Gelehrten, der A. D. 127—200 lebte, laut welcher man Tafeln der Šĕ aus Stein verfertigte, weil Stein eine Art Erde ist (Chavannes, S. 477). Natürlich läßt sich vermuten, daß man steinerne Tafeln vorzog, weil diese widerstandsfähiger gegen Einflüsse von Regen, Sonne und Frost waren als hölzerne; in der Tat lesen wir, daß sie der freien Einwirkung des Himmels ausgesetzt wurden, wohl damit ihre gebärende irdische Kraft dann in volle Wirkung zu treten vermöchte. Es steht nämlich im Buche Kiao Te' Sing (I) des Li Ki geschrieben: 天子大社必受霜露風雨、以達天地之氣也, der Große Sĕ des Himmelssohnes soll Frost, Tau, Wind und Regen ausgesetzt sein, damit er die Einflüsse des Himmels und der Erde intensiv aufeinander wirken lasse.

Nur im Palast bereitet sich der Kaiser durch Fasten auf das Opfer vor; die geringe Entfernung der Altarstätte vom Palaste macht ein Fastengebäude daselbst überflüssig. Während er sich um Sonnenaufgang nach der Altarstätte aufmacht, werden in der üblichen feierlichen Weise (s. S. 166) durch den Präsidenten des Opferamtes vier Seelentafeln aus der „Aufbewahrungskammer für die Götter" geholt und auf „Thronsitze" oben auf dem Altar niedergesetzt. Keine Zelte sind für sie aufgeschlagen. Die Tafel des Großen Sĕ kommt auf die Ost-, die des Großen Tsi' auf die Westseite der südlichen Treppe, und sie sind somit gegen Norden gekehrt; an der Nordseite der östlichen Treppe stellt man die Tafel des 后土勾龍 Hou T'u Kü-lung, Herrn der Erde, Kü-lung, und an der Nordseite der westlichen die des 后稷氏 Hou Tsi' Ši, des Herrn der Hirse, gegen Westen, bezw. Osten auf. Diese zwei letzteren sind die P'ei Wei oder nebengeordneten Tafeln (S. 149). Das heilige Buch Tsi Fa', die Opferregeln (S. 146), erwähnt nämlich einen 后土 Hou T'u, Herrn der Erde, der Minister des Kaisers Huang war und es verstand, in den neun Reichsprovinzen das verlorene Gleichgewicht zwischen Land und Wasser wieder herzustellen, wofür er zum Sĕ erhoben wurde; weiter, daß ein gewisser 農 Nung, Ackerbauer, Sohn des Kaisers 神農 Šen Nung, in der Zucht von Feldfrüchten gründlich bewandert war und deswegen als Tsi' mit Opfern verehrt wurde. Anderen alten Schriften zufolge soll dieser Hou T'u auch Kü-lung, dieser Nung auch 柱

Tšu geheißen haben, und letzterer später durch einen gewissen
棄 Kʻi ersetzt sein. Diese Überlieferungen waren vielleicht
für alle Zeiten ein ausreichender Grund, um den beiden
mystischen Wesen an den Staatsopfern der Šĕ Tsiʾ einen Anteil zu gewähren. Es gibt somit beim kaiserlichen Opfer auf
dem Altar vier Opfertische, jeder mit 28 Schüsseln und Körben,
und vor jedem ein Rind, ein Schaf und ein Schwein. Nur die
zwei Hauptgötter werden mit je einem Stück Jaspis verehrt, und
zwar mit einem gelben, bezw. blauen 珪 (圭) Kwei, d. h.
einer quadratischen Scheibe, 3 Tsʻun lang und breit und
0,3 Tsʻun dick; die eine Seite ist flach, die andere aber von
zwei einander gegenüberliegenden Kanten nach der Mitte hin
leicht gewölbt, und in der Mitte dieser beiden Kanten befindet
sich ein sich jäh verjüngendes Flügelpaar.

Auf jeder Seite der beiden Haupttafeln stehen am Fuß
des Altars zwei Männer, die mit riesig langen Stöcken die
Vögel von den Opfergaben verscheuchen. Der Kaiser hat seinen
„Verneigungsplatz“ außerhalb der drei nördlichen Sturztore in
der Meridianachse, die Prinzen und Beamten hinter ihm. Das
Gebet wird auf derselben Seite am Fuße des Altars vorgelesen;
dort haben auch zur Linken und zur Rechten zwischen dem
Altar und dem Wall die diensttuenden Beamten, die Zensoren,
Musikanten, Sänger und Tänzer ihre Plätze. Bei schlechtem
Wetter findet das Opfer in der „Verneigungshalle“ (S. 222)
statt; dann werden die Seelentafeln, Opfertische, Musik uws.
daselbst aufgestellt. Und sollte Regen oder Sturmwind die
Feier plötzlich stören, dann werden die vier Tafeln sofort
durch Schreine (龕) geschützt, die zu diesem Zwecke bei den
Vogelverscheuchern in Bereitschaft stehen, während der
Kaiser und seine Gefolgschaft sich in die „Verneigungshalle“, die Beamten in die „Lanzenhalle“ zurückziehen, um
da die verschiedenen Opferhandlungen aus der Ferne zu vollziehen.

Läßt der Kaiser sich als Opferer durch einen Prinzen vertreten, dann wird dieser von keinen Magnaten begleitet, und der Ritus des Glücksweines und des Glücksfleisches fällt fort. Dasselbe gilt für die Opfer, welche der Kaiser zur Bekanntmachung wichtiger Ereignisse den Šĕ Tsi' darbringen läßt, weil auch von ihrem Schutz und Wohlwollen, ebenso wie von dem des Himmels, der Erde und der Ahnen, sein Thron und Haus abhängig sind. An solchen Opfern sind die zwei „nebengeordneten Götter" nicht beteiligt.

Wie wir bereits auf S. 182 verzeichneten, werden nach dem großen Regenopfer des ersten Sommermonates, falls Regen ausbleibt, die Šĕ Tsi' um Regen gebeten. Der Kaiser selbst oder ein Prinz als sein Stellvertreter, bringt zu diesem Zwecke in derselben Weise wie im Frühling ein Opfer dar. Er trägt, ebenso wie die ihn begleitenden Magnaten, ein schmuckloses Gewand mit Regenkappe und geht demütig von der Brücke des Goldflusses (S. 180) an zu Fuß zum Altar. Das Opfer wird ohne Orchester, ohne Tänze, ohne Opfertiere, ohne Glückswein und Glücksfleisch gefeiert (vgl. S. 183). Die Texte der sieben Hymnen sind dazu angetan, Regen herbeizubeschwören und eine reiche Ernte zu sichern. Und wenn der Regen gefallen ist, feiert der Kaiser oder ein Prinz an einem glücklichen Tage ein „Dankgabenopfer", das dem des Herbstes gleicht (s. S. 223), also mit großem Opfergewande, Orchester, Opfertieren, Glückswein und Glücksfleisch.

Auf ganz ähnliche Weise verfährt man, wenn ein Übermaß von Regen fällt und somit um klares Wetter gebetet wird (祈晴), und wenn dann schönes Wetter eintritt; schließlich auch, wenn im Winter Schneefall ausbleibt.

Es ist bereits hervorgehoben worden, daß jeder Unterteil des Reichsgebietes von jeher seinen eigenen Šĕ besaß. Das heilige Buch Tsi Fa' (S. 146) erhebt das über allen Zweifel, denn da steht geschrieben: 王爲羣姓立社曰大社、王自爲立社曰王社。諸侯爲百姓立社曰國社、諸侯自爲立社曰侯社。大夫以下成羣立社曰置社. Der Šĕ, welchen der König für das gesamte Volk einsetzt, heißt der Größte Šĕ, und der, welchen er einsetzt für sich selbst, heißt des Königs Šĕ. Der Šĕ, den ein Lehnsfürst für sein Volk errichtet, heißt der Šĕ des Reiches, und der, welchen er einsetzt für sich selbst, heißt der Šĕ des Lehnsfürsten. Und der Šĕ, den ein Großwesir, ein Lehnsfürst niederen Ranges und eine ganze Volksgruppe sich einsetzt, heißt der errichtete Šĕ. Den Verhältnissen der Gegenwart entsprechend, haben diese Vorbilder der heiligen Alten zu der Staatsvorschrift geführt, daß die Hauptstadt jeder Provinz, jedes Bezirks (Fu oder Tšou) und jedes Kreises (Hiĕn) im Besitz eines Altars für die Šĕ Tsi' sein soll, und daß der höchste Mandarin des von dort aus verwalteten Gebietes daselbst für das Volk ein Bet- und Dankopfer darbringen muß am selben Frühlings- und Herbsttage, an dem der Kaiser in der Reichshauptstadt dem Größten Šĕ Tsi' opfert.

Alle Zivil- und Militärbeamte sind verpflichtet, sich an dem Opfer zu beteiligen; auch leitende Gelehrte und Graduierte sollen ihm beiwohnen oder hier Dienst tun. Jeder trägt dabei Hofgewand. Das Programm ist von dem der kaiserlichen Opfer nicht verschieden; es dürfen aber unter den Opfergaben auch Erzeugnisse der Gegend angeboten werden, allein weder Jaspis, noch Rind, wohl aber ein Schaf und ein Schwein. Musik und Tänze sind nicht vorgeschrieben. In bezug auf den Altar ist nur verordnet, daß er gegen Norden gekehrt sein und sich auf trockenem Boden in luftiger Lage befinden soll. Daß man ihn überall quadratisch aus Erde erbaut und mit Stein bemauert und pflastert, ist mindestens wahrscheinlich; da aber im allgemeinen die Bauten der Staatsreligion in den Provinzen von den Gelehrten und Notabeln instand gehalten werden, darf man erwarten, sie in den verschiedensten Graden von der sorgsamsten Pflege bis zum ärgsten Verfall anzutreffen.

Achtes Kapitel.

Der Götterkult des Konfuzianismus (III).

Die bisher beschriebenen Staatsopfer bilden, wie der Leser
schon erkannt hat, einen vollständigen Opferkult des ganzen
Universums, der in der Tat Himmel, Erde, Sonne, Mond und
Sterne, Wind, Regen, Wolken und Donner umfaßt, nebst den
Seelen heiliger fürstlicher Toten und der göttlichen Naturkraft
des Wachstums und Gedeihens, die der Menschheit die Lebens-
möglichkeit gewährt. Das erklärt uns, weshalb diese Opferriten
in der Staatsreligion zu einer abgerundeten Hauptgruppe vereinigt sind, und weshalb dieser der Titel 大祀 ta Sě, die
großen oder Hauptopfer, beigelegt ist. Obzwar sie ein vollständiges
System der Verehrung des Alls darstellen, konnte ein Ausbau
nicht unterbleiben. In den heiligen Schriften wurde nämlich
noch eine große Anzahl heiliger Menschen erwähnt, welche der
Welt das Tao offenbart und es sie gelehrt hatte, und deren
Verehrung deshalb zur Förderung des richtigen Laufes dieser
Weltordnung unumgänglich blieb. Außerdem wurden in diesen
Schriften weitere Unterteile des Universums als Gegenstände
spezieller Verehrung erwähnt, und wir wissen, daß alles in
diesen Schriften Enthaltene heiliges Gesetz bildet.

Die Staatsreligion hat diese weiteren Gottheiten in zwei
Gruppen geordnet, und zwar in der Reihenfolge, in der wir
sie der Behandlung unterziehen werden. Die der ersten Gruppe

dargebrachten Opfer bilden die 中祀 tšung Sĕ, die mittleren Opfer, und die anderen die 群祀 kiün Sĕ, die sämtlichen übrigen Opfer.

5. Sonne und Mond.

Voran unter den Göttern der „mittleren Opfer“ stehen die zwei großen Himmelslichter. Alljährlich wird diesen je ein großes Staatsopfer dargebracht. Seit den ältesten Zeiten war für das Sonnenopfer das Frühlingsäquinox angesetzt, weil dann die Tage länger als die Nächte werden, und das Jang, dessen höchste Kraft die Sonne ist, das Jin überwindet. Die Opferstätte lag am Osten des Fürstenhofes, weil da die Sonne aufgeht, und man selbstverständlich glaubte, sie bei ihrer Besiegung des Dunkels dort verehren zu müssen. Und was den Mond betrifft, so konnte sein jährliches Opfer, da dieses Licht der Nacht für einen Unterteil des Jin galt und somit als das Gegenstück der Sonne betrachtet wurde, nur am Herbstäquinox stattfinden, und zwar im Westen, wo er beim Untergang der Sonne in erneuter Gestalt zum Vorschein kommt. Nur in dieser Weise ließ sich eine korrekte Anpassung an das Tao des Weltalls erzielen.

Sätze in den heiligen Büchern, die das Bestehen dieser universistisch-religiösen Regeln in den heiligen alten Zeiten verkünden und somit ihre Befolgung allen Jahrhunderten aufgezwungen haben, sind unter anderen die folgenden:

天子玄端而朝日於東門之外 (Buch 玉藻 Ju’ Tsao des Li Ki, gleich im Anfang). Der Sohn des Himmels mit dunkler Krone erweist der Sonne die Morgenverehrung außerhalb des östlichen Tores.

祭日於壇、祭月於坎、以別幽明、以制上下。祭日於東、祭月於西○○○日出於東、月生於西 (Buch Tsi I, 1, des Li Ki). Der Sonne opfert man auf einem Altar, dem Monde in einer Bodensenkung, um Unterschied zwischen Licht und Dunkel zu machen und die höhere und die niedere Stelle (beider Himmelslichter) darzustellen. Der Sonne opfert man im Osten, dem Monde im Westen . . ., denn die Sonne geht im Osten auf, und der Mond wird im Westen geboren.

Sowohl den universistischen Anschauungen als den heiligen Schriften entsprechend liegt das große 日壇 Ži᾽ T῾an oder Opfergelände der Sonne außerhalb der östlichen Mauer Pekings, bei dem Tor, das amtlich den entsprechenden Namen 朝陽門 Tšao Jang Měn trägt, Tor, wo dem Jang die Morgenverehrung dargebracht wird. In ganz entsprechender Lage befindet sich das 月壇 Juě᾽ T῾an oder Opfergelände des Mondes an der Westfront der Stadt, beim 阜成門 Fou Tš῾ing Měn. Dieser Name ist eine Abkürzung von 阜成兆民, Bereicherung und Ergänzung der Volksmasse, eine im Šu (Buch 周官 Tšou Kuan) erwähnte Pflicht der gesamten Staatsdienerschaft; das westliche Tor Pekings trägt den Namen „Bereicherung und Ergänzung“ als eine Anspielung auf den Herbst mit seinem Erntesegen, der mit dem Westen identifiziert wird.

Der Altar der Sonne ist eine quadratische, genau gegen die vier Weltgegenden gerichtete, einstufige Terrasse, mit grauen Backsteinen gemauert und ringsum mit einer Umrandung von Marmorquadern versehen. Die Oberfläche ist, so heißt es, mit goldfarbigen Ziegeln gepflastert; bei meinem Besuch im Jahre 1890 war aber von dieser Farbe, die natürlich das goldstrahlende Licht der Sonne darstellen soll, nichts mehr zu sehen; sie hatte sich in eine aschgraue verwandelt. Die Höhe der Terrasse beträgt 5,9 Tš῾i᾽; die Länge jeder Seite ist 5 Tšang, also etwa 17 Meter. In der Mitte jeder Seite liegt eine Marmortreppe von neun Stufen. Brüstungen oder Geländer hat der Altar nicht.

Der rote Wall (壝 Wei), der diesen Altar umgibt, ist kreisrund, 765 Tš῾i᾽ lang und 8,1 klassische Tš῾i᾽ hoch. Er steht somit etwa 26 Meter vom Fuß der Treppen ab. Es ist auffallend, daß auch beim Bau dieses Altars die ungeraden oder Jang-Zahlen mit Sorgfalt beobachtet sind. Genau gegen Norden, Osten und Süden hat der Wall, der grüne Dachziegel trägt, ein einziges Sturztor aus Marmor, gegen Westen aber drei, und zwar weil der Opferer sich gegen Osten richten muß, und am Westen also die vornehmste Seite des Altars liegt, gegen welche die Seelentafel der Sonne sich kehrt. Sechs Reihen stattlicher Zypressen umgürten den Kreiswall.

Gerade nördlich vom nördlichen Sturztor steht ein langes, dem Altar zugewandtes Gebäude, das je einen Aufbewahrungsraum für Opfergeräte, für Musikinstrumente und für Matten von Palmfasern enthält. Etwas westlicher erhebt sich ein schöner Glockenturm (鐘樓) mit roten Mauern auf hohen marmornen Grundlagen und mit einem doppelten Dach von grünglasierten Ziegeln. Nordöstlich vom Kreiswall liegt ein viereckiger ummauerter Raum mit dem nach Westen gekehrten „Aufbewahrungshaus für den Gott", in dem auch die Seelentafel der Sonne in einem Schrein aufbewahrt wird; auch befindet sich dort die Küche, aber das Schlachthaus steht in einem anderen ummauerten Raum daneben. Endlich liegt nordwestlich vom Altar in einer größeren Entfernung ein viereckiger Raum mit einer nach Süden gekehrten 具服殿, Bekleidungshalle, wo sich der Kaiser sowohl vor wie nach dem Opfer eine Weile aufhält. Die Decke dieses Gebäudes ist eine interessante und schöne Holzkonstruktion.

Die verschiedenen Gebäude und Mauern dieser Opferstätte tragen grüne Dachziegeln. Sie ist umschlossen von einer Umfassungsmauer, die insgesamt 290,5 Tšang, also ungefähr 980 Meter lang ist, aus großen grauen Backsteinen besteht und graue Ziegeln trägt. Auf der West-, Süd- und Nordseite läuft diese Mauer schnurgerade, auf der Ostseite konvex. In der Westfront hat sie, dem Altar gerade gegenüber, ein überdachtes Tor mit drei Durchgängen und grünglasierten Ziegeln.

Außerhalb desselben erstreckt sich ein von vielen Zypressen beschatteter Hof, auf der Westseite abgeschlossen durch eine freistehende, rote, sogenannte 照壁, Schutzmauer, die offenbar bezweckt, den schädlichen Jin-Einflüssen des Westens den Zutritt durch das Tor zu versperren. Den eigentlichen Haupteingang zum Altar bildet aber ein ähnliches Tor in der Nordfront, unweit des oben erwähnten Glockenturmes. Es ist ebenfalls durch eine freistehende „Schutzmauer“ vor den Einflüssen des Nordens gedeckt. Von diesem Tor biegt eine Straße unmittelbar östlich ab und läuft längs der Umfassungsmauer, an deren Ende sie sich rechtwinklig nach Norden kehrt und dann von zwei schweren, 3 Meter hohen Schutzmauern aus großen Backsteinen mit grauen Dachziegeln flankiert wird. Da bildet sie also eine Allee, die 900 Schritt lang und nicht weniger als 35,3 Meter breit ist, und die in der Mitte ein 7,90 Meter breites Pflaster aus großen grauen Backsteinen hat. Den Eingang der Allee bildet eine rote Holzpalisade, hinter welcher eine zierliche, buntbemalte hölzerne P'ai Fang mit drei Durchgängen und grünen Ziegeln steht (vgl. S. 188). Die Tafel dieser Pforte trägt die Inschrift 景升街, Straße des glorreichen Aufstieges der Sonne, mit der Mantschu-Version daneben.

Die Opferstätte des Mondes ist von der der Sonne kaum verschieden; es kommt aber in ihr keine einzige gebogene Baulinie vor, und zwar weil der Mond zum Jin gehört und seine Opferstätte mithin der der quadratischen Erde, die auch Jin ist, entsprechen soll. Der Wall (Wei), der den Altar umgibt, ist somit quadratisch; er hat eine Gesamtlänge von 94,7 Tšang und eine Höhe von 8 klassischen Tš'i' und ist auf beiden Seiten weiß, zur Darstellung der Farbe des Mondlichtes und des Westens. Das dreifache Sturztor dieses Walles befindet sich in der Ostfront, weil dort der Opferer den Altar zur Verehrung der Mondtafel betritt, die auf der westlichen Seite des Altars steht. Der Altar selbst ist 4,6 Tšʻiʻ hoch und auf jeder Seite 4 Tšang lang. Die Treppen sind sechsstufig. Die geraden oder Jin-Zahlen spielen hier also ihre Rolle.

Die Gebäudegruppen sind denen des Sonnenaltars gleich, haben jedoch eine andere Lage, auf die näher einzugehen sich nicht verlohnt. Die Umfassungsmauer hat keine gebogene Seite und ist im ganzen 235,95 Tšang lang. Die Straße, welche auf ähnliche Weise wie beim Sonnenaltar zum Haupteingang, dem Nordtor, führt, heißt, wie es die Holztafel auf der Pʻai Fang in den zwei Sprachen angibt, 光恆街, Straße des Wachstums des Mondlichts.

Das Opfer des Frühlingäquinox trägt den klassischen Namen 朝日 Tšao Žiʻ, die Morgenverehrung der Sonne (vgl. S. 229), und findet beim Sonnenaufgang statt; das Opfer des Herbstäquinox heißt entsprechend 夕月 Siʻ Juĕʻ, die Abendverehrung des Mondes, und wird beim Untergang der Sonne dargebracht. Bekanntlich zählte man in China seit altersher die Jahre, Monate und Tage mittels der zehn Zykluszeichen 甲乙丙丁戊巳庚辛壬癸 und auch mittels der zwölf Zeichen 子丑寅卯辰巳午未申酉戌亥. Nun bringt der Kaiser persönlich der Sonne das Opfer dar in den Jahren 甲丙戊庚 und 壬, also regelmäßig jedes zweite Jahr, und das Mondopfer in den Jahren 丑辰未 und 戌, also regelmäßig alle drei Jahre einmal. In allen anderen Jahren werden die beiden Opfer durch einen der allerhöchsten Prinzen als kaiserlichen Stellvertreter gefeiert.

Die Vorbereitungen und die Riten entsprechen vollkommen dem uns bekannten allgemeinen Programm. Opfertiere sind ein Rind, ein Schaf und ein Schwein. Die Sonne wird mit einem roten 璧 Piʻ verehrt, d. h. mit einer kreisrunden Jaspisscheibe, die einen Durchschnitt von 4,6 Tsʻun und eine Stärke von 0,5 Tsʻun hat und ein quadratisches Loch in der Mitte besitzt. Dem Monde wird auf seinem Opfertisch ein ähnliches weißes Pi' niedergesetzt, das 3,6 Ts'un im Durchmesser hat bei 0,3 Ts'un Dicke.

Beim Sonnenopfer steht die 大明位, die Tafel des Großen Lichtes, auf einem Thronsitz mitten vor der östlichen Treppe des Altars, gegen Westen gekehrt. Ein Schrein zur Beschützung der Tafel im Falle schlechten Wetters steht am Fuß dieser Treppe neben den beiden Vogelverscheuchern. Der Kaiser oder sein Stellvertreter hat seinen „Verneigungsplatz" oben auf dem Altar, mitten hinter der westlichen Treppe. Während des Mondopfers steht die 夜明位, die Tafel des Lichtes der Nacht, in einem viereckigen weißen Zelt mitten an der westlichen Treppe, also gegen Osten gekehrt, und der Opferer hat daher seinen Verneigungsplatz gegen Westen, an der östlichen Treppe. Der Sonne gesellen sich beim Opfer keine anderen Tafeln, dem Monde dagegen die derselben Sterne zu, welche auch auf dem Himmelsaltar als „Gefolgschaftsgötter" Opfer empfangen, nämlich des Siebengestirnes, der fünf Planeten, der 28 Hauptgestirne und der Sterne des ganzen Firmaments (vgl. S. 149). Ihre vier Tafeln stehen alle zusammen in einem weißen, viereckigen Zelt auf dem Altar an der Nordseite, westlich von der Treppe, und zwar in der Rangordnung von P'ei Wei oder nebengeordneten Sitzen. Sie empfangen gemeinschaftlich nur einen Satz von Opfergaben.

6. Der Schutzgott des Ackerbaues.

Die Reichshauptstadt sowohl wie der kaiserliche Palast, der ihr Zentrum bildet, sind nach streng universistischen Grundsätzen angelegt. Die Hauptstraßen und Tore, Mauern, Höfe und Hallen, Opferstätte, Tempel und Altäre stellen fast ausnahmslos Linien dar, die genau süd-nördlich oder ost-westlich laufen. Eine Meridianachse durchschneidet alle die gegen Süden gekehrten Hauptgebäude (殿 Tiĕn) des Palastes mit ihren

Toren und Höfen genau in der Mitte, und ihre südliche Verlängerung bildet eine zentrale Hauptstraße der Stadt, auf deren östlicher, d. h. der vornehmeren Seite das große Opfergelände des Himmels sich erstreckt. In entsprechender Lage liegt auch auf ihrer Westseite ein ausgedehntes Opfergelände, dessen Außenmauer (wei Juan) vier Fronten in einer Gesamtlänge von 1368 Tšang (± 4,6 km) hat, und dessen Nordfront gleichwie beim Himmelsaltar zu einem Kreisbogen ausgebuchtet ist. Sie ist aus großen Backsteinen erbaut und trägt überall ein nach beiden Seiten abfallendes Ziegeldach.

Viele Altäre, Tempel, Tore, Mauern und andere Bauten verschiedener Art liegen in dieser ausgedehnten Opferstätte zerstreut und bilden ausschließlich ost-westlich und nord-südlich laufende Baulinien. Der Hauptaltar ist der des 先農 Siĕn Nung, des Vorgängers im Ackerbau, der in der Reihe der Staatsgötter den Platz unmittelbar nach dem Monde innehat. Er ist seit altersher der allgemein anerkannte Erfinder oder Urheber des Landbaues, der Heilige, der es verstand, die schaffende Kraft des Tao zur Ernährung der Menschheit zu verwerten, einer der fünf frühesten Kaiser oder Führer der Menschheit im Tao, also einer der großen Gründer des Tao des Menschen. Er soll mit 神農 Šĕn Nung, dem Göttlichen Ackerbauer, den wir auf S. 131 kennen gelernt haben, identisch sein. Er ist im universistischen System einer der fünf göttlichen Unterteile des Weltganzen, und zwar der südliche. Man legt ihm daher den Namen 赤帝 Tš'i' Ti, Roter Kaiser, bei, da diese Farbe mit dem Süden identifiziert wird (vgl. S. 171) und deswegen auch mit dem Sommer, wo die Natur voller Lebenskraft ist und das Getreide daher üppig wächst. Auch heißt er 炎帝 Jĕn Ti, der Flammende Kaiser. Sein Vorgänger war 青帝 Ts'ing Ti, der Blaue Kaiser, mit dem Osten und dem Frühling identifiziert; dieser heißt auch 太皥 T'ai Hao, Größtwerdender Glanz, und 伏羲 Fu'-hi. Šĕn Nung's Nachfolger war 軒轅 Hiĕn-juan, der auch 黄帝 Huang Ti, der Gelbe Kaiser, heißt und also Herrscher des Zentrums des Weltalls war, so daß Sĕ-ma Ts'iĕn, der Vater der Geschichtschreibung, glaubte, ihn an die Spitze der Geschichte Chinas stellen zu müssen. An diesen reiht sich der 白帝 Pe' Ti oder Weiße Kaiser, der Kaiser der Farbe des Westens und des Herbstes, der sehr zutreffend auch 少皡 Šao Hao, Abnehmender Glanz, heißt und 金天 Kin T'iĕn, Himmelsgegend des Metalls, des Elements, das dem Westen entspricht (vgl. S. 120). Und dessen Nachfolger endlich war 顓項 Tšuan-sü', der 黑帝 He' Ti oder Schwarze Kaiser, der Herrscher des Nordens und des Winters, auch ganz zutreffend 高陽 Kao Jang, das emporgestiegene Jang, genannt.

Die Wahrheit dieser universistischen Darstellung der Urgeschichte des Tao der Menschheit anzuzweifeln, ist dem Gelehrtentum Chinas wohl nie eingefallen, denn sie beruht auf Angaben heiliger und alter Bücher, wie des Juĕ' Ling und des Hung Liĕ' Kiai (Kap. 3). Nichtsdestoweniger ist es immerhin zweifelhaft, ob die Gleichstellung von Siĕn Nung, dem Vorgänger des Ackerbaues, mit Šĕn Nung, dem Göttlichen oder Heiligen Landbauer, richtig ist, und zwar weil jener sehr gut der Nung sein könnte, nämlich Šĕn-Nungs Sohn, der, wie wir auf S. 224 erwähnten, in der uralten Zeit zum Schutzgott des Getreides erhoben wurde. Aber hiergegen läßt sich wieder anführen, daß im zweiten Teil des Hi Tsĕ folgender Satz vorkommt: 包犧氏沒、神農氏作。斲木爲耜、揉木爲耒、耒耨之利以教天下。蓋取諸益。 Als Pao-hi (Fu'-hi) gestorben war, regierte Šĕn Nung. Er schnitt Pflugscharen aus Holz und bog Holz zu Pflugsterzen, und über die Vorteile, welche Pflugsterze und Karst brachten, belehrte er die ganze Welt. So ist es gekommen, daß man die Vorteile davon erntet. Angesichts dieses heiligen Satzes aus dem heiligen Ji' läßt sich wohl nicht in Zweifel ziehen, daß der Schutzgott des Ackerbaues der Staatsreligion in Wirklichkeit Šĕn Nung ist, und daß Siŏn Nung mithin bloß eine andere Benennung für denselben Gott darstellt.

Zwei große Tore, jedes mit drei Durchgängen, bilden an der Ostfront die Haupteingänge zu dem Opfergelände. Sie tragen tiefschwarze Dachziegeln, welche von Reihen grüner eingerahmt sind. Das nördliche heißt 太 歲 門 T'ai Sui Mĕn, Tor des Größten Jahrkreises, das südliche ist das 先 農 壇 門 Siĕn Nung T'an Mĕn, Tor des Opfergeländes von Siĕn Nung. Sie führen zum nördlichen, bezw. östlichen Tor einer roten, viereckigen Innenmauer (Nei Juan), die beide drei Durchgänge haben und schwarze und grüne Dachziegeln tragen, ebenso wie zwei weitere gleichartige Tore, welche diese Mauer in der Süd- und Westfront besitzt.

Der Siĕn Nung T'an, der Altar des Siĕn Nung, liegt im südwestlichen Teil dieses Vierecks. Er ist aus großen Backsteinen und Marmorquadern erbaut und den Altären der Šĕ Tsi', der Sonne und des Mondes ganz ähnlich. Auf jeder Seite ist er 4,7 Tšang lang und 4,5 Tš'i' hoch; die vier Treppen sind achtstufig. Gerade nördlich vom Altar liegt ein ummauerter Raum mit dem „Aufbewahrungshaus des Gottes" im nördlichen Hintergrund; quer davor, einen Hof bildend, stehen ein Aufbewahrungshaus für die Musikinstrumente und die Küche, mit je einem Brunnenpavillon. Das Schlachthaus steht außerhalb dieses Raumes auf der Westseite.

Auf diesem Altar bringt der Kaiser, oder ein Prinz höchsten Ranges (Wang) als sein Stellvertreter, im zweiten oder dritten Monat des Frühlings dem Siĕn Nung ein feierliches Opfer, und zwar an einem glücklichen, durch das Zykluszeichen 亥 hai bezeichneten Tage, der bereits im Vorjahr durch das Ministerium der Li dazu empfohlen war und rechtzeitig den Ministerien in der Hauptstadt und den Behörden in den Provinzen bekannt gegeben wurde. Und am Tage vor dem Opfer wird in der uns bekannten Weise durch einen Prinzen den

Ahnen im Fung Siɛn Tiɛn feierlich bekannt gegeben, daß der Kaiser das Opfer begehen wird.

Während des Opfers steht die Seelentafel des Gottes in der Mitte der Nordseite des Altars gegen Süden gekehrt, in einem viereckigen Zelt, das, weil Siɛn Nung ein Kaiser war, entsprechend der speziellen Farbe des Kaisertums, gelb ist. Das Programm der Vorbereitungen und das Ritual sind uns bekannt, gleichwie die drei Opfertiere und die 24 Schüsseln und Körbe mit Opfergaben. Das Gebet, die Seide, der Weihrauch und der Wein werden am Ende der Feierlichkeit nicht verbrannt, sondern in eine Grube geworfen, die sich südöstlich vom Altar befindet.

Unmittelbar nach dem Opfer begibt sich der Kaiser in den Tempel des 太歲 T'ai Sui, des Größten Jahrkreises, der, wie wir später sehen werden, unweit des Altars in derselben Ummauerung liegt, und bietet daselbst dieser Staatsgottheit, dem Planeten Jupiter, Weihrauch dar. Dann läßt er sich von den beiden Präsidenten des Opferamts und einigen hohen Kammerherren (內大臣) nach der 具服殿 oder Bekleidungshalle führen, die, gegen Süden gekehrt, südöstlich vom Altar steht. Da legt er das Opfergewand ab, zieht seinen gelben, mit Drachen brodierten Mantel an und bereitet sich somit zum zweiten Akt der Tagesfeier vor, der den geweihten klassischen Namen 躬耕 kung Kɛng, das persönliche Pflügen, trägt. Gleichwie alle offiziellen Gebäude, welche für den kaiserlichen Gebrauch bestimmt sind, hat diese Bekleidungshalle, wie die des Sonnenaltars (S. 231), die Frontseite gegen Süden. Sie trägt grüne Dachziegeln und erhebt sich zierlich auf einem „Erhöhungsfundament“, das sowohl vorn wie an der Ost- und Westseite Freitreppen aus Marmor hat.

Das „persönliche Pflügen“ des Kaisers ist ein uralter Ritus, dem im System des Universismus immer eine hohe Bedeutung zuerkannt wurde. Es ist, wie wir bereits wissen, die Haupt-

aufgabe des Kaisertums, zum Heil der Menschheit, die der
Himmel seiner Sorge anvertraut, die richtige Wirkung des T a o
des Weltalls durch geeignete Regierungsmaßnahmen zu sichern.
Weil nun die höchste Eigenschaft oder Tugend (T e') des T a o
seine jährlich sich erneuernde Schöpfungskraft ist, welche der
Menschheit Nahrungsmittel schafft, wird es selbstverständlich
auch für den Kaiser eine Pflicht allerersten Ranges, in jedem
Frühling die Führung der Menschheit in Angriff zu nehmen,
wo es gilt, den Erdboden für diese schöpferische Kraft empfäng-
lich zu machen. Daß er sich zur Erfüllung dieser Pflicht denselben Tag erwählt, an dem er durch ein großes Staatsopfer
über die ganze Welt den Segen des S i ĕ n N u n g herabruft,
des allerersten Vorgängers und Lehrmeisters der Menschheit
für den Ackerbau, liegt klar auf der Hand.

Dokumentarisch läßt sich der kaiserliche Pflugritus auf
einen Satz im heiligen Buche der J u ĕ' L i n g zurückführen,
der, wie wir sehen werden, noch jetzt seine vornehmste Grundlage bildet. Er lautet wie folgt:

是月也乃擇元辰、天子親載耒耜、帥三
公九卿諸侯大夫、躬耕帝籍。天子三推、三
公五推、卿諸侯九推。反執爵于大寢、三公
九卿諸侯大夫皆御、命曰勞酒. In diesem Monat
(dem ersten des Frühlings) wählt man einen erstklassigen Tag, an dem der
Sohn des Himmels selbst eine Pflugsterze und eine Pflugschar in seinem
Wagen mitführt und an der Spitze der drei Hauptminister (公 K u n g)
und der neun Minister (卿 K'i n g), Lehnsfürsten und Großwesire in
eigener Person die kaiserlichen Pflugfelder pflügt. Der Sohn des Himmels
macht drei Furchen, die drei Hauptminister fünf, die Minister und Lehnsfürsten neun. Bei der Rückkehr greift man im großen Hintergebäude zu
deu Bechern; die drei Hauptminister, die neun Minister, die Lehnsfürsten
und Großwesire begeben sich alle dorthin, und der Befehl lautet, sie mit
Wein zu belohnen.

Am frühen Morgen des Opfertages wurde, wie es vor
allen vornehmen Staatsopfern üblich ist (s. S. 161), das Opfer-

gebet usw. nach der T'ai-Ho-Halle getragen und daselbst dem Kaiser zur Besichtigung vorgelegt. Zu gleicher Zeit war ihm da sein mit gelber Seide bekleideter Pflug und seine Peitsche von gelber Seide auf Tischen zur Schau ausgebreitet, nebst blauen Kistchen mit Saatkorn; danach waren alle diese Sachen in den farbigen Tragbahren, in denen man sie dorthin gebracht hatte, nach dem Pflugfeld geführt worden. Musik und Gesang begleiteten die kaiserliche Inspektion. Weitere Pflüge und Peitschen, darunter die mit roter Seide bekleideten für die Prinzen und Minister, wurden mit mehreren Körben Saatkorn von der Verwaltung von Šun-t'iĕn, dem Bezirk, worin Peking liegt, besorgt, auch die benötigten Rinder, welche für den Kaiser gelb, für die Prinzen und Minister dunkelgrau (騾) sein müssen.

Während der Kaiser sich in der „Bekleidungshalle" eine Ruhepause gönnt (vgl. S. 238), nähert sich die glückverheißende Stunde, in der das Pflügen stattfinden soll, und auf der Nordseite der Pflugfelder versammeln sich die Reichsgroßen und hohen Würdenträger. Rote beschriebene Schilder weisen einem jeden seinen ·Standplatz an. Drei Prinzen höchsten Ranges (親王) und die Präsidenten der neun hohen Ministerien und Ämter stellen die im Juĕ' Ling erwähnten drei Hauptminister und neun Minister (vgl. S. 239) dar. Sie sind alle mit 蟒袍, Drachenmänteln, bekleidet, dem höchsten amtlichen Gewande. Die Musik (和聲樂) und die Sänger haben sich beiderseits des mittleren Teiles der Felder aufgestellt, den der Kaiser selbst pflügen wird. Die Felder liegen im inneren Viereck des Opfergeländes, an der Ostseite von dessen südlichem Tor (vgl. S. 237). Sie tragen natürlich den Namen 帝耤 Ti Tsi', unter dem die soeben zitierte Stelle des Juĕ' Ling und weitere klassische Schriften sie erwähnen.

Ein schönes buntes Bauwerk liegt nördlich der Felder. Es heißt 觀耕臺 kuan Kŏng T'ai, Terrasse zum Anschauen des Pflügens. Sie ist quadratisch, und ihre vier Mauern bilden

ein gelb- und grünglasiertes Kachelwerk, von breiten, schweren
Horizontalleisten durchzogen. Sie trägt ringsum Brüstungen im
selben Stil wie die des Runden Hügels, jedoch die Pfeiler derselben sind aus blauem und weißem Marmor, die Fächer aus
weißem. Die Höhe der Terrasse beträgt 5 Tš'i', die Länge
und Breite 5 Tšang. Eine achtstufige Marmortreppe befindet
sich in der Mitte der Süd-, Ost- und Westseite und ist mit
Geländern versehen, die den Brüstungen ganz ähnlich sind.
Genau nördlich der Terrasse tritt die schöne Bekleidungshalle
hervor, welche wir schon erwähnt haben.

Aus dieser Halle führen die Präsidenten des Ministeriums
der Li und des Opferamtes mit noch einer Anzahl anderer
hoher Würdenträger den Kaiser zu der Nordseite des von ihm
zu pflügenden Feldes. Auf den lauten Befehl eines Zeremonienmeisters des Bewirtungsamtes legt ihm der Präsident des Land-
bau- und Einnahmeministeriums (戶部) die Pflugsterze in
die rechte Hand; mit der linken empfängt der Kaiser die gelbe
Peitsche aus den Händen des sich auf die Knie werfenden
Gouverneurs (尹) von Šun-t'iĕn. Wohl hundert aus der
unmittelbaren Umgegend Pekings zur Hilfeleistung einberufene
ältere Landleute, mit breitem Regenhut (笠) und einem Regen-
mantel (蓑) bekleidet, haben sich auf beiden Seiten aufgestellt.
Zwei von ihnen geleiten das vor den Pflug gespannte Ochsen-
paar, zwei andere halten die Pflugsterze, und so pflügt der
Kaiser unter dem Geleit des Präsidenten des Opferamtes und
des Direktors der kaiserlichen Equipagen drei Furchen hin
und drei zurück. Unterdessen schmettern zu beiden Seiten
Zymbeln, Trommeln, Flöten und andere Blasinstrumente durcheinander, und eine Kantate aus 36 gereimten Strophen von je
sieben Worten schallt aus den Kehlen von zehn Sängern durch
die Luft. Dann werden auf lauten Befehl des Zeremonienmeisters durch Beamte des Landbau- und Einnahmeministeriums
die Zugochsen angehalten, und der Gouverneur von Šun-t'iĕn

nimmt dem Kaiser die Peitsche aus der Hand; die Musik schweigt, und der Kaiser besteigt auf Ersuchen des Präsidenten des Ministeriums der Li die Terrasse auf der Südtreppe. Auf ausgelegten Teppichen schreitet er zum Thronsessel, der in einem gelben Zelt genau in der Mitte der Nordseite steht; er setzt sich nieder, und die Prinzen und Großen stellen sich umher, jeder auf den ihm gebührenden Platz. Die Bezirksbeamten von Šun-tʿiĕn und die Landleute reihen sich jetzt vor der Terrasse auf und machen drei Fußfälle mit neun Stirnaufschlägen, um dem Kaiser ehrerbietig zu danken für sein Beispiel, das er dem Volke so gnädig gegeben.

Nun wird durch Beamte von Šun-tʿiĕn der vom Kaiser gepflügte Acker mit Reis (稻) aus einem blauen Kistchen besät. Sodann machen auf genau dieselbe Weise wie der Kaiser die drei Prinzen je drei Furchen hin und drei zurück, und zwar in drei Äckern, von denen zwei unmittelbar auf der Ostseite und einer auf der Westseite des kaiserlichen Ackers liegen. Beamte von Šun-tʿiĕn säen dort Weizen (麥) aus. Haben die Prinzen ihr Werk vollbracht, dann begeben sie sich auf die Terrasse, und die neun Minister kommen an die Reihe, vier an der Ost- und fünf an der Westseite; jeder pflügt in einem ihm zugewiesenen Acker eine Furche hin und eine zurück, und die Äcker werden sodann mit Hirse (黍) und Erbsen (荳) besät. Während Musik und Gesang ertönen, verläßt der Kaiser die Terrasse, und die Equipage trägt ihn zum Palast. Die Landleute erledigen die Bestellung der Felder und empfangen als Belohnung je vier Stücke Seide.

Von der Kantate, welche gesungen wird, während der Kaiser pflügt, geben wir hier beispielsweise die ersten 16 Strophen wieder:

光華日月開青陽、房星晨正呈農祥、
帝念民依重耕桑、肇新千耤考典章。

Wenn die leuchtende Sonne und der holde Mond das Jang des Blauen (des Frühlings) öffnen,

Wenn das Fang Gestirn (der Kopf des Skorpion) genau in der Morgenstunde das Glück des Ackerbaues verkündet,

Dann gedenkt der Kaiser dessen, wovon sein Volk abhängig ist, und erachtet Ackerbau und Seidenzucht als das Wichtigste;

Er gründet sich somit von neuem tausend Pflugfelder, über die er sich in den heiligen Schriften unterrichtet hat.

吉鐲元辰時日艮、蒼龍變輅臨天閶、
青壇峙立西南方、犧牲簠簋升芬芳。

Am glückverheißenden vortrefflichen Zeitpunkt, an dem er sich (durch Enthaltsamkeit) gereinigt hat, sind Stunde und Tag geeignet;

Der Staatswagen des blauen Drachen (des östlichen Himmelsquadranten) ist aus dem Himmelstor herabgefahren;

Der blaue Altar (des Siẽn Nung) steht im Südwesten (des Opfergeländes);

Die Opfertiere, Porzellangefäße und Terrinen senden ihren Duft empor.

皇心祗敬天容莊、黃幕致禮虔誠將、
禮成移蹕天田旁、土膏沃洽春洋洋。

Ehrfurchtsvoll verehrte da das Herz des Kaisers den üppigen Pflanzenwuchs, den der Himmel uns gönnt;

Im gelben Zelte brachte er ihm Verehrung dar und bot in echter Frömmigkeit ein Opfer an,

Und als das Ritual vollzogen, stellte er sich zur Seite der himmlischen (= kaiserlichen) Felder auf,

Wo die Erde fett und gut bewässert ist und einen überreichlichen Ertrag verspricht.

黛犁行地牛服輞、司農種稑盛青箱、
洪麋在手絲鞭揚、率先稼穡爲民倡。

Dunkelfarbige Pflugochsen schreiten über die Felder; Zügel sind ihnen angelegt,

Die Beamten für die Feldbestellung haben mit Getreide und Reis die blauen Körbe gefüllt,

Die starke Leine in der Hand, die seidene Peitsche geschwungen,

So führt er das Landvolk an und tritt auf als beispielgebender Führer des Volkes. Usw.

Wenn der Kaiser zum ersten Male nach seiner Thronbesteigung den Pflugritus begeht, begibt er sich auf Ersuchen des Präsidenten des Ministeriums der Li beim Verlassen der Terrasse zum 慶成宮 K'ing Tš'ing Kung, Gebäude zur Vervollkommnung des Glückes, wo dann eine zweite Feierlichkeit stattfindet, die 慶賀 K'ing-ho, die Beglückwünschung, heißt.

Dieses Gebäude steht außerhalb des Vierecks, in dem der Altar des Siĕn Nung, die Pflugfelder usw. liegen, und zwar auf der Ostseite. Ein schönes Tor mit drei Durchgängen erhebt sich dort in der Mitte der südlichen Front eines kleineren Vierecks auf einem Marmorperron mit Brüstungen, der vorn und hinten drei marmorne Freitreppen hat. Dahinter erstreckt sich ein Hof, den im Norden eine Mauer abschließt, und in deren Mitte wiederum ein ähnliches Tor eingebaut ist. Hinter diesem Innentor erhebt sich in einem zweiten Hof das K'ing Tš'ing Kung. Seine mit Brüstungen versehene Marmorterrasse ist vorn rechteckig ausgebaut und hat dort auf den drei Seiten eine neunstufige Marmortreppe mit Geländern wie die Brüstungen. Es hat einen rechteckig vielfach getäfelten Giebel von großer Schönheit und ein Einzeldach, das durch vier Reihen von sechs Holzpfeilern getragen wird. Schließlich liegt hinter diesem Gebäude wiederum ein Hof mit einem 後殿 oder Hintersaal, der sich auf einer Terrasse von geringerer Höhe und ohne Brüstungen erhebt. Ähnliche, aber kleinere Hallen stehen links und rechts auf diesem Hof mit der Front gegen Westen und Osten. Alle hier erwähnten Gebäude und Tore tragen, gleichwie die Mauern, grünglasierte Dachziegeln.

Ein Orchester, auf dem Perron des Innentors aufgestellt, begrüßt den Kaiser, wenn er in seiner Sänfte hereingetragen wird, und von der Vorderterrasse des K'ing Tš'ing Kung bringen ihm Sänger mit Musikbegleitung ihr Lied entgegen.

Am Hintersaal steigt der Kaiser aus und wartet dort so lange, bis ein Beamter von Šun-t'iŏṅ ihm die Kunde bringt, daß die Bestellung der Felder gänzlich erledigt ist. Ein Präsident des Ministeriums der Li ersucht ihn jetzt, sich nach dem K'ing Tš'ing Kung zu begeben. Während ein zweites Gesangstück mit Musik ertönt, setzt sich der Kaiser in seinen gegen Süden gekehrten Thronsessel nieder, und hierauf fängt auf lauten Befehl des Präsidenten des Bewirtungsamtes die Beglückwünschung an. Auf der Vorderterrasse stellen sich die Prinzen ost-westlich in Reihen auf; die Minister und Beamten tun dasselbe vor der Terrasse, und alle machen, wie ein Mann, auf lauten Befehl drei Kniefälle und neun Stirnaufschläge. Sodann setzt sich jeder zur linken oder rechten Seite nieder, nachdem er bei seinem Sitz einen einzelnen Stirnaufschlag gemacht; und wenn so alle, genau nach ihrer Rangordnung, Platz genommen haben und dem Kaiser Tee geboten worden ist, wird jedermann mit Tee bewirtet. Inzwischen erschallen aus den Kehlen der Sänger von Musik begleitete Glückwünsche, und jedermann macht an seinem Sitz abermals einen Stirnaufschlag. Zum zweiten Male wird eine Tasse Tee gereicht und eine Kantate gesungen, und dann läßt der Kaiser sich in den Palast zurücktragen.

Falls es dem Kaiser behagt, läßt er auf diese feierliche Bewirtung eine zweite folgen, die den klassischen Namen 勞 酉 lao Tsiu, mit Wein belohnen, trägt und also ganz klar die Befolgung des Beispieles der Kaiser des heiligen Altertums bezweckt, von dem wir auf S. 239 im Auszug aus den Juŏ' Ling gelesen haben. Nachdem er sich in den Hintersaal zurückgezogen hat, damit durch die Dienerschaft des Bewirtungsamtes im K'ing Tš'ing Kung die Vorbereitungen getroffen werden können, kommt er auf Gesuch des Präsidenten des Ministeriums der Li zurück und setzt sich unter Musik und Gesang wieder auf seinen Thron. Jeder Prinz, Minister und Beamte setzt sich nach einem Stirnaufschlag auf den ihm gebührenden Platz nieder; Wein wird gereicht, und während lange Gesänge ertönen, werden auch Leckerbissen (饌) angeboten. Tänzer treten auf, Schauspieler, Possenreißer, Gaukler, und am Ende erhebt sich einer nach dem anderen von seinem Sitz, macht einen Kniefall und drei Stirnaufschläge zu dem Kaiser hin und entfernt sich. Am Haupttor bilden alle Spalier, werfen sich, wenn der Kaiser auf dem Rückweg nach dem Palast an ihnen vorüber getragen wird, auf die Knie, und jeder geht darauf seinen Weg.

Falls der Kaiser durch einen Prinzen dem Schutzgott des Landbaues das Jahresopfer darbringen läßt, verrichtet der Gouverneur von Šun-t'iĕn (順天尹) die Pflugzeremonie. Es versteht sich, daß dieser dabei nicht die Magnaten und Minister in seiner Gefolgschaft haben kann. Sobald zweimal neun Furchen gezogen sind, werden die Felder nur von den Bauern zu Ende gepflügt, und daraufhin macht man die Fußfälle und Stirnaufschläge vor der Terrasse nach dem kaiserlichen Palaste hin, was 望闕 w a n g K'ŭĕ' heißt, sich nach den Palasttoren wenden.

Im Laufe des Sommers werden die kaiserlichen Pflugfelder sorgfältig gejätet und bewässert, und den Ertrag liefert die Behörde von Šun-t'iĕn im Herbst dem Opferamt aus. Dieses läßt ihn an einem dazu auserwählten glücklichen Tage aufspeichern, um das Korn für die Opfer zu verwenden, welche den Staatsgöttern und kaiserlichen Ahnen dargeboten werden (vgl. S. 159). Die Textstelle, woraus hervorgeht, daß eine solche Verwendung uraltem Brauch entspricht, werden wir auf S. 248 und 249 wiedergeben.

Zur Aufbewahrung des kaiserlichen Korns dient in erster Linie die 神倉 Šĕn Ts'ang, Göttliche oder Heilige Kornkammer, welche im inneren Viereck des Opfergeländes von Siĕn Nung steht, im östlichen Teil, also nordöstlich von der „Bekleidungshalle". Da befindet sie sich im nördlichen Teil einer besonderen viereckigen Ummauerung, zu welcher ein Tor mit drei Durchgängen, das in der Mitte der südlichen Front eingebaut ist, den Zugang bildet. Diese Kammer ist kreisrund und steht auf einem runden, marmornen Fundament größeren Umfangs, das vor der nach Süden gewandten Tür eine fünfstufige Treppe hat. Weiter südlich liegt in der Mitte eine gleichartige, aber rechteckige Scheune, und quer zwischen beiden stehen sowohl rechts wie links noch zwei. Alle diese Kornkammern tragen, ebenso wie die Ummauerung und das Tor, schwarze glasierte Ziegeln, von grünen umrahmt, und stehen auf marmornen Grundlagen; sie zeugen also von der Sorgfalt und Ehrfurcht, womit das heilige Getreide bewahrt und behandelt wird. Einige schattige Bäume erhöhen die ruhige Schönheit dieser eigentümlichen religiösen Stelle, die in stiller Ruhe im Herzen der belebten, rührigen Weltstadt liegt.

Nicht bloß der Kaiser muß mit seiner hohen Ministerschaft zur Anregung des Landbaues, als wichtigsten Gewerbes des Lebens, der ganzen Menschheit das zu beherzigende Beispiel geben, sondern auch den Behörden in der Provinz liegt dieselbe Pflicht ob. Denn in der heiligen alten Zeit war sie den Lehnsfürsten vorgeschrieben, deren Stelle jetzt die Behörde einnimmt. Im heiligen Buche Tsi I (II) steht geschrieben: 耕藉所以教諸侯之養也. Durch das Pflügen der Tsi' lehrt der Sohn des Himmels die Lehnsfürsten ihre Pflicht, für die Ernährung der Menschheit zu sorgen. 是故昔者天子爲藉千畝、冕而朱紘躬秉耒。諸侯爲藉百畝、冕而青紘、躬秉耒。以事天地山川社稷先古、以爲醴酪齊盛、於是乎取之。敬之至也. Deshalb legte der Sohn des Himmels in alten Zeiten tausend Mou Felder (Tsi') an, auf denen er, die Krone mit roten Fransen tragend, eigenhändig die Pflugsterze führte. Die Lehnsfürsten bildeten sich hundert Mou solcher Tsi', wo sie, die Krone mit blauen Fransen tragend, eigenhändig die Pflugsterze hielten. Auf diese Weise opferte man dem Himmel und der Erde, den Bergen und Flüssen, den Göttern des Bodens und der Hirse, den Ahnen und den Herrschern vergangener Zeiten, indem man ihnen Opfergetränke und Opferschüsseln bereitete, die man von diesen Feldern hergenommen hatte. Das war der höchste Grad der Ehrfurcht.

Somit hat die Hauptstadt jeder Provinz, jedes Bezirkes und jedes Kreises auf ihrer Ostseite einen quadratischen offenen Altar, auf dem der höchste Verwalter an der Spitze seiner Behörde und des Gelehrtentums, am selben Tage wie der Kaiser, dem Siĕn Nung in der Morgenstunde ein Opfer darbringt, und zwar in derselben Weise wie den Göttern des Bodens und der Hirse (s. S. 227). Nach dem Opfer begeht er den Pflugritus nach demselben Programm, das für den Kaiser oder seinen Stellvertreter festgesetzt ist. Am Schluß machen alle Teilnehmer feierlichst drei Kniefälle und neun Stirnaufschläge gegen das ferne Tor des Palastes hin, dessen Richtung angezeigt wird durch einen Wandschirm, an dem eine Zeichnung des Tores hängt, und durch einen davor stehenden Tisch, auf dem Weihrauch brennt.

7. Die Schutzgöttin der Seidenzucht.

Die Erzeugung von Nahrungsmitteln durch vernünftige Verwertung der schaffenden Kraft des Tao des Weltalls steht also unter den Angelegenheiten des Tao der Menschheit obenan. Aber unmittelbar daran schließt sich die Erzeugung von Kleidungsstoff, ohne den der Mensch ebensowenig leben und bestehen kann als ohne Nahrung. Deshalb haben die heiligen Gründer des Tao der Menschheit auch die Seidenzucht gestiftet. Dokumentarisch läßt sich nachweisen, daß bereits in den ältesten Zeiten Chinas Seide der vornehmste, wenn nicht gar der einzige Kleidungsstoff von Bedeutung war, den der Mensch sich zu verfertigen wußte, und somit ist es uns ganz verständlich, daß eine 先蠶 Siĕn Ts'an, Vorgängerin in der Seidenzucht, im Pantheon des Staates den Platz unmittelbar hinter Siĕn Nung, dem Vorgänger im Landbau, innehat.

Von altersher war der Seidenbau in China das Hausgewerbe der Frau. Sein Erfinder muß mithin eine Frau gewesen sein, und zwar die Gemahlin des Huang Ti, des vornehmsten der fünf universistischen Herrscher der Urzeit (s. S. 236). Natürlich kann es uns ziemlich gleichgültig sein, ob sich die Staatsreligion die Richtigkeit dieses Dogmas angelegen sein läßt oder nicht; nicht aber, daß sie sich zu dem Grundsatz bekennt, wonach, gleichwie jedes Jahr Kaiser und Minister das männliche Volk zum Ackerbau anführen sollen, es Pflicht der Kaiserin und der Gemahlinnen der Minister ist, der Frauenwelt durch ihr Beispiel den Ansporn zum Seidenbau zu geben. Das war ihnen schon in der heiligen Urzeit als Pflicht auferlegt, wie es im heiligen Buche 祭統 Tsi T'ung des Li Ki zu lesen steht:

是故天子親耕於南郊、以共齊盛、王后蠶於北郊、以共純服、諸侯耕於東郊、亦以共齊盛、夫人蠶於北郊、以共晃服。天子諸侯非莫耕也、王后夫人非莫蠶也、身致其誠信. Daher kommt es, daß der Sohn des Himmels persönlich im südlichen Vorstadtgelände den Boden pflügt und dadurch (Feldfrüchte für die Opferschüsseln beschafft, während seine Gemahlin im nördlichen Vorstadtgelände Seidenraupen züchtet zur Beschaffung von seidenen Gewändern; die Lehnsfürsten pflügen im östlichen Vorstadtgelände,[1] um ebenfalls (Feldfrüchte für die) Opferschüsseln zu schaffen; ihre Gemahlinnen züchten Seide im nördlichen Vorstadtgelände zur Beschaffung von Kronen und Gewändern. Unter den Söhnen des Himmels und seinen Lehnsfürsten gibt es keinen, der nicht pflügt, unter den Kaiserinnen und den Gemahlinnen (der Lehnsfürsten) keine, die nicht Seide züchtet; persönlich führen sie dadurch ihre Heiligkeit und Frömmigkeit bis zum Höhepunkt hinauf.

--- ---

[1] Deshalb sind die Altäre des Siĕn Nung mit den Pflugfeldern östlich der Hauptstädte der Provinzen, Bezirke und Kreise gelegen; s. S. 248.

Die Verehrung der Siĕn Ts'an ist in erster Linie eine Obliegenheit der Kaiserin, und ihr Opfergelände ist auch die Stelle, wo die allerhöchste Frau alljährlich der Frauenwelt des Reiches das Beispiel zum Seidenbau gibt. Es liegt, dem soeben zitierten klassischen Satz entsprechend, am nordöstlichen Ende des großen Teiches, der den Namen 北海 Pe' Hai, Nordmeer, trägt und vom 西苑 Si Juan, dem Westpark, umgeben ist, der sich nordwestlich des Palastes bis zu dessen äußerstem Norden erstreckt. Es ist viereckig und von einer roten Mauer umgeben, die gegen die vier Himmelsgegenden gekehrt ist und auf jeder Front eine Länge von vierzig Tšang besitzt. Das Haupttor mit drei Durchgängen liegt im westlichen Teil der Südfront, gerade südlich vom Altar der Siĕn Ts'an.

Dieser Altar ist dem des Siĕn Nung ähnlich, nur etwas kleiner; er mißt nämlich vier Tšang auf jeder Seite und ist vier Tš'i' hoch. Südöstlich vom Altar steht eine viereckige 觀桑臺 kuan Sang T'ai, Terrasse zum Anschauen der Maulbeerbäume, und genau südlich davon liegt das 桑畦, Maulbeergärtchen; somit ist die Lage von Altar, Terrasse und Gärtchen der des Altars, der Terrasse und der Pflugfelder der Opferstätte des Siĕn Nung ganz entsprechend. Weiterhin befindet sich in der südöstlichen Ecke des Geländes in einem ummauerten Viereck ein Tempel für die Siĕn Ts'an, mit einem „Aufbewahrungshaus der Göttin", nebst Küche, Schlachthaus und Brunnen, und unmittelbar nördlich ein 蠶署, Seidenbau-Amt. Endlich folgt nordwärts eine lange Reihe von 蠶室, Seidenraupenkammern, unter einem einzigen Dach vereint. Längs dieser Reihe, des Seidenbauamtes und Tempels durchströmt der 浴蠶河, Bach zum Waschen der Raupen, das Opfergelände von Nord nach Süd; an zwei Stellen ist er überbrückt. Gerade nördlich von der Terrasse liegt ein großes ummauertes Viereck, in dem sich mit der Front gegen Süden eine Bekleidungshalle (具服殿) erhebt. Dahinter liegt ein zweiter Hof mit ovalem, gemauertem

Teich in der Mitte und nördlich davon ein 織室, _{Webhaus}, mit zwei Nebengebäuden. Alle Gebäude, Tore und Mauern tragen grüne Dachziegeln.

In der Anlage dieses Opfergeländes ist der Einfluß folgender Stelle im heiligen Buche Tsi I (II) unverkennbar:

古者天子諸侯必有公桑蠶室、近川而 爲之築宮、仞有三尺。棘牆而外閉之. Im Altertum hatten der Sohn des Himmels und seine Lehnsfürsten sicherlich amtliche Maulbeerbäume und Seidenraupenhäuser, die in der Nähe eines Wasserstromes standen und für welche Gebäude errichtet wurden, die ein Žĕn und drei Tš'i' hoch waren. Die Mauern waren mit Gebüsch umpflanzt und nach außen geschlossen.

Im letzten Monat des Frühlings, an einem glücklichen Tage, der durch das Zykluszeichen 已 bezeichnet wird, bringt die Kaiserin persönlich der Siĕn Ts'an auf ihrem Altar das jährliche Opfer dar, und zwar nach dem Programm, das auch für das Jahresopfer des Siĕn Nung gilt. Vorwiegend sind es Eunuchen aller Klassen, die dabei amtieren, auch als Musikanten und Sänger, sowie in den Equipagen der Kaiserin und der übrigen Gemahlinnen; die Beamten für den Weihrauch, die Seide, die Becher usw., sogar der obere Leiter der Zeremonien (典儀), sind ausnahmslos Frauen (女官). Die Gefolgschaft der Kaiserin, die mit ihr zusammen die Fußfälle und Verneigungen macht, besteht aus den Gemahlinnen des zweiten, dritten und vierten Ranges (妃 und 嬪), den kaiserlichen Töchtern (公主) und Schwiegertöchtern (福晉), sowie aus Gemahlinnen der höchsten Minister (命婦). Zur Vorbereitung zum Opfer müssen alle fasten. In der frühen Morgenstunde werden sie durch das 神武門 Šĕn Wu Mĕn, das nördliche Haupttor des Palastes, in Sänften hinter der Kaiserin nach der „Bekleidungshalle" getragen, in welche die Kaiserin einzieht, während sie selbst in die zwei Nebengebäude (配殿) einkehren. Beim Opfer wird kein Gebet gelesen und werden keine Tänze aufgeführt. Beim Empfang und beim Verabschieden der Göttin machen Kaiserin und Gefolgschaft sechs tiefe Verneigungen (肅), wobei sie mit den aneinandergelegten Händen beinahe den Boden berühren und danach drei Kniefälle machen, mit je einem Stirnaufschlag; das ist nämlich die größte Ehrfurchtbezeugung der Frau, die den drei Kniefällen und neun Stirnaufschlägen des Mannes entspricht.

Sobald sich die Raupen aus den Eiern entwickeln, was ungefähr mit der Zeit zusammenfällt, in der das Opfer an die Siĕn Ts'an stattfindet, begeht die Kaiserin am frühen Morgen das 躬桑 kung Sang, das persönliche Einsammeln von Maulbeerblättern, einen Ritus, der das Gegenstück zum „persönlichen Pflügen" des Kaisers bildet und sich nach demselben Programm abspielt. Mit einem goldenen Sichelchen (鉤), das ihr eine Hofdame auf den Knien übergibt, schneidet die Kaiserin im schon erwähnten Maulbeergärtchen von zwei Zweigen feierlich die Blätter ab, welche sodann eine Hofdame in ein gelbes Körbchen legt. Dann setzt sie sich auf der Terrasse in ihren Thronsessel, und nun entblättern die übrigen Gemahlinnen des Kaisers mit silbernen Sicheln fünf Zweige und sammeln den Ertrag in gelben Körbchen ein; zum Schluß schneiden die Prinzessinnen mit eisernen Sichelchen die Blätter von fünf Zweigen, die Ministerfrauen von neun ab, welche in rote Körbchen gelegt werden. Die dabei amtierenden Musikanten, Sänger und Fahnenträger sind Eunuchen. Eine Dame, die 蠶母 Ts'an Mu, die Raupenzuchtmutter, heißt, nimmt nun auf der Terrasse vor der Kaiserin ehrerbietigst den Korb in Empfang, der die von der Kaiserin eingesammelten Blätter enthält; einige sogenannte 蠶婦 Ts'an Fu, Raupenzuchtfrauen, nehmen die anderen Körbe entgegen und tragen sie sämtlich nach den Raupenkammern (s. S. 250) hin, um damit sofort die Räupchen zu füttern. Die Kaiserin geht inzwischen in die „Bekleidungshalle" zurück. Dort setzt sie sich auf ihren Thron, läßt sich von den sämtlichen hohen Frauen mit sechs tiefen Verneigungen, drei Fußfällen und drei Stirnaufschlägen verehren und führt dann in ihrer Sänfte nach dem Palast zurück, wohin ihr die übrigen Gemahlinnen bald in ihren Sänften folgen.

8. Die Kaiser der vergangenen Dynastien.

Auf Grund der Lehre, daß jeder Kaiser als Statthalter des Himmels das Tao des Weltalls auf dieser Erde vertritt und dadurch aller Menschen höchster Führer im Tao der Menschheit ist, haben alle Kaiser, die der Himmel im Besitz des Throns belassen hat, für alle Zeit Anrecht und Anspruch auf die dankbare Verehrung des Staates, weil sie für das Glück, die Tugend und Bildung der Menschheit ihr Bestes geleistet haben.

Die Ts'ing-Dynastie brachte bis zum Jahre 1722 nur einer Auswahl von Kaisern früherer Dynastien Opfer dar. Dann verfügte Šing Tsu (K'ang-hi), es sollten in Zukunft die Seelentafeln aller Kaiser in dem dazu bestimmten Tempel Platz finden, nur derjenigen nicht, welche „das Tao nicht hatten" (無道) und somit ihr Leben eingebüßt oder ihr Reich verloren hatten (亡國).

Der 歷代帝王廟 Li' Tai Ti Wang Miao, Seelentempel der Kaiser und Könige dahingegangener Dynastien, liegt in Peking an der Nordseite der Straße, die nach dem Westtor oder Fou Tš'ing Měn führt, bei dem sich das Opfergelände des Mondes befindet. Zwei hölzerne P'ai Fang, quer über diese Straße gebaut, verkünden durch Schilder über ihrem mittleren Durchgang, daß die dazwischen liegende Strecke 景德街 King Te' Kiai, Straße der glorreichen Tugenden, heißt, und daß an ihr also der betreffende Tempel liegt; denn dieser führt den religiösen Namen 景德崇聖殿 King Te' tš'ung Šing Tiěn

Tempelsaal der glorreichen Tugenden und der erhabenen Heiligkeit. Sowohl in Chinesisch als in Mantschurisch prangt dieser Name auf einer Holztafel über dem Eingang in der Mitte der Front des Gebäudes.

Der Tempel mit seiner weißen Marmorterrasse ist dem Fung Siĕn Tiĕn mit seiner Terrasse auffallend ähnlich (vgl. also S. 211). Er ist 48 Meter lang und 23,35 Meter breit. Sein doppeltes Dach trägt gelbglasierte Ziegeln. Immergrüne Zypressen umschatten ihn hinten, links und rechts. Sieben Schreine (龕) stehen seinem gen Süden gekehrten Eingang gegenüber. Der mittlere und vornehmste enthält die 三皇 san Huang, drei Kaiser der Urzeit, nämlich den Blauen, Roten und Gelben Kaiser (s. S. 235). Im links oder östlich davon stehenden Schrein befinden sich die 五帝 wu Ti, fünf Kaiser, nämlich der Weiße und der Schwarze (S. 236) mit 帝嚳 Ti-ku', Jao und Šun. Rechts vom Mittelschrein folgt der mit den Kaisern der Hia- und der Šang-Dynastie, links vom zweiten Schrein der der Tšou-Dynastie usw. Also ist auch hier die Anordnung peinlichst dem Lauf der Zeit, dem Gang oder Tao des Weltalls, angepaßt; jede andere Anordnung wäre freilich nach chinesischer Ansicht sündhaft und strafwürdig, und mithin sind auch in jedem Schrein für sich die Tafeln genau in der Zeitordnung aufgestellt. Sie betragen insgesamt 187 an Zahl.

Links und rechts des Tempelgebäudes, und auch beiderseits vor der Terrasse, steht ein viereckiger 碑亭 oder Steintafel-Kiosk mit doppeltem Dach aus gelben Ziegeln. In jedem erhebt sich senkrecht auf dem Rücken einer marmornen Schildkröte eine schön polierte Marmortafel, in die ein kaiserliches Dekret, das sich auf den Bau des Tempels oder den Opferdienst des Kaisers bezieht, eingemeißelt ist. Hinter dem Tempel steht in der Meridianachse ein Aufbewahrungshaus für Opfergeräte, und quer vor dem Tempel, links und rechts vom Hof, ein viereckiges Nebengebäude (Wu) mit grünen Dachziegeln und einem langen Tabernakel, in dem 40 und 39 „nebengeordnete Tafeln" (P'ei Wei) berühmter Staatsdiener (名臣) aller Zeiten aufbewahrt werden.

Diese acht schönen, rotfarbigen Gebäude sind von einer rechteckigen Ummauerung umschlossen, die gelbe Dachziegel trägt und in der Mitte der Südfront ein Tor mit drei Durch-gängen und grünen Dachziegeln hat. Die Terrasse dieses Tores und die drei Marmortreppen, welche sie sowohl auf der Nord- als auf der Südseite hat, haben dieselben schönen Brüstungen und Geländer wie die Terrasse und die neunstufigen Treppen des Tempels. Vor dem Tor liegt ein viereckiger Hof, von einer Mauer mit blauen Dachziegeln umfaßt und mit einer Pforte in der Südseite, die nach der Straße geht. Auf der Ostseite hat dieser Vorhof hinter einer Mauer das „Aufbewahrungshaus" für die Götter, den Schlachtplatz und die Küche mit Brunnen, und in ähnlicher Lage auf der Westseite noch einige Gebäude, die zu verschiedenen Zwecken dienen.

Also ist dieser kaiserliche Seelenpalast, gleichwie die beiden anderen (T'ai Miao und Fung Siĕn Tiĕn), welche wir kennen gelernt haben, nach demselben Plan angelegt wie der kaiserliche Palast in Peking, das heißt, alle Hauptbauten liegen nach Süden in einem gemeinschaftlichen Meridian. Daß dasselbe auch mit den zwei Seelenpalästen, die das Opfer-gelände des Himmels bilden, der Fall ist, wird dem Leser noch in Erinnerung sein.

Jedes Jahr im mittleren Frühlings- und Herbstmonat be-auftragt der Kaiser einen Prinzen höchsten Ranges damit, an einem glücklichen Tage den Kaisern ein großes Opfer dar-zubringen. Nur ganz ausnahmsweise glaubt er, sie persönlich einmal verherrlichen zu müssen und bietet selbst ihnen das Opfer an, macht dann aber mit den ihm folgenden Magnaten und Großen beim Empfang und Verabschieden der Seelen nur zwei Kniefälle mit je zwei Stirnaufschlägen. Das Programm ist dem der Opfer in den kaiserlichen Ahnentempeln gleich. Den Kaisern werden im ganzen achtzehn Tische mit den uns bekannten, statutarisch festgesetzten Opfergaben bereitet, allein nur sechs Opfertiergestelle, jedes mit einem Rind, einem Schaf und einem Schwein. In jedem Nebentempel aber werden zehn Tische mit nur zehn Opfergaben dargeboten.

Die staatliche Verehrung der vormaligen Vertreter des Tao der Welt ist nicht auf die zwei Jahresopfer in der Reichshauptstadt beschränkt. Sollte der Kaiser auf der Reise in die Nähe eines ihrer Gräber kommen, so entspricht es den Vorschriften der Staatsreligion, daß er daselbst ein Opfer darbringt. Alles dazu Benötigte verschafft die Behörde des Bezirkes oder Kreises, die natürlich beim Opfer auch den Sohn des Himmels begleitet und unterstützt. Sollte das Grab abseits von seinem Wege liegen, jedoch noch innerhalb dreißig Li, dann entsendet der Kaiser einen Reichsgroßen aus seiner Gefolgschaft zur Darbringung des Opfers. Es kommt auch vor, daß, nachdem sich für die Dynastie etwas sehr Erfreuliches ereignet hat, der Kaiser Reichsgroße zu den Gräbern der alterältesten Kaiser und der Stifter der großen Dynastien schickt, um daselbst mit einem Opfer die frohe Kunde bekannt zu geben. Diese Abgeordneten müssen dann vor der Abreise zusammen mit dem Kaiser einen Tag lang fasten. Den zum Opfer benötigten Weihrauch sowie die Seide und das Opfergebet werden einem jeden durch das Opferamt mitgegeben, nachdem alles zu gleicher Zeit von dem Kaiser im Palast feierlich besichtigt worden ist.

Endlich ist noch zu erwähnen, daß überall, wo sich ein Kaisergrab einer früheren Dynastie befindet, es Pflicht der zuständigen Behörde ist, an demselben im mittleren Frühlings- und Herbstmonat zu opfern, und zwar in gleicher Weise, wie es ein Reichsgroßer täte, der vom Kaiser dazu aus der Hauptstadt abgesandt worden wäre.

Nicht nur soll jeder Szepter und Krone tragende Führer der Menschheit auf dem „Wege des Weltalls“ über gründliche Kenntnis der heiligen konfuzianischen Schrift des Tao verfügen (S. 67); auch eine immer sich erneuernde Beseelung durch den Geist der höchsten Heiligen, die das Tao der Menschheit gründeten und lehrten, ist ihnen unentbehrlich. Damit nun diese Beseelung ihm unaufhaltsam zufließe, müssen die Seelen dieser Heiligen ihm stets nahe sein, und muß er als ihr gehorsamer, dankbarer Schüler sie ehren und ihnen huldigen.

An der Spitze dieser kaiserlichen 師. Ši, Meister oder Lehrer, stehen die der allerfrühesten Zeit, nämlich die san Huang (s. S. 254), hier in diesem Falle die drei 皇師, Huang-Meister, genannt. Ihnen folgen die 帝師, Ti-Meister, nämlich Jao und Šun, und sodann die vier 王師, Wang-Meister, Jü, Tʻang, Wĕn und Wu (s. S. 72); Wang war der Titel des Sohnes des Himmels in der Zeit der Hia-, Šang- und Tšou-Dynastie, welche diese vier Heiligen stifteten. Die Lehren und Taten der Ti-Meister und der Wang-Meister werden der Menschheit hauptsächlich durch die vornehmsten Bücher des heiligen Šu verkündet, und diese waren mithin allezeit für Chinas Kaisertum grundlegendes Gesetz. Der zehnte Meister des Kaisers ist der heilige 周公 Tšou Kung, der Fürst von Tšou, Bruder des Wu; ihn führt nämlich das Šu als damaligen Lehrmeister des Volkes vor, und außerdem bezeichnet ihn die Überlieferung als Verfasser des Ji’, der höchstheiligen Bibel des Universismus (S. 7). Konfuzius schließt die Reihe der Meister aus Gründen, welche das auf S. 72 Gesagte zur Genüge hervorhebt.

Für diese kaiserlichen Lehrmeister ist ein besonderer Seelentempel im Palast erbaut, und zwar innerhalb des 內東 華門 nei Tung Hua Mĕn oder inneren Tung Hua-Tors der Hauptpforte der östlichen Front. Er trägt den kennzeichnenden

Namen 傳心殿 Tš'uan Sin Tiĕn, Tempelhalle zur Fortpflanzung des Geistes. Mit der Front gegen Süden steht er auf einem „Erhöhungsfundament" ohne Brüstungen, und er hat nur ein einziges Dach. Vorn erhebt sich das freistehende 景行門 King Hing Mĕn, Tor des glorreichen Lebenswandels. Tempel, Tor und die übrigen kleineren Bauten tragen sämtlich gelbe Dachziegeln. Die neun Seelentafeln der „Meister" stehen, jede in einem eigenen Schrein, in der uns bekannten Anordnung nach der Zeit, in der sie lebten, die des Fu'-hi also auf dem vornehmsten Platz in der Mitte. Der Schrein mit Tšou Kung aber steht an der östlichen Tempelwand, und der mit Konfuzius gerade gegenüber an der westlichen, und zwar weil diese Heiligen keine Söhne des Himmels waren und somit hier bloß die Stellung von „nebengeordneten Tafeln" (p'ei Wei) innehaben.

Also hat der Sohn des Himmels seine heiligsten Lehrer der Regierungskunst immer als inspizierende Kräfte neben sich, und zwar, infolge der dem Schüler geziemenden Ehrfurcht, auf der linken oder vornehmsten Seite seines Thronsaales, aus dem heraus er die Welt regiert. An jedem Neu- und Vollmondtage werden vor jedem Schrein Obst und Becher Weins auf den Opfertisch gesetzt, und dann bietet ein Präsident des Opferamtes daselbst Weihrauch dar. Ein großes Jahresopfer empfangen diese Heiligen, wie wir gesehen haben, im Tempel der Kaiser und Könige der dahingegangenen Dynastien, in dessen westlichem Nebengebäude natürlich auch Tšou Kung einen Platz innehat; und was Konfuzius betrifft, so werden ihm große Jahresopfer in seinem eigenen Staatstempel dargebracht, auf den wir jetzt zu sprechen kommen.

Neuntes Kapitel.

Der Götterkult des Konfuzianismus (IV).

9. Konfuzius und die Koryphäen seiner Schule.

Konfuzius hat also (s. S. 257) seinen Platz als Staatsgottheit an der Seite der heiligen Kaiser, die das Tao der
Menschheit gestiftet haben. Der Grund dafür kann kein anderer
sein als der auf S. 72 erwähnte, wonach er es ist, der das
Tao der Menschheit durch die heiligen Schriften, die von ihm
und seiner Schule stammen, für alle Zeiten festgelegt und allen
Geschlechtern überliefert hat. Dieses denkbar größte Werk
hat seine Heiligkeit sogar über die aller Heiligen erhoben. Sein
Geist und seine Seele sind in Kaiser, Mandarinentum und Volk
lebendig. Ein Tempel, in dem seine Seele und die Seelen der
Koryphäen seiner Lehre wohnen, ist somit in jedem Verwaltungs-
sitz oder in jeder ummauerten Stadt des Reiches erbaut, damit
aus diesem Heiligtum die Beseelung ausströme, welche im Volke
ununterbrochen Liebe für klassische Studien weckt, und auf
daß Provinz, Bezirk oder Kreis dadurch viele gelehrte Köpfe
hervorbringe und so dem Staat viele tüchtige Beamte liefere.

Da Konfuzius somit der große Schutzpatron des Zivil-
staatsdienstes ist, heißen seine Tempel 文廟 Wĕn Miao,
Zivildienst-Tempel. Infolge ihrer reichen Zahl und der allgemeinen
Zugänglichkeit sind sie häufiger als andere Tempel Chinas von
Europäern besucht und beschrieben worden. Der vornehmste von

allen ist der zu Peking, der gerade südlich von dem Opfergelände der Erde steht, nur durch die Stadtmauer davon getrennt. Seinen Namen 大成殿 Ta Tš‘ing Tiĕn, Tempel des Vollkommensten, trägt er auf einer Holztafel über dem Eingang in der Mitte des Frontgiebels. Er ist, auch was die Marmorterrasse anbetrifft, auf der er sich erhebt, dem Tempel der Kaiser der vergangenen Dynastien ganz ähnlich, und auch sein Haupttor ist von dem dieses Gebäudes kaum verschieden (vgl. also S. 254). Zwischen Tempel und Tor liegt ein geräumiger, mit vielen Zypressen bestandener Hof, den auf jeder Seite ein langer Nebentempel (Wu) abgrenzt. Hier stehen auf der Ostseite sechs, auf der Westseite fünf gleichgroße Kioske (亭) mit doppeltem Dach, jeder zum Schutz eines Monoliths (碑) auf dem Rücken einer steinernen Schildkröte, der entweder eine eingemeißelte kaiserliche Verfügung betreffend die Wiederherstellung der sich unmittelbar im Westen dem Heiligtum anschließenden Hochchule trägt, oder der von Opfern redet, welche Kaiser persönlich hier dargebracht haben, oder kaiserliche Panegyriken und Ähnliches zu lesen bietet. Einige dieser Steindokumente sind in Mantschu-Schrift abgefaßt.

Tempel, Tor und Kioske tragen gelbglasierte Dachziegeln und sind alle gegen Süden gekehrt. Vor dem Tor erstreckt sich ein von Zypressen beschatteter Vorhof, auf dem links und rechts ein Aufbewahrungshaus, eine Küche, ein Schlachthaus usw. stehen, und der auf der Südseite ein Tor hat, welches das Heiligtum mit der Straße verbindet. Die Straße heißt hier 成賢街 Tš‘ing Hiĕn Kiai, Straße des Vollkommenen und der Weisen. Im Vorhof stehen drei Kioske mit Monolithen, von denen einer eine Inschrift des Kaisers 英宗 Jing Tsung der Ming-Dynastie trägt, der 1436 bis 1450 regierte. Auch stehen da unbeschützt im Freien eine Anzahl kleinerer Steinplatten, worauf die Namen der Gelehrten zu lesen sind, die sich während der Regierung der Ts‘ing-Dynastie bei den Pekinger

Staatsprüfungen den höchsten Gelehrtentitel von 進士 Tsin-Si erworben haben.

Das Heiligtum ist gänzlich von einer viereckigen Mauer umschlossen. Nördlich derselben liegt direkt hinter dem Haupttempel ein viereckiger ummauerter Hof geringeren Umfangs, gleichfalls mit Zypressen bestanden, und darin steht auf der Nordseite auf einem „Erhöhungsfundament" ohne Brüstungen ein kleinerer Tempel, welcher 崇聖祠 Tšʻung Šing Sŏ, Ahnentempel zur Verherrlichung der Heiligkeit, heißt. Auch hier steht auf der linken und rechten Seite des Hofes ein Nebentempel (Wu).

Nicht weniger als 182 Seelen von Heiligen und Weisen bewohnen dieses schöne Heiligtum. Im Haupttempel steht der Schrein mit der Tafel des Konfuzius natürlich auf dem Hauptplatz in der Mitte des Hintergrundes, gegen Süden gekehrt; die Tafel trägt die Inschrift: 至聖先師孔子神位, Seelentafel des allerheiligsten Vorgängers in der Lehrmeisterschaft Kʻung Tsŏ. Etwas weiter nach vorn stehen vier nebengeordnete Tafeln (Pʻei Wei) der höchsten Koryphäen seiner Schule, jede in einem eigenen Schrein, nämlich: Jěn Hui, der 復聖 Fu' Šing oder zweifach Heilige; Kʻung Ki', der 述聖 Šu' Šing oder Heilige, der das Werk (seines Großvaters Konfuzius) fortsetzte; Tsěng Tsŏ, der 宗聖 Tsung Šing oder hochehrwürdige Heilige; und Měng Tsě (Menzius), der 亞聖 Ja Šing oder zweitgrößte Heilige (vgl. S. 73). Diese vier Ehrennamen wurden ihnen im 9. Jahre der Periode Kia-kʻing (1804) gnädigst vom Kaiser Žěn-Tsung verliehen, waren ihnen aber schon unter der Mongolen-Dynastie beigelegt worden. Danach folgen südwärts zur linken und zur rechten je ein Schrein mit sechs Tafeln von 先賢 Siěn Hiěn, Vorgängern in der Weisheit (vgl. S. 71), deren letzter 朱熹 Tšu Hi ist, der berühmte Führer der großen Schule der Sung-Zeit, die der konfuzianischen Philosophie ihre moderne Gestaltung gab, in der ihre univer-

sistischen Grundzüge besonders scharf in den Vordergrund
rücken. Diese zwölf Tafeln werden speziell als 哲位 Tšě'
Wei, Tafeln der Intelligenten, bezeichnet, also der tüchtigsten
unter den „Weisen". Ihre Schreine heißen 兩序 liang Šu,
die beiden Rangreihen. Noch 40 Tafeln von Siěn Hiěn stehen
im östlichen Nebengebäude, zusammen mit 35 von 先儒 Siěn
Žu, Vorgängern im Gelehrtentum; im westlichen befinden sich 39,
bezw. 35 von ihnen. Diese 149 sind Gefolgschaftstafeln (Tsung
Wei). Was nun endlich den „Tempel zur Verherrlichung der
Heiligkeit" betrifft, so enthält dieser die Tafeln der fünf un-
mittelbaren Vorahnen des Konfuzius, recht nebelhafte Persön-
lichkeiten, denen die Dynastie den Ehrentitel 王 Wang,
König, verliehen hat. Jede Tafel hat ihren eigenen Schrein.
Links und rechts stehen davor in der Quere drei und zwei
Siěn Hiěn, nämlich der Bruder des Konfuzius, der Vater des
Jěn Hui, der Sohn des Konfuzius, der Vater des Tsěng
Tsě und der Vater des Měng Tsě. Schließlich werden in
den zu diesem Tempel gehörenden Nebengebäuden zwei Siěn
Hiěn und zwei Siěn Žu auf der Ostseite und zwei Siěn Žu
auf der Westseite bewahrt.

Ebenso wie die Kaiser der früheren Dynastien, empfangen
die Seelentafeln im Heiligtum von Konfuzius alljährlich im
Mittelmonat des Frühlings und des Herbstes ein großes Opfer,
das der Sohn des Himmels durch einen Prinzen höchsten
Ranges darbringen läßt. Jedes Opfer fällt auf den ersten Tag,
der das Zykluszeichen 丁 trägt. Es kommt jedoch vor, daß
der Kaiser aus besonderem Anlaß selbst als Opferpriester auftritt. Das Programm ist das uns bekannte. Nur ist zu bemerken,
daß beim Opfer vorwiegend die Hilfsleistung von der Verwaltung der Hochschule, die an den Tempel grenzt, besorgt
wird. Konfuzius bekommt die volle Anzahl von 25 Schüsseln
und Körben, nebst drei Opfertieren; seinen Vorahnen und den
vier Heiligen werden je 20 Stück, ein Schaf und ein Schwein

angeboten. Die fünf nebengeordneten Tafeln im Hintertempel und die zwölf Intelligenten empfangen je 11 Schüsseln und Körbe und keine Opfertiere, während in den Wu immer zwei Tafeln zusammen dieselbe Anzahl auf einem gemeinschaftlichen Tisch bekommen. Die beiden Jahresopfer tragen den Namen 釋奠 Ši' Tiŏn, Aufstellung von Opfergaben, weil gewisse Stellen der heiligen Schrift sie so nennen.

In dem konfuzianischen Heiligtum des Staates wohnen also die Seele des großen Meisters und die aller Heiligen, Weisen und ausgezeichneten Gelehrten seiner Schule, und es ist deshalb der Hauptsitz des Geistes (Šŏn) der erhabenen Lehre. Diese Lehre im ganzen Reich zu pflegen und zu verbreiten ist, wie wir wissen, die höchste Aufgabe jedes Kaisers; berufsgemäß ist er der Fortsetzer des Werkes von Konfuzius. Es hat deshalb an sich nichts Befremdendes, wenn der Kaiser bisweilen in Wirklichkeit als Prediger der Lehre auftritt und dann dazu sich eine Stelle auserwählt, die in der unmittelbaren Nähe des Heiligtums liegt, so daß der dort wohnende Geist der Lehre ihn während der Predigt beseelen kann.

Es liegt daselbst. nämlich auf der Westseite ein großes Viereck, welches das 國子監 Kuo' Tsŏ Kiŏn, Institut für die Söhne der Dynastie, umschließt, die Studienanstalt der Prinzen, welche auch den klassischen Namen 太學 T'ai Hio', Hochschule, trägt. Den Mittelpunkt dieses Raumes bildet der kaiserliche Predigtsaal. Er liegt gerade westlich vom Konfuziustempel, so daß der Kaiser beim Abhalten seines Vortrages seinen heiligen Lehrmeister ehrerbietig auf der vornehmeren Stelle neben sich hat. Der Saal hat eine eigentümliche Form. Es steht nämlich im heiligen Buche 王制 Wang Tši (II) des Li Ki dieser Satz geschrieben: 大學在郊、天子曰 辟雍、諸侯曰頖宮, die hohe Schule liegt am Vorstadtgelände; der Sohn des Himmels nennt die seinige Pi' Jung, und die Lehnsfürsten nennen die ihrige P'an-Gebäude. Die Bedeutung dieser Benennungen hat die Gelehrtenwelt nie befriedigend zu erklären vermocht. Dennoch hat sie die Entscheidung getroffen, daß Pi' nichts anderes ist als das gleichlautende 璧, also eine Jaspisscheibe mit quadratischem Loch in der Mitte (s. S. 161), und daß P'an dasselbe ist wie das gleichlautende 泮, ein trennendes Gewässer; und auf diese schwachen Gründe hin hat man den Predigtsaal auf einer quadratischen Insel erbaut, die genau in der Mitte eines kreisrunden Teiches liegt. Der Durchmesser dieses Teiches beträgt 19,2 Tšang. Er ist gänzlich mit Marmorquadern gemauert und hat genau im Norden, Osten, Süden und Westen eine Steinbrücke von vier Tšang Länge, die ebenso wie der Teich beiderseits mit schweren Marmorgeländern versehen sind. Insel und Brücken sind auch mit Marmorsteinen gepflastert, gleichwie der umliegende Hof. Der Saal trägt ein doppeltes Dach mit gelbglasierten Ziegeln und hat gegenüber jeder Brücke einen Eingang; der südliche ist der vornehmste und über ihm hängt eine Holztafel mit der Inschrift 辟雍 Pi' Jung, dem Namen des Saales. Die Marmorterrasse mit Marmorbrüstungen, auf der das Gebäude steht, hebt es in seiner stattlichen Schönheit nur wenig empor. Es ist auf jeder Seite 5,3 Tšang lang. Die sechzehn Pfeiler, welche das Doppeldach tragen, verteilen den inneren Raum in neun viereckige Fächer, welche die neun Hauptgegenden der Erde versinnbildlichen. Das zentrale Fach, erheblich größer als die acht anderen, ist quadratisch und stellt das Reich der Mitte dar, und in seinem Mittelpunkt hält der Kaiser seine Rede, die den Geist der heiligen Lehre in alle neun Teile des Erdreiches trägt.

Ein Ereignis, so wichtig wie ein Lehrvortrag des Kaisers, darf selbstverständlich nur an einem glücklichen Tage stattfinden. Dieser wird schon sehr frühzeitig berechnet, weil die Häupter der Nachkommenschaft des Konfuzius und der weiteren Heiligen der Lehre schriftlich zum Beiwohnen einzuladen sind.

Natürlich gilt ihnen die kaiserliche Einladung als Befehl. An dem wichtigen Tage verläßt der kaiserliche große Zug den Palast durch das Tung Hua-Tor, die Hauptpforte der Ostfront, und wird in der Straße „des Vollkommenen und der Weisen" von dem Beamtenpersonal der Hochschule kniend empfangen. Dann bringt der Kaiser im Heiligtum ein großes Opfer dar, mit der vollen Anzahl von Prinzen, Reichsgroßen und Nachkommen der Heiligen in seinem Gefolge. Ein Gebet wird diesmal nicht verlesen.

Nachdem dann der Kaiser in der 彝倫堂 I Lun T'ang, Halle der menschlichen Beziehungen und Verhältnisse, einem Gebäude nördlich vom Predigtsaal, sich eine kurze Weile Ruhe gegönnt hat, und die Großen inzwischen mit genauester Beobachtung ihrer Rangordnung ihre Plätze südlich, östlich und westlich vom Teich eingenommen haben, betritt der Kaiser den Predigtsaal und besteigt die Kanzel, die genau im Mittelpunkt steht und natürlich gegen Süden gekehrt ist. In dem vor der südlichen Brücke liegenden Hof werden in zwei Kiosken eine Glocke und eine große Trommel geschlagen, und sobald sich der Kaiser niedersetzt, bringen ihm die Sänger unter Begleitung des Orchesters eine Kantate dar. Nun überschreiten die Magnaten, Minister und Nachkommen unter Führung der Präsidenten des Bewirtungsamtes die Brücken und nehmen mit dem größten Dekorum die ihren Rängen gebührenden Plätze im Saale ein.

Zwei allerhöchste Staatsminister, nämlich der chinesische und der mantschurische Präsident (大學士) der Nei-ko' oder kaiserlichen Kanzlei, zugleich die höchsten Kuratoren der Hochschule, lassen sich an zwei Tischen auf der linken Seite des Kaisers nieder, und die beiden 祭酒 oder Weinopferer, Direktoren der Hochschule, setzen sich an Tische zu seiner Rechten. Erst gibt ein Kurator dem Kaiser einen Text aus einem Šu an, dann der andere einen aus einem King, und

über jeden hält der Kaiser eine kurze Lesung, die die Zuhörer
auf den Knien ehrfurchtsvoll anhören. Sodann verlassen diese
den Saal und nehmen jenseits der Brücken ihre Plätze wieder
ein; da werfen sie sich auf die Knie, und der folgende kaiserliche Befehl (制) wird vorgelesen: 聖人之道如日中天、
講究服膺、用資治理。爾諸師生其勉之. Das
Tao des Heiligen ist der Sonne gleich, die den Höhepunkt am Himmel
erreicht; es soll gepredigt, erörtert, in den Busen aufgenommen und dann
für Regierungszwecke verwertet werden. Ihr Lehrer und Schüler, setzet
dafür eure Kräfte ein. Orchester und Gesang erschallen von neuem,
Stirnaufschläge werden vor dem Kaiser gemacht; Tee wird den
Großen und den Nachkommen der Heiligen geboten, die sich
dabei eine Weile niedersetzen zum Genuß der Musik und des
Gesanges.. Nachdem der Präsident des Ministeriums der Li
mit lauter Stimme gerufen hat, daß die Zeremonien vollbracht
sind (禮畢), wird dem Kaiser eine Abschiedskantate gesungen,
und er verläßt seinen Predigtsitz, um an der südlichen Brücke
seine Sänfte zu besteigen.

Nun führt ihn der große Zug über die Brücke durch eine
Pʻai Fang, eines der schönsten Bauwerke dieser Art, welche
man in China zu sehen bekommt. Sie hat auf marmornem
Unterbau drei bogenförmige Durchgänge, deren Wölbungen aus
schön behauenen Marmorblöcken bestehen; die höheren Teile
sind auf beiden Fronten mit gelben und blauen glasierten Kacheln bekleidet, die runde und viereckige Figuren bilden; die
drei eleganten glasierten Dächer der Durchgänge zeigen in der
Hauptsache dieselben Farben.[1] Bald erreicht der Kaiser das
太學門 Tʻai Hio' Mĕn, das Tor der Hochschule, an der
„Straße des Vollkommenen und der Weisen“, wo die Beamten
und Schüler der Hochschule sich inzwischen in Spalier aufgestellt
haben, um auf den Knien ihm das Geleit zu geben.

---

[1] Eine Abbildung befindet sich im „The Religious System of China“,
Band II, gegenüber S. 787.

Wie oft der Kaiser als höchster Prediger der heiligen Lehre den Lehrstuhl besteigt, läßt sich nicht sagen; wohl aber, daß er dieses 講書 Kiang Šu, Predigen der Schrift, mindestens einmal während seiner Regierung abhalten soll.

, Die kaiserliche Pflicht, der Erhaltung und Verkündigung der wahren Lehre seine persönliche Sorge zuzuwenden, kommt auch in den beiden Nebengebäuden (Wu) des Predigtsaales auf ganz besondere Weise zum Ausdruck. Jedes bildet eine lange Veranda, die aus drei Abteilungen, sogenannten 堂 T'ang, Hallen, besteht, wo in zwei Reihen geordnet eine große Anzahl Marmortafeln steht, in die die Texte der heiligen Bücher eingraviert sind. Jede trägt auf jeder Front sechs Reihen von sieben viereckigen Fächern, und jedes Fach enthält fünf Spalten von zehn Zeichen, so daß jede Tafel $(6 \times 7 \times 5 \times 10) \, 2 = 4200$ Zeichen trägt. Hier ist also die Stelle, wo der Sohn des Himmels, das Beispiel vergangener Kaiserhäuser befolgend, die heiligen Texte in ihrer urechten unveränderlichen Form auf ewig vor Verstümmlung und Verlust bewahrt, unter dem Geist und Atem der Heiligen selbst, denen die Menschheit sie in dieser Form verdankt.

Vorschriftsmäßig ist die Hochschulverwaltung verpflichtet, an jedem Neumondstag einige Eßwaren ohne Fleischspeisen auf den Opfertischen im Konfuzianischen Heiligtum niederzusetzen. Wenn das geschehen, treten die „Weinopferer" (s. S. 265) in offiziellem Gewande und die sämtlichen Schüler in Festkleidung im Tempelhof auf, und alle machen da gemeinsam vor dem Hauptgebäude drei Fußfälle und neun Stirnaufschläge. Sodann treten die Weinopferer vor den Schrein des Konfuzius und bieten ihm unter der Führung von Zeremonienmeistern feierlich dreimal Weihrauch und danach einen Becher Wein an. Diesen Opferakt wiederholen sie vor den vier anderen Heiligen, während weitere Beamte der Hochschule vor den zwölf „Intelligenten" und wieder andere in den beiden

Nebentempeln dasselbe tun. Mit drei gemeinschaftlichen Kniefällen und neun Stirnaufschlägen wird nunmehr die Feierlichkeit im Tempelhof beschlossen. Währenddessen verrichtete eine
Gruppe von Hochschulbeamten denselben Ritus im Hintertempel.

An Vollmondstagen wird an früher Morgenstunde auf
ähnliche Weise verfahren, jedoch ohne daß Opferspeisen aufgestellt werden und Wein dargeboten wird.

Wo die Staatsreligion dem Sohn des Himmels vorschreibt,
daß er den heiligen Kaisern der Vergangenheit auch an ihren
Gräbern opfern soll, falls seine Reisen ihn in ihre Nähe führen
(s. S. 256), da ist es selbstredend, daß sie ihm auch die Pflicht
auferlegt, im gleichen Falle den heiligsten Konfuzius bei seiner
ewigen Ruhestätte die gleiche Ehrung zu erweisen.

Bekanntlich befindet sich das Grab des Konfuzius in der
Provinz Šan-tung, im Kreise 曲阜 K'ü'-fou, wo auch sein
Stamm unter dem besonderen Schutz der verschiedenen Kaiserhäuser alle Jahrhunderte hindurch ansässig gewesen ist. Dort
lebt in dem ältesten seiner direkten männlichen Nachkommen
seine Seele fort; dieser ist somit das Haupt des Stammes und
führt, wie die lange Reihe seiner Vorgänger, den erblichen
Staatstitel 衍聖公 Jĕn Šing Kung, Prinz, der die Heiligkeit
überallhin verbreitet. Ein großes Heiligtum für Konfuzius und
die Koryphäen der Lehre liegt innerhalb der Kreishauptstadt.
Es ist in den Hauptzügen dem in Peking ähnlich. Eine wertvolle, zwar wenig wissenschaftliche Beschreibung davon, mit
einer Anzahl guter Abbildungen bereichert, gab der Missionar
Tschepe heraus unter dem Titel: „Heiligtümer des Konfuzianismus in K'ü-fu und Tschou Hiĕn".

Unter Beobachtung des für Peking festgesetzten Rituals
bietet der Kaiser in diesem Heiligtum sein Opfer dar. Das
Haupt des K'ung'schen Stammes und seine Notabeln, sowie
die hohen Kreis- und Bezirksbeamten befinden sich dabei in

seinem Gefolge. Sobald das Opfer vollbracht ist, begibt sich der Kaiser in den 詩禮堂 Ši Li T'ang, Saal der (heiligen Bücher der) Lieder und der Lebensregeln, der auf der Ostseite des Tempelhofes vor dem „Ahnentempel zur Verherrlichung der Heiligkeit" (vgl. S. 261) steht, und hält da über irgendeinen klassischen Gegenstand vor den knienden Stammesgenossen einen Lehrvortrag. Darauf folgt die Verkündung dieses Dekrets (勅):

至聖之道與日月並行、與天地同運。萬世帝王咸所師法、下逮公卿士庶、罔不率由。爾等遠承聖澤、世守家傳、務期型仁、講義、履中、蹈和、存忠恕以立心、敦孝弟以修行。斯須弗去、以奉先訓、以稱朕懷。爾等其祗遵、毋替。 Das Tao des Heiligsten (Konfuzius) bewegt sich mit der Sonne und dem Monde in derselben Bahn; es hat denselben Kreislauf wie Himmel und Erde. Alle Kaiser und Könige von zehntausend Geschlechtern haben es gelehrt und befolgt; von ihnen herab erreicht es die Hauptminister und Minister, die Beamten und das Volk, und so wird alles ohne Ausnahme von ihm geführt und geleitet (vgl. S. 80). Der persönliche Nachlaß[1] des Heiligen ist euch seit fernen Zeiten als Erbschaft übertragen, euere Geschlechter haben ihn bewahrt, euere Familien ihn einander überliefert, und so haben sie sich mühsam bestrebt, in Menschenliebe (Žěn) das Beispiel zu geben, in den Lebenspflichten (I) Belehrung zu erteilen, in der Bahn des Tsung (s. S. 76) sich zu bewegen und im Wege der Harmonie (s. S. 76) zu wandeln; — (die Älteren) haben dabei ihr Gemüt auf Beobachtung der Treue und des Verzeihungssinnes gegründet, (die Jüngeren) ihr Benehmen durch Befolgung der Pflichten des Kindes (Hiao) und des jüngeren Bruders (悌 Ti) geziert. Von diesem Wege sollt ihr gewiß nicht abweichen, auf daß ihr die Lehren eueres Vorfahren ehrt und hochhaltet und dadurch, als Ausgleich, Meines Wohlwollens

---

[1] Buchstäblich: seine „Feuchtigkeit", nämlich seiner Lippen und Finger, die an den Tassen, woraus er getrunken, den Büchern, worin er gelesen, klebt. Das Bild ist dem heiligen Buche 玉藻 Ju' Tsao (III) des Li Ki entliehen.

würdig seid. Ihr alle gehorchet diesem Befehl ehrerbietigst und vernachlässigt ihn nicht!

Nach der feierlichen Vorlesung dieses Dekrets wird der
Text dem Stammeshaupt ausgehändigt, und dieser bringt zusammen mit allen Anwesenden dem Kaiser durch drei Fußfälle und neun Stirnaufschläge Dank und Huldigung dar. Zum
Schluß stattet der Kaiser mit der ganzen zahlreichen Gefolgschaft dem Grabe seinen Besuch ab; zweimal gießt er dort
einen Becher Opferweins auf den Boden aus und verehrt mit
allen zusammen das Grab durch Stirnaufschläge. Dieser Ritus
heißt 謁孔林, das Besuchen des K'ung schen Waldes.

Sowohl im Heiligtum in Peking als in dem zu K'ü'-fou
werden Ereignisse, welche für die Dynastie von hoher Bedeutung und Wichtigkeit sind, durch eigens dazu abgesandte
Große dem Konfuzius bekannt gegeben, und zwar nach dem
rituellen Programm, das wir von S. 185 f. kennen.

Gleich wie dem Kaiser fortwährend aus dem Konfuziustempel seiner Residenz Beseelung und Beistand zufließen, die
ihm zum richtigen Regieren der Welt im Geiste des Tao des
Weltalls und der Menschheit unentbehrlich sind, ebenso entlehnen seine Statthalter in den Provinzen, Bezirken und Kreisen
ähnliche Beseelung und Unterstützung aus den Konfuziustempeln,
die, wie schon gesagt, dort zu diesem Zwecke erbaut sind.
Beim Bau dieser Heiligtümer hat man sich anscheinend mehr
oder weniger nach denen von Peking und K'ü'-fou gerichtet,
und im großen und ganzen kennzeichnen sie sich mithin durch
auffallende Einförmigkeit. Der örtliche Gelehrtenstand sorgt für
die Errichtung und den Unterhalt und veranstaltet dafür, wenn
nötig, Geldsammlungen mit Einschreibelisten. Geräumige Anlage, schöner Bau, hübsche Dekoration erhalten die Heiligen
und Weisen in günstiger Stimmung und sichern eine kräftige
Wirkung ihres Geistes und folglich die Geburt intelligenter

Knaben, welche sich bei den Staatsprüfungen auszeichnen und
dann in den Staatsdienst aufgenommen werden. Dadurch erhöht sich der Ruf der Gegend immer mehr; ihre Bedeutung
und Blüte ist also mit dem konfuzianischen Heiligtum innigst
verwoben, und so erklärt es sich, weshalb es in den meisten
Städten sich vor allen anderen Heiligtümern durch Schönheit
und Größe auszeichnet.

In allen, ohne Ausnahme, muß, auf Grund der Reichsstatuten, an denselben zwei Jahrestagen wie in Peking durch
die hohe Behörde ein großes Opfer nach dem reichshaupt-
städtischen Programm dargebracht werden. Auch hierbei spielen
Musik, Gesänge und Tänze eine große Rolle; das Beisein und
die Mitwirkung der Gelehrten der Gegend erhöhen den Glanz
der Feierlichkeit, und mithin gestalten sich diese Staatsopfer
durchweg zu den großartigsten, die es außerhalb des Bereiches
der Reichshauptstadt anzusehen gibt. Insbesondere ist das natürlich in den Hauptstädten der Provinzen der Fall. Auch wird
in allen nach dem für Peking geltenden Programm an Neu-
mondtagen das fleischlose und an Vollmondtagen das Weihrauchopfer dargebracht (vgl. S. 267 f.), und zwar durch die Beamten,
welche die Administration der lokalen Prüfungen haben, nämlich die 教授 Kiao Šou, Unterrichtserteiler; die 學正 Hio’
Tšing, Studiendirektoren; die 教諭 Kiao Jü, Unterweiser, und
die 訓導 Hiün Tao, Lehrführer.

Nicht bloß den Koryphäen der Weisheit und Gelehrsamkeit aller Jahrhunderte verbürgt der Staat in den konfuzianischen
Heiligtümern Schutz, Ruhe und Opfer für ewige Zeit, sondern
auch der Seelentafel eines jeden Menschenkindes, das im Tao
gewandelt ist und sich daher durch Tugend in konfuzianischem
Sinne besonders ausgezeichnet hat. Somit sind jedem Heiligtum einer Provinz, eines Bezirkes oder Kreises zwei 祠 Sŕ,

Opferkapellen, hinzugefügt, für die folgenden Klassen von Tugend-haften:

1. 忠義孝弟, Pflichtgetreue und diejenigen, welche der Unter-würfigkeit und den übrigen Pflichten des Kindes (Hiao) und des jüngeren Bruders (T i) gelebt haben.

2. 節孝, keusche Frauen, welche ihren Witwenstand makellos bewahrten, oder sich sogar zum Schutz desselben entleibten, nebst denen, welche sich durch Unterwürfigkeit und Pflichterfüllung gegen ihre Schwieger-eltern auszeichneten.

3. 名宦, Staatsdiener von hohem Ruf der betreffenden Gegend.

4. 鄉賢, örtliche Weise und Vortreffliche.

Für Näheres hierüber verweise ich auf mein „The Religious System of China", Book I, S. 750, 789 ff. Nach der Feier des Frühlings- und Herbstopfers bietet einer der „Unterweiser" (S. 271) in der üblichen, feierlichen Weise in jeder Kapelle ein Schwein, vier Schüsseln und Körbe mit Opfergaben, ein Stück Seide und drei Becher Weins an, begrüßt dabei die Tafeln mit Weihrauch und läßt einen anderen Beamten ein Gebet vorlesen.

10. Die Himmlischen und die Irdischen Götter.

Unmittelbar hinter Konfuzius stehen in der Reihe der Staatsgötter die Wolken, der Regen, der Wind und der Donner, also die segensreichen Himmelskräfte, welche, wie wir schon auf S. 149 ff. gesehen haben, zugleich mit dem Himmel selbst, als dessen „Gefolgschaftsgötter", am Tage des Wintersolstitiums Opfer empfangen. Offiziell heißen sie 天神 T'iĕn Šĕn, Himmlische Götter. Nach ihnen kommen in der Rangordnung der Staatsgötter die 地祇 Ti K'i, die Irdischen Götter, nämlich die drei Kategorien von Bergen, die vier Weltmeere und die vier großen Flüsse, welche wir bereits auf S. 192—195 als Gefolg-schaftsgötter der Erde kennen lernten, denen ein Anteil am großen Opfer des Sommersolstitiums gewährt wird.

Jede dieser zwei Gruppen hat ihren eigenen Altar unmittelbar südlich von der viereckigen Umwallung, in der der
Altar des Siĕn Nung liegt (vgl. S. 237), nämlich vor ihrem
südlichen Tor, innerhalb einer viel kleineren rechteckigen Umwallung. Da befindet sich der Altar der Himmlischen Götter
auf der vornehmeren oder östlichen Seite, der andere auf der
westlichen; beide liegen in einer genau ost-westlich laufenden
Linie.

Der Altar der Himmlischen Götter ist eine quadratische
Terrasse ohne Brüstungen, deren vier Seiten gegen die Himmelsgegenden gekehrt sind. Er ist 4,55 Tš'i' hoch und 5 Tšang
lang und breit; in der Mitte jeder Seite ist eine neunstufige
Treppe angebaut. Wie am großen Himmelsaltar ist die Südseite die vornehmste, und deshalb hat der quadratische, auf
jeder Seite 24 Tšang lange Wall (Wei) des Altares in der
Mitte seiner südlichen Front drei Sturztore und in der Mitte
der drei anderen Fronten nur eins. Beim Opfern sind also die
Tafeln der vier Götter gegen Süden gekehrt. Sie stehen dann
aber nicht auf der Terrasse, sondern auf der Nordseite daneben,
und zwar in vier gleichartigen Marmorschreinen, die in gleicher
Entfernung voneinander eine genau ost-westliche Reihe bilden.
Jeder Schrein hat das Äußere eines Bienenkorbes mit viereckiger offener Vorderseite, durch welche die Tafel wie in
eine Nische hineingeschoben wird; er steht auf einem großen
kubischen Marmorquader, in den, ebenso wie in den Schrein,
auf allen Seiten Wolkenfiguren eingemeißelt sind. Jeder Schrein
ist mit seinem Quader 9,25 Tš'i' hoch.

Der Altar der Irdischen Götter ist eine rechteckige Terrasse, die von Ost nach West 10 und von Süd nach Nord
6 Tšang mißt, und deren Höhe 4 Tš'i' beträgt. Seine vier
Treppen sind sechsstufig. Gleichwie der große Altar der Erde
im Norden der Stadt, hat auch er seine Hauptseite gegen
Norden, und deshalb befinden sich die drei Sturztore in der

nördlichen Front des „Walles". Dieser ist, gleichwie der des anderen Altares, 24 Tšang lang und breit. Beim Opfern sollen hier die Tafeln also gegen Norden gekehrt sein, und deshalb stehen auf der Südseite neben dem Altar fünf schwere Marmorquadern, welche marmorne Nischen für die drei Gruppen von Bergen und für die zwei Gruppen, der Gewässer tragen. Da die Zahl der Götter in diesen Gruppen entweder fünf oder vier beträgt, so sind fünf oder vier Nischen unmittelbar nebeneinander in je einen einzigen Marmorblock eingehauen, der oben wie ein vorn und hinten herabhängendes Dach geformt ist. Jede dieser fünf Nischengruppen ähnelt also einer Miniaturkapelle mit fünf oder vier Abteilungen. Jede ist mit dem Quader 8,2 Tš'i' hoch. Die Quader und Nischen für die Tafeln der Berge sind mit bergähnlichen Figuren bemeißelt, die anderen mit Wasserwellen.

Aber noch anderen Irdischen Göttern gewährt der Staat Opfer und Verehrung auf diesem Altar, nämlich den 京畿 名山 und 京畿大川, den namhaften Bergen und Hauptströmen des vom Kaiser selbst verwalteten Gebietes der Reichshauptstadt, d. h. des Bezirkes 順天 Šun-t'iĕn, dessen Gouverneur (尹) unmittelbar unter dem Kaiser waltet; und weiter, den 天下 名山 und 天下大川, den namhaften Bergen und Hauptströmen der ganzen Welt. Für die vier Seelentafeln dieser Naturgottheiten stehen beim Altar einzelne Marmornischen und Quadern, 7,6 Tš'i' hoch und ebenfalls mit Bergen oder Wasserfiguren bemeißelt, zwei auf der östlichen und zwei auf der westlichen Seite. Endlich sei noch erwähnt, daß, gleichwie auf dem Altar der Erde (s. S. 190), die Quadern, welche Nischen für die Meere und Flüsse tragen, in einer Aushöhlung im Boden stehen, in die vor dem Opfer etwas Wasser gegossen wird.

Der Weihrauch, die Seide und das Gebet, welche dem Himmel geopfert wurden, werden, wie wir wissen (S. 179), verbrannt, aber die, welche man der Erde darbot, begraben (S. 195).

Ebenso soll mit diesen Opfergaben verfahren werden, je nachdem, ob sie den Himmlischen oder den Irdischen Göttern dargeboten werden. Deshalb befindet sich südöstlich vom „Walle" des Altares der Himmlischen Götter, also an der Stelle, welche ganz besonders dem Jang entspricht, ein Verbrennungsofen, und nordwestlich des Walles des anderen Altares, wo das Jin überherrscht, eine Grube.

Zutritt zu diesem Zwillingsaltar gewähren nur drei nebeneinander liegende überdachte Tore in der Mitte der südlichen Front seiner Umfassungsmauer.

Die Stellung der vier Himmlischen Götter in der Staatsreligion beruht gewiß nur darauf, daß sie es sind, die durch die Erzeugung und Spendung des für den Landbau unentbehrlichen Himmelswassers der Menschheit Leben und Dasein überhaupt erst ermöglichen. Auch der Einfluß der Berge, Flüsse und Meere auf den Regenfall wird in China völlig richtig erkannt, denn daß sich an den Bergen die Nebel und Wolken verdichten, die aus den Meeren emporsteigen, und diese ihre Wasserzufuhr wiederum den Flüssen verdanken, konnte natürlich der Aufmerksamkeit nicht entgehen. In der Tat sind die zwei Staatsaltäre dieser Gottheiten wesentlich Opferstätten zur Beschwörung des Regens, und es ist mithin vollauf begründet, daß sie im Opfergelände des Siēn Nung stehen, des hohen Schutzgottes des Ackerbaues. Bereits auf S. 182 haben wir bemerkt, daß, falls nach dem alljährlich dem Himmel dargebotenen Regenopfer der Regen ausbleibt, sowohl zu den Himmlischen wie zu den Irdischen Göttern auf ihren Altären mit einem Opfer um Himmelswasser gebeten wird. Ähnliche große Opfer werden daselbst dargebracht, wenn zuviel Regen die Ernte gefährdet und man trockenes Wetter braucht; das nennt man 祈晴, beten um klares Wetter. Auch wenn im Winter Schneefall ausbleibt, werden dort solche Opfer dargeboten, was offiziell 祈雪, um Schnee beten, heißt.

Diese verschiedenen Opfer werden stets auf den beiden Altären an ein und demselben glücklichen Tage gefeiert, und zwar am frühen Morgen, durch eigens vom Kaiser damit beauftragte Prinzen. Nur zwei Schüsseln und sechs Körbe mit Opfergaben werden dann auf jeden Opfertisch niedergesetzt. Auf dem Altar der Himmlischen Götter stehen fünf solche Tische, nämlich einer vor jeder Nische; auf dem anderen Altar stehen sieben, und zwar einer vor jeder Gruppennische, einer vor den zwei Nischen auf der Ostseite und einer vor den zwei Nischen auf der Westseite. Soll das Opfer dazu dienen, um Regen zu bekommen, dann tragen der Opferer und seine Gefolgschaft Regenmützen und schmucklose Gewänder (s. S. 183). Das uns bekannte, für alle großen Opfer geltende Programm in sechs Akten wird befolgt, und zwar mit Musik, Gesang und Tänzen. Nach Verlauf des Opfers werden die Seelentafeln in das „Aufbewahrungshaus der Götter“ zurückgebracht.

Nur wenn Regen außerordentlich not tut, beschließt der Kaiser, selbst das Opfer den Himmlischen Göttern darzubringen, während er das auf dem anderen Altar einem Prinzen überläßt.

Ist der ersehnte Regen gekommen, dann darf ein 報祀, Dankgabenopfer, auf den beiden Altären nicht unterlassen werden. Es wird ebenso wie das Betopfer um Regen dargebracht, allein jeder Opfertisch trägt nun die volle Zahl von 25 Schüsseln und Körben, und dahinter prangen ein Rind, ein Schaf und ein Schwein; überdies tragen der Opferer und sein Gefolge diesmal Hofgewänder. Natürlich können auch die dankbaren Gefühle des Kaisers so hoch gestimmt sein, daß er selbst den Himmlischen Göttern das Dankgabenopfer darbringt.

Wie es in jeder Provinz, jedem Bezirk und jedem Kreis dem Statthalter des Kaisers zur Pflicht gemacht ist, dem Siĕn Nung, dem großen Schutzgott des Ackerbaues, beim Anfang jedes Erntejahres zu opfern (s. S. 248), so ergibt sich von selbst, daß er auch die regenspendenden Himmlischen und Irdischen Götter, ohne deren Hilfe die Ernte nicht reifen kann, auf dieselbe Weise günstig zu stimmen hat.

Auf einem bei jeder ummauerten Stadt zu diesem Zwecke erbauten 神祇壇 Šǒn K'i T'an, Altar der (T'iǒn) Šǒn und der (Ti) K'i, werden daher im Mittelmonat des Frühlings und des Herbstes an einem glücklichen Tage vier Seelentafeln der Himmelsgötter aufgestellt, mit der der Berge und Flüsse des Verwaltungsgebietes auf der linken, und der des Schutzpatrons der Stadt, des 城隍神 Tš'ing Huang Šǒn, des Gottes der Wälle und Gräben, auf der rechten Seite. Vor den Tafeln steht ein Tisch mit Speisen, davor ein ganzes Schaf und ein ganzes Schwein; diese Opfergaben werden von der Behörde in derselben Weise wie den Göttern des Bodens und der Hirse feierlich dargeboten (vgl. S. 227). Wenn der erste Monat des Sommers vorbei ist, findet dort ein ähnliches Opfer zur Erlangung von Regen statt, und sollte dieses erfolglos bleiben, so wird es wiederholt, wobei der Opferer und seine Gefolgschaft von Beamten und Notabeln schmucklose Gewänder tragen. Nach dem Regenfall feiert man das Opfer noch einmal, aber in Hofgewändern, zur Dankbezeugung. Nötigenfalls wird auch mittels der gleichen Opfer um trockenes Wetter und um Schneefall gebeten.

Auch werden den heiligen Bergen und Flüssen des Reiches an Ort und Stelle Staatsopfer dargebracht. Statutarisch ist nämlich vorgeschrieben, daß der Kaiser, falls er auf der Reise in die Nähe eines Jo' gelangt, demselben ein Opfer mit dem vollen Ritual darbringen muß; und kommt er in die Nähe eines Tšǒn, dann soll er einen Prinzen mit der Erfüllung dieser Pflicht beauftragen. Jeder Jo' und Tšǒn besitzt einen Tempel, wo diese religiöse Aufgabe ihre Erledigung findet. Muß der Kaiser irgendwo einen der vier Hauptströme

(T u’) überschreiten, dann hat die da waltende Kreisbehörde am Ufer eine papierne Seelentafel des Flußgottes mit einigen Speisen und Wein auf einen Opfertisch fertig zu stellen, damit der Kaiser, ehe er das Schiff besteigt, mit Weihrauch und drei Stirnaufschlägen dem Flusse diese Opfergaben anbieten kann.

Von Ereignissen, welche für das Kaiserhaus sehr erfreulich und glückverheißend sind, soll, kraft der Statuten der Staatsreligion, den fünf Jo’ und den fünf Tšĕn Mitteilung gemacht werden. Zu diesem Zwecke werden hohe Staatsdiener nach den dort befindlichen Tempeln entsandt, wo sie durch Darbietung eines großen Opfers in der uns bekannten Weise (s. S. 185) ihre Aufgabe erfüllen. Auch reisen dann zum selben Zwecke Reichsdiener nach den vier Meeren, das heißt, nach dem Tempel des östlichen Ozeans in 夜 Ji’, in Šan-tung, Bezirk 萊州 Lai-tšou; nach dem des westlichen Meeres zu 永濟 Jung-tsi, der am Huang-ho liegenden Hauptstadt des Bezirkes 蒲州 P‘u-tšou in Šan-si; nach dem Tempel der Südsee zu 番禺 P‘an-jü, Stadt Canton; und nach dem des Nordmeeres bei 山海關 Šan-hai-kuan, am Golf von Liao-tung. So wird den unerreichbaren Weltmeeren des Westens und des Nordens „in der Ferne geopfert“, was 望祭 heißt. Die Beamten, welche den Hauptflüssen die gute Botschaft zu bringen haben, erfüllen ihren Auftrag im Tempel des Huang-ho in Jung-tsi (s. oben); in dem des Jang-tsĕ in 成都 Tš‘ing-tu, der Hauptstadt der Provinz Sĕ-tš‘uan; in dem des Huai in 唐 T‘ang, das in Ho-nan im Quellgebiet dieses Flusses liegt; und im Tempel des Tsi bei dessen Quellen in 濟源 Tsi-juan, in Ho-nan. Auch werden Große nach Kirin geschickt, um mit den gleichen Opfern die erfreuliche Botschaft dem größten Fluß und dem größten Gebirge des Stammlandes der Dynastie zu überbringen, das heißt, dem 松花江 Sungari und dem 長白山 Tš‘ang-pe’ Šan, dem Langen Weißen Gebirge.

In allen diesen offiziellen Opferstätten der Berge, Meere und Flüsse müssen die betreffenden Kreisbehörden alljährlich im Mittelmonat des Frühlings und des Herbstes, und in gewissen Fällen auch noch zu anderen Zeitpunkten, ein großes Opfer veranstalten, nach demselben Programm, das vom Kaiser abgeordnete Große zu befolgen haben. Dieselbe statutarische Vorschrift ist auch festgesetzt für eine große Anzahl Ortschaften, wo nicht weniger als 86 Götter von Bergen, Seen und Flüssen von China, der Mantschurei, der Mongolei, Tibet und Turkestan verehrt werden, welche von den Kaisern längere oder kürzere Ehrentitel empfangen haben. Ihnen sind dadurch Plätze in dem Pantheon der Staatsreligion gewährt worden, oder, wie es amtlich heißt, sie sind in die 祀典 Sᵉ Tiᵉn, Opferstatuten, aufgenommen, und zwar kraft des uralten klassischen Lehrsatzes, daß der Kaiser aller Götter Herr und Meister ist (vgl. S. 79).

Aus dieser Übersicht geht also klar hervor, daß dem chinesischen Kult von Bergen und Gewässern eine großartige Entwicklung nicht abgesprochen werden kann. Er ist ein uralter Kult, wohl so alt wie die universistische Religion selbst, der er angehört, ja vielleicht sogar noch älter. In den heiligen Büchern wird er recht häufig erwähnt, und natürlich verdankt er es hauptsächlich diesem Umstand, daß er sich als einer der Pfeiler im Gebäude der Staatsreligion bis auf diesen Tag erhalten hat. Im heiligen Buche Wang Tši (III) steht geschrieben (vgl. S. 195):

天子祭天下名山大川、五嶽視三公、四瀆視諸侯。諸侯祭名山大川之在其地者

Der Sohn des Himmels opfert den namhaften Bergen und großen Strömen der ganzen Welt; die fünf Joʼ betrachtet er als seine drei Hauptminister (Kung), die vier Tuʼ als seine höchsten Lehnsfürsten. Diese Lehnsfürsten opfern denjenigen der namhaften Berge und großen Ströme, welche in ihren Gebieten liegen. Folglich sind, vom Gesichtspunkt des Kaisers betrachtet, die Hauptberge und großen Flüsse die Mächte, welche, gleichwie seine höchsten Reichsgroßen und Vasallen, ihm den Besitz von Reich und Krone sichern; und aus dieser Auffassung erklärt sich die Notwendigkeit, sie durch Staatsopfer günstig zu stimmen. Daß die Verwaltungsbehörden, weil sie die Stellen der Lehnsfürsten der alten Zeit einnehmen, in der Tat noch immer den Bergen und Flüssen ihrer Gebiete amtlich Opfer darbringen müssen, haben wir auf S. 277 gesehen.

Infolge eines Jahrtausende alten Kultus sind auf den heiligen Bergen Chinas, insbesondere auf den Jo᾽, Tempel, Gebäude und Monumente verschiedener Art entstanden, die unaufhörlich von zahlreichen Wallfahrern besucht werden. Nur der erste und heiligste, der T῾ai Šan, ist eingehend studiert und in einer Weise beschrieben, welche strengen wissenschaftlichen Erfordernissen gerecht wird, nämlich durch Prof. Chavannes; sein „Le T῾ai Chan, Essai de Monographie d᾽un Culte Chinois", bildet ein sinologisches Werk ersten Ranges. Daneben ist auch das mit schönen Abbildungen ausgestattete Buch des Missionars Tschepe, „Der T῾ai-Schan und seine Kultstätten", sehr empfehlenswert.

11. Das Größte Jahr.

Ein merkwürdiger Staatsgott, der in dem Pantheon unmittelbar nach den Bergen, Meeren und Flüssen seinen Platz hat, ist der Planet Jupiter. Schon lange vor der christlichen Jahrzählung wurde dieses Himmelslicht wegen seines Kreislaufes, der sich in etwa zwölf Jahren von zwölf synodischen Mondumläufen vollzieht, als vornehmer Zeitgott betrachtet und 太歲星 T῾ai Sui Sing, Stern des größten Jahres, genannt. In Wirklichkeit dauert sein Kreislauf etwa 4332 Tage, während zwölfmal zwölf synodische Monate nur 4252 Tage ergeben. Dieser geringe Unterschied hat jedoch die Stellung des Planeten als des höchsten Zeitgottes nie erschüttert, denn nicht den Zwecken der Zeitrechnung, sondern denen der Chronomantik, der Wissenschaft der Bestimmung glücklicher und unglücklicher Zeitteile, wurde sein Umlauf dienstbar gemacht. Bis in unsere Tage hat der Planet diese universistisch-religiöse Stellung im kaiserlichen Staatskalender behalten. Sie beruht auf dem Glauben, daß der Stern sich während jedes Umlaufes in zwölf verschiedenen Weisen, sogenannten 年神 Niĕn Šĕn, jährlichen göttlichen Wirkungen, äußert, und daß diese Wirkungen der Reihe nach das Jahr von zwölf synodischen Monaten beherrschen. Jede dieser Wirkungen ist mit besonderen wohltätigen Eigenschaften oder Tugenden (Te') des Himmels ausgerüstet, welche sie der Menschheit zugute kommen läßt. Somit ist das Größte Jahr der Ordner der Segnungen, welche das Tao des Himmels der Menschheit durch die Jahreskreise zukommen läßt; anders gesagt, es ist die Macht, welche jedem Jahrkreise die himmlischen Einflüsse zuerteilt, die dessen Lauf oder Tao nun wiederum auf die Monate überträgt, von denen sie schließlich auf die Tage übergehen. Auf diese Weise werden durch das Tao des Weltalls Zeiten geschaffen, welche mehr oder weniger glücklich oder sogar unglücklich sind; diese durch Kombinationen zu entdecken oder durch Weisheit zu erkennen, war allezeit die Aufgabe der chronomantischen Wissenschaft, auf die wir im elften Kapitel zu sprechen kommen.

Die wohltätigen Einflüsse des Himmels, deren Verteilung über die Zeiten der hohe Zeitgott regelt, hat der Kaiser in allererster Linie für die Erde zu sichern, behufs des Gedeihens und Reifens der Feldfrüchte. Daraus erklärt sich, weshalb der Staatstempel dieses Gottes im Opfergelände des Siĕn Nung, des hohen Schutzgottes des Ackerbaues, errichtet ist. Dort steht er sogar im zentralen Teil, also gerade nördlich vom Zwillingsaltar der Himmlischen und Irdischen Götter. Seine Front ist gegen Süden gekehrt; er hat nur ein einziges Dach, und ein „Erhöhungsfundament“ ohne Brüstungen, mit drei sechsstufigen Treppen auf der Südseite. Gerade südlich steht eine „Verneigungshalle“, die wohl demselben Zweck dient wie das gleichnamige Gebäude beim Altar der Götter des Bodens und der Hirse (vgl. S. 225). Der Hof, der zwischen dieser Halle und dem Tempel sich erstreckt, hat auf jeder Seite in der Quere einen Nebentempel (Wu) mit den Seelentafeln von sechs sogenannten 月將 Juě’ Tsiang, Anführern der Monate. Im östlichen stehen nördlich die drei Tafeln der drei ersten Monate des Jahres und südlich die des siebenten, achten und neunten; der andere Nebentempel enthält in entsprechender Anordnung die der übrigen Monate, so daß auch die vier Jahreszeiten in ihrer zeitgemäßen Reihenfolge, und somit auch das ganze Jahr, in den zwei Nebentempeln ihre Plätze haben. Die vier Gebäude und die viereckige Mauer, welche sie umfaßt, tragen grüne Dachziegeln.

Wenn auf den Altären der Himmlischen und der Irdischen Götter um Regen, klares Wetter oder Schnee geopfert wird, oder für gespendeten Regen Dankgabenopfer dargebracht werden (S. 275 ff.), dann findet am gleichen Tage mit demselben großen Ritual und denselben Opfergaben eine solche Feierlichkeit auch im Tempel des Größten Jahres statt. Den Tafeln der Monate wird aber keine Beteiligung daran gewährt. Auch wird dem Zeitgott durch einen Prinzen solch ein großes Opfer dargebracht in den ersten zehn Tagen des ersten Monates und am vorletzten Tage des Jahres. Bei dieser Gelegenheit empfängt auch jede der vier Gruppen von Monaten in den Nebentempeln dieselbe volle Zahl von 25 Schüsseln und Körben nebst einem Rind, Schaf und Schwein, welche „Beamte für die Nebenopfer“ (s. S. 174) des Opferamtes darbieten.

Zehntes Kapitel

Der Götterkult des Konfuzianismus (V).

Im heiligen Šu steht im „Buch von Šun" geschrieben, daß dieser heilige Kaiser der Urzeit 望于山川、徧于 群神, in der Entfernung den Bergen und Strömen, und nach allen Seiten hin der großen Menge der Götter opferte. Dieses Beispiel war demzufolge allezeit den Kaisern Gesetz, und so ist zu den Statuten der Staatsreligion noch ein dritter Abschnitt hinzugekommen, welche die 群祀 kiün Sǔ, die große Menge der Opfer, umfaßt. Diese werden auch gewissen Gottheiten dargebracht, welche die heiligen Bücher gar nicht erwähnen; jedoch wissen wir, daß jeder Kaiser, als Herr der Götter, das Recht besitzt, Göttern in dem Pantheon des Staates einen Platz zu gewähren (vgl. S. 79).

12. Die Götter der Heilkunde.

Voran in der dritten und letzten Kategorie der Staatsgötter stehen die 先醫 Siěn I, Vorgänger in der Heilkunde. Ihr Staatstempel in Peking trägt den ausdrucksvollen Namen 景 惠殿, Tempel der glorreichen Wohltätigkeit, und er steht im 太 醫院 T'ai I Juan, dem Hohen Medizinalamt, außerhalb des Palastes, unmittelbar östlich von seinem südlichsten Tor, das 大淸門 Ta Ts'ing Měn heißt. Der Hauptschrein in diesem Tempel, dem gegen Süden gekehrten Haupteingang gegenüber, enthält die Tafeln der drei Kaiser alleraltester Zeiten, T'ai Hao, Šěn Nung und Huang Ti (s. S. 235). Es ist gewiß begreiflich, daß der Kaiser, der die Menschheit den Landbau lehrte, ihr auch die Kunst der Erzeugung heilkräftiger Kräuter gebracht hat; außerdem soll von ihm das älteste Buch über Medizin, das 本草經 Pǒn Ts'ao King, Buch der Pflanzen, herstammen, das, wie sich urkundlich nachweisen läßt, im 6. Jahrhundert unserer Zeitrechnung bestand. Auch Huang Ti hinterließ angeblich ein grundlegendes Werk der Pathologie und der Heilkunde, das Su Wěn (s. S. 119), welches in Schriften des 3. Jahrhunderts n. Chr. erwähnt wird. Dabei war er als Kaiser der Mitte des Weltalls der Erzvater des Tao der Menschheit, und Krankengenesung ist, wie wir wissen (S. 121 ff.), in China eine durchaus taoistische Kunst. Was endlich T'ai Hao anbetrifft, so mag dieser wohl seine Stelle unter den höchsten Göttern der Heilkunde der Erwägung verdanken, daß der Frühling, den er versinnbildlicht (s. S. 235), der Menschheit Genesung von den Qualen des Winters bringt.

Vor dem Tabernakel dieser drei Hauptgötter stehen zwei gegen Osten und zwei gegen Westen gekehrte Schreine für vier „nebengeordnete Götter". Die zwei vornehmsten von ihnen sind 句芒 Ku-mang und 祝融 Tšu'-jung, uralte Götter des Frühlings und des Sommers, die also die Erlösung von den Qualen des Winters bringen und heilkräftige Kräuter wachsen lassen. Im heiligen Buche Juě' Ling, Weisungen für die Monate, steht nämlich von jedem Monat des Frühlings verzeichnet: 其帝太皥、其神句芒, sein Kaiser ist T'ai Hao' und sein Gott ist Ku-mang; und von jedem der drei Sommermonate: 其帝炎帝、其神祝融, sein Kaiser ist Jěn Ti (= Šěn Nung), sein Gott Tšu'-jung. Die beiden anderen nebengeordneten Götter sind 風后 Fung-hou und 力牧 Li'-mu', zwei Minister des Huang Ti, im Ši Ki erwähnt. Was nun noch die zwei Nebentempel betrifft, so enthalten diese, jeder in drei Schreinen, 15 bezw. 14 Tafeln sowohl von ganz fabelhaften als von halbhistorischen und historischen Koryphäen der Heilkunde.

Im Mittelmonat des Herbstes und des Winters wird am ersten Tage, der das Zykluszeichen 甲 trägt, von einem der Präsidenten des Ministeriums der Li als kaiserlichem Stellvertreter in diesem Heiligtum ein großes Opfer verrichtet, von Musik und Hymnen begleitet. Dabei amtieren die Beamten des Medizinalamtes, die dazu auf die übliche Weise sich durch Fasten gereinigt haben. Jeder der drei Kaiser bekommt die 25 Schüsseln und Körbe, nebst drei Opfertieren; die zwei nebengeordneten Götter empfangen zusammen 25 Schüsseln und Körbe, ein Schaf und ein Schwein, während in den Nebentempeln vor jedem Tabernakel nur 12 Schüsseln und Körbe und keine Opfertiere dargeboten werden. Das vorgelesene Gebet gibt der frommen Hoffnung Ausdruck, daß es den heiligen Göttern behagen möge, das Reich vor Seuchen und Krankheiten zu bewahren.

13. Kuan Ti, der Kriegsgott.

Die Periode der 三國 san Kuo', der drei Fürstenhäuser, im 2. und 3. Jahrhundert n. Chr. brachte den großen Kriegsheld 關羽 Kuan Jü hervor, der in dem Pantheon der Staatsreligion die Stelle des Kriegsgottes und Schutzpatrones der Heeresmacht innehat. Der erste in Peking residierende Kaiser der Mantschu-Dynastie schenkte ihm den hohen Ehrennamen 忠義神武大帝, großer Kaiser der Treue und der göttlichen Streitbarkeit; und wegen der großartigen Dienste, welche er darauf den Heeren des Reiches bei der Bezwingung vieler und langwieriger Rebellionen und bei der Eroberung von enormen Außengebieten erwies, ist sein Ehrenname noch vergrößert worden durch Hinzufügung von 靈佑, helfende göttliche

Kraft, und 仁勇威顯, menschenliebende Tapferkeit und majestätische Glorie. Sein meist gebräuchlicher Name ist 關帝 Kuan Ti, Kaiser Kuan. Übrigens verweise ich auf meine Biographie über diesen Gott in „Les Fêtes annuellement célébrées à Emoui".

Sein großer Staatstempel steht in einem ummauerten Raum im Stadtviertel hinter der nördlichen Palastmauer. Er enthält gar keine nebengeordneten oder Gefolgschaftsgötter. Vorn auf dem Tempelhof erhebt sich das Haupttor; hinter dem Tempel steht in einem zweiten Raum ein 後殿, Hintertempel, mit den drei Schreinen und Seelentafeln des Urgroßvaters, Großvaters und Vaters des Kuan Ti, denen der zweithöchste Titel 王 Wang, kaiserlicher Prinz, verliehen ist.

Ein großes Opfer aus 25 Schüsseln und Körben und drei Opfertieren, mit Musik, Kantaten und Gebetsvorlesung, wird hier von einem Magnaten als Stellvertreter des Kaisers an einem glücklichen Tage des Mittelmonates des Frühlings und des Herbstes dem Kriegsgott dargebracht. Gleichzeitig verrichtet ein Präsident des Opferamtes vor jeder Tafel im Hintertempel das gleiche Opfer, aber ohne Rind, Musik und Hymnen. Endlich empfangen mit dem gleichen Ritual alle vier Götter dieselben Opfertiere nebst Obst am 13. des 5. Monates, der der Geburtstag des Kuan Ti sein soll. An denselben drei Tagen werden auch in der ummauerten Hauptstadt einer jeden Provinz, eines jeden Bezirkes und Kreises des Reiches durch die höchsten Verwaltungsbehörden gleichartige Opfer gefeiert, und zwar in dem dort befindlichen Tempel des Kriegsgottes, der gewöhnlich, wie der in Peking, den Namen 關廟 Kuan Miao, Seelentempel des Kuan, oder 武廟 Wu Miao, Kriegstempel, trägt.

14. Wĕn Tš'ang, Schutzgott der klassischen Studien.

In den Šĭ Ki, den Historischen Schriften von Sŭ-ma Ts'iĕn (s. S. 87), wird im 27. Kapitel zum ersten Male in der chinesischen Literatur ein Gestirn 文昌 Wĕn Tš'ang erwähnt, und zwar als sechs Sterne beim 斗魁 Tou K'wei, einem Sternbild, das wahrscheinlich den vier nördlichsten Sternen des Großen Bären entspricht. Wohl bloß wegen des Namens Wĕn Tš'ang, der Glanz der Schriftgelehrtheit bedeutet, ist das Gestirn Schutzgott der klassischen Studien geworden und immer geblieben, ebenso wie das besagte Sternbild Tou K'wei, das zumeist 魁星 K'wei Sing, das K'wei-Gestirn, genannt wird. In der Staatsreligion trägt der Gott den Namen 文昌帝君 Wĕn Tš'ang Ti Kiün, Kaiserlicher Fürst Wĕn Tš'ang. Auch wird er häufig 文帝 Wĕn Ti, Kaiser der Schriftgelehrtheit, genannt. Für Weiteres sei hier verwiesen auf den Aufsatz von Mayers, „On Wĕn-ch'ang, the God of Literature, his History and Worship" in dem „Journal of the North-China Branch of the Royal Asiatic Society", Jahrgang 1869/70; ferner nach meinem „Les Fêtes annuellement célébrées à Emoui", S. 162 f. und 172 f.

Der Pekinger Staatstempel dieses Gottes liegt hinter der nördlichen Palastmauer und soll zum ersten Male in der Periode 成化 Tš'ing-hua (1465—1488) daselbst erbaut sein. Im Jahre 1801 wurde er auf kaiserlichen Befehl neu aufgebaut. Bei dieser Gelegenheit dekretierte der Sohn des Himmels, daß Wĕn Tš'ang, als Schirmherr der wahren Lehre und somit als Bezwinger von Ketzereien, wie Kuan Ti überall im Reiche verehrt werden, deshalb in den Opferstatuten (Sĕ Tiĕn) einen Platz einnehmen und fortan gleichartige Opfer wie Kuan Ti genießen sollte, nicht bloß in der Reichshauptstadt, sondern auch in den Provinzen. Somit empfängt er am dritten Tage des Mittelmonates des Frühlings und an einem glücklichen Tage im Mittelmonat des Herbstes sowohl in Peking als in der Hauptstadt jeder Provinz, jedes Bezirkes und Kreises ein großes Opfer. In Peking wird dann auch im „Hintertempel" ein Opfer dargebracht, und zwar einer Tafel mit der Inschrift

文 昌 帝 君 前 代 神 位, Seelentafel des Vorgeschlechtes des
kaiserlichen Fürsten Wên Tš'ang. Welche Vorstellung man sich
von diesem Vorgeschlecht eines Sterngottes macht, ist nicht
besonders klar, aber es scheint wohl, daß wir hier an einen
herrschenden Glauben zu denken haben, wonach Geist und
Seele (Šěn) des Gestirnes irdischen Menschen innegewohnt hat,
die natürlich Vorfahren besaßen. Überlieferungen über solche
Menschen sind in der Literatur vorhanden und sogar offiziell
als wahr anerkannt worden, wie Mayers im erwähnten Aufsatz
auseinandersetzt.

15. Der Nordpol des Himmels.

Immer wurde in China Astrologie in unmittelbarem Zusammenhang mit Geomantik gepflegt. Diese beiden universistischen Wissenschaften waren nämlich auf dem Grundsatz
erbaut, daß die Erde dem Himmelsgewölbe untersteht, und folglich Glück und Unglück der verschiedenen Teile der Erde durch
entsprechende Teile des Himmels, also durch Sterne und Sternbilder, bestimmt werden. Der Mittelpunkt des Himmels, um
den sich alle Sterne drehen, beeinflußt also insbesondere den
Mittelpunkt der Erde, den kaiserlichen Thron. Dieser Pol ist
daher des Kaisers Schutzgott, die Stütze der Heiligkeit, durch
welche der Kaiser regiert und vom Himmel zum Regieren er-
mächtigt ist; und somit ist ihm dieser Ehrentitel beigelegt: 北
極 佑 聖 眞 君, Pe' Ki' jiu Šing tšěn Kiün, Heiliger
Fürst des Nordpols, der die Heiligkeit (des Kaisers) unterstützt. Der entsprechende Name seines Staatstempels in Peking lautet 顯 佑
宮, Palast des sich glänzend offenbarenden Beistandes. Die Würde eines
Staatsgottes wurde ihm bereits vom ersten in Peking regierenden Kaiser der Mantschu-Dynastie im Jahre 1651 zuteil.

Der „Palast des sich glänzend offenbarenden Beistandes"
steht östlich hinter der Nordmauer des Kaiserpalastes auf einer

Marmorterrasse mit Brüstungen und drei Freitreppen vorn. Er trägt schwarze und grüne Dachziegeln, gleichwie das Tor mit drei Durchgängen, das auf der Südseite den Hauptzugang bildet. Für ein großes jährliches Opfer in diesem Heiligtum ist der Geburtstag des Kaisers bestimmt, weil dieser stets des Kaisers Glück für ein Jahr bestimmt. Das Opfer besteht aus Gefäßen mit Ziziphus, Drachenaugen (Nephelium longgan), Naitsi (Nephelium naitsi), Wallnüssen und Kastanien, nebst 15 Schüsseln mit Kuchen und Torten verschiedener Art, einem Stück Seide und Tee anstatt Wein. Weshalb dieser Gott kein Fleisch und keinen Wein bekommt, steht dahin. Das Opfer wird durch einen Präsidenten des Opferamtes dargebracht, mit Gebetverlesung, Musik und einer beim Empfangen des Gottes gesungenen Kantate.

16. Der Feuergott.

Der 火神 Huo Šěn, Gott des Feuers, soll der Verwalter der Segnungen sein, die der Rote Kaiser, der Gott des Südens (s. S. 235), der Welt verleiht. Im Jahre 1663 wurde ihm ein Platz in den „Opferstatuten" angewiesen. Auch für ihn besteht ein Staatstempel außerhalb der nördlichen Palastmauer. Da werden ihm am 23. Tage des 6. Monates durch einen Präsidenten des Opferamtes fünf Sorten von Früchten, drei Opfertiere und rote Seide dargeboten.

17. Die Kanonengötter.

Etwa 13 Kilometer Luftlinie südwestlich von der Südwestecke der Tartarenstadt liegt am 渾河 Hun-ho die 盧溝橋 Lu-kou Kiao, die Lu-kou-Brücke. Nördlich derselben wird am ersten Tage des letzten Herbstmonates die Artillerie der 八旗, acht Heeresbanner, aufgestellt; vor jeder dieser acht Kanonengruppen setzt man auf einen Opfertisch eine papierne

Seelentafel der betreffenden 礮神 Pʻaʻo Šĕn oder Kanonen-
gottheit und fünf Gefäße mit Früchten, und vor den Tisch ein
geschlachtetes Schaf und Schwein. Nun treten in der frühen
Morgenstunde die acht 都統 Tu Tʻung oder Oberbefehlshaber
der Heeresbanner, jeder an der Spitze seiner Offiziere und
einiger Beamten des Opferamtes, heran, um vor den Tischen
in der uns bekannten Weise gleichzeitig den Opferritus zu begehen. Sie befolgen dabei wie ein Mann die Befehle eines
einzigen „Zeremonienleiters" (Tiĕn I), der jeden Akt mit einem
lauten Ausruf einleitet, um darauf die Regelung der Unterteile
des Aktes bei jedem Tisch einem anderen Zeremonienmeister
zu überlassen. Nur ein Opfergebet wird für die acht Gruppen
gemeinschaftlich gelesen.

Auch in jedem Artilleriepark des Reiches wird an demselben Tag durch den Befehlshaber auf ähnliche Weise ein
Opfer dargebracht.

18. Die Götter der Stadtmauern.

Gleichwie der Pol des Himmels der Schutzgott der Heiligkeit, also des geistigen Wesens des Kaisers, ist (s. S. 288), so
ist der 城隍神 Tšʻing Huang Šĕn, der Gott der Mauern und
Gräben der Reichshauptstadt, der Schirmherr seines stofflichen
Wesens. Auch ihm soll deshalb am Geburtstage des Kaisers
ein Opfer dargebracht werden, um sich des Gottes Wohlwollen
und Schutz während des neuen kaiserlichen Lebensjahrs zu
sichern. In seinem Tempel, der in einer Ummauerung nahe
an der Stadtmauer westlich des 宣武 Süĕn-Wu-Tores im
südwestlichen Viertel der Tartarenstadt steht und drei hintereinander liegende Tore besitzt, werden ihm alsdann durch
einen dazu abgeordneten Reichsgroßen fünf Gefäße mit Obst
nebst drei Opfertieren dargeboten; ein ähnliches Staatsopfer von
25 Schüsseln und Körben und drei Opfertieren empfängt er

dort außerdem alljährlich an einem glücklichen Herbsttage.
Daß er auch in allen Festungen des Reiches alljährlich einmal
auf dem Altar der Berge und Flüsse ein Staatsopfer empfängt,
haben wir auf S. 277 erwähnt. Hier sei noch hinzugefügt, daß
durchweg jede ummauerte Stadt des Reiches einen Tempel für
ihren Schutzgott, einen sogenannten 城隍廟 Tš'ing Huang
Miao, Seelentempel der Mauern und Gräben, besitzt. Im übrigen sei
auf den Aufsatz über diese Götter verwiesen, welcher in „Les
Fêtes annuellement célébrées à Emoui", S. 586 ff., veröffentlicht ist.

19. Der Gott des heiligen Berges des Ostens.

Unter dem Namen 東岳神 Tung Jo' Šĕn, Gott des
Jo' des Ostens, empfängt der zweite heilige Berg (s. S. 193) Verehrung in einem Staatstempel, der nördlich vom Opfergelände
der Sonne steht, in einer zweifachen Ummauerung, welche auch
Nebengebäude und andere zugehörige Baulichkeiten umschließt.
Da empfängt er alljährlich am Geburtstag des Kaisers ein ähnliches Opfer wie der Gott des Himmelspoles und der der Mauern
und Gräben Pekings. Das erklärt sich wohl daraus, daß auch
dieser von den heiligsten der Berge ein besonderer Lenker des
Glückes des regierenden Kaisers ist, weil er den mächtigsten
Teil von dessen Grundgebiet bildet und folglich ihm den uner-
schütterlichen Besitz desselben besser als irgendeine andere
irdische Gottheit zu gewährleisten vermag.

20. Drachen- und andere Wassergötter.

龍神 Lung Šĕn oder Drachengötter, sind, nach chinesischer Auffassung, Kräfte, welche durch Verdichtung der
Wolken Regen erzeugen und somit auch den Wasserstand der
Bäche und Flüsse beherrschen. Vier solcher Götter befruchten
in dieser Weise das unmittelbare Gebiet des Kaisers, den Be-

zirk Šun-t'iĕn (vgl. S. 223), und bestimmen damit, der geomantischen Lehre zufolge, das Glück der Reichshauptstadt und des kaiserlichen Palastes. Ihnen sind deshalb an Wasserläufen, welche dem umliegenden Gebirgsland entströmen, Staatstempel errichtet, wo jedes Jahr im Mittelmonat des Frühlings und des Herbstes dazu abgeordnete Staatsgroße 25 Schüsseln und Körbe opfern, nebst einem Schaf und Schwein. Diese Drachentempel befinden sich:

1. Beim 黑龍潭 He' Lung T'an, Teich des Schwarzen Drachen, etwa 30 Li nordwestlich von Peking, im 金山 Kin Šan (vgl. „The Religious System of China", Bd. III, S. 1253 ff.).

2. Im 玉泉山 Ju' Ts'uan Šan, Berge der Jaspisquelle, beim gleichnamigen kaiserlichen Park, nordwestlich Peking.

3. Am 昆明湖, Kun Ming-See, in den sich unweit des 圓明園 Juan Ming Juan oder Mondparkes die „Jaspisquelle" ergießt.

4. Am 白龍潭 Pe' Lung T'an, Teich des Weißen Drachen, östlich von der Kreisstadt 密雲 Mi'-jün.

Daß die Kaiser auch diesen Drachen schöne und ehrenvolle Titel verliehen haben, braucht kaum gesagt zu werden.

Wenn der Drache der Jaspisquelle seine Jahresopfer empfängt, wird stets am selben Tage von einem Großen des Juan Ming Juan auch der Schutzgöttin der Seefahrenden 媽祖婆 Ma Tsu P'o in ihrem 惠濟祠 oder Tempel des gnädigen Beistandes, der im 綺春 K'i Ts'un-Park steht, ein ähnliches Opfer dargeboten. Diese schon seit vielen Jahrhunderten staatlich anerkannte Seegöttin, überall im Reiche hoch verehrt, erfreut sich des Besitzes eines Ehrennamens, der unter den letzten drei Dynastien so häufig verlängert wurde, bis er schließlich aus 38 Schriftzeichen bestand und somit wahrscheinlich der längste ist, der in der Götterwelt getragen wird. Für Näheres über diese Göttin siehe „Les Fêtes annuellement célébrées à Emoui", S. 261 ff.

Außerdem wird im selben Park an den beiden Tagen, wenn die Drachen ihre Opfer empfangen, im 河神廟 Ho Šĕn Miao, Tempel der Flußgötter, dem Gott des Huai (vgl. S. 194) geopfert, wie auch einem gewissen 黄守才 Huang Šou-ts'ai und einem 謝緒 Siĕ Sü. Letzterer war ein naher Verwandter der Gemahlin des Kaisers 理宗 Li Tsung der Sung-Dynastie; als die Mongolen 1276 die kaiserliche Hauptstadt, das jetzige 杭州 Hang-tšou, besetzten, stürzte er sich dort in den Fluß, und da seine Leiche stromaufwärts trieb, wurde er später zum Flußgott erhoben.

21. Die Erde und der Verwalter von Bauwerken.

Soll irgendwo ein bedeutendes Regierungsbauwerk in Angriff genommen werden, dann muß vorschriftsgemäß an einem durch das Amt für Zeitrechnung, Astrologie usw. (欽天監) auserwählten Tag, der einen glücklichen Verlauf des Unternehmens verheißt, der 后土 Hou T'u, Kaiserin Erde, die an der betreffenden Stelle durch die Tätigkeit der Arbeiter in ihrer Ruhe gestört werden wird, ein Opfer gebracht werden, wie auch dem 司工神 Sŏ Kung Šĕn, dem Gott, der das Werk verwaltet. Nachdem das Ministerium der Werke zwei ringsum mit vielfarbigen Seidentüchern umhängte Altäre an Ort und Stelle aus Tischen zusammengesetzt hat, wird auf jeden eine aus gelbem Papier verfertigte Seelentafel der Gottheit gesetzt, zusammen mit 15 Schüsseln Kuchen und Torten und 5 Körben mit Baumfrüchten; darauf bieten ein Präsident des Ministeriums der Li und ein Präsident des Ministeriums der Werke diese Opfergaben feierlich in sechs Akten mit Musik, einer Hymne und einem Gebet dar, zusammen mit Seide, einem Schaf und einem Schwein. Ein gleichartiges Opfer verrichtet ein hoher Staatsbeamter für den Sŏ Kung Šĕn, wenn das Werk beendigt ist.

22. Die Götter der Ziegelöfen und gewisser Tore.

Bei staatlichen Bauwerken soll auch den 窑神 J͟ao Šɛn, Göttern der Ziegelöfen, in denen der Dachstein gebrannt wird, ein Opfer dargebracht werden, und zwar an einem glücklichen Tage, wenn die 吻 Wɛn oder Mäuler, die Dachsteinfiguren, durch die das Regenwasser abfließen soll, in feierlichem Aufzug durch die kaiserliche Equipage nach dem Bauplatz überführt werden sollen. Auf dieselbe Weise wie für die Hou T'u und den Sɛ Kung Šɛn wird bei den Öfen ein Altar mit Opfergaben bereitgestellt, ebenso auch einer bei jedem Stadt- oder Palasttor, durch den der Zug seinen Weg nimmt, für den 門 神 Mɛn Šɛn oder Torgott. Nachdem nun die „Mäuler" bei den Öfen niedergelegt sind, wird an allen diesen Altären durch damit beauftragte Beamte das Opfer verrichtet, wobei am Anfang wie am Schluß eine Hymne mit Musikbegleitung gesungen wird. Darauf bringt der Aufzug die „Mäuler" mit Musik nach dem Bauplatz hin und wird unterwegs an jedem Tor durch den Opferer und sein Gefolge und auf dem Bauplatz durch den Baumeister, die Aufscher u. a. feierlich empfangen. Alle amtierenden Anwesenden tragen Hofgewänder, vergoldete Blumen auf dem Hut und ein rotes Seidentuch über der Schulter.

23. Die Götter der Getreidespeicher.

Die Kornspeicher der Regierung liegen großenteils bei der Stadt 通 州 T'ung-tšou, etwa 20 Kilometer östlich von Peking, wo die große Kornflotte das aus den Provinzen herangebrachte Steuergetreide löscht. Daselbst opfert der 倉場 侍郎, Vizeminister des Speicherterrains, jedes Jahr an einem glücklichen Tage des Frühlings und des Herbstes dem 倉神 Tšoang Šɛn, Gott der Speicher, in einem dort stehenden Tempel zehn Schüsseln mit Baumfrüchten, ohne Musik und ohne Gebet.

An denselben Tagen wird dieselbe Feierlichkeit in drei Tempeln bei den großen Kornkammern des linken und rechten Flügels (左右翼) der Reichshauptstadt begangen, und auch bei denen, welche außerhalb des Tšao Jang-Tores der östlichen Stadtfront (s. S. 230) gelegen sind, durch die Kontrolleure (監督) dieser Gruppen.

24. Besondere Götter in den Provinzen.

Eine beträchtliche Erweiterung hat die Staatsreligion erfahren durch die den Behörden in den Provinzen, Bezirken und Kreisen auferlegte Verpflichtung, in besonders dazu angewiesenen Tempeln über fünfzig Göttern und vergöttlichten Menschen zu opfern, die sich durch Abwehrung von Unheil, also offenbar durch Mirakel, um das Volk verdient gemacht haben. Kaiser aller Zeiten haben diesen Gottheiten Ehrennamen geschenkt, und die Tempel, wo ihr amtlicher Opferkult statutenmäßig stattfindet, sind großenteils kraft kaiserlicher Verfügung erbaut, jedenfalls dem besonderen Schutz der Regierung unterstellt. Die vorgeschriebenen Opfer sollen denen, welche die Behörden auch dem Kriegsgott darzubringen haben (s. S. 286), ähnlich sein und alljährlich im Frühling und im Herbst stattfinden. Sie heißen amtlich 專祠 Tšuan Sě, besondere Opfer.

Es läßt sich leicht einsehen, daß mit diesem Abschnitt der Opferstatuten die Staatsreligion in den Bereich des Götterkultes des Volkes übergeht, denn auch dieser beruht, wie auf S. 138 ff. dargetan, auf dem Glauben an den Schutz und Beistand, welche Götter aller Art durch ihre Mirakelkraft (Šěn oder Ling) den Menschen verleihen. Nur die kaiserlich genehmigte Aufnahme in die Opferstatuten bildet hier die Trennungslinie; allein diese muß dem Staat selbst schwach genug erscheinen, so daß er dem Volke die Verehrung aller möglichen Götter, welche es sich erfindet und schafft, und denen es Tempel

baut, in der Regel ungestört gestattet und nur unter Umständen
gegen diese als ketzerische Ungebührlichkeiten einschreitet.

25. Die Koryphäen der Staatsdienerschaft.

Statutarisch ist vorgeschrieben, daß, wenn der Sohn des
Himmels sich auf der Reise weniger als 30 Li vom Tempel
oder Grabe eines Heiligen (聖) oder Weisen (賢) irgend-
welcher Zeit befindet, oder eines namhaften Ministers (名臣),
oder eines Getreuen, der im Dienste des Kaisers sein Leben
ließ (忠烈), er sodann einen Stellvertreter entsenden muß,
um dort nach dem allgemeinen festen Programm ein Opfer
in sechs Akten zu verrichten.

Werden schon die verdienten Staatsdiener vergangener
Dynastien solcher Ehrung gewürdigt, dann liegt es auf der
Hand, daß Ähnliches erst recht mit denen des regierenden
Kaiserhauses der Fall sein soll. In der Tat haben wir schon
gesehen (S. 198), daß viele von ihnen sogar im großen kaiser-
lichen Ahnentempel Aufnahme finden und da Opfer empfangen.
Es bestehen aber in Peking noch zwei Ruhmestempel für die
große Zahl der vergöttlichten Koryphäen der Staatsdienerschaft.

Eines dieser Heiligtümer heißt 賢良祠 Hiĕn Liang
Sĕ, Opfertempel der Weisen und Braven. Es wurde 1730 außerhalb der nördlichen Palastmauer gestiftet und besteht aus einem
Vorder- und einem Hintertempel, Toren, Nebengebäuden usw.
Der Vordertempel enthält nur Seelentafeln einer sehr be-
schränkten Zahl von kaiserlichen Prinzen; im Hintertempel
aber findet man 100 bis 200 Tafeln von Staatsdienern, die in den
fünfklassigen erblichen Adelstand (世爵) erhoben worden
sind, oder im Zivil- oder Militärdienst die zwei höchsten Ränge
(品) erreicht haben. Mit der größten Genauigkeit sind die
Tafeln nach den Kaiserregierungen in Schreinen angeordnet.
Im mittleren Frühlings- und Herbstmonat wird ihnen an einem

glücklichen Tage ein Opfer dargebracht, im Vordertempel durch einen Prinzen, im Hintertempel durch den Präsidenten des Opferamtes. Für jede in einem Schrein vereinigte Gruppe besteht das Opfer aus fünf Gefäßen mit Obst, nebst einem Schaf und einem Schwein. Nachkommen der verehrten Toten wohnen der Feierlichkeit bei oder nehmen daran durch Hilfeleistung tätig teil.

Auch jede Provinzhauptstadt ist, kraft der Reichsstatuten, im Besitz eines Hiĕn Liang Sĕ, zur ewigen Ehrung solcher hochverdienter Staatsdiener, die in der Provinz amtierten und deren Seelentafeln, auf Antrag des Ministeriums der Li, infolge kaiserlicher Verfügung darin einen Platz erhielten. Es ist dem dort residierenden Bezirksverwalter (知府) auferlegt, im mittleren Frühlings- und Herbstmonat in diesem Heiligtum als Opferpriester aufzutreten; die auf S. 271 erwähnten Beamten für die Prüfungen sind verpflichtet, ihm dabei als Opferbeamten helfend zur Seite zu stehen.

Viel größer ist der zweite Ruhmestempel Pekings, der 昭忠祠 Tšao Tšung Sĕ, Opfertempel für glänzende Treue, der beim 崇文 Tšʻung Wĕn-Tor (Ha-ta Mĕn) gelegen ist. Er ist wohl das umfassendste Heiligtum, das die Welt je der Menschenverherrlichung gewidmet hat. Im Jahre 1724 ist er gestiftet. Das 正室 oder eigentliche Ahnenhaus besteht aus einem Vorder- und Hintertempel, die durch einen Damm miteinander verbunden sind. Jeder ist auf beiden Seiten von drei Hallen flankiert, die beim Vordertempel östlich und westlich zu diesem gekehrt, beim Hintertempel aber, gleichwie dieser selbst, nach Süden gerichtet sind. Diese 14 Tempelhallen enthalten insgesamt 66 Schreine mit Seelentafeln von 勳臣, verdienstvollen Staatsdienern, Mantschus sowohl wie Chinesen, Zivil- wie Militärpersonen, Kriegshelden, todesmutigen Heeresführern, Siegern, Eroberern usw. In jeder Halle wohnt eine bestimmte Kategorie dieser ruhmbedeckten Toten.

Für die Opfer gilt hier dasselbe Ritual wie für den Hiĕn Liang Sǎ. Vor jedem der 66 Schreine gibt es da einen Tisch mit Opfergaben, jedoch im ganzen nur achtmal ein Schaf und ein Schwein. Im Vordertempel amtiert ein Prinz als Opferpriester, in jeder anderen Halle ein durch das Opferamt angewiesener Beamter. Nur ein einziges, sehr langes Opfergebet wird verlesen, das an alle Tafeln insgesamt gerichtet ist.

Auch die Hauptstadt jeder Provinz hat ihren eigenen Tšao Tšung Sǎ zur Verherrlichung der Ruhmwürdigen dieses Teiles des Reiches. Daselbst wird zweimal jährlich wie im Hiĕn Liang Sǎ durch den Bezirksverwalter mit den Prüfungsbeamten geopfert.

.Jedoch die Ehrung, welche die Staatsregierung den Koryphäen ihrer Dienerschaft erweist, erreicht den allerhöchsten Grad, wenn der Kaiser, auf Vorschlag des Ministeriums der Li, für einige von ihnen zusammen, oder gar für einen einzigen allein, den Bau eines 專祠 tšuan Sǎ oder besonderen Opfertempels verordnet und daneben von den Präsidenten des Opferamtes die darzubringenden Opfer in die Opferstatuten einschreiben läßt. Dann errichtet auch das Ministerium der Werke im Tempelhof einen schönen Kiosk mit großem Monolith, in dem eine unvergängliche, vom Han-lin verfaßte Inschrift die ruhmreichen Taten des großen Mannes den Göttern und Menschen verkündet. Zumeist wird diesem die Seelentafel seiner Gemahlin als P'ei Wei im Tabernakel zur Seite gestellt. In Peking dürften wohl über zwanzig solcher Privattempel zu finden sein. Auch in den Provinzen kommen sie vielfach vor, und da müssen die örtlichen Behörden zweimal jährlich an Ort und Stelle opfern, in derselben Weise wie in den beim Konfuziustempel befindlichen Seelenhäusern für die Tugendhaften und Weisen (S. 272).

26. Die unversorgten Seelen der Toten.

Die Statuten der Staatsreligion enden mit den 厲 Li, den Seelen solcher Verstorbenen, denen keine Nachkommen Opfer darbringen, und die, nach uraltem Glauben, infolgedessen geneigt sind, die Menschheit mit Plagen aller Art heimzusuchen. Um diesem Übelstand abzuhelfen, ist es in den Hauptstädten der Provinzen, Bezirke und Kreise den Verwaltungsbehörden auferlegt, dreimal jährlich die bösen Launen dieser Gespenster mittels Opfer aufzuheitern. Eines soll in die 寒食 Han-ši'-Zeit fallen, also auf den 4. oder 5. April, und eines auf den ersten Tag des zehnten Monates, und zwar weil man 'an diesen Tagen in China die Gräber zu versorgen und die Ahnen mit Opfergaben zu laben pflegt. Für ein drittes Opfer ist der Vollmondstag des siebenten Monates angewiesen, in dem man allgemein die unversorgten Toten ernährt und aus der buddhistischen Hölle erlöst. Näheres hierüber befindet sich in „Les Fêtes annuellement célébrées à Emoui".

An diesen drei Opfertagen werden an der nördlichen Mauer der Stadt, also in der Gegend, die dem Jin und folglich auch der Gespensterwelt entspricht, einige Tische zu einem Altar zusammengestellt und darauf und ringsumher ein großes Quantum Reis, gekocht und ungekocht, zusammengetragen, mit papiernem Opfergeld, drei Schafen und Schweinen usw. Dann trägt man am frühen Morgen die Seelentafel des Gottes der Mauern und Gräben der Stadt, der ein oder mehrere Tage zuvor von einem Beamten die Kunde von dem beabsichtigten Opfer gebracht war, von der Opferstätte der Himmlischen und Irdischen Götter (vgl. S. 277) nach dem Altar hin. Er verwaltet nämlich die Seelen der Toten im ganzen Gebiet, dessen Verwaltungsbehörden in der Stadt ihren Sitz haben, wo sein Tempel steht, straft somit ihre Übeltaten und verhindert ihre Angriffe auf die Menschen. Zwei Zeremonienmeister geleiten nun den hohen Verwaltungsbeamten vor den Altar; er opfert da Weihrauch, berührt dreimal den Boden mit der Stirn und opfert vor dem in Flammen aufgehenden Papiergeld drei Becher Weins. Bald darauf tragen die Zeremonienmeister die Tafel des Stadtgottes wieder in die Opferstätte der Himmlischen und Irdischen Götter zurück.

Unsere Darstellung der konfuzianischen Staatsreligion muß entschieden zu der Folgerung führen, daß sie ein bis zum höchsten Grad der Vollendung ausgebauter Naturkult ist, wie auf dieser Erde kein zweiter besteht, und daß unter den verschiedenen Unterteilen des Weltganzen, welche ihr Göttertum bilden, die Seele des Menschen einen vornehmen Platz einnimmt. Die Religion des chinesischen Altertums, soweit diese sich durch die heiligen Schriften erkennen läßt, war der Grundstock der Staatsreligion, und folglich läßt sich auch von jener eine andere Definition nicht geben.

Gewiß ist die Staatsreligion eine durchaus idolatrische. In der Tat bringt sie ihren Gottheiten, sogar Himmel und Erde, in der Gestalt von beseelten Holztafeln Verehrung und Opfer dar, und diese Gegenstände sind nur in der Form, aber keineswegs grundsätzlich, von Bildern verschieden. Ausnahmsweise soll man in einigen Heiligtümern des Konfuzius bunte Bilderreihen anstatt Tafeln finden; jedoch nur ein Fall dieser Art ist mir durch persönliche Anschauung bekannt, nämlich in der Bezirkshauptstadt 泉州 Ts'uan-tšou in der Provinz Fu'-kiĕn.

Auch haben wir die Staatsreligion als eine durchaus ritualistische kennen gelernt: ein streng umschriebenes, große Einförmigkeit erstrebendes Ritual regelt ihren ganzen Götterdienst bis in die geringsten Einzelheiten und beherrscht ihn also gänzlich. Dieser Grundzug hat seine Erklärung in der Geschichte des Reiches. Als die Han-Dynastie mittels der heiligen Schriften der Vergangenheit die Grundlage der Staatsverfassung und damit die der Staatsreligion erbaute (vgl. S. 3f.), konnten diese sich wohl kaum anders gestalten als wie eine Sammlung von heiligen Riten, das heißt, von strengen, unumgänglichen Vorschriften, welche durch das uns bekannte alte Wort 禮 Li bezeichnet wurden (S. 25 ff.). So entstand ein Ritenkodex, den darauf jede Dynastie als heiliges Erbgut der klassischen Zeit ehrfurchtsvoll von der ihr vorangehenden übernahm, und zwar mehr oder weniger ausbildete und ausbaute, jedoch ohne sich jemals zu erdreisten, an seinen heiligen Grundlagen zu rütteln. Urkundlich läßt sich nachweisen, daß bereits 502 auf Befehl des 武 Wu, des großen Kaisers der Liang-Dynastie, eine Kompilation der Li in über tausend Kapiteln zustande kam; diese Riesenleistung ist aber nicht erhalten geblieben. Bewahrt sind jedoch die 開元禮 K‘aijuan Li, die Li der K‘ai-juan-Zeit (713—742) der T‘angDynastie, welche von einer Staatskommission in 150 Kapiteln abgefaßt wurden. Auch die Sung- und die Ming-Dynastie hatten je ihren Ritenkodex, und diese waren die Vorbilder für den der Mantschu-Dynastie, der 1757 fertiggestellt wurde und 大清通禮 Ta Ts‘ing t‘ung Li, heißt, die überall und immer zu befolgenden Li der Großen Ts‘ing-Dynastie. Darin ist das Staatsritual kurz und bündig in 54 Büchern festgelegt, und das Werk bildet daher für die Sinologie eine Quelle von hohem wissenschaftlichen Wert. Ihr verdanken wir in erster Linie den Stoff für unsere Darstellung des Rituals der Staatsreligion. Auch andere umfassende Codices für das Staatswesen haben dabei Dienste geleistet, sowie die 大清會典 Ta Ts‘ing hui Tiĕn, sämtliche Statuten der Großen Ts‘ing-Dynastie, und die 禮部則例 Li Pu Tse’ Li, Verordnungen für das Ministerium der Li. Für Einzelheiten über diese und andere Bücher über Chinas Staatswesen sei auf meine „Sinologische Seminare und Bibliotheken“ verwiesen.

Wir kommen nunmehr zu der Überzeugung, daß die Staatsreligion im vollsten Sinne des Wortes eine Religion „für den Staat" ist, das heißt, für den Kaiser, die Reichsgroßen und das Mandarinentum. Es hat sich in der Tat sonnenklar herausgestellt, daß sie bezweckt, die Götter, welche die verschiedenen Teile des Weltalls beseelen und verwalten, Segen ausströmen zu lassen auf die kaiserliche Gewalt, und dadurch auf das Volk, welches das Tao des Weltalls mit dieser Gewalt beglückt; mit anderen Worten, sie soll zum Wohl der ganzen Menschheit ein glückschaffendes Wirken der Natur sicherstellen mittels des Kaisers und seiner Regierung. Daraus erklärt sich von selbst, daß dem Volke überhaupt an ihrer Ausübung kein Anteil gewährt wird, wenngleich es für Bau und Unterhaltung der Altäre und Tempel seine Kräfte und Geld hergeben darf und muß. Zwar verehrt das Volk auf seine eigene Art gewisse Götter der Staatsreligion, wie z. B. die Erde, der als Schutzgott des Ackerbaues und des Reichtums überall Tempel und Kapellen errichtet werden; weiter Konfuzius, Kuan Ti, Berg- und Flußgötter, die Stadtgötter, den Gott des östlichen Jo', der als Höllenfürst betrachtet wird, u. a. Das läßt sich aber keineswegs als Anteil an der Ausübung der Staatsreligion deuten, sondern ist schlechthin auf die natürliche Einheitlichkeit des universistischen Göttertums zurückzuführen. Den Ahnenkult aller Chinesen aber hat der Staat in den Bannkreis seiner eigenen Religion gezogen. dadurch, daß er für dessen Ausübung in den Kreisen der Prinzen, Staatsbeamten und Graduierten und des gewöhnlichen Volkes besondere Vorschriften in den Opferstatuten festgesetzt hat. Diese bilden dort den allerletzten Abschnitt der sogenannten 吉禮 ki' Li, **beglückenden Li,** worunter man die Riten der Staatsreligion versteht; und es braucht kaum gesagt zu werden, daß sie mit den Vorschriften für den Ahnenkult des Kaisers alle Hauptcharakterzüge gemeinsam haben.

Elftes Kapitel.

Kalendrische Lebensführung. Der Kalender. Zeitdeutung.

Die politische Organisation des chinesischen Reiches ist
auf den Universismus und dessen konfuzianische Bücher gegründet. Ihr Inbegriff ist die kaiserliche Regierung, ein Haupt-
erzeugnis der Weltordnung und ihr Werkzeug, das mittels weiser
Gesetze und Maßregeln die Menschheit führt und lenkt in der
einzig richtigen Bahn, welche das Tao der Menschheit heißt.
Dieser Regierung ist vom Weltall die Pflicht auferlegt, die
Menschheit zu ihrem eigenen Besten unaufhörlich anzuleiten,
daß sie in möglichstem Einklang mit dem Tao des Weltalls
lebe. Nun ist ja dieses Tao schlechthin der Gang der Natur,
der sich jedes Jahr aufs neue vollzieht. Deshalb ist es die
Hauptaufgabe und unbedingte Pflicht der kaiserlichen Regierung, der Menschheit auch die Mittel zu verschaffen, um
in Übereinstimmung mit den alljährlichen Wandlungen der
Natur zu leben und zu handeln.

Schon in der heiligen Urzeit war diese Pflicht den Kaisern
auferlegt. Im Šu (Buch 說命 Juĕ' Ming, II) lesen wir:
惟天聰明、惟聖時憲、惟臣欽若、惟民從乂：
ja, vernünftig ist der Himmel; ja, die Heiligen (Herrscher) machen deshalb
Weisungen für die (Anpassung an die) Zeiten; ja, die Staatsdiener fügen
sich gehorsamst demselben; o ja, und das Volk befolgt ihre gute Regierung.
Somit war es allezeit den Kaisern heiliges Gesetz, der Beamtenschaft und dem Volk Lebensregeln zu geben, welche dem

Kalender angepaßt sind und also beide befähigen, sich unentwegt in dem Tao, der Bahn des Weltalls, zu bewegen, und welche andererseits der Weltordnung ihre unbeschränkte Herrschaft über die Menschheit sichern.

Kalender von jährlichen Sitten und Bräuchen haben in China in sehr früher Zeit bestanden; freilich erscheint es uns als eine Notwendigkeit, daß sie als ein vom Universismus untrennbarer Bestandteil dagewesen sein müssen solange wie der Universismus selbst. Das älteste Exemplar, das erhalten geblieben, führt den Namen 夏 小 正 Hia siao Tšing, kleiner Regulator (der Lebensweise) von der Hia-Dynastie, und soll somit aus der Zeit stammen, die zwischen dem 22. und 19. Jahrhundert v. Chr. liegt; es bildet ein Kapitel in dem auf S. 101 erwähnten Ta Tai Li Ki. Dieses wegen seines unverkennbar hohen Alters äußerst merkwürdige Schriftstück gibt die synodischen Monate an durch Meldung einiger augenfälliger Erscheinungen, welche sie kennzeichnen; es erwähnt auch den Stand gewisser Sterne, nach denen sich der Mensch beim Ackerbau und bei der Seidenzucht, der Verrichtung von Opfern und anderem mehr richten soll. In späteren Zeiten sind erläuternde Notizen interpoliert worden, die mit dem Urtext verschmolzen, jedoch großenteils noch klar zu unterscheiden sind; beseitigt man diese, dann bleibt ein Text von so geringem Umfang übrig, daß sich in ihm nur ein Fragment vermuten läßt. Daß er ein Regierungsdokument war, geht aus der Weisung hervor, die sich auf Jagden bezieht, welche der Fürst im 11. Monat abhalten soll.

Von gleichartigem Charakter, aber sehr viel größerem Umfang, ist eine Reihe von kalendrischen Vorschriften, die aus dem auf S. 97 erwähnten Jahresbuch des Lü Pu'-wei herrühren. Gewiß hat dieser Staatsmann sie nicht lediglich für seinen Kaiser, den großen Ši Huang, erfunden, sondern sie nach schon vorhandenen Mustern zusammengesetzt, denn viele Weisungen tragen offenbar den Stempel uralter Herkunft auf der Stirn und sind daher für das Studium der ältesten menschlichen Kultur ein wichtiges Material. Unter dem Namen 月令 Juĕ' Ling, Weisungen für die Monate, haben sie unter den heiligen Büchern, welche das Li Ki bilden, einen Platz erhalten. Ihr Inhalt ist also durch die englische Übersetzung des Li Ki von Legge in den „Sacred Books of the East", Bd. 27 und 28, und durch die französische von Couvreur allgemein zugänglich gemacht worden.

Nicht immer ist der Zusammenhang dieser Weisungen mit den Monaten, für welche sie geschrieben sind, ersichtlich. Im Frühling sollen die Gewänder, Banner und Wagenpferde des Sohnes des Himmels blau sein, im Sommer rot, weiß im Herbst und schwarz im Winter, also, nach dem universistischen System (s. S. 235 f.), den jeweiligen Jahreszeiten entsprechend. Im ersten Monat muß der Fürst, umgeben von den Großen des Reiches, durch den Ritus des „persönlichen Pflügens" (S. 239) dem ganzen Volke das Vorbild zur Feldbestellung geben und darauf für die richtige Inangriffnahme dieser wichtigsten Angelegenheit der Welt Befehle ergehen lassen. Weil im Frühling die Lebensschöpfung stattfindet, so ist alsdann das Fällen von Bäumen, sowie das Vernichten von Vogelnestern und Eiern. sich entwickelnden Insekten und Säugetieren völlig untersagt. Es dürfen dann keine Waffen gebraucht werden, weil der Himmel dafür Strafe herabsenden würde; auch soll man keine Festungen erbauen. Mit Strenge wird befohlen: 毋變天之道、毋絕地之理、毋亂人之紀, verändert das Tao des Himmels nicht! Unterbrecht nicht die natürliche Wirkung des Tao der Erde! Bringt in die kalendrischen Regeln der Menschheit keine Verwirrung!

Im zweiten Monat, also in der Zeit des Keimens und Werdens, befiehlt der Fürst seinem Volke, den Šĕ, den Göttern des Bodens, Opfer darzubringen (vgl. S. 223); dann soll auch der hohen Schutzgottheit der Ehe und Kindergeburt (高禖) geopfert werden, und der Sohn des Himmels, sowie seine Ge-

mahlinnen, sollen sie persönlich besuchen. Zum Frühlingsäquinox, wenn Jang und Jin sich die Wage halten, sollen die
Längenmaße, die Wagen mit ihren Steingewichten und die In-
haltsmaße nachgeprüft und richtiggestellt werden. Nichts von
Bedeutung darf unternommen werden, das die Arbeit des Landmannes hemmen, beeinträchtigen oder stören könnte.

Weil im dritten Monat der Himmel die ganze Fülle seiner
bereichernden Kraft entfaltet, soll der Sohn des Himmels alsdann seine Speicher öffnen und Getreide unter das arme Volk
verteilen. Auch soll er aus seinen Schatzkammern Seidenstoffe
verschenken, und seine Lehnsfürsten sollen den ausgezeichneten
Staatsdienern gegenüber ebenso verfahren. In diesem Monat
setzen die südlichen Passatwinde und die Regenzeit ein; darum
müssen Kanäle und Deiche, Wege und Pfade besehen und in
guten Zustand versetzt werden. Jetzt sind auch Vorbereitungen
für die Seidenzucht zu treffen, und die Gemahlin des Himmelssohnes sammelt persönlich Maulbeerblätter ein (vgl. S. 252).
Endlich sind vom Herrscher gewisse Riten zu verordnen, deren
Zweck die Fernhaltung der Seuchenteufel ist.

Der vierte Monat, der erste des freigebigen Sommers, ist
für den Himmelssohn die natürliche Zeit, um, nachdem er mit
seinen hohen Ministern den Sommer im südlichen Vorstadtgelände feierlich eingeholt (迎) hat, Belohnungen auszuteilen,
Lehnsfürsten Investitur, tüchtigen und tugendhaften Personen
Ämter und Ehrengrade zu verleihen. Die gedeihende Kraft der
Erde verrichtet jetzt ihr stilles Werk und darf dabei nicht gestört werden; deshalb soll der Mensch keine Gebäude schleifen,
nicht den Boden rühren, keine Menschenmengen auf die Beine
bringen, keine größeren Bäume fällen. Die Pflanzenwelt erreicht den Höhepunkt ihrer Entfaltung und ist im Vollbesitz
der Lebenskraft, des Ščn, welche das Weltall ihr zuerteilt; es
ist daher jetzt die geeignete Zeit, um Pflanzen zur Bereitung
von Arzneien voller Lebenskraft einzusammeln (vgl. S. 124).

Der fünfte Monat enthält den längsten Tag, wo das Jin sich der Überlegenheit des Jang zu entringen beginnt und die vortrefflichen unter den Menschen diesen Naturprozeß durch Fasten und Enthaltsamkeit fördern sollen (s. S. 96). Regen ist in diesem Monat den Äckern unentbehrlich; somit erläßt der Fürst den Befehl, daß die Beamten den Bergen und den größeren und kleineren Flüssen für das Volk opfern sollen, während er selbst dem Himmel ein großes Regenopfer darbringt. Das Verbot des Baumfällens und der Erdarbeiten erstreckt sich bis in den sechsten Monat hinein. Bis dahin darf keine Kriegsmacht aufgebracht, noch irgendein großes Unternehmen in Angriff genommen werden, da sonst der Landwirtschaft unentbehrliche Arbeitskräfte entzogen werden würden. Dagegen erlischt die Macht dieser Verbote im nächsten Monat, dem ersten des Herbstes; dann werden auf Befehl des Sohnes des Himmels wehrfähige Männer zu den Waffen gerufen und eingeübt und der Führung der tüchtigsten anvertraut. Da nunmehr das Tao des Weltalls die Zeit des Absterbens herbeibringt, geziemt es auch dem Tao des Menschen scharf gegen das Verbrechertum aufzutreten, die Gefängnisse und Fesseln neu instand zu setzen, Justiz zu üben und Strafurteile zu vollstrecken. Jetzt bringt der Landmann die Ernte ein, und man darf wieder, ohne sich üblen Folgen auszusetzen, die Ruhe der Erde stören, also Deiche und Dämme aufwerfen, Gebäude ausbessern, Stadtmauern und Gräben wiederherstellen. Verleihung von Lehnsgebieten, Würden und Geschenken ist jetzt, der Natur entsprechend, unzulässig.

Im mittleren Herbstmonat werden Alte und Hinfällige, die im Herbst des Lebens stehen, mit Lebensmitteln versorgt. Mit strenger, jedoch makelloser Gerechtigkeit sind jetzt Körperstrafen auszuteilen und Todesurteile zu vollziehen. Erneut müssen, des Äquinoxes wegen, die Maße, Gewichte und Wagen nachgeprüft werden. Der Bau von Festungen und Städten, die Anlage von Wasserleitungen und die Reparatur der Kornspeicher siud in Angriff zu nehmen. Im darauffolgenden letzten Monat des Herbstes soll jedermann, hoch und niedrig, die Ernte aufspeichern, und zwar im Einklang mit dem Himmel und der Erde, die nunmehr selbst ihre Schätze verbergen und nicht länger unter die Menschen verteilen. Auch der Ertrag der kaiserlichen Pflugfelder soll in den Kornkammern, der Götter untergebracht werden (藏帝籍之收於神倉, vgl. S. 246). Jetzt, da die Jahreszeit des Todes naht, hält der Sohn des Himmels große Jagden ab, um sich und sein Volk in dem Waffenhandwerk zu üben, für das die Natur den Winter angewiesen hat.

Der zehnte Monat ist die Zeit für die Ausbesserung der Wälle und Gräben, auch um an Tore und Grenzsperren Besatzungen zu legen und den Schutzgöttern des Bodens (den Šễ) und der Tore Opfer darzubringen. Die Kohorten werden in dem Waffenhandwerk unterrichtet und geübt. Jetzt sind auch die Weisungen betreffend die Toten- und Trauergebräuche, Särge und Gräber nachzuprüfen und zu verbessern. Dem universistischen Schema zufolge entspricht der Winter dem Elemente Wasser (vgl. S. 120), und somit sind im Mittelmonat dieser Jahreszeit auf Befehl des Himmelssohnes den Göttern der vier Meere, der größten Ströme und der bedeutenden Flüsse, Seen und Brunnen Opfer und Gebete darzubringen. Wie am längsten Tage des Jahres soll der weise Mensch am kürzesten Tag Enthaltsamkeit üben (vgl. S. 97). Im letzten Monat des Winters muß der Landmann sich, gleichwie die Natur, in der Stille für das nahende Frühjahr vorbereiten, den Pflug und das übrige Ackergerät in guten Stand setzen und auch das Saatkorn fertig machen. Inzwischen befassen sich der Sohn des Himmels, seine Minister und Wesire mit der Nachprüfung der Reichsgesetze, und sie beraten sich über die „Weisungen für die (Anpassung an die) Zeiten" (時令) des kommenden Jahres.

Somit besteht das mit der Natur übereinstimmende Leben des Menschen auch darin, daß er immer gemäß dem Lauf der Zeit handelt, durch den das Tao, das große Weltgesetz, wirkt und schafft. Diese menschliche Übereinstimmung mit der allgemeinen Weltordnung ist Tugend und also segenbringend; das Entgegengesetzte ist Verbrechen und erzeugt deshalb Unheil, das heißt, es veranlaßt die Natur des Weltalls, die grundsätzlich nur gut und segenspendend ist, sich selbst zeitweilig zu ändern und nicht gut zu sein. Es ergibt sich also, daß die Menschheit, wenn sie gemäß den Zeiten lebt und somit im Tao des Weltalls wandelt, die segensreiche Wirkung des Tao steigert, dasselbe aber, wenn sie sich nicht im Tao bewegt, im entgegengesetzten Sinne beeinflußt, das heißt, es aus seiner gewöhnlichen Bahn drängt, stört oder aus den Fugen bringt, und dadurch seine segenspendende Kraft in Unheil umwandelt.

Diese stoischen Begriffe fallen vollkommen zusammen mit dem Lehrsatz im fünften Anhang (說卦) des Ji', demzufolge es im Weltall drei wirkende Kräfte, 才 Ts'ai, gibt, nämlich das Tao des Himmels, das Tao der Erde und das Tao der Menschen (vgl. S. 6). Mit scharfer Betonung spricht das Juŏ' Ling selbst sie am Schluß der Weisungen jedes Monates, also sogar zwölfmal, aus, indem es predigt, daß, falls der Mensch seine Handlungen nicht genau dem Jahrkreis anpaßt, die Erscheinungen der Natur zur unrechten Zeit sich einstellen, und daß somit die schrecklichsten Unheile die Welt heimsuchen. Beispielsweise sei hier die Warnung am Schluß der Weisungen für den ersten Monat wörtlich wiedergegeben: 孟春行夏令、則雨水不時、草木蚤落、國時有恐。行秋令、則其民大疫、猋風暴雨總至、藜莠蓬蒿並興。行冬令、則水潦爲敗、雪霜大摯、首種不入. Werden im ersten Monat des Frühlings die Weisungen des

Sommers befolgt, dann wird der Regen nicht zu geeigneten Zeiten fallen; es werden die Pflanzen und Bäume ihre Blätter zu früh abwerfen, und im Reich wird alsdann Angst und Besorgnis herrschen. Sollte man sich (in diesem Monat) nach den für den Herbst bestimmten Weisungen richten, dann wird das Volk durch weit um sich her greifende Seuchen heimgesucht werden; dann werden überall Stürme wüten und Wolkenbrüche niedergehen und die verschiedenen Pflanzen gleichzeitig wachsen. Befolgt man die Winterweisungen, so werden die Flüsse das Land verheeren, Schnee und Frost stark herrschen; dann wird von der ersten Saat keine Ernte eingebracht werden.

Für die Befolgung der nicht zutreffenden Weisungen in den elf anderen Monaten werden die folgenden schweren Unheile der Menschheit angedroht: Angriffe von Räubern und Feinden; Vernichtung der Erde durch Kälte, Hagel, Dürre, Heuschrecken oder andere Insekten; Hungersnot; epidemische Erkältungen. Fieber, Aussatz, Fehlgeburten und Säuglingssterblichkeit; Feuersbrunst; Verfaulung der aufgespeicherten Ernte; Volksabwanderung. Die Menschheit vor solchen Unheilen zu wahren, ist natürlich die höchste Aufgabe des Sohnes des Himmels, ihres höchsten Führers im Tao; somit ist die Förderung einer kalendermäßigen Regierung und eines kalendermäßigen Volkslebens immer seit der Han-Dynastie durch Staatsmänner als kaiserliche Pflicht anerkannt. In Erlässen von Gründern von Dynastien und anderen Kaisern ist sie häufig klar geäußert. Mehr und mehr sind sowohl die Staatsinstitutionen wie die vornehmen Verrichtungen im religiösen, sozialen und häuslichen Leben des Volkes an feste Zeitpunkte des Jahres geknüpft worden. Bücher, sogar recht umfangreiche, sind entstanden, der Menschheit zur Sicherung ihrer kalendrischen Lebensführung als Wegweiser zu dienen. So schrieb im zweiten vorchristlichen Jahrhundert der kaiserliche Prinz Liu Ngan seine 時則, Regeln für die Jahreszeiten, die das fünfte Buch seines Hung Liě' Kiai bilden. In dem 四庫全書總目 提要 Sě-K'u ts'uan-Šu tsung-Mu' t'i Jao, das Wichtigste aus dem Kataloge aller Bücher der vier Bibliotheken, der größten Bibliographie der Welt, welche 1782 nach etwa zehnjähriger Arbeit einer großen Anzahl Gelehrter fertig war, ist dem Gegenstand das 67. ihrer 200 Kapitel gewidmet und der Titel 時令, Weisungen für (Anpassung an) die Zeiten, beigelegt. Es wird darin keine besonders große Anzahl Werke dieser Klasse erwähnt, was sich wohl auf den Umstand zurückführen läßt, daß für die Anfertigung einer großen Verschiedenheit nie Anlaß vorlag, nachdem die Weisungen ein für allemal festgestellt waren; überdies zersplitterte sich der Stoff von selbst in vielerlei Handbücher für Ackerbau, Heilkunde (vgl. S. 120), Sitten und Bräuche. Daß das Juĕ' Ling und daneben in anderen heiligen Büchern zerstreute Angaben die Grundlage für alle Werke dieser Klasse bilden, ist eine Selbstverständlichkeit. Das vornehmste Werk der Ming-Zeit war das 月令廣義 Juĕ' Ling kuang I, Weitläufige Erklärungen der Weisungen für die Monate, von 馮應京 Fung Jing-king, einem hohen Beamten, der 1606 oder 1607 starb;[1] es besteht aus 24 Kapiteln und einer ausführlichen illustrierten Einleitung. Mit großer Mühe gelang es mir 1887, ein sehr altes Exemplar aufzutreiben, und es ist jetzt wohl gar nicht mehr zu bekommen. Kaiser Šing Tsu, der „das Tao der Menschheit gehorsamst hochhielt und somit die Zeiten für die Menschheit ehrerbietig gab“ (欽崇天道、敬授人時), ließ dieses Werk um- und ausarbeiten, und so entstand das 月令輯要 Juĕ' Ling tsi' Jao, die sämtlichen Wichtigkeiten der Weisungen für die Monate, das im 54. Jahre seiner Regierung (1715) festgesetzt (定) wurde — eine durch kaiserlichen Willen geschaffene moderne Bibel für das Tao des Menschen, mit Grundlagen, welche in der heiligen Urzeit gelegt sind.

Im riesenhaften T'u Šu Tsi'-tš'ing (s. S. 68) ist die Literatur über diesen Gegenstand in systematischer Anordnung

---

[1] Seine Biographie befindet sich in Kap. 237 des 明史 Ming Ši.

zusammengebracht im zweiten der 32 großen Hauptabschnitte (典 Tiĕn), der den Titel 歲功, Beschäftigungen während des Jahrkreises, führt und aus nicht weniger als 116 umfangreichen Kapiteln besteht. Daß sie da gerade das zweite Tiĕn bildet, unmittelbar nach dem über 乾象 oder Himmelskunde, kennzeichnet die hohe Bedeutung dieser universistischen Staatsangelegenheit wohl aufs schlagendste. Es erübrigt sich wohl, hier noch hinzuzufügen, daß diese 116 Kapitel die reichste Fundgrube für die Kenntnis der Institutionen, Sitten und Bräuche der Chinesen bieten, welche man sich nur wünschen kann.

Soll die kaiserliche Regierung die Menschheit veranlassen, ja sogar zwingen, ihre Lebensführung pünktlich dem Lauf der Zeit anzupassen, dann ergibt sich, daß sie sie mit einem Kalender zu versehen hat, weil der Mensch selbst es nicht vermag, den Lauf der Zeit richtig wahrzunehmen. Eine zweite Vorbedingung dabei ist, daß dieser Kalender den Erfordernissen der allerhöchsten Genauigkeit entspricht, damit er nicht, anstatt den Menschen mit fester Hand in dem Tao, der Bahn des Weltalls, zu geleiten, ihn im Gegenteil davon ablenke und somit die furchtbaren Störungen hervorrufe, vor denen das Juĕ' Ling so energisch warnt.

Die Folgerung liegt also nahe, daß, solange das universistische System in China geherrscht hat, es dort wirklich mit äußerster Sorgfalt angefertigte fürstliche Kalender gegeben hat, und daß bis auf diesen Tag die kaiserliche Regierung den Kalender macht. Der Titel dieses unentbehrlichen Führers für das Tao der Menschheit lautet 時憲書 Ši Hiĕn Šu, Buch der Weisungen für die Zeiten; er ist der auf S. 303 wiedergegebenen heiligen Vorschrift des Šu entlehnt, wonach der Herrscher solche 時憲 Ši Hiĕn, Weisungen für die (Anpassung an die) Zeiten, machen soll, und bringt somit zum Ausdruck, daß dieser Kalender die Lebensführung der Menschheit an bestimmte Zeit-

punkte festknüpft. Sein Hauptzweck ist in der Tat das Anweisen von Tagen, welche für bestimmte Handlungen geeignet
oder ungeeignet sind. Somit sichert die Befolgung seiner Weisungen Glück und Segen und wahrt gegen Unheil aller Art;
der Kalender ist also ein magisches Werkzeug, ohne welches
dem Volk und Kaiser Verfall und Untergang beschieden wären.
Natürlich muß er sich genau richten nach den zwei vornehmsten
Reglern der Zeit, Sonne und Mond. Dementsprechend verteilt er
das Sonnenjahr in 24 節氣 Tsiĕ' K'i, Odem der Jahresabschnitte,
von gleicher Länge, und daneben in 月 Juĕ', Monde, also in
Monate, die alle mit Neumond beginnen, und zwischen welche
gelegentlich ein Schaltmonat (閏月) eingefügt wird, damit
die Übereinstimmung des Mondjahres mit dem Sonnenjahre
gewahrt bleibt. Chinas kaiserlicher Kalender ist ein Muster
der Genauigkeit und ist es unter dem Bann des Universismus
wohl immer seit dem fernen Altertum gewesen. Wäre das Gegenteil der Fall, so würde das Tao der Menschheit sich von
dem des Weltalls lösen; die menschlichen Beziehungen zu
den Göttern (Šĕn) und bösen Geistern (Kwei) von Jang und
Jin, aus denen das Tao der Welt zusammengesetzt ist, würden
sich verwirren und zerrütten; dann ginge der Schutz der
Götter den Menschen verloren, und die bösen Geister würden
frei walten und Verderben bringen.

Die heilige Schrift lehrt, daß bereits Jao, der große
Gründer des Tao der Menschheit, die Herausgabe eines Staatskalenders angeordnet habe. In dem von ihm handelnden ersten
Buch des Šu steht geschrieben: 乃命羲和欽若昊天、
曆象日月星辰、敬授人時〇〇〇帝曰、咨汝羲暨
和、朞三百有六旬有六日、以閏月定四時成
歲、允釐百工、庶績咸熙. Er befahl sodann Hi und Ho
zwecks genauer Übereinstimmung mit dem leuchtenden Himmel (die Bahnen
von) Sonne und Mond, Sternen und Planeten durch Berechnung darzustellen
und in Ehrfurcht die Zeiten für die Menschheit zu geben . . . Der Kaiser

sprach: O, ihr Hi und Ho, ein Jahrkreis hat dreihundert und sechsmal zehn und sechs Tage; stellt, mit Hilfe eines Schaltmonates die vier Jahreszeiten fest und bestimmt völlig den Jahrkreis; regelt dadurch das hundertfältige Werk (der Verwaltung) bis ins kleinste, so werden die Handlungen der Gesamtheit gesegnet sein.

Sĕ-ma Ts'iĕns Vater, 司馬談 Sĕ-ma T'an, der unter dem Kaiser 武 Wu der Han-Dynastie selbst die Anfertigung des Kalenders und zugleich die der Geschichtsannalen zu besorgen hatte, sagt es uns unverhohlen, daß Jao durch diese kalendrische Regelung der Handlungen seiner Staatsdiener und seines Volkes einen günstigen Einfluß auf das Tao der Welt auszuüben bezweckte: — ein Beweis für die Zauberkraft der taoistischen Heiligkeit des Kaisertums. Er schrieb nämlich (Ši Ki, Kap. 26, Bl. 3): 堯立義和之官、明時正度、則陰陽調、風雨節、茂氣至、民無夭疫. Jao errichtete das Amt der Hi und Ho, damit nach ihren korrekten Berechnungen zur klaren Bestimmung der Zeitabschnitte das Jin und das Jang harmonisch zusammenwirken sollen, auf daß dadurch Wind und Regen in den rechten Zeitabschnitten eintreffen, also Wetterverhältnisse eintreten, die ein üppiges Wachstum herbeiführen, und weder Hungerplagen noch Seuchen unter dem Volk vorkommen.

Im Zeitalter der Tšou-Dynastie (1122—255 v. Chr.) war die Herstellung des Kalenders gewissen 大史 ta Ši, hohen Schriftstellern, anvertraut, über die wir im Tšou Kuan (Kap. 26) folgendes lesen: 正歲年以序事。頒之于官府及都鄙、頒告朔于邦國. Sie bestimmen pünktlich das Sonnenjahr (歲) und das Mondjahr (年), um dadurch die Beschäftigungen in der richtigen Ordnung zu halten. Sie lassen diese ihre Bestimmungen den Amtsgebäuden und den Hauptstädten der prinzlichen Domänen zugehen; auch stellen sie ihre Weisungen über die ersten Tage der Monate (ihr Kalendarium) den Lehnsreichen zu. Bemerkenswert ist die Tatsache, daß das Tšou Kuan neben diesen ta-Ši auch noch 小史 siao Ši, Unterschriftsteller, erwähnt, denen die Verfassung der 邦國之志, Historien der Reiche, anvertraut war, und überdies auch noch 外史 Wai Ši, Schriftsteller für das Auswärtige, denen die 四方之志, Geschichtschreibung der Länder der vier Himmelsgegenden, oblag. Auch aus anderen heiligen Büchern, zeigt sich, daß die Ši staatliche Chronisten waren, und bekanntlich führten auch Sĕ-ma T'an und Sĕ-ma Ts'iĕn den Amtstitel 太史 t'ai Ši, höchster Ši. Also waren in den alten Zeiten Zeitrechnung und Geschichtschreibung zu einem einzigen Amt vereint, und somit ist eine Erklärung gegeben von der bewundernswerten chronologischen Genauigkeit der chinesischen Geschichte, die seitdem nie aufgehört hat: auch sie ist eine Frucht des Universismus, der stets eine völlig fehlerfreie Zeitrechnung gebieterisch erheischte.

Aus dem Tšou Kuan geht hervor, daß die Ši an der Spitze eines Amtes standen; freilich erforderte die Aufstellung des Kalenders umfangreiche Himmelswahrnehmungen und Berechnungen. Das Amt hatte sich auch mit der Wahrnehmung und Deutung von außergewöhnlichen Erscheinungen zu befassen, sowie mit Astrologie und weiterer mystischer Wissenschaft. Unmittelbar nach den siao Ši erwähnt das Tšou Kuan nämlich: 馮相氏、掌十有二歲、十有二月、十有二辰、十日、二十有八星之位、辨其敘事、以會天位. Zuverlässige Observatoren, die sich mit dem zwölffachen Jahr, den zwölf Monaten, den zwölf Tš'én, den zehn Tagen und dem Stand der 28 (Haupt)sternbilder beschäftigen und auch die Handlungen der Menschen bestimmen, welche diese Sternbilder regeln, damit jene mit dem Stand des Himmels übereinstimmen. Dieses zwölffache Jahr kann nur auf das T'ai Sui, das „größte Jahr", den Kreislauf des Jupiter hindeuten, dessen Rolle als Zeitgott bis auf diesen Tag wir auf S. 280f. erwähnten. Mit den 12 Tš'én und den 10 Tagen sind ohne Zweifel die 12 Ki und 10 Kan gemeint (s. S. 320), welche alle Zeiten hindurch zur Bezeichnung der Jahre, Monate, Tage und Stunden angewandt worden sind. Und der Schlußsatz unterrichtet uns über die damalige Staatsastrologie, welche das menschliche Tun nach dem Stand der Gestirne regelte.

Dieses alte Amt für Zeitrechnung und Himmelsbeobachtung hat immer als ein höchst wichtiges Staatinstitut fortbestanden. Während der zwei letzten Kaiserhäuser hat es den Titel 欽天監 K'in T'iĕn Kiĕn geführt, der Amt für die gehorsame Übereinstimmung mit dem Himmel bedeutet, da er sicherlich eine Abkürzung von 欽若昊天監 darstellt, also von dem Passus im heiligen Šu hergeleitet ist, wonach die heiligen Herrscher „eine gehorsame Übereinstimmung der Menschheit mit dem Himmel" zu erzielen verpflichtet sind (s. S. 303). Die Obliegenheiten dieses Amtes umschreibt die neueste Ausgabe des Ta Ts'ing hui Tiĕn vom Jahre 1899 in folgenden Worten: 掌測候推步之政令以協天紀、以授人時。凡觀象占驗選擇候時之事皆掌之. Es besorgt die Ausführung der Regierungsverordnungen betreffs der Berechnung des Laufes des Himmels mittels tiefgründiger Wahrnehmungen, zur Förderung der Übereinstimmung mit den himmlischen Zeitteilen, und um dadurch die Zeitteile für das menschliche Leben anzugeben. Es beschäftigt sich mit allem, was die Beobachtung der Bilder am Himmel, die Deutung der Zeichen, das Wählen (geeigneter Zeitpunkte) und das Wahrnehmen von geeigneten Stunden betrifft.

Die zwei Hauptabteilungen des K'in T'iĕn Kiĕn sind das 時憲科 Ši Hiĕn K'o, die Abteilung der Weisungen für die Zeiten, und das 天文科 T'iĕn Wĕn K'o, die Abteilung für die Zeichnungen am Himmel, also für Astronomie und Astrologie. Dem erstgenannten ist, wie aus dem Namen hervorgeht, die jährliche Anfertigung des Kalenders, des „Buches der Weisungen für die Zeiten" (s. S. 303), auferlegt. Es hat an der Spitze zwei mantschurische und zwei mongolische 五官正, Direktoren der fünf Gewalten oder Mächte, und als weitere Mitglieder einen 春官正, 夏官正, 中官正, 秋官正 und 冬官正, also fünf Direktoren für die Gewalt des Frühlings, des Sommers, der Mitte, des Herbstes und des Winters, die ausnahmslos Chinesen sind. Danach folgen ein chinesischer 五官司書, Verwalter der Schriftstücke über die fünf Gewalten, 23 chinesische, mantschurische und mongolische 博士, Gelehrte, und 63 chinesische, mantschurische und mongolische 天文生, Astronomen. Auch das „Wählen geeigneter Zeitpunkte" (選擇) und das „Wahrnehmen geeigneter Stunden" (候時), namentlich für die Staatsopfer, kaiserlichen Audienzen, Eheschließungen und Totenbräuche in der kaiserlichen Familie, liegt dieser Abteilung ob, ebenso die Deutung der Vorzeichen, über die wir im folgenden Kapitel ausführen werden. Sie läßt somit einen zweiten Kalender erscheinen, der dazu bestimmt ist, die Hauptgrundlage für das Wahrsagewesen im Reiche zu sein und diesen Titel führt: 七政時憲書 Ts'i' Tsing Ši Hiĕn Šu, Buch der Weisungen für die Zeiten nach den sieben Regierern, d. h. Sonne, Mond und den fünf Planeten.

Die Herausgabe des Kalenders war nicht allein immer jedes Kaisers Pflicht, sondern auch sein Sonderrecht. Der absolute Gehorsam, den der Mensch dem Tao des Himmels leisten muß, gibt sich durch strikte Befolgung der Weisungen des Kalenders kund und bedeutet somit absolute Unterwerfung unter die Führung des Verfassers dieses Buches, des Sohnes und Statthalters des Himmels auf der Erde; diesem war wiederum der Kalender das Werkzeug, mittels dessen er diese Unterwerfung unter seine universelle Gewalt aufrechterhielt. Denselben Zweck erfüllte dieses Buch in den Lehnsstaaten; daselbst wäre also eine Weigerung, den Kalender entgegenzunehmen und seine Weisungen zu befolgen, gleichbedeutend gewesen mit offener Rebellion gegen den Himmel und seinen Sohn. Vermutlich war es in vergangenen Jahrhunderten steter Brauch und Regel, den Reichen, welche Chinas Oberhoheit anerkannten, von reichswegen den kaiserlichen Kalender zuzustellen. Während der Herrschaft der Ming-Dynastie wurde er, den

Reichsstatuten gemäß, an Tschampa, Liu-kiu und andere Reiche gesandt; und sicherlich war es nicht nur um chinesischer Kolonisten willen, daß das Haus der Mantschu seinen Staatsalmanach den Bedürfnissen von Korea, Annam und Liu-kiu anpassen ließ durch Einschaltung von Tafeln der für jene Länder gültigen Zeitpunkte vom Auf- und Untergang der Sonne und des Beginnes der 24 Sonnenjahresabschnitte.

Die Reichsstatuten schreiben vor, daß das Kʻin Tʻiĕn Kiĕn jedes Jahr eine Ausgabe des Kalenders in Chinesisch, Mantschurisch und Mongolisch anfertigen soll. Schon am ersten Tage des zweiten Monates des ablaufenden Jahres bietet das Amt dem Kaiser ein geschriebenes Exemplar des neuen Kalenders an, worauf dieser den Befehl zum Drucken erteilt. Daraufhin schickt das Amt am ersten Tag des vierten Monates durch die Militärpost chinesische Exemplare an den Gouverneur von Šun-tʻiĕn und an die Gouverneurleutnants (布政使) der achtzehn Provinzen. Diese lassen es zum Zwecke der Weiterverteilung an die Beamtenschaft in neuen Auflagen abdrucken, die von der Originalausgabe nur in Format und Druck abweichen dürfen und einzelne jeweils überflüssige Teile, wie die für andere Provinzen gültigen Sonnenaufgangs- und -untergangstabellen, wegzulassen pflegen.

Wie aus den herangezogenen Vorschriften des Šu und des Tšou Kuan hinsichtlich des Kalenders zu lesen ist, soll dieses kaiserliche Buch auch die Zwecke der Chronomantik erfüllen, d. h. es soll angeben, welche Zeitteile, in erster Linie also welche Tage, auf bestimmte Handlungen des menschlichen Lebens segnend einwirken und dafür unbedingt auserwählt werden sollen. Es erfüllt diese Pflicht besonders eingehend und ist also auf dem Lebensweg des Menschen der Kompaß, der es ermöglicht, nach dem großen Gesetz zu leben, daß dieser Lebensweg mit dem Weg oder Tao der Weltordnung, dem Lauf der Zeit, übereinstimmen soll. Weil nun jede andere Lebensführung nur Unglück und Verderben bringen kann, so sind die chronomantischen Weisungen des Kalenders von einem Wert, den man gar nicht hoch genug einzuschätzen vermag: sie machen tatsächlich das magische universistische Buch zum Grundpfeiler des Wohlergehens und der Existenz von Regierung und Volk. Da werden Tage und Stunden angegeben, die geeignet (宜) sind, um Ehen zu schließen und verheiratete Töchter in die Wohnung des Gatten überzuführen; für Wohnungsumzüge; um Haus-, Tempel- oder Schiffsreparaturen in Angriff zu nehmen, oder einen Neubau dadurch zu beginnen, daß man den ersten Holzpfeiler errichtet (豎柱), oder den Firstbalken auf einem Gerüste an die Stelle bringt, die er endgültig einnehmen soll (上梁). Im kaiserlichen Almanach findet man die günstigen Tage und Stunden, um Erdarbeiten zu unternehmen, ohne daß man sich um die Störung der gefährlichen Erdgeister (土神, vgl. S. 13) zu kümmern braucht; geeignete Tage, um Bäume zu fällen, die Wohnung zu kehren, auf dem Webstuhl die Kette einzusetzen, Brodierwerk anzufangen, einen Anzug zuzuschneiden; um auszusäen und einzuernten; um zum ersten Male in die Schule zu gehen (入學); um zu jagen, Vieh zu weiden, sich zu baden oder sich den Kopf rasieren zu lassen: um Handelsgeschäfte und Läden zu eröffnen (開市), Geld in Empfang zu nehmen (納財), Güter auszutauschen, schriftliche Vereinbarungen zu treffen, Zusammenkünfte mit Freunden und Verwandten zu haben, eine Reise anzutreten, der Behörde Gesuche einzureichen, Tote beizusetzen, Kranke zu heilen (療病), Opfer darzubringen, und so fort. Auch sind Tage angewiesen, welche für gewisse Dinge ungeeignet (不宜) sind. Keinem vernünftigen Menschen wird es einfallen, eine nicht alltägliche Angelegenheit des Lebens am ungeeigneten Tage zu verrichten, es sei denn, daß er sich imstande glaubt, durch schlaue Kunstgriffe von geradezu kindischer Art die üblen Folgen eines solchen Verstoßes gegen das Tao von sich auf irgendwelche Tiere, wie Wanzen, Schwaben, Mäuse, abzuwenden.[1]

Die chronomantische Rolle des Staatskalenders beruht auf dem uns bekannten universistischen Grundprinzip, daß das Weltganze ein lebender Organismus ist, dessen schöpferischer Gang oder Tao, der Zeitlauf, alljährliches Werk der unzähligen Šĕn oder Gottheiten ist, die seine Seele, welche Jang heißt, bilden. Die verschiedenen Unterteile der Zeit: das T'ai Sui oder Größte Jahr, das Sonnenjahr, die Jahreszeiten, Monate und Tage, sogar die Stunden, sind somit nichts anderes als Wirkungen der Šĕn, sogar diese Šĕn selbst; doch haben wir auf S. 280ff. gesehen, daß das Größte Jahr, das Jahr, die Jahreszeiten und die Monate im Tempel des Größten Jahres als Staatsgötter verehrt werden.

Diese aus der Göttlichkeit des Tao von selbst erfolgende Vergöttlichung der Zeitabschnitte ist in der Wirklichkeit eine Vergöttlichung der Namen, mit denen die Zeitabschnitte bezeichnet werden. Wie vorher schon erwähnt wurde, (s. S. 233) benennt man in China seit der Tšou-Dynastie, und wahrscheinlich bereits viel länger, die Jahre, Monate, Tage und Stunden mit zwei sich ewig und unveränderlich wiederholenden Reihen von Schriftzeichen, welche die zehn 干 Kan und die zwölf 支 Ki heißen und zusammen einen Zyklus von sechzig Doppelzeichen bilden, so daß jeder der genannten Zeitteile solch ein Doppelzeichen als Namen trägt:

甲乙丙丁戊已庚辛壬癸、甲乙 usw.

子丑寅卯辰巳午未申酉 戌亥、子丑 usw.

Diese Zeichen bilden also das Geschick der menschlichen Welt, wie es das Tao, der Gang der Weltordnung und der Zeit, bestimmt. Nun ist die Chronomantik in Wirklichkeit nur eine Art von Kabbalistik, deren Hauptfaktoren diese göttlichen

---

[1] Näheres hierüber in The Religious System of China, Bd. I, S. 99 f.

Zykluszeichen sind. Sie entlehnen ihren glückverheißenden Wert direkt dem T'ai Sui, dem Kreislauf des Jupiter, der, wie schon auf S. 281 gesagt, ihnen die T'iĕn Te' oder Segnungen des Himmels zuerteilt. Es treten aber noch Manipulationen mit Zahlen hinzu, denen auf Grund dogmatischer Zeugnisse der heiligen Schriften besondere Bedeutung innewohnt; so steht z. B. im Anhang Hi Ts'ĕ (I) des Ji' geschrieben: 天一、地二、天三、地四、天五、地六、天七、地八、天九、地十。天數五、地數五、五位相得而各有合、天數二十有五、地數三十、凡天地之數五十有五。此所以成變化而行鬼神也. Dem Himmel entsprechen die Zahlen 1, 3, 5, 7, 9, der Erde die Zahlen 2, 4, 6, 8, 10. Sonach gibt es 5 himmlische und 5 irdische Zahlen; jede Reihe von 5 wirkt auf die andere, und jede Reihe hat eine Gesamtsumme, welche für die himmlischen Zahlen 25, für die irdischen 30 beträgt, und für die beiden Reihen 55 ist. Diese Zahlen sind es, womit (das Weltall) die Wandlungen (s. S. 8) zustande bringt und die Kwei und die Šĕn wirken läßt.

Wie sich urkundlich nachweisen läßt, wurden bereits in der vorchristlichen Zeit die Kan und die Ki auch zur Bezeichnung der Himmelsgegenden gebraucht. Damit war ihre Verbindung mit allen übrigen Faktoren des Universismus, die wir in der Übersichtstafel auf S. 120 zusammengestellt haben, für alle Zeit gegeben, und es ließ sich eine Wissenschaft aufbauen, die den Namen 術數, Kunstrechnen, trägt und eine Unmasse von Büchern erzeugt hat. Durch diese Kombinationen hat sie sich auch mit der Astrologie vollständig verwoben; sie hat auch die Mantik, die Art zur Erkenntnis und Deutung der Vorzeichen und der Wirkungen der Natur, auf die wir in den zwei folgenden Kapiteln zu sprechen kommen, in ihren Bannkreis gezogen. Die Chronomantik des Staatskalenders ist die vollkommenste und wertvollste Frucht dieser „Kunstberechnung", ihre feinste Essenz. Uns kann sie nur wie eine Karikatur einer

Wissenschaft erscheinen, wie ein Produkt zahlreicher weiser
Hirne, die sich im Laufe der Jahrhunderte in sie versenkten,
und deren Aussprüche, wie unverständlich oder undeutbar auch
immer, als Wahrheiten des Vorahnentums bewußt kritiklos
hingenommen wurden. Vor allen Dingen aber entlehnt die
Chronomantik des Staatskalenders Kraft und Geltung aus der
einfachen Tatsache, daß sie der heiligen und göttlichen Weisheit
des Sohnes des Himmels entsprießt, welche, weil ihr der Himmel
die Führung der Menschheit anvertraut, so unfehlbar ist wie
der Himmel selbst. Demgegenüber schwieg immer jede andere
Erwägung, und wie könnte es dem nicht in unserem Denken
und Wissen geschulten Chinesenvolk je einfallen, in dieser Afterwissenschaft etwas Albernes oder Absurdes zu erblicken!

Sind wir imstande, uns hier einigermaßen auf den chinesischen Standpunkt zu stellen, dann kann es nur als eine
Selbstverständlichkeit erscheinen, daß die alljährliche Herausgabe des Staatsalmanachs in sehr feierlicher Weise stattfindet,
nach einem Ritual, das in den Statuten des Reiches streng um-
schrieben ist. Am ersten des zehnten Monates versammeln sich
beim ersten Morgengrauen die Beamten des K'in T'iĕn Kiĕn
in der großen Halle dieser Behörde, unter Führung seiner zwei
Direktoren (監正). Alle tragen Hofgewänder. Die für den
Kaiser, die Kaiserin und die übrigen Gemahlinnen bestimmten
Kalenderexemplare legen· sie respektvoll in einen „Drachenpavillon“ (s. S. 166) und machen davor einen Kniefall mit drei
Stirnaufschlägen, zur Ehrung des heiligen Buches. Sodann
werden die für die Prinzen und die höchsten Würdenträger der
Ministerien und Ämter bestimmten Exemplare in acht bunte
Pavillons (彩亭) getragen und in der gleichen Weise verehrt;
zuletzt legt man eine große Anzahl, die für die Behörden der
Acht Banner und die übrige Beamtenschaft bestimmt sind, auf
achtzig in den Seitengebäuden (Wu) der Halle bereitstehende
rote Tische nieder. Träger, welche den kaiserlichen Equipagen

angehören (鑾儀校), befördern nun in langem Zuge und mit peinlicher Innehaltung der den Rangstufen der einzelnen Empfänger entsprechenden Reihenfolge, die Pavillons zum Palast, wobei ein Pavillon vorangetragen wird, in dem man zu Ehren der Kalender Weihrauch brennen läßt. An der Spitze des Zuges gehen Träger von Prunkwaffen, Musikanten und Sänger und das gesamte Beamtenpersonal des K'in T'iĕn Kiĕn, während die Direktoren und Unterdirektoren (監副) den Zug schließen. Unterwegs wird mit Musikbegleitung eine diesbezügliche Kantate aus 28 Schriftzeichen gesungen.

Wenn diese Prozession durch das südöstliche Tor des Palastes (東長安門) gezogen ist und das Südtor (Wu Mĕn) des mittleren Palastvierecks erreicht hat, werden auf zwei gelbe Tische, die dort östlich und westlich vom mittleren Eingang aufgestellt sind, die Kalender niedergelegt, welche für den Kaiser und die Gemahlinnen bestimmt sind; desgleichen auf acht rote Tische beiderseits des Torweges die den Prinzen und Ministern zugedachten Exemplare. Sodann nehmen die Direktoren die Kalender von den gelben Tischen weg und tragen sie nach zwei anderen gelben Tischen hin, die weiter nach dem Palastinnern zu am 太和 T'ai Ho-Tor aufgestellt sind. Dort vollziehen sie den dreimaligen Fußfall und neunfachen Stirnaufschlag, worauf Beamte der kaiserlichen Hausverwaltung (內務府) die Kalender bis zum 乾淸 K'iĕn Ts'ing-Tor, dem Haupttor des eigentlichen Palastinnern, und zur Pforte des Harems tragen, wo die Eunuchen sie entgegennehmen und dem Kaiser und den Gemahlinnen überbringen.

Durch dieses 獻朔 hiĕn So', ehrerbietige Darbietung der Calendae, gelangt der Kaiser in den Besitz je eines in chinesischer und mantschurischer Sprache abgefaßten und für sein erhabenes Auge ausschließlich bestimmten handschriftlichen Almanachs; dabei empfängt er noch drei gedruckte Exemplare in mantschurischer, chinesischer und mongolischer Schrift, und

ein mantschurisches und chinesisches Exemplar des Planeten-
kalenders. Jedes ist in gelbe Seide gebunden und mit goldenen
Inschriften verziert. Die Kaiserin empfängt den Almanach in
den drei, den Planetenkalender in zwei Sprachen, die übrigen
Gemahlinnen erhalten je ein chinesisches und mantschurisches
Exemplar.

Die für die Prinzen und Minister bestimmten Exemplare
in Chinesisch und Mantschurisch blieben inzwischen vor dem
Südtor auf den acht Tischen liegen. Dort sammelten sich schon
beim Tagesgrauen diese hohen Personen in Hofgewändern,
und solange noch Korea die Oberhoheit Chinas anerkannte,
führten Beamte des Ministeriums der Li den Gesandten dieses
Landes in seiner nationalen Hoftracht herbei. Zwei Herolde
(鳴贊) des Amtes für das Hofzeremoniell (鴻臚寺), von
je einem Zensor für die Kontrolle der Zeremonien (糾儀
御史) und einem Beamten des Ministeriums der Li begleitet,
stellen sich beiderseits des Torweges auf und fordern mit lauter
Stimme die Anwesenden auf, sich nach der Rangordnung auf-
zustellen (齊班). Beamte desselben Amtes führen dann die
Prinzen auf ihre Plätze auf dem Torweg und die Minister auf
die ihrigen beiderseits desselben, und alle wenden sich nach
Norden zum inneren Palast. Auf weiteren Befehl der Herolde
schreiten alle vorwärts, werfen sich auf die Knie und hören,
von Ehrfurcht erfüllt, eine mit lauter Stimme vorgelesene
kaiserliche Verordnung (制) an, welche lautet: 某年時憲
書頒給衆官曉諭天下, *Das Buch der Weisungen für die
Zeiten des Jahres Soundso wird der gesamten Beamtenschaft zuerteilt zur
weiteren Verkündigung in der Welt, die unter dem Himmel liegt.* Alle
bezeugen nun auf Befehl der Herolde durch drei Fußfälle und
neun Stirnaufschläge dem Kaiser und seiner Verordnung Unterwürfigkeit, Dank und Ehrung.

Beamte des K'in T'iĕn Kiĕn nehmen nun die Kalender
von den Tischen und händigen sie den nähertretenden Prinzen

und Großen aus, unter genauester Beobachtung ihrer Rangordnung, und ein jeder nimmt sein Exemplar kniend in Empfang, die Hände in Augenhöhe emporgehoben. Der Koreanische
Gesandte mußte, bevor das Exemplar ihm ausgehändigt wurde,
speziell nochmals drei Fußfälle und neun Stirnaufschläge ausführen; dann sollte er zu seinem König hinreisen und dieser
dort nach dem Zeremoniell seines Landes ehrerbietig, in Hofgewand, den Kalender aus seinen Händen empfangen.

Der geschilderte Vorgang heißt offiziell 受朔 šou šo',
das Empfangen der Calendae. Er zeigt deutlich und klar die Tatsache, daß die Magnaten, Vasallen und höchsten Würdenträger
des Reiches eigentlich das Kalendarium vom Kaiser selbst am
Tore seines Palastes in Empfang nehmen. Wir haben gesehen
(S. 322), daß am selben Morgen im K'in T'iĕn Kiĕn die
Kalender für die übrige Beamtenschaft Pekings auf achtzig
Tischen ausgelegt wurden. Diese verfügt sich nunmehr dorthin
und nimmt sie unter Befolgung des oben beschriebenen Zere-
moniells ehrfurchtsvoll in Empfang.

Gleichzeitig vollzieht sich der „Empfang der Calendae"
auch in sämtlichen achtzehn Provinzialhauptstädten des Reiches,
wo, wie gesagt (S. 318), durch die Behörde Abdrucke der dazu
von Peking übersandten Originale angefertigt wurden. Eine
Anzahl Exemplare wird beim Morgengrauen in „Drachenpavillons" und unter Musikbegleitung vom Jamĕn des Gouverneurleutnants nach dem des General-Gouverneurs (總督)
getragen, oder, falls die Stadt nicht der Sitz eines solchen
höchsten Provinzialwürdenträgers ist, nach dem des Gouverneurs (巡撫). Dort werden sie auf Tische niedergelegt,
an deren nach Peking gewandten Seiten eine Zeichnung der
Palasttore an einem Wandschirm aufgehängt ist. Bald sind alle
Reichsdiener dort in Hofgewändern beisammen und auf Befehl
eines Zeremonienmeisters genau in der Rangordnung in zwei
Gruppen aufgestellt, die Zivilbeamten mit dem General-Gou-

verneur oder dem Gouverneur auf der östlichen, die Militärbeamten auf der westlichen Seite. Wie ein Mann vollführen
sie, den Kalendern und der Zeichnung zugewandt, drei Kniefälle und neun Stirnaufschläge; dann nimmt jeder das ihm
ausgehändigte Exemplar ehrerbietig in Empfang und geht
seinen Weg. Nunmehr versendet der Gouverneurleutnant eine
Anzahl Exemplare an jeden Tao-tai der Provinz, der sie
wiederum der Behörde der Bezirke und Kreise seines Amts-
gebietes zugehen läßt, zur Verteilung in derselben Weise, wie
es in der Hauptstadt der Provinz stattfand, und zwar unmittelbar
nach dem Empfang. In ähnlicher Weise gehen vom Gouverneurleutnant den militärischen Kommandostellen der Provinz
Exemplare zu, zur Weiterversendung an die Befehlshaber der
verschiedenen Garnisonen.

Die zeremonielle Herausgabe des Almanachs trägt amtlich
denselben Namen 頒朔 pan Šo’, Verteilung der Calendae, den
ihr das Tšou Kuan in dem Satz, den wir auf S. 314 übersetzten,
beilegt. Es kann wohl kein Zweifel darüber bestehen, daß sie
immer in ähnlicher Weise, wie oben beschrieben, stattgefunden
hat. Von den unteren Stufen der Beamtenschaft erreicht der
Kalender schließlich das eigentliche Volk, obzwar, wie wir sogleich sehen werden, zumeist in umgearbeiteter Form. Die offizielle Ausgabe ist in der Tat nur selten in den Händen der
Bevölkerung zu sehen.

Daß es dem Volke unter schwerer Strafe verboten ist,
sich Eingriffe in das kaiserliche Sonderrecht zur Anfertigung
und Veröffentlichung des Staatskalenders zu erlauben, versteht
sich von selbst. Das 大清律例 Ta Ts‘ing Lü’ Li, die
Strafgesetze und darauf bezügliche Weisungen der Großen Ts‘ing-Dynastie,
bestimmt im 4. Titel des 32. Kapitels: 凡僞造諸衙門印
信及時憲書爲首雕刻、斬、爲從者減一等、
杖一百、流三千里。有能告捕者、官給賞銀

五十兩. Ein jeder, der ein von einer Behörde mit Siegelabdruck beglaubigtes Stück oder das Buch der Weisungen für die Zeiten nachmacht, wird, wenn er der Hauptschuldige ist und die Druckplatten graviert hat, enthauptet, und jeder seiner Komplizen wird einen Grad leichter bestraft, also mit hundert Stockschlägen und lebenslänglicher Verbannung in eine 3,000 Li weit gelegene Gegend. Derjenige, der imstande war, die Sache anzugeben oder die Schuldigen zu verhaften, wird von der Behörde mit fünfzig Tael Silber belohnt. Ein ähnlicher Artikel befand sich im gleichnamigen Gesetzbuch der Ming-Dynastie.

Dieser gestrenge Gesetzartikel ist keineswegs bestrebt, die Herstellung privater Kalender zu verhindern. Nachdem die Herausgabe des Reichskalenders stattgefunden hat, kann es dem Staat nur genehm sein, wenn er unter dem Volke, sei es auch in veränderter äußerer Form, möglichst weite Verbreitung findet; wirklich werden dann Nachdrucke in allerhand Format und Gestalt allenthalben verkauft, zumeist nur einzelne Blätter, die 春牛圖, Zeichnungen des Frühlingsrindes, heißen, weil sie die Abbildung eines Landmannes mit einem Pflugochsen tragen. Die Privatkalender in Buchform sind häufig inhaltsreicher als die Staatskalender. Sie enthalten nämlich, neben den Angaben für die Chronomantik, noch allerhand, was der chronologischen Krankengenesung (s. S. 120 f.), der Geomantik, der Astrologie usw. dienlich ist, und sie gewähren somit einen tiefen Blick in das, was wir Volksaberglauben, die Chinesen aber sorgfältig verwertete Weisheit der Vorfahren nennen. Für zahlreiche Berufswahrsager sind also die Volksalmanache unentbehrliche Handbücher, in erster Linie für die 擇日師, Meister, welche Tage auswählen, auch kurzweg 日師, Tagemeister, genannt. Sie rechnen sich zu den Gelehrten und kommen überall in so großer Anzahl vor, daß ihr Beruf gewiß gut bezahlt sein muß. Sie sind mehr als reine Almanachleser. Allerhand vernünftige Kombinationen der universistischen Faktoren sollen sie leisten, welche der Almanach unmöglich enthalten kann, und die über den Verstand des Durchschnittsmenschen gehen. Es liegt nämlich der Chronomantik das Prinzip zugrunde, daß die Kan und die Ki (s. S. 320), welche das Jahr, den Mond, den Tag und die Stunde der Geburt eines jeden Menschen bezeichnen, also seine sogenannten 八字, acht Schriftzeichen, sein Glück ein für allemal bestimmen, somit tatsächlich sein Lebensschicksal darstellen, und daß es folglich für ihn immer unratsam, wenn nicht höchst gefährlich ist, etwas Besonderes in einem Zeitteil zu unternehmen, der von Kan und Ki bezeichnet wird, welche mit den „acht Schriftzeichen" im Gegensatz stehen. Hier wird also vorausgesetzt, daß von den Kan und den Ki die einen einander entsprechen (合), die anderen einander widerstreben (逆) oder befeinden (敵), so daß die mit ihnen verquickten „himmlischen Eigenschaften oder Tugenden" (s. S. 281) einander entweder stützen und stärken oder schwächen und sogar zunichte machen. Die Zeitteile mit den menschlichen Geburtshoroskopen auf vernünftige Weise übereinstimmen (調) zu lassen, ist die Hauptaufgabe der „Tagemeister". Die uralte Anwendung der Kan und Ki zur Bezeichnung der Himmelsgegenden (vgl. S. 321) erlaubt es, sie in einem Zirkelkreis zu schreiben, der das Weltall vorstellt, und mithin ihre vollständige oder teilweise Konjunktion und Opposition leichter zu überblicken. Es können auch die übrigen universistischen Faktoren in ihrem richtigen Zusammenhang, den die Tafel auf S. 120 klarstellt, in konzentrischen Kreisen daneben geschrieben, oder in besonderen Kreisen daneben gelegt und somit ihre Einflüsse auf die Kan und Ki berechnet werden. In derselben Weise läßt sich ein Kreis mit den 28 vornehmsten Sternbildern (Siu) hinzufügen, und noch einer mit zwölf Tiernamen, die seit etwa 2000 Jahren in feststehender Reihenfolge den Jahren, Monaten, Tagen und Stunden entsprachen, nämlich: Ratte, Rind, Tiger, Hase, Drache, Schlange, Pferd, Ziege, Affe, Hahn, Hund und Schwein. Damit ist die universistische Kreisfigur, mit Zauberzeichen voll besetzt, den

Chronomanten, welche damit zu operieren die natürliche Begabung besitzen, ein unentbehrliches Werkzeug neben dem Almanach. Sie hat außerdem die vortreffliche Eigenschaft, für dauernde Ausdehnung geeignet zu sein, denn ebenso wie im Urall ist in der Figur, welche es abbildet, Raum für alles.

So tritt die Chronomantik, der das Merkmal der Sinnlosigkeit auf die Stirn geschrieben ist, vor uns auf als eine asiatische Wissenschaft der höchsten Ordnung, die den höchsten menschlichen Zweck zu erfüllen sucht, in Übereinstimmung mit der Weltordnung zu leben. Daß sie, immer blühend, wachsend und gedeihend, Jahrhunderten hat Trotz bieten können und unter Führung der hohen Staatsregierung, den Geist eines so großen Teiles der Menschheit vollständig im Bann gehalten hat, läßt sich nur aus der totalen Abwesenheit richtiger Kenntnisse des Weltalls und seiner Gesetze erklären. Den Chinesen war sie immer eine heilige Wissenschaft, aus dem Urall selbst geboren, durch die Weisheit des Ahnentums zum Heil der Menschenwelt erbaut, durch alle heiligen Himmelssöhne mit der höchsten Sorgfalt gepflegt. So heilig wie diese Wissenschaft ist, so heilig ist ihr Bibelchen, der Staatskalender. Dieser ist das mächtige Werkzeug, mittels dessen das Tao der Welt seine durch die Šĕn verwalteten Einflüsse auf das menschliche Geschlecht einwirken läßt, und folglich auch eine unwiderstehliche Verteidigungswaffe gegen die Kwei, die Geister des Übels. Unter den exorzistischen Instrumenten steht er neben den heiligen Büchern (vgl. S. 108) obenan. In keiner Wohnung darf eine „Zeichnung des Frühlingsrindes" als Wandkalender fehlen, oder das Titel- oder ein anderes Blatt eines Almanachs in Miniaturformat, das in Papier- und Bücherläden käuflich ist und nach dem pars-pro-toto-Grundsatz als vollwertiges Abwehrmittel seine Wirkung übt. Man pflegt dieses Zaubermittel in Betten, Spinden und an andere versteckte Orte zu legen oder in der Kleidung zu tragen. Bei keiner Braut, die von ihrem Vaterhause zur

Wohnung des Bräutigams übergeführt wird, darf das Kalender-
blättchen fehlen, neben den vielen anderen Mitteln zur Abwehr
von Unheil und Heranziehung von Glück, mit denen ihre Tasche
angefüllt ist. Alte Kalender sind als teufelaustreibende Medizin
bald verbraucht; so wird z. B. bei Fieberanfällen, die aus Besessenheit entstehen, ihre Asche geschluckt. Damit diese Asche
recht wirksam sei, müssen die Kalender möglichst um die
Mittagsstunde des längsten Tages verbrannt worden sein, wenn
sich die Kraft des Jang auf ihrem Höhepunkt befindet. Übrigens
wird die exorzistische Kraft des Kalenders auch einfach aus
der Tatsache erklärt, daß er vom Kaiser stammt, der der unbeschränkte Herrscher über die Götter- und Dämonenwelt ist
(vgl. S. 79).

Zwölftes Kapitel.

Mantik des Universums.

Im vorigen Kapitel (S. 309 f.) hat uns das heilige Buch
Juĕ' Ling über die uralte Auffassung unterrichtet, daß im
Weltall die Menschheit die dritte große Macht (才) neben dem
Himmel und der Erde ist, und daß sie deswegen durch ver-
kehrtes Benehmen, welches der Ordnung des Weltalls zuwider-
läuft, darin Störung zuwege bringt, die Unheil zur Folge hat.
Diese Lehre hat von altersher die Fürsten veranlaßt, den Lauf
der Welt mit scharfer Aufmerksamkeit zu verfolgen, um etwaige
außerordentliche Erscheinungen wahrzunehmen, die auf Störungen in demselben hinwiesen und somit nur warnende Anzeichen dafür sein könnten, daß im Tao der Menschheit
irgend etwas in Unordnnng geraten ist und somit im Tao der
Welt etwas aus den Fugen gebracht hat. Dieser Störung
wäre dann ohne Verzug durch Beseitigung der Ursache abzuhelfen und so die aus ihr drohende Gefahr abzuwenden.
Fehler im menschlichen Tao entstehen aber aus Fehlern in
der kaiserlichen Regierung, welche in der Urzeit dieses Tao
schuf und es seitdem im Auftrag des Himmels wahrte und erhielt. Folglich waren Maßregeln zur Beseitigung von Störungen
im Tao immer Maßregeln zur Verbesserung der Regierung.

Die Wahrnehmung von außergewöhnlichen, als Abweichungen von dem natürlichen Lauf der Welt betrachteten
Erscheinungen und ihre Deutung zur Wahrung des Tao der

Menschheit durch Wahrung einer makellosen Regierung ist ein uraltes Staatsinstitut, so heilig wie der Universismus selbst, aus dem es hervorgewachsen ist. Es ist sogar zweifach heilig, weil der Himmel selbst den heiligen Kaisern der Urzeit, die er mit der Stiftung des Tao der Menschheit beauftragte, die Gründung direkt verordnete. Eines der Bücher des Šu, das 洪範 Hung Fan, das sich über alles ausdehnende Gesetz, erklärt nachdrücklich, daß der Himmel selbst dieses dem großen Jü als Anleitung zur Organisation der Regierung gnädiglich schenkte; damit war es für alle Zeiten zu einem der heiligsten Grundsteine des chinesischen Staatswesens gestempelt. In dieser Schrift wird unter den wichtigen Aufgaben der Regierung 念用庶徵, kontemplative Nutzanwendung der sämtlichen Andeutungen, erwähnt, mit dieser Erklärung: 庶徵曰雨曰暘曰燠曰寒曰風曰時。五者來備、各以其敍、庶草蕃廡。一極備、凶、一極無、凶. Die sämtlichen Andeutungen äußern sich in Regen, Sonnenschein, Hitze, Kälte, Wind und den Jahreszeiten. Kommen die fünf Andeutungen in · der richtigen Weise und jede in ihrer Ordnung, dann gibt es ein üppiges Gedeihen der Pflanzen; sollte aber eine in Übermaße kommen oder gänzlich ausbleiben, dann bricht Unheil herein. Gewiß geben uns diese Zeilen keine alberne Weisheit zu lesen, sondern vielmehr eine scharfe Drohung, damit die Regierung die „kontemplative Nutzanwendung" der Erscheinungen, wenn sie auf Unregelmäßigkeiten im Gange der Natur hindeuten, nicht leicht nehme.

Daß die Regierung sich in der Tat schon in der Tšou-Zeit die Sache sehr ernstlich angelegen sein ließ, lehrt uns das Tšou Kuan. Da werden uns, unmittelbar nach den Observatoren, die wir auf S. 315 besprochen haben, gewisse 保章氏 vorgeführt, Personen, welche die Zeichen (am Himmel) wahren, und zwar in diesen Worten:

保章氏掌天星、以志星辰日月之變動、以觀天下之遷、辨其吉凶. Sie beschäftigen sich mit den

Sternen am Firmament, um die Veränderungen und Bewegungen der Sterne und Sternbilder, der Sonne und des Mondes aufzuzeichnen, auch um dadurch die Abweichungen (vom Tao), welche auf dieser Erde (unter den Menschen) stattfinden, zu erblicken, und um das Glück oder Unglück, welche sie hervorbringen könnten, zu bestimmen. Gewiß haben wir unter diesen „Veränderungen" (變) und „Bewegungen" (動) der Sterne, der Sonne und des Mondes hauptsächlich Scheingestalten der Planeten, Kometen- und Meteorerscheinungen und Finsternisse zu verstehen.

以星土辨九州之地。所封封域皆有分星、以觀妖祥. Mittels (des Systems) der Beherrschung des Erdbodens durch die Sterne bestimmen sie das Schicksal der Gebiete der neun Provinzen. Die als Lehnsgebiete verliehenen Lande haben alle ihre Sterne, unter die sie verteilt sind, und aus denen ihr Unheil und ihr Glück zu erlesen sind.

以十有二歲之相觀天下之妖祥. Durch Wahrnehmungen des zwölfjährigen Kreises (des Jupiter) observieren sie das Unglück oder Glück der ganzen Erde.

以五雲之物辨吉凶水旱降豐荒之祲象. Aus den fünf Gestaltungen (Färbungen?) der Wolken bestimmen sie Glück und Unglück, Regenfall und Dürre, sowie Einflüsse und Zeichen, welche üppiges Wachstum oder Mißernte herabsenden.

以十有二風察天地之和、命乖別之妖祥. Aus den zwölf Winden untersuchen sie die Harmonie zwischen Himmel und Erde und geben Weisungen hinsichtlich des Unheils oder Heils, welche die Mangelhaftigkeit oder der Bruch dieser Harmonie hervorrufen.

凡此五物者以詔救政、訪序事. Durch diese fünf Sachen wird Dekretierung von errettenden Regierungsmaßregeln veranlaßt, welche die Berichtigung der Dinge erzielen.

Also muß bereits ein paar Jahrtausende vor unserer Zeitrechnung die Beobachtung und Deutung von außergewöhnlichen Naturerscheinungen ein festes Staatsinstitut gewesen sein, dessen Zweck es war, in „kontemplativer Weise" die gefährlichen „Veränderungen" oder Abweichungen vom Naturlauf mittels vernünftig erdachter Regierungsmaßregeln zu berichtigen.

Diese magische Kunst oder Wissenschaft des Altertums ist den Nachfahren nicht durch Bücher überliefert; nur karge Mitteilungen, in den alten Schriften zerstreut, liefern den unanfechtbaren Beweis ihres Bestehens. Wie jede Kunst und jede Wissenschaft, war das Vermögen zur Erkenntnis und Deutung der Vorzeichen Sache der natürlichen Begabung, der Kontemplation, des Menschen; sie beruhte also auf der Göttlichkeit der Seele, die ihm innewohnt. Folglich konnten nur Gelehrte diese Mantik pflegen, die einzigen Wesen, die sich durch Studium die Weisheit und Tugend (賢 Hiĕn) zu eigen machten, aus welcher Göttlichkeit oder Heiligkeit entsteht. Weil die Weisheit der Ahnen nie verloren gehen darf, wurde auch die Prognose des Weltalls und seiner Erscheinungen von Geschlecht zu Geschlecht als eine heilige Kunst und Wissenschaft vom Staate gepflegt, genährt und entwickelt durch eine methodische, nie unterbrochene Aufzeichnung der Wahrnehmungen, wie es das Tšou Kuan vorschrieb, so daß eine Überlieferung geschaffen wurde, durch die sich die Bedeutung jeder außerordentlichen Erscheinung aus mehrhundertjähriger Erfahrung feststellen ließ.

Schon während der Han-Dynastie, welche das Staatswesen Chinas für alle Zeit gründete, bildete die Deutung der Sterne und der außerordentlichen Naturerscheinungen ein Hauptinstitut des Staates. Den Beweis dafür liefern uns die umfang-, inhalts- und lehrreichen Bücher 26 und 27 der Ts'iĕn Han Šu, welche die Titel 天文志, Denkschriften über die Zeichnungen am Himmel, und 五行志, Denkschriften über die fünf Elemente. tragen; es wurden nämlich die Naturerscheinungen gruppiert nach den fünf Elementen des Universums: Wasser, Feuer, Holz, Metall und Erde, welche das Hung Fan als allerersten Gegenstand der Staatssorge erwähnt. Seitdem finden wir in der Regel in den großen dynastischen Staatsgeschichten Kapitel mit denselben Titeln, oder auch unter der Aufschrift 符瑞, günstige

Vorzeichen, die sich bewährt haben, 祥瑞, Vorzeichen von Glück,
oder 靈徵, göttliche Andeutungen. Nie ist somit diese große
Staatsangelegenheit vernachlässigt worden, und sie wurde stets,
ebenso wie die Zeitrechnung, die Kalenderverfertigung und die
Chronomantik (vgl. S. 314f.), als ein Unterteil der Geschichts-
schreibung betrachtet. Unter den zwei letzten Dynastien war
sie dem Wirkungskreis des K'in T'iĕn Kiĕn einverleibt.
Bis in die neueste Zeit enthielt dieses Amt ein Bureau für Astronomie und Astrologie (s. S. 316), und bei der Umschreibung
des Wirkungskreises desselben sagt das Ta Ts'ing hui Tiĕn
(Ausg. 1899): 凡晴雨風雷雲霓暈珥流星異星、
皆察而記之。每日風嚮雲氣、暈霓單雙及流
星出沒、彗孛諸異星、應奏者報監、按占具
奏。不應奏者註冊. Klares Wetter und Regen, Wind und
Donner, Wolken und Regenbogen, Aureolen und nebelige Anhänge zur
Sonne und zum Monde, Kometen und außerordentliche Sterne — das alles
untersucht es und bucht es. Die Windrichtung und Bewölkung jedes Tags,
Aureolen und Anhänge, einzeln oder paarweise vorkommend, sowie das Erscheinen und Verschwinden von Meteoren, ferner Kometen und außerordentliche Sterne jeder Art, worüber dem Thron zu berichten ist, gibt es dem
K'in T'iĕn Kiĕn bekannt, das sie darauf mantisch deutet und dem Throne
das Ergebnis mitteilt. Solche Erscheinungen, über welche dem Throne
nicht berichtet zu werden braucht, werden mit Erläuterungen in die Bücher
eingetragen.

Jede Kaiserregierung hat somit zur Vermehrung der Aufzeichnungen über Naturerscheinungen das ihrige beigetragen,
und von dem so angehäuften Papierberge ist dasjenige, was
als Material für die oben erwähnten Kapitel der staatlichen
Geschichten verwendet worden ist, im Auge der Chinesen wohl
das Wichtigste. Im Ku-kin T'u Šu Tsi'-tš'ing ist die Literatur über den Gegenstand, abgesondert von der Himmelskunde (乾象) und der Zeitrechnung (曆法), im vierten Abschnitt (Tiĕn) zusammengebracht, und zwar unter dem Titel
庶徵, sämtliche Andeutungen, welcher dem Hung Fan (s. S. 332)

entlehnt ist. Dieser Abschnitt enthält nicht weniger als 188 Kapitel, in denen der Stoff nach den Unterteilen und Kräften der Natur angeordnet ist; 33 davon sind den 星變, Veränderungen an den Sternen, gewidmet. Zum Studium der universistischen Mantik der Chinesen wird daselbst eine überwältigende Materialmasse geboten, und sogar der einfache, jetzt zu unternehmende Versuch, die Hauptlinien des Systems in möglichst beschränktem Umfange zu skizzieren, muß unvermeidlich mehrere Seiten in Anspruch nehmen.

Wir wissen also, daß außergewöhnliche Naturerscheinungen hauptsächlich wahrgenommen wurden, um festzustellen, ob etwaige Mängel der Regierung, und folglich Abweichungen vom Tao, eingetreten wären, oder ob an der Regierung kein Makel haftete und sie also mit dem Tao des Weltalls in Einklang wäre. Demnach unterschied man die Erscheinungen in 妖變 jao Piĕn oder 妖異 jao I, unheilbringende Veränderungen oder Außerordentlichkeiten, und 祥瑞 siang Šui, glückverheißende Vorzeichen. Besonders sorgsam wurde nach den ersten geforscht. Freilich wäre ein Übersehen der Zeichen glücklicher Zustände oder Ereignisse, welche sich vorbereiteten, absolut ungefährlich; aber böse Zeichen erforderten sofortiges Eingreifen, weil sie bekundeten, daß Gefahr im Anzuge war. Das gänzliche Fehlen von irgendwelchen Omina zeigte, daß das Tao des Universums und der Menschheit in Ordnung, und daß folglich die vom Kaiser beherrschte Welt in Sicherheit war.

Die Maßnahmen, welche unheilverheißende Abweichungen erforderten, waren sehr verschiedener Art. Es waren die weisesten Männer, die begabtesten Gelehrten, die hohen Staatsminister, welche sie vorschlugen, in erster Linie die Leiter des Staatsamtes, dem die Wahrnehmung und Deutung oblagen. Mitunter schloß sich der Kaiser ab von der Menschenwelt, fastete, legte sich gänzliches Schweigen auf, enthielt sich der

Musik und des geschlechtlichen Verkehrs und reinigte sich
seelisch und körperlich; oder er tat gemeinsam mit den großen
Würdenträgern in demütiger Weise unter Jammern und Weh-
klagen dem Himmel gegenüber Buße. Denn kraft seiner Stellung
als höchster Führer der Menschheit im Tao müssen ja in
erster Linie seine persönlichen Makel und Fehler daran Schuld
sein, wenn die normale Weltordnung in Verwirrung, Thron,
Reich und Volk in Gefahr geraten. Der Kaiser erließ auch
wohl Amnestie im Lande, damit seine Menschenliebe die des
Himmels sympathisch erwecke. Bisweilen aber kam das radi-
kalere Mittel zur Anwendung, und eine rücksichtslose Säuberung
der Staatsdienerschaft von schlechten Elementen wurde unternommen und durchgeführt. Die Geschichte weiß von Hunderten
von Beamten zu berichten, die durch ein solches Eingreifen
in die Staatsmaschine entlassen, degradiert, eingekerkert oder
sonstwie bestraft wurden, wobei selbstverständlich Anklage-
schriften und Anzeigen von eifersüchtigen Kollegen oder persönlichen Feinden eine große Rolle mitspielten. Zensoren und
Diktatoren, mit absoluter Vollmacht versehen, wurden nach
allen Landesteilen entsandt, den Dingen auf den Grund zu
gehen, die Spreu vom Weizen zu sondern und viele demütig
zum freiwilligen Rücktritt vom Amte zu veranlassen, wenn
anders nicht ein schlimmeres Schicksal sie ereilen sollte. Zumeist standen jedoch die Reformen bloß auf dem Papier, infolge
der Lehre, daß die kaiserliche Heiligkeit auch allmächtig ist
und durch bloße Willensäußerung schon Wunder wirkt. Es
wurden nämlich Ermahnungen und Befehle an die Beamtenwelt
erlassen, sei es nun bloß im Palastbereich, sei es innerhalb
der Hauptstadt oder im ganzen Reich, daß jederman durch
beflissenere Wahrnehmung seiner Amtspflichten das Tao der
Menschen bessern und somit das Tao von Himmel und Erde
wieder einrenken sollte. Auch erging wohl an sie die Weisung,
das erzürnte Tao des Himmels zu versöhnen durch Verbesserung

ihres persönlichen Betragens oder durch Unterlassung von Festlichkeiten und Glückwunschzeremonien; oder es wurde ihnen befohlen, das Schlachten von Tieren zu verbieten und die Hinrichtung von Verbrechern aufzuschieben, damit nicht der Zorn des Himmels, des Schöpfers alles Lebens, noch weiter aufgestachelt würde. Um ferner die allgemeine Reform zu erleichtern, wurde es sämtlichen Beamten des Reiches durch speziellen kaiserlichen Erlaß gestattet, in direkt an die Person des Kaisers gerichteten Eingaben freie Kritik an dem Kaiser und seiner Regierung, am Hofe und an den Ministern zu üben und auch Vorschläge zur Verbesserung vorzubringen, wobei den freimütigsten Äußerungen Straflosigkeit zugesichert ward. Manchmal haben auch Staatsmänner und Gelehrte ganz aus eigenem Antrieb auf Grund gewisser Erscheinungen, welche sich gezeigt, durch direkt an den Thron gerichtete Eingaben gewisse Regierungsmaßnahmen vorgeschlagen oder gegen solche kräftig Einspruch erhoben.

Mit Eifer und Frömmigkeit pflegte man sich an ein solches Reformwerk zu machen, wenn sich bereits Heimsuchungen und Unglücksfälle, durch vorherige Zeichen angekündigt, tatsächlich eingestellt hatten. Somit zeigt sich das sittliche Leben der Chinesen, das wir schon als universistisch bis ins Mark kennen gelernt haben, wiederum von einer Seite, die gewiß auch eine Erörterung verdient. Wir können aber hier bloß ihres Daseins Erwähnung tun, unter Betonung ihrer eigentümlichen Grundlage: der Wahrnehmung von an und für sich vollkommen normalen Erscheinungen, in denen der Mensch in seiner Unwissenheit, auf Grund ihres seltenen oder unregelmäßigen Vorkommens, Entgleisungen der Natur erblickte.

Also hat der Mensch in Ostasien sich selbst eine Methode geschaffen, nach welcher die Staatsmacht von einer noch höheren Gewalt, dem Universum, regiert wird, damit jene sowohl sich selbst als das Volk beständig in der richtigen Bahn halte, die

Tao des Universums heißt. Wir sehen jetzt mühelos ein, warum
die Staatsmacht eine genaue Kenntnis der Abweichungen des
Weltalls von seinem gewöhnlichen Gang stets als eine unab-
weisbare Notwendigkeit empfunden hat, und warum die Beamtenwelt ihr stets diese Kenntnis von allen Seiten hat zugehen lassen.
Wir lesen von kaiserlichen Weisungen, die den Mandarinen die
Meldung solcher Zeichen aus ihrem Amtsgebiet zur Pflicht
machten und für ihre Verheimlichung schwere Strafen fest-
setzten; andererseits aber von Kaisern, die das Berichten von
günstigen Zeichen verboten, sei es, weil sie die Vortrefflichkeit
ihrer Regierung, welche solche Zeichen beweisen sollten, als
eine Selbstverständlichkeit betrachteten; sei es, weil sie die
Glaubwürdigkeit der Berichterstatter anzweifelten und wohl
wußten, daß schlaue Schmeichler auch in China zahlreich sind.
Nichtsdestoweniger erwähnen die Geschichtsbücher die glücklichen Vorzeichen in großer Zahl. Mehrmals riefen sie eine so
große Freude im kaiserlichen Gemüt hervor, daß den Vorfahren im großen Ahnentempel feierlich von ihrer Erscheinung
Kunde gegeben wurde, großzügige Glückwunschaudienzen stattfanden, daß Geschenke und allgemeine Rangerhöhungen verteilt wurden und eine Amnestie gewährt. Der Name der Regierung des Kaisers, der immer mit äußerster Sorgfalt gewählt
zu werden pflegt, weil er auf ihr glückliches Gedeihen großen
Einfluß übt, ist mehrfach beim Eintritt eines glücklichen
Zeichens durch einen neuen ersetzt worden, der auf dieses Bezug hatte und es dadurch in der Geschichte verewigte. Man
hat die guten Zeichen entsprechend ihrem Werte amtlich in
Klassen eingeordnet, z. B. in höhere, mittlere und niedere
(上中下). Besonders hoch geschätzt war stets sogenanntes
神光 Š en Kuang, Götterlicht, das durch die Anwesenheit
von Göttern sogar am hellen Tage leuchten konnte.

Nie hat die von Staats wegen geübte Beobachtung außer-
gewöhnlicher Phänomene am Himmel und auf der Erde in

China zu einer exakten Naturforschung geführt; nie hat sie eine wirkliche Kenntnis der Gesetze der Natur gezeitigt, welche unfehlbar den universistischen Riesenbau der Religion, Sittenlehre und Kultur allmählich untergraben hätte. Nur Berge von Berichten über solche Phänomene, ihre Deutung und die Ereignisse, welche sie angekündigt hatten, ist sie zu erzeugen imstande gewesen, und diese Berichte haben nie weiteren Nutzen gebracht, als daß den nachkommenden Geschlechtern immer wieder neuer Stoff zur Deutung der Erscheinungen zur Verfügung stand. Daß außer diesem Stoff die Mantik auch noch mit den Gruppen von Faktoren arbeitete, welche der Chronomantik das Dasein ermöglichten, versteht sich von selbst, wo die Chinesen nie andere Faktoren kennen lernten, und ihre Weisheit nie die engen Schranken der universistischen Begriffe der Alten zu sprengen gewußt oder sich davon zu lösen vermocht hat. Es läßt sich leicht einsehen, daß die Verbindungsbrücke zwischen den Wahrnehmungen und diesen Faktoren durch die fünf Elemente, nach denen man (s. S. 334) die Phänomene ordnete, gebildet wurde.

Die vermeintlichen Störungen in der Weltordnung oder in der Natur der Dinge ordnet das Ku-kin T'u Šu Tsi'-tš'ing ein je nach den Teilen des Weltalls, in denen sie sich ereignen.

Die erste Klasse bilden die 天變 T'iĕn Piĕn, die Veränderungen am Himmel, wie seltsame Färbungen oder plötzlicher Farbenwechsel am Firmament, oder Durchbruch von blutigroten Lichtströmen und die Erscheinung von Kriegerscharen durch das Gewölk; dichte Wolkenmassen, die den Himmel völlig bedecken, ohne einen Regentropfen herabzusenden; das Geräusch von Stimmen in der Luft, und anderes mehr. Den 日異 Ži' I und 月異 Juĕ I, Außerordentlichkeiten an der Sonne und dem Monde, pflegte man immer besondere Aufmerksamkeit zu schenken, z. B. den Flecken, Protuberanzen, Aureolen oder

Höfen, Nebensonnen, fremdartigen Färbungen in der Umgebung beider Gestirne. Von der höchsten Bedeutung und Gefährlichkeit waren allezeit die Finsternisse; ihrer Wichtigkeit als Fingerzeige des Tao der Welt ist es zu verdanken, daß eine Anzahl schon in den ältesten Annalen, namentlich im Šu, im Tš'un Ts'iu und im Tso Tš'uan erwähnt sind. In der Literatur der späteren Zeiten sind sie zu Hunderten gebucht.

Die Beobachtung der 星變 Sing Piĕn, Veränderungen an den Sternen, stellt den Hauptbestandteil der Astrologie dar, des bis auf den heutigen Tag wichtigsten Faches im staatlichen System der Naturdeutung. Die Pflege der Sterndeutung ist den Kaisern vorgeschrieben durch das Ji', dessen dritter Anhang (Hi Tsĕ, I) sagt: 天垂象、見吉凶、聖人象之: der Himmel läßt seine Bilder herabhängen, die Glück und Unheil offenbaren; die Heiligen (die Herrscher) nehmen sie als Vorbild. Gewiß liegt in diesem Befehl des heiligen Buches der Ursprung des Bureaus für Astronomie und Astrologie (天文科) des K'in T'iĕn Kiĕn.

Die Astrologie umfaßt die Beobachtung und Deutung der Änderungen an Gestalt und Glanz der Sterne und Planeten, ihrer Konjunktion mit Sonne und Mond und der Stellung, die sie bei Eklipsen einnehmen; ferner die Sphärenklänge, die angeblich von Sternen und Planeten herübertönen; die Sichtbarkeit der Venus, der 太白 oder Allerklarsten, bei Tage, und so fort. Die Wirkungen der fünf Planeten und ihre Verwandtschaft zu allen universistischen Faktoren werden von selbst durch die Tatsache erwiesen, daß ihnen von unbekannten Zeiten her die Namen der fünf Elemente beigelegt sind. Die Namen der Sterne und Sternbilder, die großenteils wohl so alt sein mögen wie die Zeiten des alten Babel und Ägypten, deuteten bereits in der vorchristlichen Zeit auf Beschäftigungen und Berufe der Menschen und auf Bestandteile und Verrichtungen der Regierung hin, sowie auf Dinge, welche Glück oder Unglück in allerlei Formen und Schattierungen darstellen.[1] Damit war für die Deutung ihrer Einflüsse auf das Geschick von Regierung und Volk für immer eine breite Grundlage geschaffen, auf der sich mittels Beobachtung ihrer besonderen Helligkeit oder Dunkelheit und mittels spitzfindigen Scharfsinns fruchtbar arbeiten ließ, zumal auf diese Einflüsse wiederum die der Planeten einwirken, welche die betreffenden Gestirne durchqueren oder ihnen gegenüberstehen und somit ihnen „widerstreben" (孛) oder sich ihnen „störend widersetzen" (犯). Die maßgebende Schrift für alle Zeit war hierbei das 27. Kapitel des Ši Ki, das den Titel 天官志, Aufzeichnungen über die Mächte des Himmels, trägt und von Chavannes in seiner vortrefflichen Übersetzung des Ši Ki wiedergegeben ist.

Nebenher spielte noch eine andere Kunst ihre Rolle, die seit der Han-Dynastie 分野 Fĕn Je, Verteilung unter die Sterngefilden, geheißen hat, jedoch, wie sich urkundlich nachweisen läßt, älter sein muß. Demnach wurde jeder Unterteil der Erde unter die Herrschaft eines wichtigen Abschnittes des Sternenhimmels gestellt. Das Tšou Kuan erwähnt dieses System in einem · Satz, den wir auf S. 333 übersetzt haben, und Liu Ngan teilt im 3. Kapitel des Hung Liĕ' Kiai mit, in welcher Weise die 28 Siu oder Šĕ 舍, die sogenannten Mondhäuser (s. S. 149), das Geschick der dreizehn vornehmsten Staaten der Tšou-Zeit beherrschten. Sodann finden wir das System auch festgelegt im 26. Kapitel des Ts'iĕn Han Šu und in dessen Kapitel 28 b, das die 地理志, Aufzeichnungen über Geographie, enthält. Für das Geschick des Kaisers, seines Hofes und seiner Ministerien war insbesondere das Sterngefilde von Bedeutung, das Sĕ-ma Ts'iĕn an der Spitze seines 27. Kapitels behandelt und 中宮, den zentralen Palast, nennt, weil es um den 天極

---

[1] Eine Fülle von Material hierüber bietet Schlegels „Uranographie chinoise".

T'iĕn Ki', den Pol des Himmels, liegt, also um die 泰一之常居, ewig ruhende Stelle in der Allergrößten Einheit (vgl. S. 288). In dieser höchsten Stelle des Firmaments waltet, wie wir auf S. 129 gesehen haben, der Oberste Kaiser des Himmels, dem der Kaiser der Erde seine Macht entlehnt, und ringsherum liegen Sterne, deren Namen sich auf hohe Minister, auf die Hauptgemahlin und den Harem und auf die Vasallen (藩臣) beziehen.

Es ist nahezu eine Selbstverständlichkeit, daß im staatlichen System der Sternendeutung den 流星, Wandelsternen, immer die höchste Aufmerksamkeit zugewandt wurde. Ihrer Bewegung durch die Sternbilder und Konjunktion mit den fünf Planeten wurde große Bedeutung beigemessen, nicht weniger als den 隕星, fallenden Sternen oder Meteoren, den 隕石, fallenden Steinen oder Meteoriten, und den 星雨, Sternenregen.

Der Astrologie schloß sich immer als wichtige Staatsangelegenheit eine Art Wetterkunde an, die Wahrnehmung und Deutung alles Ungewöhnlichen umfaßte, das sich ereignete in bezug auf Wind und Wolken, Nebel und Regenbogen, Donner und Blitz, Regen, Tau, Hagel, Kälte, Hitze und Dürre. Daß in dieser Reihe der Wind ganz voran steht, findet seine natürliche Erklärung in dem Umstand, daß im fernen Osten die Passatwinde in der warmen Jahreszeit vom Süden her den Regen, in der kalten vom Norden her Trockenheit bringen und somit die Nahrungserzeugung und die übrigen Lebensbedingungen der Menschen vollständig beherrschen. In der heiligen Schrift über Musik (s. S. 78) steht im zweiten Kapitel geschrieben: 天地之道、寒暑不時則病、風雨不節則饑; gemäß dem Tao des Himmels und der Erde wird Seuche entstehen, wenn Kälte und Wärme zur Unzeit auftreten, und wird Hungersnot herrschen, wenn Wind und Regen nicht im richtigen Zeitabschnitt eintreten.

Bis in die neueste Zeit war, wie wir auf S. 335 gesehen haben, die Wind- und Regendeutung dem Bureau für Astronomie

des K'in T'iĕn Kiĕn auferlegt, denn das heilige Hung Fan
hat schon in der Urzeit dekretiert, daß diese Wissenschaften
ungetrennt voneinander zu pflegen sind. Da nämlich liest man:
庶民惟星、星有好風、星有好雨、月之從星
則以風雨. Das Volk beobachte die Sterne, denn unter ihnen be-
günstigen die einen die Winde, die anderen den Regenfall, und je nachdem der Mond sich durch die Sterne bewegt, werden Wind und Regen
hervorgebracht. Freilich ist der Mond das Gestirn des Jin (s.
S. 229), und das Jin entspricht, wie wir wissen, dem Element
Wasser.

Die chinesische Philosophie alter und neuer Zeit lehrt,
daß der Wind der Atem (氣) des Weltalls ist, eine Mischung
von Jang und Jin, in der im Sommer das Jang, im Winter
das Jin vorherrscht. Weil nun Jang und Jin das Tao des
Weltalls bilden (S. 8), so ist der Wind eigentlich das Tao
selbst, und somit sind seine Unregelmäßigkeiten, Stürme usw.
von der allerhöchsten Bedeutung. Eine Unmasse mantischer
Weisheit hat diese Lehre im Laufe der Jahrhunderte hervorgebracht; sie bezweckte hauptsächlich, aus der Richtung und
Stärke, die der Wind an jedem einzelnen Tage hatte, für seine
künftige Richtung und Stärke zu prognostizieren und demgemäß
Aussichten auf Regen oder Sonnenschein, Überschwemmungen
oder Dürre, gute oder schlechte Ernte vorher zu erkennen.
Weiter war immer der Grundsatz maßgebend, daß die Winde
ihren jeweiligen Charakter der Gegend des Weltalls entlehnen,
aus der sie wehen. Demgemäß müssen sie auch die Eigenschaften der menschlichen Leidenschaften besitzen, weil, wie
schon früher erwähnt wurde (S. 120), die Weisheit der Alten
diese den Himmelsgegenden entsprechen läßt. Folglich läßt
sich aus den Winden vorhersagen, welche menschliche Eigenschaften vorherrschen, und welche entsprechenden Ereignisse
je nachdem eintreten werden, wie Aufstand und Rebellion
als Folge von Zorn, Panik und Volkswanderung als Folge

von Furcht, und so fort. Auch lassen sich an den Winden
Deutungen vornehmen durch sorgfältige Bestimmung ihres
musikalischen Tones, da seit alters gepredigt ist, daß jeder
Tag des Kalenders durch einen von den fünf Tönen der Ton-
leiter beeinflußt ist.

Wertvolle Hilfe hat stets die Mantik der Winde für
Kriegszwecke geleistet. Bei verständnisvoller Anwendung der
Aussagen von Weisen alter und neuer Zeit läßt sich nämlich
aus den Winden und ihrer Richtung auf die Überlegenheit oder
Unterlegenheit des Feindes und auf die vermutliche Richtung
seines Angriffs schließen und also entnehmen, ob es ratsam
sei, eine Schlacht anzunehmen oder den Rückzug anzutreten.
Wirbelwinde waren stets Dinge besonderer Aufmerksamkeit;
Stürme und Taifune sind in den dynastischen Geschichten in
großer Menge erwähnt.

Nicht minder zahlreich sind die Berichte von überreichem
Regenfall, der die Saaten zerstörte und Überschwemmungen
verursachte, und wogegen besondere Staatsopfer Abhilfe schaffen
mußten. Regen, der sich zur rechten Zeit einstellt, galt stets
als Beweis dafür, daß an der Maschine der Weltordnung nichts
haperte und war also immer der Vorbote von Glück. Doch
kann Regen mitunter auch das Weinen des Himmels bedeuten
und dann ein bevorstehendes großes Unheil ankündigen. Bestimmte Regentage oder regenlose Tage sind, besonders wenn
gleichzeitig die Sonne zusammentrifft mit Sternen, die für
Regenfall maßgebend sind, sichere Verkünder für Regen oder
Sonnenschein an anderen bestimmten Tagen. Auch wird Regen
vorhergesagt durch Wolken von gewisser Gestalt, die sich in
der Nähe solcher Regengestirne bilden. Unheil ist dagegen
ganz sicher im Anzug, wenn es andere Dinge als Wasser
regnet; dann dürfen Maßregeln zur Berichtigung des Tau
nicht ausbleiben. Nach dem Zeugnis der dynastischen Geschichten gibt es kaum etwas, was es nicht schon geregnet hat:

Lehm, Sand, Stein, Schlamm, Asche; Vögel, Fische, Schild-
kröten, Insekten, Menschen; Blut, Haare, Federn; Knochen,
Fleisch, Fett; roter Schnee, Quecksilber; Münzen, Gold,
Silber, Eisen; Seide, Baumwolle; Tusche, Papier; Sträucher,
Blätter, Blumen, Getreide, Erbsen; Waffen, Kessel usw. China
war also wirklich immer das Land großer und zahlreicher
Wunder!

Wolken zeigen sich in einer endlosen Verschiedenheit
von Gestaltungen und Färbungen, und sie waren somit immer
vortreffliche Mittel zur Erforschung des Zustandes des Weltalls.
Sie sagen Glück oder Unglück voraus, wenn sie plötzlich in
nächster Nähe von Gestirnen auftreten, die auf die Gestaltungen
des menschlichen Lebens Einfluß haben; von hoher Bedeutung
sind sie auch, wenn sie dicht bei Sonne und Mond erscheinen
oder um den Mond einen Hof bilden. Selbst wichtige politische
Ereignisse, wie das Emporsteigen eines Abenteurers zum
Kaiserthrone, sind im voraus in den Wolken gelesen worden.
Wenn sie sich gegen den Wind bewegen, oder trotz kräftigen
Windes sich regungslos verhalten, so lassen sich daraus gleichfalls Schlüsse auf künftiges Wetter und kommende Ereignisse
ziehen. Als Künder der Zukunft wurde auch den Färbungen
des Nebels sowie dem Morgen- und Abendtau stets viel Aufmerksamkeit gewidmet. Kein Tau gilt als so glückbringend
wie Honigtau, genannt 甘露, süßer Tau, oder 天酒, Himmels-
wein. Er verheißt üppige Fruchtbarkeit und folglich Überfluß
und Verlängerung des Lebens, und er findet deswegen besonders
häufig in den Geschichtsannalen Erwähnung.

Regenbogen denkt man sich gleich wie die Winde aus
Jang und Jin zusammengesetzt, und sie bilden also ebenfalls
vortreffliche Mittel zur Erkenntnis des Tao und seiner Störungen.
Man untersucht ihre Färbung und die Zeit ihres Auftretens
in Verbindung mit dem gleichzeitigen Stand der Sterne und
Planeten. Bei trockenem Wetter verheißen sie Regen, bei

Nässe Sonnenschein. Blasse Regenbogen sind immer ungünstige Vorzeichen gewesen.

Der Donner, der Vorbote des Regens, ist zumeist ein günstiges Phänomen. Folgt ihm jedoch kein Regen, dann kann er unter Umständen Unglück bringen; darum wird ihm ganz besondere Beachtung geschenkt, wenn er in der regenlosen Zeit, dem Winter, zu hören ist. Ein einschlagender Blitz verkündet immer Unglück, sogar ein besonders großes, wie Angriffe von Rebellen und Feinden, die als Vermittler der Rache des Himmels auftreten. Schlägt der Blitz in ein Stadttor, so bedeutet das, daß verräterische Beamte Unheil brauen und Aufstände planen und dadurch das Tao der Menschheit aus seiner richtigen Bahn zu lenken vorhaben; und wird gar der Ahnentempel getroffen, so besagt dies den Sturz des Kaisers und den Untergang der Dynastie.

Hagel entsteht, wenn Jang und Jin unharmonisch zusammenstoßen und gilt darum als ungünstiges Vorzeichen. Das Maß des Unheils, das er vorhersagt, richtet sich nach der Jahreszeit, in der er auftritt, und ist im Winter ein geringes. Vielsagend hinsichtlich kommenden Unglücks ist die Art der Zerstörung, die er an Dachziegeln, Saaten, Hühnern und anderen Haustieren anrichtet. Bildet er eine Schicht wie Schnee, so bedeutet dies, daß Minister einen Mordanschlag gegen den Kaiser vorhaben.

Wichtige Abweichungen vom Tao, die sorgfältige Wahrnehmung und unverzügliche Abhilfe erheischen, sind zur Unzeit auftretende Kälte- oder Hitzewellen, die die Ernte gefährden; sie verursachen auch Seuchen und Pest, wie wir auf S. 343 in einer heiligen Schrift gelesen haben. War die Seuche einmal da, dann wurden die Maßregeln zur Wiederherstellung des Tao tatkräftig in Angriff genommen und durchgesetzt; gleichfalls, wenn geheimnisvollerweise Brände im Palast oder in einem Staatstempel ausgebrochen waren und dadurch kundgetan war, daß der Himmel seine Hand strafend auf die Dynastie gelegt hatte.

Wurde alle Zeiten hindurch von der universistischen Regierung die größte Aufmerksamkeit den warnenden Fingerzeigen des Himmels zugewandt, so konnte sie unmöglich denen der Erde, der zweiten großen Macht im Weltall, die gleiche Aufmerksamkeit versagen. Außergewöhnliche Naturerscheinungen auf Erden sind somit im Laufe der Jahrhunderte zu tausenden wahrgenommen und verzeichnet worden. Bei ihrer Auslegung geht man von dem Grundsatz aus, daß jegliche Bewegung des Erdbodens Unglück bedeutet, weil die normale Natur der Erde unbewegliche Ruhe ist. So bedeuten Erdbeben, daß die Minister vor dem Herrscher keine Achtung mehr haben, und somit Aufruhr, Blutvergießen, Brandstiftung drohen, oder Vernichtung der Ernte, Hungersnot, Pest, wohl auch die Entfernung des Kaisers von seinem Thron. Die Deutung der Beben änderte sich immer je nach den Zeiten, wann sie stattfanden, und nach der Art und Beschaffenheit der Gebäude, die sie verwüsteten.

Da Bodenerhebungen die Sinnbilder hoher Staatsdiener sind, so gelten Erdstürze und Erdrutsche (崩) als Anzeichen ihrer Untreue. Hohe Berge stellen auch den Kaiser dar, und so legt man Bergrutsche auch dahin aus, daß des Kaisers Tao den festen Boden verloren hat und folglich Revolution und Absetzung vom Throne unabwendbar erfolgen müssen, wenn er nicht noch rechtzeitig sein privates und öffentliches Leben gründlich reformiert. Erstrahlen Berge in seltsamem Glanz, so geben sie Untreue der Minister kund. Wenn sich schließlich der Erdboden auftut, Feuer, Wasser oder Blut speit; falls ein Felsen von selbst aus der Tiefe ans Tageslicht kommt, oder wenn er sich von seiner Stelle bewegt oder die Gestalt eines Menschen, eines vierfüßigen Tieres oder eines Vogels annimmt, oder wenn er gar mit menschlicher Zunge redet; oder wenn aus einer Höhle Donner dringt — in allen diesen Fällen kann die Welt auf Rebellion, Revolution und andere politische Gefahren gefaßt sein.

Die Erde ist die weibliche Hälfte des Universums. Läßt sie laute Geräusche ertönen, so steht eine mächtige Erhebung des weiblichen Elementes bevor; der Harem droht wohl gar, die Herrschaft am Hofe an sich zu reißen, was ein Unglück wäre, das schleunige Gegenmaßnahmen erfordert. Unterirdische Stimmen werden besonders gefürchtet, wenn sie aus Gräbern ertönen. Schreckenszeichen sind ferner Gräber, die sich von ihrem Platze fortbewegen, oder Bäume, die in der Nähe von Grabmälern stehen und ohne sichtbare Ursache absterben: weiter Linien und Flecke, die sich an Felswänden bilden, und aus denen weise Schriftdeuter Warnungen lesen, die in geheimnisvoll laufender Handschrift geschrieben sind.

Sollte Bericht einlaufen, daß an einem Gewässer eine merkwürdige Erscheinung aufgetreten ist, dann ist der Fall von Amts wegen einer eingehenden Untersuchung zu unterwerfen. Große Ströme wie der Huang Ho und der Jang-tsĕ Kiang sollten normalerweise niemals zu fließen aufhören; tun sie es dennoch, so deutet das auf eine Stockung in der Staatsmaschinerie hin, die von übelwollenden Beamten hervorgerufen wird. Überschwemmungen, die im Laufe der langen Geschichte des Reiches zu tausenden berichtet, eingeschrieben und gedeutet worden sind, kündigen Erhebungen an, oder auch, da das Wasser dem Jin angehört, ein Überhandnehmen des schwachen Geschlechtes, wodurch das Geschick des Kaisers, ebenso wie das häusliche Glück des Volkes, gefährdet sein soll. Ein Brunnen, der plötzlich auf geheimnisvolle Weise austrocknet, weist darauf hin, daß die Bevölkerung der Umgebung zur Auffindung neuer Wasserstätten ausziehen, oder dauernd umherwandern, oder mit Waffengewalt von ihren Wohnplätzen vertrieben werden wird. Schlimmes bedeutet ferner, wenn sich das Wasser färbt, besonders wenn es wie Blut aussieht, oder wenn es so faul wird, daß die Fische darin sterben. Verliert es dagegen sein trübes Aussehen und gewinnt es Klarheit, so ist die Diagnose immer günstig. Eine Quelle, die besonders heftig zu sprudeln beginnt, zeigt an, daß Beamte vom niedrigsten Rang rasche Beförderung erfahren werden; und so werden alle möglichen sonderbaren Erscheinungen, die man am Wasser bemerkt, in der verschiedensten Weise ausgelegt.

Im Weltall bildet die Menschheit neben Himmel und Erde die dritte große Macht (才); Störungen in ihrem Tao rufen daher unvermeidlich Störungen am Tao der Welt hervor (S. 309), und umgekehrt. Jede außerordentliche Erscheinung in der menschlichen Natur weist also hin auf eine Verkehrheit im Tao der Welt und erheischt somit Erklärung des kommenden Übels und Angabe der Mittel zu seiner Abhilfe. Sie sind dann auch in den Geschichtsbüchern in Hülle und Fülle erwähnt und bieten einen sehr eigentümlichen Lesestoff. Da wird von Fällen plötzlichen Geschlechtswechsels gesprochen, der anzeigen sollte, daß ein Weib oder irgendeine Person niederer Herkunft die Zügel der Regierung an sich reißen werde. Geburten von Monstrositäten jeglicher Gestalt werden aufgezählt, die Unglück aller Art vorhersagen, solche wie Hermaphroditen, formlose Fleischklumpen, hundert winzige Kinder von Fingergröße bei einer einzigen Geburt; Schildkröten, Schlangen und andere Tiere. Häufig soll eine Frau zwei oder drei verschiedene Tiere auf einmal, oder ein Kind zusammen mit einigen Tieren geboren haben. Die Geburt von Drillingen oder Vierlingen, sogar bis zu vier Malen hintereinander durch dieselbe Frau, ist bisweilen vorgekommen. Die Leibesfrucht hat wohl den Weg ans Tageslicht durch den Nabel, die Flanke, die Brust, den Kopf, ja durch ein Geschwür genommen. Ungeborne Kinder haben vernehmbar im Mutterleib geschrieen, und neugeborne Kinder haben unmittelbar nach der Geburt verständliche Worte gesprochen.

Frauen haben sich in Schildkröten und Gaviale, Männer in Esel, Schlangen, Schweine und Raubtiere verwandelt, bald nur teilweise, bald gänzlich. Ganz kleine Kinder sind auf die Stadtwälle geklettert und haben da Trommeln geschlagen und somit rechtzeitig vor dem Herannahen blutdürstiger Feinde und Aufrührer gewarnt. Leichname ohne Kopf haben laute Prophezeiungen ausgestoßen. Verrückte haben richtige Vorhersagungen geäußert und sind oft unmittelbar hinterher getötet worden, da sonst ihre übelbringenden Worte in Erfüllung gegangen wären. Hörner sind recht häufig aus menschlichen Schädeln hervorgewachsen, und Bärte aus dem Antlitz junger Frauen. Gatten haben ihre Frauen verspeist und Gattinnen ihre Männer. Kinder sind plötzlich zu außerordentlicher Größe, bisweilen zu Riesen angeschwollen. Riesen und Riesenfußspuren sind in geheimnisvoller Weise aufgetaucht und wieder verschwunden. Das Auferstehen von Toten, sogar nach langem Todesschlafe in der Erde, ist eine häufig erwähnte Begebenheit und kündete verheerenden Krieg und Pestilenz an.

Bei der systematischen Beobachtung und Deutung der sonderbaren Erscheinungen der menschlichen Natur spielte stets eine große Rolle das 謠讖, Deuten von Versen, d. h. von zufälligen Äußerungen, die man auf der Straße, dem Markt oder sonstwo auflas und als bedeutungsvolle Orakel mit Sorgfalt den Behörden zu überbringen pflegte. Besondere Aufmerksamkeit schenkte man ihnen, wenn sie aus dem Munde von Kindern kamen, da bei diesen völlige Ursprünglichkeit gewährleistet, jede bewußte Absicht ausgeschlossen schien. Da derartige Aussprüche aus Kindermund meist als 童謠, Knabenverse, bezeichnet werden, so liegt die Vermutung nahe, daß Äußerungen von Knaben höher bewertet wurden als diejenigen von Mädchen, und zwar weil jene dem Jang angehören und daher mehr Šĕn oder Göttlichkeit als das weibliche Geschlecht haben. Diese Form der Orakeldeutung muß gewiß sehr alt sein, da im Ši Ki ein Fall erwähnt wird, welcher sich im achten Jahrhundert v. Chr. ereignet haben soll. Zahlreiche weitere Fälle werden in den dynastischen Geschichtswerken und anderen Quellen berichtet.

Natürlich kann auch der ordentliche Zustand des Tao sich sowohl wie seine Störungen in seltsamen Erscheinungen der Tier- und Pflanzenwelt offenbaren, die ja auch ein beseelter Unterteil des Universums ist. So sind sowohl früh im vorchristlichen Zeitalter wie später in allen Jahrhunderten öfters seltene Vögel von hoher Schönheit, nämlich 鳳凰 Fung-Huang, und merkwürdige Einhörner, 麒麟 Ki-lin, erschienen (vgl. S. 39); von letzteren gelang es sogar, von Zeit zu Zeit Exemplare einzufangen, mitunter auch weiße. Drachen, die Erzeuger und Sinnbilder der Wolken und des Regens (s. S. 291) und darum auch der segenspendenden Kräfte der kaiserlichen Würde, sollen sich häufig aus großen Strömen erhoben haben als Vorboten großen Glücks für Herrscher, Beamte und Volk. Doch sind diese ehrwürdigen Geschöpfe zu erhaben, als daß sie sich dem profanen Menschenauge zeigten. Geschieht dies dennoch, verlassen sie also ihre fürstlichen Paläste am Firmament, dann liegt unbedingt eine Störung des Tao vor, die einer im Tao des Kaisers entspricht, weil dieser zum Beispiel nicht genau in Übereinstimmung mit den Jahreszeiten oder den echten Grundsätzen der Regierung herrscht. Jeder der fünf Teile des Weltalls hat seine eigenartigen Drachen, und zwar der Osten blaue, der Süden rote, der Westen weiße, der Norden schwarze und die Mitte gelbe; deshalb muß jedesmal beim Erscheinen eines Drachen auf seine Farbe genau geachtet werden, um den Fall richtig im Zusammenhang mit den sämtlichen universistischen Faktoren zu prüfen und zu deuten. Ist das Tao in seinem gehörigen Zustand, dann sollen überhaupt keine Drachen gesehen werden. Entdeckt man einen im Brunnen, etwa in Gestalt einer Eidechse oder eines Salamanders, dann ist offensichtlich

kaiserliche Würde oder kaiserlicher Einfluß durch Beamten-
verrat bedrängt; und findet man irgendwo einen toten Drachen
auf, dann ist es klar, daß der Himmelssohn sterben wird, oder
daß seine Entthronung bevorsteht.

Auch die staatliche Zoomantik und Ornithomantik haben
durchweg hauptsächlich in der Beobachtung und Untersuchung
tierischer Abnormitäten bestanden. So künden zum Beispiel
Vögel durch merkwürdigen Flug und außergewöhnliche Stimm
töne Unglück an; desgleichen, wenn sie zu ungewohnter Zeit
brüten und wegziehen, oder an ungewöhnlichen Plätzen ihre
Nester bauen, oder ihre eigenen Nester verbrennen; ferner, wenn
ihr Gefieder ungewöhnlich gefärbt ist, oder wenn sie sich in
andere Vögel verwandeln usw. Besonders sorgfältig werden
die·Hühner beobachtet. Wenn Hennen sich in Hähne verwandeln, oder wenn Hennen krähen, so bedeutet dies, daß der
Kaiser geschlagen und besiegt, oder die höchste Gewalt bald
von einer Kaiserin oder Kaiserin-Witwe ausgeübt werden wird.
Besitzt eine Henne drei Füße, so besagt dies, daß der Kaiser
unter weiblichem Einfluß regiert, was immer großes Unheil zur
Folge haben kann. Recht bedenkliche Anzeichen sind es auch,
wenn Hähne Hörner haben, Eier legen oder in menschlicher
Sprache reden.

Zu Deutungen bietet sich ferner Anlaß, wenn besonders
große oder merkwürdige Fische oder Schildkröten gefangen,
oder im Wasser oder in der Luft gesehen werden, oder gar
in beträchtlicher Menge vom Himmel fallen. Häufig wird von
Schlangen mit sechs Füßen oder seltsam gefärbter Haut berichtet; ferner von Schlangen, die in den Palast des Kaisers
oder in gewöhnliche Wohnhäuser gekrochen kamen und damit
das Nahen von Mördern oder bewaffneten Rebellen anzeigten;
weiter von wunderbaren Tieren jeder Art, wie sechsfüßigen
Säugetieren, Pferden mit Hörnern oder langem, fleischigem,
behaartem Schweif; von Füchsen mit neun Schwänzen, weißen

Tigern, Ratten und Mäusen; von glückverheißenden weißen Kaninchen, weißen Schwalben und Finken, blauen oder weißen Krähen und Elstern, Raben mit drei oder vier Füßen, und allerlei Vögeln mit doppelten Köpfen. Gelegentlich wurden diese seltsamen Tiere eingefangen und nebst Bericht an den Hof gesandt. Mitunter sind wilde Bestien in bewohnte Städte als Herolde des Tao eingedrungen und haben durch Gebrüll in den Straßen oder auf den Wällen die bevorstehende Zerstörung oder Entvölkerung der Stadt oder ein anderes größeres Unheil angekündigt. Scharen von Wölfen haben Verheerungen unter Menschenleben angerichtet, um kundzugeben, daß die kaiserliche Regierung gänzlich vom Tao des Himmels verlassen sei. Füchse haben den nahen Sturz von Kaisern dadurch prophezeit, daß sie sich in ihre Paläste und Privatgemächer eingeschlichen hatten. Haustiere haben Monstrositäten jeder Art in die Welt gesetzt; Stuten haben Zwillinge, Steine und Kinder geworfen, und Hengste Fohlen. Kühe haben in menschlichen Lauten gesprochen, sich mit Pferden gepaart und Einhörnern (Ki-lin) das Leben geschenkt. Hunde haben sich mit Schweinen und sogar mit Frauen gepaart; Schweine haben Elefanten hervorgebracht. Auch Insekten, besonders Fliegen und Grillen, sind von Vorbedeutung, auch Bienen, deren Schwärme zu Kriegszeiten Übel vorhersagen. Warnungen gehen von Bäumen und Sträuchern aus, wenn sie in merkwürdiger Weise ineinander oder aufeinanderzu wachsen oder Blüten und Früchte von seltsamer Art oder von anderen Pflanzen tragen; auch von eingetrockneten oder verfaulten Baumstümpfen, die plötzlich frisches Grün oder Blüten hervorsprießen lassen, und von umgestürzten Bäumen, die sich von selbst wieder aufrichten; endlich von Bäumen und Sträuchern, die im Winter grünen oder bluten, schreien oder jammern. Und so könnte die Aufzählung ohne Ende weitergehen — ist doch in China jeder Gegenstand durch den lebendigen Atem des Weltalls beseelt.

Nimmt es da noch Wunder, daß in diesem merkwürdigen Lande Glocken und Alarmtrommeln von selbst ihre Stimme haben erschallen lassen, um vor nahenden Feinden, Rebellen und anderen Schrecken zu warnen? Klingt es da noch überraschend, wenn man an den Toren des kaiserlichen Palastes wunderbare Geräusche gehört haben will, die sorgfältig aufgezeichnet wurden und sich als geheimnisvolle Vorzeichen von Rebellion und anderen großen Unheilen erwiesen? Wenn Teller, Schüsseln, Töpfe und allerhand anderes Gerät, oder in Truppenlagern die Waffen mit einem Male sonderbare Töne hervorgebracht haben, die zumeist Niederlagen und dergleichen Unheil vorhersagten? Ganz zu schweigen von den wunderbaren Dingen, die sich mit Götter- und Buddhabildern zugetragen haben, welche z. B. geseufzt, geweint, geschwitzt, geblutet, sich bewegt oder gar ihre Köpfe abgeworfen haben. Solche wahrnehmbaren Zeichen haben sich noch häufiger ereignet als Erscheinungen von Göttern oder Siĕn als Boten des Universums zur Kundgebung von Warnungen und Orakeln.

Nachdem uns jetzt bekannt geworden ist, wie sich die große, die ganze Welt umfassende Kunst und Wissenschaft der Mantik in Ostasien bis auf diesen Tag in den Hauptlinien gestaltet hat, bleibt noch zu erwähnen, daß sie es auch alle Jahrhunderte hindurch verstanden hat, den Šĕn oder göttlichen Wesen, welche die zahllosen Kräfte der allgemeinen Weltseele darstellen, Fingerzeige und Anzeichen über Kommendes zu entlocken. Diese Kunst wurde stets von Sachkundigen getrieben, sowohl zum Nutzen des einfachsten Mannes aus dem Volke wie für Privat- und Staatsangelegenheiten der Mandarinen und Kaiser.

Natürlich lassen sich an die Gottheiten oder ihre Bildnisse stets Fragen aller Art mündlich richten; man kann das auch schriftlich tun, indem man die Frage in Form eines Briefes verbrennt, so daß sein Inhalt durch die Flammen zur betreffenden

Gottheit emporgetragen wird. Die Beantwortung erfolgt in
verschiedener Weise. In den Tempeln geben sie meistens
mit Ziffern oder den Schriftzeichen der Zeitkreise versehene
Stäbchen, welche man in einem Köcher durcheinander würfelt,
um daraúf unter der führenden Hand der befragten Gottheit eines herauszuziehen; von einem mit demselben Zeichen
wie das Stäbchen versehenen Zettel liest man sodann die gedruckte Antwort ab, welche mehr oder weniger mystisch verfaßt
ist. Auch bekommt man Antworten mittels der zwei Hälften
eines der Länge nach gespaltenen ovalen Stückes Holz oder
Bambuswurzel, die also jede eine flache und eine gewölbte
Seite haben. Nachdem man seine Frage so gestellt hat, daß
sie der Gott mit einem einfachen Ja oder Nein beantworten
kann, so läßt man die beiden Klötze zu Boden fallen; zeigen
sie dann beide ihre gewölbte oder ihre flache Seite, dann ist
die Antwort verneinend, bejahend dagegen, wenn eine flache
und eine gewölbte Seite nach oben liegt.

Sehr gebräuchlich ist es auch, Götter durch Ruten, Siebe,
Besen oder andere Gegenstände zu befragen, die man in der
Hand hält oder lose aufhängt. Der gewünschte Geist soll dabei
durch Beschwörungen oder durch Zauberformeln, die man
aufschreibt und verbrennt, veranlaßt werden, in solch einen
Gegenstand hinabzusteigen und dessen Bewegungen zu regeln,
die sodann in dazu ausgestreutem Staub, Sand oder Kleie eine
Orakelschrift zeichnen, welche die Sachverständigen lesen und
deuten. Begreiflicherweise lassen die Götter sich durch solche
Zauberformeln auch dazu bewegen, sich zeitweilig in Menschen
niederzulassen und durch ihren Mund mystische Orakelworte
zu äußern, die Sachkundige auffangen, niederschreiben und
deuteln. Schon in den ältesten heiligen Büchern werden solche
gelegentlich Besessenen unter den Namen 巫 Wu und 覡 Hi’
erwähnt; wir erkennen in ihnen also leicht eine heidnische
Priesterschaft der uralten animistischen Zeit. Sie waren und

sind noch immer beiderlei Geschlechts. Die Besessenheit versetzt sie in einen Zustand der Hypnose, Ekstase, Gefühllosigkeit, Verlorenheit, Erstarrung, aus dem sie erwachen sobald der Gott sie wieder verläßt; und während dieses Zustandes pflegen sie recht häufig sehr anormale Körperbewegungen zu machen und sich höchst sonderbar aufzuführen. Ihr Beruf hat sich erklärlicherweise allmählich mit dem des taoistischen Priestertums (S. 136 ff.) verquickt und umfaßt auch, auf Grund der Kraft der Gottheit, welche sie beseelt und ihnen also zur Verfügung steht, Exorzismus und auf Exorzismus gegründete Krankenheilung. Weibliche Wu und Hi' treten sehr häufig als Klarseherinnen auf, die in hypnotischem Zustande ihre Seele zur Einholung von Enthüllungen in die Götterwelt wandern lassen. Es ist aber unnötig, hier auf diesen Gegenstand einzugehen, da die Ergebnisse meiner Forschungen über dieses uralte Priestertum und über die Mantik mittels Götter und Geister bereits in „The Religious System of China" (2. Buch, 5. Teil) ausführlich veröffentlicht sind.

Träume sind, nach uralter Auffassung, Offenbarungen der Seele des Träumenden, welche den Körper verlassen hat, um zeitweilig in der Geisterwelt herumzuwandern. Daß somit auch die Traumdeutung zur Enthüllung der Geheimnisse des Weltalls und der Zukunft von alters her eine große Rolle in China gespielt hat, ist eine Selbstverständlichkeit.

Unter allen Methoden zur Erlangung von Fingerzeigen aus der großen Allseele hat eine, als uralt und besonders heilig, jederzeit die allerhöchste Stellung eingenommen, und zwar die, welcher der Grundtext des Ji' gänzlich gewidmet ist und die in den heiligen Büchern durch das Zeichen 筮 Si angedeutet wird. Sogar für Prüfung der Richtigkeit und Erwünschtheit geplanter Regierungsmaßregeln war sie immer die bevorzugte Methode. Eine gewisse Pflanze, 蓍 Si genannt (Achillea ptarmica, Schafgarbe), stand im Rufe, ein besonders großes

Quantum von Šěn oder Ling, der Weltseele entlehnter göttlicher Kraft, zu besitzen, angeblich wegen ihrer langen Lebensdauer und ihres Vermögens, alljährlich eine sehr große Anzahl Stengel (朶 Tsʻeʼ) hervorzubringen. Diese Stengel, ganz und geknickt, ließen sich in acht Kombinationen zusammenlegen, welche der Zahl der Weltgegenden entsprachen und diese Figuren ergaben:

in welchen das Jang und das Jin durch die ganzen und die geknickten (gebrochenen) Linien, also durch die himmlischen und irdischen Grundzahlen 1 und ·2 (vgl. S. 321), vertreten waren. Dieses in unseren Augen ganz einfache Spiel enthüllte der chinesischen Weisheit der Urzeit das verborgene universistische Urprinzip und war für sie daher das heilige Mittel zur Ergründung von allem weiteren, was das Weltall in seinem Schoß verbirgt; enthüllten doch die acht Figuren, die man 卦 Kua nannte, das Gesetz der verschiedenen Mischungen von Jang und Jin während jedes Jahrkreises, d. h. jedes Umlaufes des Tao. Überdies führte ein tieferes Studium zur Entdeckung, daß durch Vermehrung der Zahl der Linien in jeder Figur auf 4, 5 und 6 die Anzahl der Kua sich auf 16, 32 und 64 erhöhen ließ und somit stets das Mittel zur tieferen Ergründung der Verborgenheiten des Tao bot. In dieser größten Anzahl werden die Kua im Jiʼ besprochen und gedeutet. In diesem heiligen Buch sind die Namen und die Bedeutung, welche die Weisheit der Alten ihnen beigelegt hat, ja sogar die Bedeutungen jeder Einzellinie in jeder Figur, sorgfältig wiedergegeben; zwar wird nicht mitgeteilt, worauf sie beruhen, allein wir wissen schon, daß das Vermögen zur Erkenntnis und Deutung der Vorzeichen Sache der natürlichen Begabung ist. Es kommt also für jeden Fall, in dem man die Weltseele zu Rate ziehen will, nur darauf an, auf richtige Weise sich ein Kua zu legen; dessen Deutung läßt sich daraufhin aus dem Ji' erlesen und durch Scharfsinn näher erklären. Wahrscheinlich bekam man die Kua etwa in der Weise des auf S. 356 erwähnten Stäbchenziehens.

Das Ji', das es dem Menschen ermöglicht, mittels der Allseele, die in der Schafgarbe wohnt, den Erfolg seiner Unternehmungen im voraus zu prüfen und somit der Gefahr zu entgehen, daß sein Tun nicht mit der Weltordnung in Einklang sein könnte, ist somit das allerwichtigste unter den heiligen universistischen Büchern. Konfuzius selbst hat auf seinen Wert den Stempel gedrückt. Dem Lun Jü zufolge (VII, 16) sprach er: 加我數年、五十以學易、可以無大過矣；wäre mir noch eine Vermehrung der Lebensjahre beschieden, so würde ich fünfzig davon dem Studium des Ji' widmen, damit ich keine großen Irrtümer mehr begehe.

Daß die Kua, in einem Kreise aufgestellt, sich an die zahlreichen Kreise, in welche die Chronomantik die übrigen universistischen Faktoren zu ordnen pflegt (s. S. 328), legen lassen, und daß das Ji', welches sie deutet, dadurch mit einem Schlage auch das große Handbuch für Chronomantik wird, läßt sich leicht einsehen; auch daß, umgekehrt, die genannten Faktoren dadurch in den Dienst der Mantik des Ji' gestellt werden, und dieses Buch mithin den großen Schlußstein der Mantik in ihrer ganzen Verschiedenheit an Formen bildet.

Um aus der Allseele Anzeichen zu erhalten, wurden im ältesten China neben der Schafgarbe auch Schildkröten gebraucht. Man nannte diese Methode, wie noch heutigentags, 卜 Pu'. Schildkröten können nämlich ebenfalls, wie es ihre Riesenexemplare erweisen, ein hohes Alter erreichen, was natürlich auf den Besitz einer kräftigen, dem Jang entlehnten Lebensseele schließen läßt. Man sengte aus diesem Grunde ihre Schalen mit heißem Eisen, brachte dadurch Risse und Linien (兆) hervor und las daraus die Orakel. Die Heiligkeit und

Vortrefflichkeit der beiden Methoden war der Staatsregierung für alle Ewigkeit gewährleistet durch ihr direkt vom Himmel stammendes Grundgesetz, das Hung Fan. In der Aufzählung der neun hohen Obliegenheiten des Fürsten steht da geschrieben:

七稽疑、擇建立卜筮人、乃命卜筮〇〇〇汝則有大疑、謀及乃心、謀及卿士、謀及庶人、謀及卜筮。汝則從、龜從、筮從、卿士從、庶民從、是之謂大同、身其康彊、子孫其逢吉。汝則從、龜從、筮從、卿士逆、庶民逆、吉。卿士從、龜從、筮從、汝則逆、庶民逆、吉。庶民從、龜從、筮從、汝則逆、卿士逆、吉。汝則從、龜從、筮逆、卿士逆、庶民逆、作內、吉、作外、凶。龜筮共違于人、用靜、吉、用作、凶·

Die siebente heißt: die Ergründung des Ungewissen; erwähle und setze Personen ein für die Mantik der Schildkröten und Stengel und befiehl ihnen, diese Mantik zu verrichten. Bist du über eine Angelegenheit von Bedeutung in Zweifel, so gehe mit deinem Gemüt zu Rate, dann beratschlage mit deinen Ministern und Beamten, dann pflege Rats mit dem Volke und ziehe die Mantik der Schildkröten und der Stengel zu Rate. Wenn dann du selbst, die Schildkröte und die Stengel, die Minister und Beamten und das Volk für die Sache sind, dann ist ein völliges gemeinsames Einverständnis da, das für dich persönlich auf Wohlergehen und Kraft hinweist, für deine Nachkommenschaft auf Glück, das ihnen begegnen wird. Bist du mit der Schildkröte und den Stengeln für die Sache, aber sind die Minister und Beamten samt dem Volke dagegen, dann wird sie glücklich verlaufen; dasselbe wird der Fall sein, wenn die Minister und Beamten, die Schildkröte und Stengel dafür, du mit dem Volke dagegen bist, oder wenn das Volk mit der Schildkröte und den Stengeln dafür, du und die Minister und Beamten dagegen sind. Bist du mit der Schildkröte dafür, und sind die Stengel, Minister und Beamten und das Volk dagegen, dann wird, wenn die Angelegenheit dein Haus betrifft, diese glücklich verlaufen, unglücklich aber, wenn sie die Außenwelt angeht. Wo Schildkröte und Stengel zusammen mit den Menschen in Widerstreit sind, da bringt Nichthandeln Glück, Handeln Unheil.

In diesen Zeilen liegt uns das älteste und heiligste Grundprinzip der Mantik der allerhöchsten Ordnung vor, nämlich: die Orakel, welche die Weltseele durch den Geist und Verstand der Menschen gibt, sind keineswegs gegen die, welche sie durch Schildkröten und Schafgarbe verleiht, aufzuheben; letzteren aber ist auf jeden Fall der ausschlaggebende Wert und die entscheidende Kraft beizumessen. Vollständig begreiflich, aber dennoch kennzeichnend erscheint uns jetzt die Tatsache, daß die Tšou-Dynastie für diese hohe Zwillingskunst viele Beamte in ihrem Dienst hatte. Kap. 24 des Tšou Kuan erwähnt erstens die 大卜, Hauptmantiker für die Schildkröten, und schreibt dazu: 掌三易之法、一曰連山、二曰歸藏、三曰周易、其經卦皆八、其別皆六十有四: sie befassen sich mit der Methode der drei Ji', nämlich der Lièn-šan, des Kwei-tsang und des Ji' von Tšou; für alle diese Methoden sind die grundlegenden Kua acht und die anderen 64 an Zahl. Wir vernehmen hier also, daß neben dem Ji' von Tšou, das kein anderes als das jetzige Ji' ist, noch zwei andere Ji' bestanden, die ebenfalls die 8 und die 64 Kua zur Grundlage hatten und, da sie zuerst genannt werden, wohl älter waren als das Zeitalter von Tšou. Sie scheinen dieses Zeitalter aber nicht überlebt zu haben, was natürlich nicht ausschließt, daß ihr Inhalt ganz oder teilweise in das Ji' von Tšou übergegangen sein kann.

Weiter erwähnt das Tšou Kuan die 卜師, Meister der Schildkrötenmantik; 龜人, Personal für die Schildkröten: 占人, Orakeldeuter; endlich 筮人, Personen für die Stengelmantik, die sich ebenfalls mit den Methoden der drei Ji' befaßten. Es gibt also Zeugnisse zur Genüge, daß die Mantik der Schildkröten und die der Kua neben und miteinander getrieben wurden; daß das alle Zeiten hindurch der Fall geblieben ist, beweisen die zahlreichen Schriften, welche die Doppelkunst hervorgebracht hat.

Dieses Kapitel hat also neue Beweise dafür herbeigebracht, daß die große Grundlehre des Universismus, die Lebensführung des Menschen solle sich möglichst nach dem Tao des Weltalls richten, den Chinesen neben ihrer Religion und ihrem Staatswesen auch ihre Weisheit und Wissenschaft geschenkt hat. Dem Kaisertum war bei der Durchführung dieser Grundlehre vom Himmel selbst die führende Rolle zuerteilt, und es hat diesen Auftrag mit strenger Konsequenz erfüllt nach dem universistischen Gesetz, welches scharf und bündig in diesen Worten des heiligen Li Jun (III) seinen Ausdruck findet:

故聖人作則必以天地爲本、以陰陽爲端、以四時爲柄、以日星爲紀、月以爲量、鬼神以爲徒、五行以爲質、禮義以爲器、人情以爲田.

So sollen dem Heiligen (Herrscher) zur Regelung seines Tuns Himmel und Erde die Wurzel sein, Jin und Jang das Grundprinzip, die vier Jahreszeiten der Halt, die Sonne und die Planeten die chronometrische Richtschnur, der Mond der Zeitmesser, die Kwei und Šen die Gehilfen, die fünf Elemente der Grundstoff, die Li und die Zeremonien die Werkzeuge, die Natur der Menschen das (Arbeits)feld.

Unter dieser festen und strengen universistischen Führung hat die universistische Wissenschaft ihre Entwicklung genommen, ohne je den Boden ihrer erstarrten Grundformen zu verlassen. Sie hat also alle Zeit den chinesischen Geist in ihre Fesseln gelegt, ohne daß eine Wissenschaft in unserem Sinne neben ihr keimen, atmen oder leben konnte; durch ihre unzähligen Schriften und Bücher schmiedete sie sogar immer wieder neue Fesseln um den Geist des chinesischen Volkes. Diese Schriften, durchmischt mit Begriffen und Lehren über Götter und Dämonen, bieten dem Ethnographen eine unerschöpfliche Fundgrube für Forschungen über die menschliche Vernunft, die, solange sie strebt, nie zu irren aufgehört hat. Einen besonderen Wert mag solches Forschungswerk durch die Tatsache bekommen, daß es in das erste Morgengrauen der Menschheitsgeschichte zurückführt, vielleicht in eine Zeit, als Babylon und Assyrien sich ebenfalls eine universistische Kulturform geschaffen hatten. Diese ist längst verschwunden; sie aus ausgegrabenen Überresten soweit als möglich kennen zu lernen, ist die Wissenschaft mühsam bestrebt; es dürfte dieses Bestreben durch Kenntnis des chinesischen Universismus, der sich bis zu dieser Stunde unversehrt erhalten hat, Erleichterung und Förderung erfahren. Vielleicht wird eine Zusammenwirkung auf beiden Gebieten zu der Entdeckung einer gemeinsamen Wurzel der alten Kulturen und Religionen Asiens führen: des Menschen Bewußtsein seiner Abhängigkeit von der Macht des Weltalls und der daraus folgenden Notwendigkeit, sich dieser Macht engstens anzuschließen und anzupassen zur Erlangung ihrer Segnungen und zur Beseitigung ihrer ihm schädlichen Wirkungen.

Dreizehntes Kapitel.

Geomantik.

Ein wichtiger Hauptzweig der universistischen Kunst und
Wissenschaft muß noch in diesem Werke Erörterung finden,
zumal er bisher am meisten die Aufmerksamkeit des Auslandes
auf sich gezogen hat und das erste war, wodurch sich ihm das
eigenartige Wesen der chinesischen Geistesbildung in ihrer
wahren Form enthüllte. Gemeint ist die Kunst oder Wissenschaft, welche von alters her die Frage zu lösen versuchte, wie
der Mensch sich dem Weltall derart anpassen soll, daß er
samt seinen Schutzgöttern und Ahnen in einer Umgebung lebt,
wo die günstigen Einflüsse des Tao der Welt, also des Jang
und des Jin des Himmels und der Erde, möglichst zahlreich
und kräftig zusammentreffen. Nicht bloß Häuser, Dörfer und
Städte sollen sich in einer so günstigen Lage befinden, sondern
auch Altäre, Tempel und Gräber, und zwar weil die Götter und
die Toten, also die Šěn, an die unter ihrem Schutze lebenden
Menschen die segnenden Einflüsse des Weltalls unmöglich verteilen können, wenn ihnen nicht selbst in ihren Wohnsitzen ein
Überschuß davon zuströmt. Sind Altäre, Tempel und Gräber
an ungünstigen Orten angelegt, dann weigern sich die Götter
und die Geister der Toten darin zu verweilen, oder fühlen sich
daselbst so unbehaglich, daß sie in ihrem Ärger den so sorg-
losen Menschen statt Segen Strafe senden.

Da es sich bei dieser Kunst und Wissenschaft in erster
Linie um vernünftige Anpassung von Gebäuden jeder Art an die
Erde handelt, so steht nichts im Wege, ihr den Namen Geo-

mantik beizulegen. Die verschiedenen Teile der Erde entlehnen aber ihre Einflüsse den entsprechenden Teilen des Himmels, und somit ist ein alter Name der Geomantik 堪輿 K‘an Jü, das, was Himmel und Erde enthalten; bereits im Ši Ki (Anhang zu Kap. 127) wird eine K‘an Jü-Schule erwähnt, deren Weisen vom Kaiser Wu (2. und 1. Jahrh. v. Chr.) zu Rate gezogen wurden. Es läßt sich aber urkundlich nachweisen, daß die Geomantik noch viel älter ist, vielleicht wohl so uralt wie der Universismus selbst. Im Buche Hi-Tsĕ (II) des Ji’, demselben, in dem die Urlehre des Universismus enthalten ist (s. S. 7), wird nämlich die Geomantik dem Menschen zur Pflicht gemacht in folgenden Worten: 仰以觀於天文、俯以察於地理、是故知幽明之故; blickt hinauf, um die Zeichnungen am Himmel zu lesen, und blickt hinab, um die Zeichnungen in der Erde zu erforschen, denn aus ihnen lernt man die Einflüsse des leuchtenden (Himmels) und der dunklen (Erde) kennen. Die zugleich mit der Astrologie auszuübende Geomantik wird also hier als die Lehre der 地理 Ti Li, Zeichnungen im Erdboden, bezeichnet; diesen klassischen Namen’ hat sie bis zum heutigen Tage geführt. Auch heißt sie allgemein 陰陽術 Jin Jang Šu’, Wissenschaft oder Kunst von Jin und Jang. Der gebräuchlichste Name aber ist 風水 Fung Šui, Wind und Wasser. Von den Winden und dem Regenwasser, welches sie bringen, ist nämlich die Ernährungsmöglichkeit und somit das Glück oder Unglück der Menschheit vollständig abhängig (S. 314); Fung Šui ist also ein Name für die kostbarsten Einflüsse des Himmels und der Erde, welche, wie wir erfahren haben, als T‘iĕn Šĕn, himmlische Götter von Wind, Wolken, Regen und Donner, und als Ti K‘i, irdische Götter der Meere und Flüsse, endlich noch als Drachen in der Staatsreligion Verehrung und Opfer genießen.

Gleichwie die Chronomantik wird die Geomantik berufsmäßig betrieben von Sachverständigen, die allgemein den Titel von 師 Ši, Meister, führen. Schon von vornherein läßt es sich als selbstverständlich annehmen, daß sie in erster Linie mit denselben uns bekannten Serien und Kreisen von universistischen Faktoren ausgeübt wird, die in der Chronomantik ihre Rolle spielen, denn über das Verbinden und Verschieben derselben und ihre Deutung mittels der Kua ist die chinesische universistische Weisheit nie hinaus gekommen. Auf einer runden Holztafel, welche die Form einer platten Schüssel hat, in konzentrischen Kreisen zusammengebracht, mit einer winzigen Kompaßnadel im Mittelpunkt, stellen diese Faktoren ein Zauberinstrument dar, aus dem alle geomantische Weisheit und Kunst sich durch Anstrengung sachkundiger Vernunft, von Handbüchern unterstützt, herausholen läßt. Die darauf befindlichen Kan und Ki, welche (s. S. 321) sowohl die Zeitteile als die Kompaßpunkte darstellen, verknüpfen die Geomantik durch ein festes Band mit der Chronomantik und ermöglichen es also, bei Häuserbau auch die acht Schriftzeichen (S. 328) der Bewohner, bei der Anlage eines Grabes die des Toten und seiner Nachkommen in der Berechnung nützlich zu verwerten. Da auch die 24 gleichen Perioden, in die die Chinesen seit alters das Sonnenjahr einzuteilen pflegen, in ihrer natürlichen Reihenfolge in einen der Kreise eingeschrieben sind, und zwar so, daß die Äquinoktien mit dem Osten und Westen, die Sonnenwenden mit dem Süden und Norden zusammentreffen, läßt sich auch tiefsinnig bestimmen, zu welcher Zeit des Jahres Bauwerke irgendeiner Art unternommen werden sollen, während die Kan und die Ki dann den Tag und die Stunden bestimmen. Dadurch können für die Interessenten große Unannehmlichkeiten entstehen, weil Werke, welche keinen Verzug erleiden können, verschoben, andere verfrüht werden müssen; allein mit solchen nebensächlichen Dingen kann die hohe Geomantik unmöglich rechnen.

Eine nicht weniger wichtige Rolle spielen in der Geomantik die äußeren Formen (形) von Bergen, Höhen, Felsen,

Bäumen, Häusern und Gewässern aller Art, also die Ti Li, die Zeichnungen in der Erde, deren Wahrnehmung das heilige Ji' der Menschheit ans Herz gelegt hat (S. 365). In diesen Gestaltungen sucht das geomantische Auge vor allem vier mythische Tiere zu erkennen, durch die das Glück jeder Gegend bedingt wird. Man teilt nämlich seit alten Zeiten die 28 Siu oder Hauptsternbilder (S. 149) in vier Abschnitte von je sieben ein, die dem Osten, Süden, Westen und Norden entsprechen und bezw. 青龍, blauer Drache, 朱鳥, roter Vogel, 白虎, weißer Tiger, und 玄龜, schwarze Schildkröte, genannt werden. Wenn möglich, sollen die Formen dieser vier Tiere sich zusammen nah oder fern an den vier Seiten nachweisen lassen; unentbehrlich für ein erstklassiges Fung Šui aber sind ein Drache und ein Tiger, denn der Drache ist der Gott, der Wasser (Šui) hervorbringt, und, wie es im vierten Anhang (Wĕn Jĕn) des Ji' heißt: 雲從龍、風從虎, die Wolken kommen vom Drachen und die Winde (Fung) vom Tiger. Durch diese vier Tiere lassen sich die Einflüsse der 28 Sternbilder auf die verschiedenen Unterteile der Gegend nachweisen, und damit ist das Band zwischen Geomantik und Astrologie von selbst geknüpft. Es ist aber gar nicht nötig, daß die Linien und Umrisse der Landschaft irgendwelche Ähnlichkeit mit Tieren zeigen; ein Haus, Grabmal, Fels, Stein, Baum oder Gebüsch kann theoretisch eines der günstigsten Tiere darstellen. Ein Drache genügt schon allein, um ein gutes Fung Šui darzustellen; dagegen sind die anderen Tiere ohne den Drachen wertlos. Im Hause, das in der richtigen Lage bei einem Drachen und einem Tiger steht, oder das dort das Grab eines Ahnherrn besitzt, werden sicherlich Zivil- und Militärstaatsdiener geboren werden: ist doch der Drache das Sinnbild der kaiserlichen Regierung und der Tiger das von Tapferkeit, Kraft und Mut.

Es gibt auch nachteilige, sogar tötende Einflüsse der Winde, besonders der nördlichen, und es ist Aufgabe der Geomantik, dafür zu sorgen, daß sie durch Höhenzüge, Felsen, Bäume usw., oder sogar durch alberne Kunstmittel wie Steinhaufen und Baumgestrüpp abgewehrt werden. Es ist nun gar nicht erforderlich, daß sie diese Aufgabe in Wirklichkeit erfüllen; es genügt bereits, wenn sie überhaupt sichtbar sind, und sei es nur am fernen Horizont. Wie in jeder falschen Wissenschaft, ist in der Geomantik Theorie immer Trumpf, und so kann z. B. ein kleiner Felsblock eine ganze Gegend vor schädlichen Windeinflüssen schützen, wenn sie einfach dem Auge in der Perspektive eine verhängnisvolle Öffnung in entfernten Höhenzügen verdeckt.

Träger der 水神 Šui Šěn oder 水靈 Šui Ling, der göttlichen Wasserkraft, sind Flüsse, Bäche, Kanäle, Teiche, sogar Abflußrinnen; ihnen ist also bei geomantischen Ortsbestimmungen ganz besonders Rechnung zu tragen. Selbst im ausgetrockneten Zustand sind sie im Besitz dieser göttlichen Kraft. Windungen und Biegungen von Wasserläufen geben zu tiefsinnigen Betrachtungen Anlaß. Teiche werden gegraben, um Landstrichen, Tempeln und Mausoleen belebende Wasserkraft zuzuführen; selbst bei der Anlage von Rinnen in Wohnungen und außerhalb wird Lage, Form, Breite und Richtung geomantisch berechnet.

Wir wissen, daß man sich in China Himmel und Erde und jeden ihrer Unterteile als beseelte, lebende Wesen denkt. Das Fung Šui von jeder Gegend, durch die Umgebungen gebildet, ist also ein Organismus von verschiedenen Šěn oder Göttern, die sich durch Ling oder göttliche Wirkung kennzeichnen, welche auf die daselbst wohnenden Menschen in allerhand Arten und Weisen segnend einwirkt, am kräftigsten aber, wenn die Unterteile der Gegend Zufuhr von 天德 t'iĕn Te', himmlischer Kraft oder Tugend, von den Sternen empfangen, unter deren Einfluß sie stehen (vgl. S. 281). Das Ling kann sich somit auch unwirksam verhalten, auch endgültig erlöschen und also für die Menschen wertlos werden; es heißt dann, das **Fung Šui** sei tot. Auch kann das **Ling** sich auf einer bestimmten Stelle des **Fung Šui** besonders anhäufen, dagegen an anderen Stellen gänzlich dahinschwinden; es kann bald an der Oberfläche strömen (流), bald in der Tiefe verborgen sein, sich an einer und derselben Stelle bald stärker bald schwächer offenbaren, usw. Natürliche Begabung setzt den tüchtigen Geomanten instand, sich über alle solche Einzelheiten mit Entschiedenheit auszusprechen. Er weiß auch den Wert des **Fung Šui** noch nach vielem anderen abzuwägen, das sein Seherblick in den Landschaftslinien zu entdecken vermag. Ist z. B. eine Höhe von einem etwas wuchtigen Felsblock gekrönt, so kann sein Urteil lauten, daß aller Wohlstand in der Gegend in seinem Aufschwung gehemmt, wenn nicht sogar vollständig „zermalmt" (壓) wird, und daß folglich daselbst nur Unglück und Armut herrschen können. Zeigt ihm jedoch der Bergumriß die Form einer Schlange, und erweckt dabei eine Wohnung oder ein Felsblock in der Nähe des Kopfes dieses Tieres den Gedanken an eine Perle, die von der Schlange ausgespien sein könnte, dann wird der **Fung Šui** alle, die innerhalb seines Bannkreises wohnen oder ihre Toten begraben, reich machen. Enthüllt sich dem Auge des gelehrten Mannes im Gebirge das Bild dreier dicht beisammen stehender Zacken, dann ist ihm das ein Beweis dafür, daß auf die Söhne und Enkel der in der Nähe Wohnenden hohe Lorbeeren bei den Staatsprüfungen und somit ansehnliche Ämter warten; ist es doch in der Gelehrtenwelt bräuchlich, sich auf dem Schreibtisch einen kleinen Gegenstand in Gestalt eines dreizackigen Hügels zu halten und zwischen die Zacken die Spitze des Schreibpinsels zu legen, damit nicht etwa die Tusche die Tischplatte beflecke. Spitzfindigkeit kann natürlich in den Umrissen der Landschaft alles mögliche entdecken, was man sich wünscht. Werke über Geomantik enthalten ganze Listen von solchen Formdeutungen.

Eine führende Rolle ist im System der Geomantik den fünf Elementen zugewiesen. Es wird z. B. als selbstverständlich angenommen, daß, wenn in einer Höhengestaltung das Element Feuer vorherrscht, Feuerbrünste in der Umgebung häufig vorkommen müssen, es sei denn, daß diese Wirkung durch eine andere Gestaltung, in der Wasser vorherrscht, aufgehoben wird. Noch verhängnisvoller wird die Lage, wenn unweit des Feuers sich in den Gestaltungen das Element Holz nachweisen läßt. Wehe auch der Gegend, wo das Element Erde durch Wasser überwogen wird, denn da drohen Überschwemmungen. Wird eine Gegend öfters von bewaffneten Räubern heimgesucht, dann entdecken Geomanten in der Umgebung leicht eine Anhöhe, deren Form auf Metall, also auf Waffen, hinweist. Sollten die Bewohner in solchen ungünstigen Orten ihre Toten begraben, so wird ihr durch das Fung Šui bedingtes Schicksal noch erheblich verschlechtert. Dagegen ist mit gutem Fung Šui jeder Ort gesegnet, wo Feuer und Wasser gleichmäßig regieren; da wachsen die Feldfrüchte üppig und da herrscht Kindersegen.

Es ist eine alte Lehre, die bereits vor 2000 Jahren durch Liu Ngan in seinen Schriften verkündigt wurde, daß die Elemente einander besiegen (勝 oder 克), vernichten (滅), schädigen (害) und hervorbringen (生) können. Holz (Wachstum) besiegt Erde und bringt Feuer hervor; Erde überwältigt oder beeinträchtigt Wasser und erzeugt Metall; Wasser vernichtet Feuer und schafft Holz; Feuer besiegt Metall und bringt Erde (Asche) hervor; Metall vernichtet Holz und erzeugt (wenn es schmilzt) Wasser usw. Eine Unmasse von geomantischer Theorie hat sich aus diesem Unsinn entwickeln können, Hand in Hand mit einer praktischen Kunst zur Verbesserung und Regulierung der Gelände- und Höhenformen. So wissen die Fung Šui-Gelehrten z. B. den üblen Einfluß, der von einem flammenförmig gezackten Felsen ausgeht, dadurch zu lähmen, daß man in der richtigen Entfernung, die bis auf den Zoll ausgerechnet wird, einen Teich oder Wassergraben anlegt. Oder es wird einfach von dem gefährlichen Felszacken der scharfe Gipfel entfernt; oder der Zacken wird etwas abgerundet, wodurch er ein anderes Element wird, das gerade an der Stelle fehlte; oder man leitet einen Bach oder Graben nach der Stelle hin, um das unerwünschte Feuer zu löschen oder in seiner Wirkung zu beschränken. Auch läßt sich ein Boden, der flach ist und deswegen die Einflüsse des Elementes Erde besitzt, in Feuer, Holz oder ein anderes Element verwandeln durch die Errichtung von Steinhaufen bestimmter Gestalt. Mit der Absicht, in dieser Weise das Fung Šui von Städten, Dörfern und Tälern zu verbessern, sind in China auch zahlreiche Türme oder Pagoden erbaut worden, in vielen Fällen unter großem Aufwand von Kosten und Arbeit.

Die Anwesenheit der Elemente in den Gestaltungen des Bodens gilt noch besonders für eine Sache höchster Wichtigkeit deswegen, weil sie eines der Hauptbande ist, die Himmel und Erde geomantisch verknüpfen. Seit alters sind nämlich in China den fünf Planeten die Namen der fünf Elemente beigelegt worden, und deswegen ist Merkur die himmlische Macht, welche Wasser regiert, Mars die des Feuers, Jupiter die des Holzes, Venus die des Metalls, Saturn die der Erde. Folglich läßt sich von jedem Stück Erdboden auf Grund seiner Gestalt bestimmen, unter den Einflüssen welches Wandersterns und welcher von diesem durchquerten Gestirne es sich befindet. Kein Wunder, daß bei der Auswahl einer Baustelle für ein Haus, Grab oder Tempel die Geomanten vor allem den Elementen Rechnung tragen, die an der betreffenden Stelle vorherrschen. Steiniger Boden, kahle Felsen, lockeres Geröll verkörpern mit ihrem ausgedörrten Aussehen und ihren an flackernde Flammen erinnernden Umrissen das Element Feuer. Jeder an solcher Stelle eingebettete Sarg würde rasch modern und der

Seele also keinen dauernden Schutz bieten; er würde dort unter einem ebenso schlechten Fung Šui liegen wie in einem Boden, der vom Wasser beherrscht ist. Auch spitz auslaufende Berge und Hügel verkörpern das Feuer. Ist dagegen der Gipfel sanft gerundet, so herrscht das Metall vor. Wenn Höhen steil und kühn emporragen, so soll ihnen das Element Holz innewohnen, offenbar weil diese Form an den Wuchs der Bäume erinnert. Bildet eine Kuppe eine erdige oder lehmige Terrasse, so ist das Element Erde darin vorwiegend. Natürlich kann eine Bodenerhebung zwei oder mehrere dieser Formen aufweisen und dementsprechend mehrere Elemente verkörpern. Es versteht sich, daß ein Geomant Feuer annimmt, wo ein anderer Metall oder Wasser erblickt. Jedoch solche Meinungsverschiedenheiten haben auch ihre Vorteile, denn sie setzen die Kundschaft, welche es sich leisten kann, mehr als einem Gelehrten seinen Rat abzukaufen, instand, mehrere Urteile gegeneinander abzuwägen, bis nach langem Abwägen und Bezahlen das richtige Fung Šui getroffen wird. Auch läßt sich auf diese Weise die Entscheidung im Interesse des Geldbeutels der Geomanten recht hübsch in die Länge ziehen.

Es treten also in der Geomantik deutlich zwei Systeme hervor, nämlich eines, das hauptsächlich mit den verschiedenen universistischen Faktoren arbeitet, und eines, das auf die 形勢, Gestaltungen und Formen, das Schwergewicht legt. Daß auch letzteres schon zur Zeit der Han-Dynastie bestand, lehrt uns das 30. Kapitel der Tsʻiĕn Han Šu, das über 藝文, wissenschaftliche Literatur, handelt; da wird eine 形法, Methode der Gestaltungen, erwähnt, mit folgender Erklärung: 大舉九州之執（勢）以立城郭室舍形, sie hebt ausführlich die Gestaltungen in den neun Provinzen hervor und basiert darauf die Formen von Städten und Wohnungen. Unter sechs Werken dieser Schule wird auch eines mit dem Titel 宮宅地形二十卷, Bodengestaltungen für Paläste und Häuser, in 20 Kapiteln, erwähnt. Es scheint, daß diese „Formenschule" seit dem 9. Jahrhundert der anderen überlegen gewesen ist infolge des Einflusses des damals lebenden berühmten kaiserlichen Geomanten 楊筠松 Jang Jun-sung. Da dieser Großmeister seine letzten Lebensjahre in 贛州 Kan-tšou in der Provinz Kiang-si verbrachte, heißt seine Schule die Kan-tšou- oder Kiang-si-Schule. Er führte die Einflüsse der Gestaltungen hauptsächlich auf Drachen zurück, d. h. auf die durch Wasser gebildeten Einschnitte und Aushöhlungen im Boden, und so führt eine seiner Schriften den Titel 三十六龍書, das Buch der 36 Drachen. Daß diese Schule leicht die Oberhand gewann, läßt sich wohl daraus erklären, daß sie jedem, der über sehende Augen und Einbildungskraft verfügt, die Ausübung der Geomantik und die Erwerbung einer gut zahlenden Kundschaft sehr erleichtert, und überdies auch Laien und alten Frauen erlaubt, über Drachen, Tiger und Elemente urteilsfähig mitzufaseln, vor allem, wenn es die Gräber ihrer Toten anbelangt, für welche jedermann verpflichtet ist, hohes Interesse zu hegen und zu bekunden.   .

In der offiziellen Geomantik der kaiserlichen Regierung, deren Ausübung natürlich auch dem K'in T'iĕn Kiĕn auferlegt ist, hat die Formenschule die Oberhand. In den Statuten dieser Behörde (Ta Ts'ing hui Tiĕn, Ausgabe 1899) steht geschrieben:

陰陽生漢十人。掌候時諏日擇地之事。擇地之術。以地勢之起伏視其氣之行、以地勢之回繞視其氣之止。建都邑、覘山河之包絡、營宮室驗旺相之居臨。至其精微之旨、尤致詳於龍穴沙水。龍者地之生氣、龍止則爲穴、穴之所坐爲主山、龍之所起爲祖山。辨龍於祖山、辨穴於主山、穴左右前方高者爲沙、下者爲水、龍直、穴正、沙環、

水嚮、是爲吉壤。形家之要大槩如此、若五
行、九曜、察山之性情、八卦、九宮、推地之運
氣、又餘事矣.

Die zehn chinesischen Meister des Jin und Jang: sie beschäftigen sich mit den zu beobachtenden richtigen Stunden (für kaiserliche Zeremonien usw.), mit der Bestimmung von geeigneten Tagen und mit der Wahl von Grundstücken. Die Kunst des Erwählens von Grundstücken: in den höheren und tiefer liegenden Teilen der Bodengestaltungen beobachten sie die Bewegungen des Atems (d. h. des Šĕn oder Ling), und aus den Windungen der Bodengestaltungen ersehen sie, wo der Atem stillsteht. Bei der Gründung einer Stadt nehmen sie die von Bergen und Flüssen gebildeten Adern wahr, welche die Stelle umfassen, und bei dem Entwurf von Palästen und Häusern erforschen sie die gedeihenverheißenden Formenlinien, welche sich daselbst befinden oder dort herabsteigen. Was die feineren und subtileren Fingerzeige (der Gestaltungen) betrifft, so wende man die genaueste Aufmerksamkeit den Drachenhöhlen, dem Sand und dem Wasser zu. Drachen bilden nämlich den lebenden Atem der Erde; wo ein Drache sich aufhält, da macht er eine Höhle, wo er in seiner Höhle sitzt, da liegt der Berg oder Hügel, der die Gegend überherrscht, und wo er emporsteigt, da ist der Ausgangsberg. Bestimmet also den Drachen im Ausgangsberg und bestimmet auch die Höhle des Drachen im überherrschenden Berge; beiderseits der Höhle bilden die vorliegenden Anhöhen den Sand, und die niedrigen Stellen das Wasser; ist nun der Drache wirklich da und die Höhle richtig, der Sand ringsumher gelagert, während Wasser zufließt, dann ist da eine glückverheißende Gegend. Das sind im allgemeinen die wichtigsten Grundsätze der Formenschule, wozu dann noch die fünf Elemente und die neun Himmelslichter kommen zur Erforschung des Charakters und der Eigenschaften der Berge, sowie die acht Kua und die neun Teile des Weltganzen zur Berechnung des zirkulierenden Atems der Erde; und was noch weiter hinzukommt.

Weil die Geomantik sich vornehmlich mit der Anweisung von Grabstellen beschäftigt, greift sie besonders tief in das Volksleben ein. Die Toten werden nämlich in China nicht in dazu angewiesenen Friedhöfen beerdigt, sondern überall, wo sich dazu Gelegenheit bietet und das Fung Šui für gut gehalten wird. Allezeit war im chinesischen Volke die Überzeugung eingewurzelt, daß die Toten in einem Boden, auf den Himmel und Erde günstig einwirken, sich behaglich fühlen und deswegen die Nachkommen reich und glücklich machen und ihnen Posten im Staatsdienst, sogar die höchsten, verschaffen. Der Besitz einer Staatsstellung ist gleichbedeutend mit Ehre und Ruhm, Wohlstand und Reichtum, Einfluß und Macht in diesem und im künftigen Leben und ist somit den Ahnen recht erwünscht, weil ihnen eine so beglückte Nachkommenschaft reiche Opfer und ausgiebige Verehrung darbringt und ihnen überdies in der Welt der Geister Macht und Einfluß sichert. Diese Gedanken kommen schon in der Staatsgeschichte der ersten Han-Dynastie mehrmals zum Ausdruck. Auch Kaiserhäuser waren stets von dem Glauben beherrscht, daß ihr Glück, ihre Zukunft und Dauer vom Fung Šui der Grabstätten ihrer Ahnen abhinge; und eine so hohe Bedeutung legt die jetzige Dynastie dem Fung Šui ihrer Ahnengräber bei, daß sie den Höhenzügen, welche sie umgürten und ihr Fung Šui bilden, im Pantheon der Staatsreligion einen Platz gewährt neben den heiligsten Bergen des Reiches (s. S. 193 f.).

Gräber sind also Fetische, d. h. Gegenstände, deren innewohnende Seelen man zur Spendung von Segen zwingt. Das dazu angewandte Mittel, die Geomantik, hat somit den Ahnenkult, einen so überaus heiligen Teil der chinesischen Religion, in Fetischismus umgewandelt, indem es die Kinderpflicht für Körper und Seele der Toten zu Nebensächlichem erniedrigte, dagegen die menschliche Selbstsucht zur Hauptsache machte. Soll das Fung Šui seine Wirkung auf das Grab nicht verfehlen, dann muß es direkt entweder auf die eingebettete Leiche einwirken oder auf den Grabstein, der den Toten und seine Seele vertritt, weil dessen Name darauf gemeißelt ist. Gleichwie das Fung Šui jedes Hauses und Tempels, ist das eines Grabes ein mühsam zusammengesetztes Gewebe von himmlischen und irdischen Kräften oder Ščn, die sämtlich harmonisch zu-

sammenstimmen und ineinandergreifen sollen wie ein Räder-
werk, in dem das Versagen des kleinsten Teilchens Stockung
und Stillstand des ganzen zur Folge haben kann. Diese über-
große Empfindlichkeit macht die sachverständige Leitung der
Fung Šui-Meister unentbehrlich und ermöglicht es ihnen, sich
jederzeit auf die so leicht eintretenden Störungen zu berufen,
falls ihre Voraussagungen über die segnende Wirkung des Grabes
nicht in Erfüllung gehen. Ohne weiteres entschuldigen sie sich
mit der Behauptung, das Fung Šui sei in seiner Anlage vortrefflich gewesen, sei aber durch irgendeinen Zufall oder bösen
Streich feindseliger Nachbarn verwundet (傷) oder sogar getötet (殺) worden.

Schon eine geringfügige Kleinigkeit vermag ein Fung
Šui tödlich zu verletzen, so ein Stein, den man achtlos von
seiner Stelle rückt oder den ein Fremder hingelegt hat, um das
Fung Šui eines ihm angehörigen Grabes zu verbessern; die
Errichtung eines Grenzzeichens; eine Hütte oder ein Schuppen,
die man unweit des Grabes oder auf einer Anhöhe gebaut hat,
und ähnliches mehr. Nichts aber ist so verhängnisvoll für ein
Grab, als wenn ein anderes in der Nähe angelegt wird. Gewöhnlich tritt sodann der Fung Šui-Meister auf den Plan
und macht die Familie darauf aufmerksam, daß das neue Grab
den Einfluß irgendeines vortrefflichen Wasserlaufes unterbricht
oder die göttliche Wirkung (Ling), die vom Schwanz oder
Bein des Drachen oder Tigers ausgeht, hemmt, und daß die
Familie also einschneidende Maßnahmen zu ergreifen habe,
wenn nicht das schwerverletzte Tier verbluten und somit das
ganze Fung Šui hinschwinden solle. Verhandlungen mit den
Eigentümern der neuen Grabstelle verlaufen in der Regel er-
gebnislos, weil auch diese ihr Recht verfechten und auch ihre
Geomanten bereits reiche Bezahlung für ihre Arbeit zur Erwerbung der Grabstätte genossen haben. Nur eine Entschädigung
in barer Münze könnte die Entfernung des gefährlichen neuen

Grabes erwirken; scheitert aber auch dieses Mittel infolge hochgeschraubter Ansprüche der anderen Partei, so kommt es wohl zum Prozeß, der beide Parteien der Habsucht der Mandarinen und ihrer Trabanten ausliefert und großenteils oder gänzlich ruiniert. Nicht selten werden die Streitenden handgemein und schreiten zu Gewalttätigkeiten aller Art, vor allem falls die eine Partei das neue Grab mit Hacken und Spaten angreift, öffnet und entweiht. Dann kann die Gegenpartei nicht umhin, entsprechende Vergeltungsmaßregeln zu ergreifen; Schlägereien zwischen den beiden Ortschaften, Brandstiftung, Zerstörung der Feldfrüchte, Verschleppung von Männern, Frauen und Kindern als Geiseln zur Erpressung von Lösegeldern, Raub, Mord, folgen unvermeidlich; kurz regelrechter Bürgerkrieg ist an der Tagesordnung.

Nunmehr können die Mandarinen es nicht unterlassen, zur Wiederherstellung der Ordnung kräftig einzugreifen. Sie entsenden dazu Soldaten, und diese erpressen von der Bewohnerschaft so lange und so unbarmherzig Geld und Lebensmittel, bis kein Scheffel Reis, keine Kupfermünze mehr aufzutreiben ist. Inzwischen läßt sich die Behörde die Rädelsführer bringen und straft sie bald väterlich mit Stockschlägen, bald mit der ganzen fürchterlichen Schwere des Gesetzes wegen Gräberschändung.

Es können auch Störungen des Fung Šui ganzer Ortschaften stattfinden und zu Fehden zwischen Stämmen und Dörfern führen. Eine zu Bewässerungszwecken angebrachte Veränderung des Laufes eines Gewässers oder der bisherigen Kontur einer Anhöhe durch eine neugebaute Hütte und ähnliche geringfügige Anläße können ernstlich das Fung Šui von Landschaften schädigen, was sich durch schlechte Ernten, sinkenden Wohlstand und Unglücksfälle jeglicher Art kennbar macht. Nicht selten erfolgen Angriffe gegen das Fung Šui feindlicher Nachbarn aus böser Absicht heraus, und man hat

Beispiele verzeichnet, daß die ganze männliche Bewohnerschaft eines Ortes sich tagelang abgemüht hat, das Glück eines Nachbardorfes durch Abtragung eines Hügels, Einebnung einer Bodenerhebung, Verletzung eines Drachengliedes zu untergraben oder zu vernichten.

Auch in Städten sind Feindseligkeiten wegen Verletzung des Fung Šui gang und gäbe. Häusliche Ausbesserungsarbeiten, der Bau einer Mauer, besonders wenn sie ihre Umgebung überragt, das Aufstellen eines Pfahls, das Fällen eines Baumes, kurz jede Veränderung im gewöhnlichen Zustand der Dinge kann das Fung Šui von Häusern und Tempeln stören und somit alles mögliche Unglück bringen. Bei plötzlichem Todesfalle ist die Verwandtschaft sofort dabei, dié Schuld daran dem Mitbürger zuzuschieben, der eine bauliche Veränderung auf seinem eigenen Besitz vorgenommen hat, und es soll vorkommen, daß sie das Haus eines solchen Unglücklichen stürmt und ruiniert, ihn selbst mißhandelt, oder die Leiche in sein Bett legt, um Geldtribut zu erpressen und rachgierig tödliche Einflüsse in sein Haus zu bringen.

Zum Glück sind bei Verletzungen des Fung Šui die Geomanten meistens auch imstande, Genesung zu verschaffen, vorausgesetzt, daß man sie rechtzeitig heranzieht. Ist ein Wohnhaus gefährdet, dann wird z. B. auf ihre Anweisung eine Hecke darum gebaut, die alle schädlichen Einflüsse fernhalten soll; oder man klebt an der betreffenden Stelle auf Papier geschriebene Zauberformeln an. Um das gefährdete Fung Šui einer Ortschaft, Stadt oder eines Dorfes wiederherzustellen, werden ungünstige Konturen von Felsen, Anhöhen und Häusern mit Geschick abgeändert und somit zu Werkzeugen des Segens umgewandelt; eine allzu niedrige Bodenerhebung wird höher gemacht; ein bedrohlicher Flußlauf erhält eine verbesserte Richtung; an der gefährdeten Stelle pflanzt man einen Schutzhain, oder man baut Steinkegel; eine Bodengestaltung, worin das geübte geomantische Auge ein gefährliches Tier erblickt, wird völlig unschädlich gemacht, indem man dessen Augen vernichtet oder übermalt oder einen Fuß beseitigt; und so fort.

Tempel von Schutzgöttern, insbesondere aber die kleinen und großen buddhistischen Klöster, welche allenthalben im Reiche einsam an den Abhängen der Gebirge liegen, verdanken im allgemeinen ihre Entstehung dem Bedürfnis, das Fung-Šui des sich davor erstreckenden Landes zu regeln (制). Schon seit dem vierten Jahrhundert unserer Zeitrechnung verzeichnet die chinesische Literatur Beispiele von buddhistischen Klöstern, wo Drachen zu bezwingen waren, welche Gewitterstürme hervorriefen und dadurch in der Ebene Überschwemmungen verursachten, sowie von anderen, die an Stellen lagen, wo die Geistlichkeit Drachen erweckt und somit ersehnten Regenfall herbeigebracht hatte. Übrigens ist es Tatsache, daß bis zum heutigen Tage die umwohnende Bevölkerung für den Unterhalt solcher großen, zumeist recht alten Stiftungen ihre Geldbeiträge und sonstigen Gaben spendet auf Grund der Überzeugnng, daß von ihnen das Fung Šui, also das Glück und die Fruchtbarkeit der Umgebung, direkt abhängig ist. Dagegen steht die Verpflichtung der Mönche, durch religiöse Zeremonien und Lesung von heiligen Büchern bei verheerender Trockenheit Regen herabzubeschwören und bei schädlichem, schwerem Regenfall klares Wetter zu machen, und so Mißernte, Mangel und Hungersnot abzuwenden. In diesen Zeremonien spielen ein paar hundert Drachen als Regenspender die Hauptrolle.[1] Das buddhistische Mönchtum darf also mit gutem Grunde ein universistisches Priestertum des Fung Šui genannt werden.

Wie auf den Gräbern die Einflüsse des Fung Šui der Umgegend sich in dem Grabstein ansammeln, so vereinigen sie sich in den Klöstern in den großen, vergoldeten Bildern, welche

---

[1] Vergleiche meine Mitteilungen über diese Zeremonien in: „Le Code du Māhayāna en Chine", p. 148 ff.; Amsterdam 1893.

auf dem Altar im Haupttempel aufgestellt sind. Bei der Errichtung dieses Gebäudes wurde die Stelle dieser Bilder mit großer Genauigkeit geomantisch bestimmt, und nur demzufolge sind sie imstande, das Fung Šui, in dessen Brennpunkt sie sich befinden, wiederum weit über die Landschaft hinaus auszustrahlen. Sie stellen in der Regel die 三寶 san Pao, die drei Kostbarkeiten (Triratna), vor, nämlich Dharma (法), das Weltgesetz oder die Weltordnung; den Buddha (佛) Šakiamuni, der im Māhayāna-System das Weltlicht vertritt, und Sangha (僧), die gesamten Heiligen und Geistlichen, die in der Weltordnung eine Rolle spielen. In der Umgebung eines Klosters werden überdies zur Sicherung des Fung Šui siebeneckige Steinsäulen errichtet, welche auf jeder Seite den Namen eines der sieben Tathāgata oder Sonnen der Gegenwart und der sechs früheren Weltperioden tragen. Endlich besitzt manches Kloster eine Pagode (塔), die ein Bild oder eine Reliquie des Šakiamuni enthält und dadurch imstande ist, über alle Gegenden, Felder und Auen, in deren Gesichtskreis sie sich befindet, den Geist (Šĕn, Ling) dieses Buddhas auszustrahlen, zur Vertreibung aller Geister des Übels und der Finsternis. Auch sie steht selbstverständlich in einer möglichst günstigen geomantischen Lage und ist deshalb im wahrsten Sinne des Wortes eine Fung Šui-Pagode, wie in der Tat das Volk sie durchweg nennt. Also hat sich der eigene Universismus des Buddhismus seit einer langen Reihe von Jahrhunderten dem alten chinesischen Universismus und dessen Geomantik vollkommen angepaßt, ja sich damit verquickt; er hat sogar dabei die führende Rolle übernommen, die er erfüllt mittels allerlei religiöser Handlungen, welche Einwirkung auf sein Triratna bezwecken, das im Weltall die höchste Macht ausübt.

Noch viel ließe sich über die Geomantik der Chinesen ausführen, über ihre Geschichte und Literatur, über ihre in mancher Hinsicht recht unheilvolle Wirkung unter dem Volke, auch über die merkwürdige Klasse ihrer „Meister" und die wunderbaren Leistungen, welche zahlreiche Erzählungen und schriftliche Urkunden in allen Jahrhunderten ihnen zuschreiben. Jedoch sei hier nicht über eine Darstellung der Grund- und Hauptzüge dieser Afterwissenschaft hinausgegangen und der Leser auf Band III meines „The Religious System of China" verwiesen, wo erheblich mehr Material mit Belegen darüber zusammengebracht ist.

Gewiß ist die chinesische Geomantik eine merkwürdige Kulturerscheinung. Religiöse Ehrfurcht vor der Macht und Majestät des Weltalls und dessen Götterheer ist der Vater, der sie erzeugte; ihre Mutter war die menschliche Selbstsucht, die das heilige All zum persönlichen stofflichen Wohl vernünftig auszubeuten suchte; sollte da das Zwitterwesen wirklich etwas anderes als ein Monstrum sein? Offenbare Tatsachen zeigen zur Genüge, daß es immer ein Ungeheuer gewesen ist. Unzähligen Menschen, von gewissenhafter Sorge für die Zukunft ihrer Nachkommen und Pflichtgefühl gegenüber den Toten beseelt, raubt es die Seelenruhe; es zwingt sie, sich zu verarmen, zur Bereicherung von Geomanten, Bodenbesitzern und Grabmaklern, die zur Ausbeutung der Kundschaft in der Regel Hand in Hand gehen. Es ruiniert Familien, die ihren leeren Träumereien über das Glück, das ihre Gräber schaffen sollen, ihr Vermögen zum Opfer bringen. Es stiftet Uneinigkeit in Familienkreisen und entzweit sogar Brüder, indem es lehrt, daß ein und dasselbe Grab dem einen viel Glück, dem anderen dagegen wenig oder gar keines bringt. Es veranlaßt, daß Tote in hermetisch verschlossenen Särgen Jahre lang unbeerdigt bleiben müssen, weil die Söhne sich nicht erlauben dürfen, sie in weniger gutem Fung Šui beizusetzen und damit ihre Aussichten auf Reichtum, Ruf und Ehre zu verscherzen. Es sät sogar Hader und Fehde zwischen Nachbarn, Sippen, Dörfern, hetzt sie häufig in Kampf und Streit und setzt sie all den Leiden aus, die Eingriffe der Behörde unvermeidlich mit sich bringen. Fast jeder Neuerung, die sich für das Land segensreich erweisen könnte, wirft sich die Geomantik entgegen. Fast jeder Weg- oder Kanalbau, fast jede Anlage von Brücken, Eisenbahnen, Telegraphenlinien verursacht in China Verletzungen und Abschneidungen von Pulsen (脉) oder Adern, durch welche die Kraft (Ling) von Drachen oder Tigern fließt, wirft mithin die geomantischen Berechnungen über den Haufen und bildet den Anlaß, daß sich mitunter die Bewohnerschaft ganzer Gemeinden und Stadtviertel wie ein Mann erheben und ihre Wut gegen die rücksichtslosen Menschen kehren, welche sich erdreisten, durch solche Unternehmungen das Glück aller zu zerstören. Insofern führt die Geomantik direkt zu einer ungeheuren Verschwendung menschlicher Arbeitskraft. Denn in Ermangelung guter Straßen und brauchbarer Kanäle können Schiffe, Lastwagen und Tragtiere nur in beschränkter Zahl verwendet werden, und dieser Umstand macht es erforderlich, menschliche Arbeitskraft zum Transport von Waren und Personen auf kaum gangbaren Pfaden in gewaltigem Umfang heranzuziehen. An vielen Stellen sieht sich die ganze Schiffahrt zu weiten und schwierigen Umwegen gezwungen, weil irgendwo auf dem direkten Wege eine zu niedrige Brücke den Verkehr sperrt, die aus Gründen des Fung Šui nicht erhöht werden darf.

Schlußwort.

Wir sind jetzt in der Lage, die verschiedenen Wissensgebiete Chinas zu übersehen: die Geomantik; die Chronometrie und Chronomantik; Beobachtung und Deutung ungewöhnlicher Erscheinungen am Himmel und auf der Erde; die Philosophie und Ethik der heiligen Schriften; Staatskunde; Medizin. Sie alle sind religiöser Natur, alle integrierende Bestandteile eines allesbeherrschenden Universismus. Sie bilden also die Wissenschaft des Tao des Menschen, die ihn lehren soll, wie er sich die unentbehrlichen Segnungen des Weltalls sichern kann. In dieser Wissenschaft liegt vermutlich vieles, was andere Teile des alten Asiens mit ihr gemein hatten, was jedoch da zugrunde gegangen ist, während sie im vollen Umfang und in ungeschwächter Lebenskraft noch heute in China Staat und Volk beherrscht. Das universistische System stellt den Höhepunkt dar, bis zu welchem sich die geistige Kultur Chinas innerhalb der Schranken einer strengen Orthodoxie und unter dem völligen Ausschluß abweichender Lehren hat entwickeln können. Die einzige Macht, die es zu untergraben und zu Fall bringen könnte, ist gesunde Wissenschaft, die auf wirklicher Naturkunde beruht. Aber nur die schüchternen Anfänge solcher Wissenschaft haben bisher unter ausländischem Einfluß nach China ihren Weg gefunden. Sollte je die Zeit kommen, daß man sie dort mit Ernst pflegt, dann muß ohne Zweifel eine vollständige Umwälzung im gesamten geistigen Leben Chinas eintreten, durch welche China entweder völlig aus den Fugen geraten muß oder eine Erneuerung, eine Wiedergeburt erleben wird, nach welcher China kein China, die Chinesen keine Chinesen mehr sein werden.

Ein ungeheurer Prozeß, der sich bis dahin vollzieht! Er hat sein Schleifungswerk bereits sichtbar begonnen. Jedoch Chinas Kultur ist weit älter als die ausländische, welche Hand an sie legt; sie hat mehrere tausend Jahre hindurch allen Stürmen der Weltgeschichte getrotzt; nach jeder politischen Katastrophe, nach jedem Dynastiesturz, nach jeder Revolution, nach jeder Beherrschung durch Barbarenvölker hat sie sich wie ein Phönix aus dem Feuer verjüngt erhoben. Wird eine so starke und zähe Kultur ohne äußersten Widerstand sich ausrotten lassen? China selbst hat kein zweites System an die Stelle des alten zu setzen; demnach müßte der Tod des alten Zusammenbruch, Auflösung und Anarchie zur Folge haben, kurz die vollste Erfüllung des Satzes der eigenen heiligen Lehre, wonach Katastrophe und Untergang unausbleiblich sind, wenn die Menschheit das T a o verliert. Wird diese beklemmende Voraussicht imstande sein, die Nation von der Bahn zur Modernisierung abzuhalten? Zweifellos ahnt die erhaltende Partei, daß Änderung Selbstmord ist, aber wird sie die Oberhand behalten und somit den Beweis erbringen, daß das T a o des Weltalls und der Menschheit wohl erschüttert, jedoch nicht zerstört werden kann? Früher oder später wird die Geschichte hier die Antwort geben; vorläufig läßt sich nur eines feststellen: an Chinas Horizont droht Sturm. Sollte es in der Ordnung der Welt bestimmt sein, daß das grausame Werk des Abbruchs seinen Fortgang nehme und die Tage von Chinas alter universistischer Kultur somit gezählt sind — dann sei wenigstens ihr letzter Tag nicht auch der Tag des Verderbens eines durch ausländische Einflüsse ins Unglück gestürzten Millionenvolkes!

Alphabetisches Sach- und Wortregister.

Bilder.